Lawrence Wright

Dreizehn Tage im September

Das diplomatische Meisterstück von Camp David

Aus dem Englischen von
Susanne Aeckerle

THEISS

Für die englischsprachige Ausgabe:
Die englischsprachige Originalausgabe erschien unter dem Titel „Thirteen Days in September“ erstmals bei Alfred A. Knopf, a division of Random House LLC, New York, and in Canada by Random House of Canada Limited, Toronto, Penguin Random Companies.

Die Deutsche Nationalbibliothek verzeichnet diese Publikation in der Deutschen Nationalbibliografie; detaillierte bibliografische Daten sind im Internet über http://www.dnb.de abrufbar.

Für die deutschsprachige Ausgabe:
Der Theiss Verlag ist ein Imprint der WBG.

Die Herausgabe des Werkes wurde durch die Vereinsmitglieder der WBG ermöglicht.
Übersetzung: Susanne Aeckerle, München
Fachlektorat: Dr. Ulrike Voigt, Stuttgart
Einbandabbildung: Präsident Sadat, Präsident Carter und Ministerpräsident Begin auf Camp David am 6. September 1978 (Detail) Library of Congress (Marlon S. Trikoso) Washington, D.C.
Einbandgestaltung: Stefan Schmid Design, Stuttgart
Satz: SatzWeise GmbH, Trier
Gedruckt auf säurefreiem und alterungsbeständigem Papier
Printed in Germany

Besuchen Sie uns im Internet: www.wbg-wissenverbindet.de

ISBN 978-3-8062-3381-0

Elektronisch sind folgende Ausgaben erhältlich:
eBook (PDF): 978-3-8062-3421-3
eBook (epub): 978-3-8062-3422-0

Für Ann Close

Inhalt

Karten ... 8
Vorbemerkung des Autors ... 11

Prolog ... 13
Erster Tag ... 67
Zweiter Tag ... 87
Dritter Tag ... 109
Vierter Tag ... 147
Fünfter Tag ... 181
Sechster Tag ... 205
Siebter Tag ... 223
Achter Tag ... 233
Neunter Tag ... 247
Zehnter Tag ... 259
Elfter Tag ... 281
Zwölfter Tag ... 299
Dreizehnter Tag ... 313
Epilog ... 329

Danksagung und Anmerkungen zu den Quellen ... 357
Anmerkungen ... 360
Bibliografie ... 397
Register ... 405
Bildnachweise ... 415

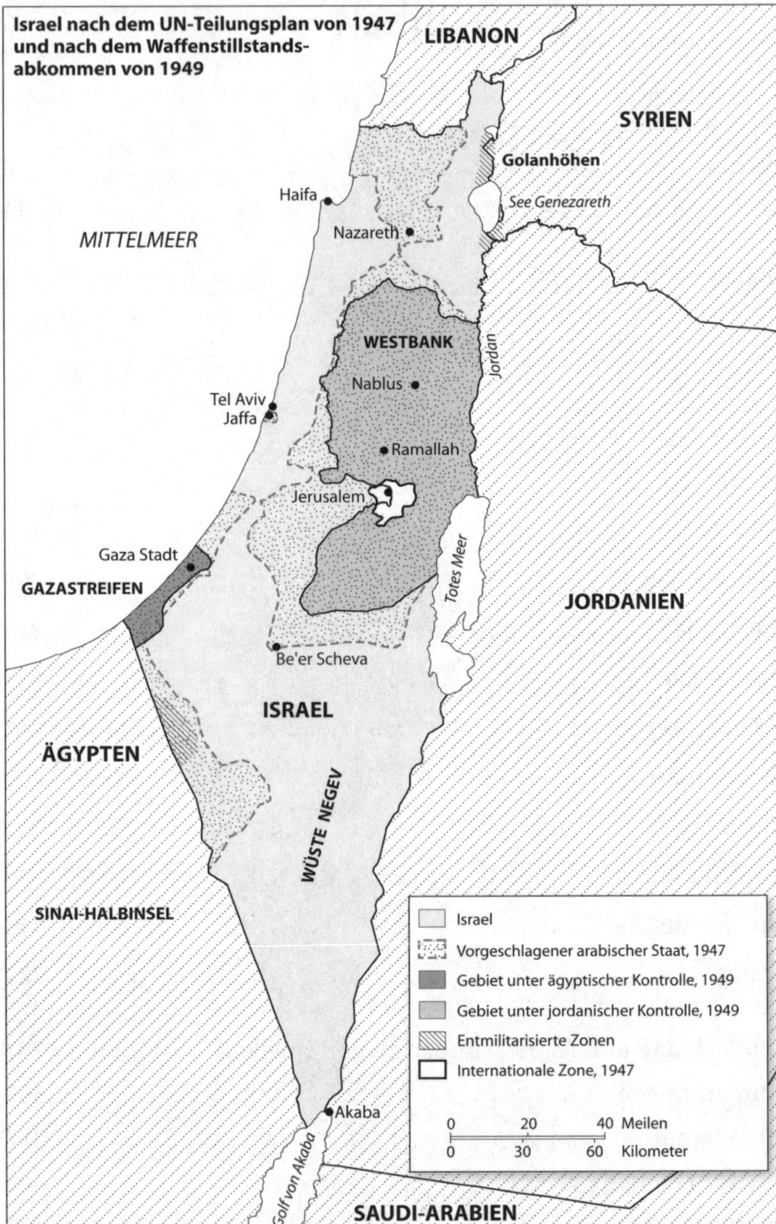
Israel nach dem UN-Teilungsplan von 1947
und nach dem Waffenstillstands-
abkommen von 1949
LIBANON
SYRIEN
Golanhöhen
See Genezareth
Haifa
Nazareth
MITTELMEER
WESTBANK
Jordan
Nablus
Tel Aviv
Jaffa
Ramallah
Jerusalem
Gaza Stadt
GAZASTREIFEN
Totes Meer
JORDANIEN
Be'er Scheva
ISRAEL
ÄGYPTEN
WÜSTE NEGEV
SINAI-HALBINSEL
Israel
Vorgeschlagener arabischer Staat, 1947
Gebiet unter ägyptischer Kontrolle, 1949
Gebiet unter jordanischer Kontrolle, 1949
Entmilitarisierte Zonen
Internationale Zone, 1947
0 20 40 Meilen
0 30 60 Kilometer
Akaba
Golf von Akaba
SAUDI-ARABIEN

Israel 1967 nach dem Sechs-Tage-Krieg und 1982
nach Gebietsrückgabe an Ägypten und Syrien, 1974-1982
Israel 1948
Besetzt von Israel, 1967
An Ägypten und Syrien zurückgegeben, 1974-1982
0 30 60 Meilen
0 45 90 Kilometer
LIBANON
SYRIEN
Golanhöhen
See Genezareth
Haifa
Nazareth
Nablus
Jordan
Tel Aviv
Jaffa
WEST-BANK
MITTELMEER
Jerusalem
Totes Meer
Gaza Stadt
GAZASTREIFEN
Port Said
Be'er Scheva
Suez-kanal
ISRAEL
ÄGYPTEN
WÜSTE NEGEV
JORDANIEN
SINAI-HALBINSEL
Akaba
Golf von Suez
Golf von Akaba
SAUDI-ARABIEN
Sharm el-Sheikh
Rotes Meer

Vorbemerkung des Autors

Drei Männer, Vertreter von drei Religionen, trafen sich im Herbst 1978 für dreizehn Tage in Camp David, dem Landsitz des Präsidenten, um eine Kontroverse beizulegen, deren Hauptursache die Religion war. Auf alte Texte und Legenden gestützte Glaubensrichtungen hatten sich verschworen, einen der hartnäckigsten Konflikte moderner Zeiten aufzulösen, einen Konflikt, der den Nahen Osten in endloser Blutfehde ertränkte, die Supermächte jener Zeit an den Rand des Atomkriegs brachte, die Region mit Flüchtlingen überschwemmte und terroristische Bewegungen hervorbrachte, die auf der ganzen Welt Chaos und Leid verbreiteten. Dieses Buch ist ein Bericht darüber, wie es diesen drei fehlbaren Männern gelang – bestärkt, aber auch belastet durch ihren Glauben –, einen teilweisen und unvollständigen Frieden zu schließen, eine Leistung, die trotz allem als einer der größten diplomatischen Triumphe des 20. Jahrhunderts gilt und noch seinesgleichen sucht.

Als die Regierungschefs von Ägypten und Israel sich in Camp David trafen, hatten ihre beiden Länder innerhalb der letzten 30 Jahre vier Kriege gegeneinander geführt – fünf, wenn man den sogenannten Abnutzungskrieg dazuzählt, in den ihre Länder zwischen 1969 und 1970 verwickelt waren. Der Konflikt begann als Teil eines längeren Kampfes um die Existenz Israels, entwickelte sich aber zu einem Tauziehen um Gebiete – hauptsächlich die Sinai-Halbinsel – und das Recht der Palästinenser, in ihr früheres Heimatland zurückzukehren. Obwohl sich die Zusammenstöße zwischen Israel und seinen anderen Nachbarn fortsetzten, wurde durch das Camp-David-Abkommen der einzige arabische Gegner aus dem Spiel genommen, der eine echte militärische Bedrohung für die Zukunft Israels darstellte. Und doch wurde der zwischen Israel und den Palästinensern erhoffte Frieden nie vollständig in die Tat umgesetzt, was der Grund für das Fortbestehen des Aufruhrs in der Region ist.

Der Leser wird bemerken, dass dieses Buch durch drei chronologische Ebenen strukturiert ist. Die dreizehn Tage des Gipfeltreffens in Camp David bilden das Gerüst dieses Berichts. Darunter liegt die Geschichte des modernen Nahen Ostens, gesehen durch die Augen der außergewöhnlichen Männer, die bei den Verhandlungen zugegen und in vielerlei Hinsicht an dieser Geschichte beteiligt waren. Dem liegen die ‚tektonischen Platten' der drei Religionen zugrunde, die in den Texten der Tora, der Bibel und des Koran offenbart sind. Der Kampf um Frieden in Camp David ist ein Zeugnis der fortdauernden Macht der Religion im modernen Leben, was daran abzulesen ist, wie sie Geschichte formt und wie schwer es ihr fällt, Mythologien ad acta zu legen, die nach wie vor Gesellschaften zu Konflikten verleiten.

Kriege erreichen selten das, was von den Beteiligten erwartet oder erhofft wird; jeder Sieg trägt meist eine zukünftige Niederlage in sich. Von historischen Zeiten bis zum heutigen Tage ist der Nahe Osten ein warnendes Beispiel für das Versagen von Krieg als Mittel, dauerhaften und gerechten Frieden zu schaffen. Nie gibt es den perfekten Zeitpunkt oder das vorbildliche Volk, um blutige Konflikte zu beenden, und im Gegensatz zum Talent der Kriegsführung war die Fähigkeit, Frieden zu schaffen, schon immer selten. Ziel dieses Buches ist es, Einblicke zu liefern, wie dieser mühsame Einigungsprozess erreicht werden konnte, selbst von gewaltbereiten Männern, die aufgrund ihrer Herkunft voreingenommen, von nationaler Politik eingeschränkt und von ihrem Glauben verblendet sind. Camp David berichtet uns von den für Frieden erforderlichen Kompromissen und dem Mut und der Opferbereitschaft, die Staatenlenker aufbringen müssen, deren größte Herausforderung darin besteht, ihre eigenen Grenzen zu überwinden.

Prolog

In einer rustikalen Lodge am Ufer des Jackson Lake im Grand Teton Nationalpark unterbrach Jimmy Carter an einem späten Abend seinen Urlaub, um ein für ihn von der Central Intelligence Agency zusammengestelltes dickes Dossier zu öffnen. Er hatte einen letzten herrlichen Tag, den 29. August 1978, mit Fliegenfischen im Snake River und Ausreiten durch den Park verbracht, hatte dann mit seiner Tochter Amy Blaubeeren gepflückt, die in den Kuchen zum Nachtisch wanderten. Es war eine kurze Flucht vor der Hektik Washingtons und seiner schwachen und unbeliebten Präsidentschaft. Das Dossier enthielt psychologische Profile von zwei Regierungschefs, Anwar al-Sadat, dem Präsidenten von Ägypten, und Menachem Begin, dem Premierminister von Israel, die in ein paar Tagen mit dem wenig wahrscheinlichen Ziel in die Vereinigten Staaten kommen würden, Frieden im Nahen Osten zu schaffen. Die Art, in der Carter auf diese beiden Regierungschefs eingehen würde – und sie aufeinander –, würde über Erfolg oder Scheitern dieses historischen Wagnisses entscheiden.

Der Mann, der das Dossier las, hatte die Präsidentschaft mit wenig Erfahrung in der Außenpolitik begonnen. Er war im ländlichen Süden aufgewachsen und hatte nur eine einzige Amtszeit als Gouverneur von Georgia absolviert. Er war nie einem Araber begegnet, bis er bei einem Stockcar-Rennen in Daytona neben einem saß. Der einzige Jude, den er als Kind gekannt hatte, war Louis Braunstein, ein Versicherungsvertreter in Chattanooga, der Carters Tante geheiratet hatte. Onkel Louis liebte professionelles Wrestling und konnte einen Klimmzug mit einem Arm machen – ein Kraftakt, der den jungen Carter begeisterte. Es gab ein paar jüdische Kaufleute in Americus, Georgia, nicht weit von Carters Heimatstadt Plains, und Carter hielt sie immer für „erhaben“[1], was auch an seinen Bibelstudien lag, die ihn davon unterrichteten, dass Gott die Juden über alle anderen erhoben hatte. Erst als er

Gouverneur wurde und nach Atlanta zog, wurde Carter mit dem versteckten, aber tief verwurzelten Antisemitismus des urbanen Südens vertraut, der Juden aus Country Clubs und Regierungsgremien ausschloss.

Während seiner Amtszeit als Gouverneur unternahm Carter mit seiner Frau Rosalynn 1973 eine Pilgerreise ins Heilige Land. Premierministerin Golda Meir stellte ihnen einen alten Mercedes-Kombi mit Fahrer zu Verfügung und sie fuhren durch das winzige Land – nicht mal ein Achtel so groß wie der Staat Georgia. Rosalynn weinte über die Kommerzialisierung der heiligen Stätten[2], aber Jimmy versicherte ihr, es sei genauso gewesen, als Jesus die Tische der Geldwechsler im Tempel umwarf. Sie überquerten die Grenze ins besetzte Westjordanland, wo sie eine spezielle Genehmigung bekamen, sich im Jordan zu waschen, in dem Jesus getauft worden war. Der Fluss war nicht viel breiter als ein Bach im Süden Georgias, doch er fand Widerhall in Carters Vorstellung. Er hatte die Bibel seit seiner Kindheit studiert[3], und die Geografie des historischen Palästina war ihm vertrauter als die eines Großteils der Vereinigten Staaten. Im Geiste konnte er die Reise Abrahams von der mesopotamischen Stadt Ur bis in das dürre und felsige Kanaan nachvollziehen, 2000 Jahre vor Christi Geburt. Auf denselben Straßen zu gehen, auf denen Jesus gegangen war, an den geheiligten Stätten zu stehen und im Jordan zu waten, erfüllte Carter mit Ehrfurcht und einer erwachenden Zielstrebigkeit.

Wenige Menschen wussten, dass er heimlich plante, für die Präsidentschaft zu kandidieren – in der Tat hatte kaum jemand außerhalb von Georgia je von ihm gehört –, doch sich mit Israel und dessen Problemen vertraut zu machen, war unerlässlich für jeden aufstrebenden nationalen Politiker. Carter besuchte etliche jüdische Siedlungen in den Gebieten, die seit dem Sechs-Tage-Krieg von 1967 durch Israel besetzt waren. Den Israelis war immer noch schwindlig vor Begeisterung nach dem Blitzsieg über vier arabische Armeen, der ihnen die Kontrolle über die Golanhöhen von Syrien, die gesamte Sinai-Halbinsel von Ägypten, den Gazastreifen, das Westufer des Jordans sowie den Hauptpreis eingebracht hatte – die Altstadt von Jerusalem. Die Resolution 242 der Vereinten Nationen, angenommen nach Ende des Krieges, enthielt Richtlinien zur Beendigung des Konflikts, einschließlich der Beendigung jeder Geltendmachung des Kriegszustands, Anerkennung der Souveränität der Staaten in der Region und Achtung vor dem Recht der Anwohner, innerhalb sicherer und anerkannter Grenzen ohne Androhungen von Gewalt in Frieden zu leben. Sie verpflichtete Israel ebenfalls zum Rückzug aus den Gebieten, die während des Krieges besetzt worden waren, doch die Regierungsführer hatten es nicht eilig damit, die 11 200 Hektar besetzter Gebiete aufzugeben, durch die sich die Größe des Landes verdreifacht hatte. Die Frage, was mit den anderthalb Millionen Arabern geschehen sollte, die in diesen Gebieten lebten, wurde kaum angesprochen, obwohl sie eine potenziell verhängnisvolle demografische Bedrohung des jüdischen Staates darstellten, der zu jener Zeit 2,285 Millionen Juden umfasste, dazu 100 000 Christen und 290 000 arabische Muslime, die nicht geflohen waren[4].

Menachem Begin, damals Vorsitzender einer Minderheitskoalition namens Likud, gehörte zu jenen, die sich am schärfsten für die Notwendigkeit einsetzten, an den Kriegsgewinnen festzuhalten, vor allem an der West Bank, für die er stets deren biblische Namen Judäa und Samaria benutzte. Zu Begins Ideologie gehörte ein stark vergrößertes Israel; er erkannte nicht einmal die Existenz des Königreichs Jordanien an, das seiner Meinung nach erobert werden und in einer ausschließlich jüdischen Nation[5] aufgehen sollte – ein Traum, den er nie vollkommen aufgab. Viele Israelis hielten ihn für einen Spinner, einen Faschisten[6] oder auch nur für eine peinliche Erinnerung an den terroristischen Untergrund, der die Legende des glorreichen Kampfs um die Unabhängigkeit des Landes befleckte. „Begin ist ein eindeutig hitlerischer Typ", schrieb David Ben-Gurion, der verehrte Gründer und erste Premierminister Israels, über seinen lebenslangen politischen Gegner. „Er ist ein Rassist, der bereit ist, alle Araber umzubringen, um die Kontrolle über ganz Israel zu erlangen."[7] Prominente amerikanische Juden wie Hannah Arendt und Albert Einstein verurteilten Begins Karriere als Terroristenanführer. „Lehrer [wurden] geschlagen, weil sie sich gegen diese Terroristen ausgesprochen haben, Erwachsene [wurden] erschossen, weil sie verhinderten, dass sich ihre Kinder jenen anschlossen“, schrieben sie 1948 an die *New York Times*, als Begin seinen ersten Besuch in den Vereinigten Staaten machte. „Mit Gangstermethoden, Schlägen, Fenstereinschlagen und weitverbreitetem Diebstahl schüchterten diese Terroristen die Bevölkerung ein und verlangten einen hohen Tribut.“[8]

Als Gouverneur Carter das Heilige Land besuchte und Begin sich noch an den Randzonen der israelischen Politik befand, hätte sich kaum jemand vorstellen können, dass diese beiden Außenseiter nur vier Jahre später die Geschicke ihrer jeweiligen Länder lenken würden.

Das Israel, das Carter damals erlebte, war hoffnungsvoll, blühend und erstaunlich selbstzufrieden. Die einzigen Männer in Uniform waren Verkehrspolizisten. Araber von der West Bank reisten frei nach Israel ein[9], und das hohe Aufkommen jüdischer Touristen, zusammen mit großzügigen Investitionen, hatten den Lebensstandard der Palästinenser weit über das gehoben, was sie unter jordanischer Herrschaft hatten erdulden müssen. Allerdings gab es einige beunruhigende Anzeichen. Carter schätzte, dass es zu der Zeit etwa 1500 jüdische Siedler[10] auf der West Bank und im Gazastreifen gab, doch er konnte bereits erkennen, dass sie eine erhebliche Bedrohung für den Frieden darstellten. Zusammen mit Rosalynn besucht er einen Gottesdienst in einer Synagoge am See Genezareth und war schockiert, dass außer ihnen nur zwei weitere Menschen teilnahmen. Als sie den Kombi an Golda Meir zurückgaben, fragte diese, ob Carter irgendwelche Anliegen habe. Er wusste, dass Meir, wie all ihre Vorgänger an der Regierungsspitze, eine säkulare Jüdin war, daher zögerte er, bevor er seine Erfahrung in der Synagoge und das allgemeine Desinteresse an Religion erwähnte, das er im Land vorgefunden hatte. Er wies darauf hin, dass die Juden in der Bibel, wann immer sie sich von Gott abwandten, politische und militärische Verluste erlitten hätten. Meir lachte ihm ins Gesicht. Der Gouverneur von Georgia! Doch im selben Herbst schickte Anwar al-Sadat die ägyptische Armee über den Suezkanal, überraschte die Israelis und weckte das Land aus seinem Traum der Unverwundbarkeit. Meir wurde im folgenden Frühjahr zum Rücktritt gezwungen. Die nach Georgia zurückgekehrten Carters fühlten sich verpflichtet, Israel auf jede nur denkbare Weise zu unterstützen. Der Gouverneur begann Meir als „eine alte Freundin“[11] zu bezeichnen, obwohl sie sich nur dieses eine Mal getroffen hatten.

Schon bald nach seinem Einzug ins Weiße Haus richtete Carter seine Aufmerksamkeit auf den Nahen Osten. Walter Mondale, sein Vizepräsident, wunderte sich darüber, dass Carter an seinem ersten Tag im Amt verkündete, Frieden im Nahen Osten sei von oberster Priorität[12]. Das erschien äußerst naiv. Ein amerikanischer Präsident nach dem anderen hatte dieses Problem in Angriff genommen, unter großen politischen Kosten und mit wenig vorzeigbaren Ergebnissen. Der ehemalige Außenminister Henry Kissinger, der unter den Präsidenten Richard Nixon und Gerald Ford Jahre mit dem Versuch verbracht hatte, die explosiven Temperamente im Nahen Osten zu besänftigen, warnte Carter, kein amerikanischer Präsident solle sich auf Verhandlungen einlassen, deren Ergebnis zweifelhaft sei[13]. Carters engste Berater rieten ihm, bis zu seiner zweiten Amtszeit zu warten, bevor er etwas von seinem brüchigen politischen Kapital riskierte[14]. Während seiner ersten Monate im Amt hatte Carters Beliebtheitsgrad in der amerikanischen Öffentlichkeit 75 Prozent erreicht, war aber seitdem ständig gefallen. Doch für Carter war dies keine ausschließlich politische Entscheidung. Er war zu der Überzeugung gelangt, dass Gott von ihm forderte, Frieden zu bringen und er irgendwie einen Weg finden müsse, das zu tun.

Das gefährliche politische Kalkül dieses Unterfangens wurde ihm unverblümt in einem Memorandum dargelegt, geschrieben von seinem ehemaligen Wahlkampfleiter Hamilton Jordan, das so heikel war, dass er es selbst tippte und die einzige Kopie in seinem

Bürosafe im Weißen Haus verschloss[15]. Juden stellten eine übergroße Präsenz im politischen Leben Amerikas dar, erklärte Jordan. „Starke Unterstützung der Demokratischen Partei und ihrer Kandidaten lag in der Einwanderertradition der zweiten und dritten Generation amerikanischer Juden begründet und wurde durch die Politik von Wilson und Roosevelt bestärkt", schrieb er. „Harry Trumans Rolle bei der Gründung Israels festigte diese Identifikation mit der Partei."[16] Obwohl Juden nur 3 Prozent der amerikanischen Bevölkerung ausmachten, gäben sie fast 5 Prozent der Stimmen ab, bei einer Beteiligung von bis zu 90 Prozent bei den meisten Wahlen. Im Staat New York, zum Beispiel, sei der Prozentanteil von Juden und Schwarzen in der Bevölkerung fast gleich, doch bei der Wahl, die Carter ins Weiße Haus brachte, hätten nur 35 Prozent der schwarzen Bevölkerung von New York ihre Stimme abgegeben, im Vergleich zu 85 Prozent der Juden. „Sie erhielten 94 Prozent der schwarzen Stimmen und 75 Prozent der jüdischen", schrieb Jordan. „Das bedeutet, dass Sie für jede schwarze Stimme, die Sie bei der Wahl erhielten, fast zwei jüdische Stimmen bekamen." Mehr als 60 Prozent der Großspender für die Demokratische Partei seien Juden, darauf wies Jordan hin. Juden unterhielten eine „starke, aber paranoide Lobby" – das American Israel Public Affairs Committee (AIPAC) –, welche die Einstellungen und Ziele der Regierung Israels widerspiegele und eine verlässliche Mehrheit der Stimmen im US-Senat kontrolliere. Carter sei ein Südstaatler mit unbekanntem Hintergrund, zumindest für die jüdischen Führer. Er habe öffentliche Stellungnahmen abgegeben – über sichere und anerkannte Grenzen für Israel, die Notwendigkeit eines palästinensischen ‚Homeland' –, wie sie normalerweise nur hinter verschlossenen Türen vermittelt wurden, was ihn, Jordan, zu der Sorge veranlasse, dass sich die Juden bereits darauf einstellten, Carter Widerstand zu leisten: „Sie sind sicherlich vertraut mit Kissingers Erfahrung aus dem Frühjahr 1975, als die jüdische Lobby einen Brief in Umlauf brachte, unterzeichnet von 76 Senatoren, welche die amerikanische Unterstützung Israels auf eine Weise bekräftigten, mit der die Ford-Kissinger-Hoffnung auf eine neue und umfassende amerikanische Friedensinitiative vollkommen untergraben wurde.“ Der Tenor des Memorandums war, dass Carter sich die jüdische Gemeinde zu einem gefährlichen Feind machen würde, sollte er Druck auf Israel ausüben, was er aber tun müsse, wenn er hoffte, ein Friedensabkommen zu erreichen. Jordan, sein oberster politischer Berater, teilte ihm mit, dies sei eine Situation, in der Erfolg unmöglich sei. Es war ein Paradox: Nichts konnte ein größeres Geschenk für Israel sein als Frieden, und nichts war politisch gefährlicher für einen amerikanischen Politiker als der Versuch, diesen Frieden zu erreichen.

Carters unmittelbares Ziel war, die Gespräche der Genfer Nahostkonferenz wieder in Gang zu bringen. Die Genfer Nahostkonferenz hatte 1973 einmal getagt, unter Vorsitz des UN-Generalsekretärs. Beisitzer waren die Vereinigten Staaten und die Sowjetunion; sie endete mit einer Vertagung und verschwand im Ödland guter Absichten. In seinem ersten Amtsjahr bemühte sich Carter um Treffen mit den bedeutendsten arabischen Regierungschefs – ein entmutigendes Ritual, begleitet von überhitzter Rhetorik und unerfüllbaren Forderungen. Und dann kam Anwar al-Sadat ins Weiße Haus. Carter war sofort von ihm angetan. Im Vergleich zu den anderen arabischen Regierungschefs war Sadat ein „strahlendes Licht“, jemand, der „stark zur Beherztheit tendierte“[17]. Endlich, glaubte Carter, habe er einen Partner für den Frieden gefunden. Der Präsident neigte dazu, persönliche Verbindungen zu überhöhen, vielleicht, um zu kaschieren, dass er selbst eine höchst beherrschte und distanzierte Persönlichkeit war, die nur wenige Menschen nahe an sich heranließ. Trotzdem sahen Carters Berater, dass er und Sadat wirklich voneinander eingenommen waren. Kurz nach diesem ersten Treffen begann Carter von dem gläubigen ägyptischen Autokraten als seinem „teuersten Freund“[18] zu sprechen – eine Bezeichnung, die von Regierungschefs nur selten verwendet wurde.

Carter traf sich ebenfalls mit dem israelischen Premierminister Jitzchak Rabin, den er als streitsüchtig und in puncto Friedensaussichten pessimistisch empfand. „Es war, als würde man mit einem toten Fisch reden“, erinnerte er sich[19]. Kurz darauf verlor Rabin sein Amt wegen eines Finanzskandals, und die Wahl Menachem Begins wurde zum größten Überraschungserfolg der israelischen Geschichte.

Carter wusste wenig über den neuen israelischen Premierminister; auch die CIA hatte wenig zu bieten. Mit zunehmender Besorgnis hatte Carter Begins Auftritt in einer amerikanischen Nachrichtensendung verfolgt, bei der dieser die UN-Resolution 242, die Grundlage aller Friedensverhandlungen des letzten Jahrzehnts, ablehnte. Jedes Mal, wenn ein Fragesteller sich auf die Gebiete bezog, die Israel im Sechs-Tage-Krieg besetzt hatte, korrigierte Begin ihn hartnäckig damit, die Gebiete seien nicht „besetzt“, sondern „befreit“ worden. Er sagte, er habe vor, auf der West Bank eine jüdische Mehrheit zu schaffen. Als er gefragt wurde, ob sein Standpunkt ihn nicht in direkten Konflikt mit Carters wohlbekannter Einstellung zu einer friedlichen Lösung des israelisch-palästinensischen Konflikts bringen würde, antwortete Begin: „Präsident Carter kennt die Bibel auswendig, daher weiß er, wem dieses Land rechtmäßig gehört.“[20]

Die Profile, die Carter in Wyoming studierte, stammten von einem Treffen mit der CIA vor ein paar Wochen[21]. Er hatte die Analysten gebeten, eine Anzahl von Fragen zu Begin und Sadat zu beantworten:

Was hat sie zu Führern gemacht? Was lag ihren Ambitionen zugrunde?
Was waren ihre Ziele?
Welche früheren Ereignisse hatten ihre Charaktere geformt?
Wie stand es mit ihrer Religiosität? War sie aufrichtig?
Wer war wichtig für sie? Wie sahen ihre familiären Beziehungen aus?
Wie stand es um ihre Gesundheit?
Welche Versprechen hatten sie gemacht, und welche Verpflichtungen waren sie eingegangen?

Wie reagierten sie unter Druck?
Was waren ihre Stärken und ihre Schwächen?
Wie war ihre Haltung gegenüber den Vereinigten Staaten und Carter persönlich?
Was hielten sie voneinander?
Wem vertrauten sie, vor allem innerhalb ihrer Delegationen?

Die daraus entstandenen Profile[22] von Begin und Sadat ergaben äußerst gegenteilige Porträts. Sadat war ein Visionär – kühn, rücksichtslos und bereit, flexibel zu sein, solange er glaubte, seine Gesamtziele zu erreichen. Er betrachte sich als einen großen strategischen Denker, der wie ein Komet im Himmel der Geschichte loderte. Der CIA fiel seine Vorliebe für öffentliche Aufmerksamkeit auf, was sie als „Barbara-Walters-Syndrom"[23] bezeichnet hatte, nach einer berühmten Fernsehpersönlichkeit; doch als das Profil für Carter erstellt wurde, war diese Klassifizierung zu Sadats „Nobelpreis-Komplex" angehoben worden. Begin war hingegen verschlossen, legalistisch und misstrauisch gegenüber radikaler Veränderung. Geschichte war für Begin eine Pandorabüchse voller Tragödien, die man nicht ohne Reue öffnen sollte. Unter Druck gesetzt, tendierte Sadat zum Allgemeingültigen, während Begin sich an Details klammerte. Zusammenstöße und Missverständnisse würden sich nicht vermeiden lassen. Unter den Analysten, die das Dossier zusammengestellt hatten, herrschte einiger Zweifel, ob man zwei so gegensätzliche Persönlichkeiten je in einem Raum zusammenkommen lassen sollte. Die beiden Regierungschefs glichen sich auf aussichtslose Weise. Beide Männer hatten Blut an den Händen. Sie hatten beide längere Zeit im Gefängnis verbracht[24] und mussten untertauchen, und sie waren versierte Verschwörer. Sie gehörten nicht zu der Art von Männern, die Carter bisher gekannt hatte.

Carter glaubte jedoch, er verstehe Sadat instinktiv, obwohl sie aus höchst unterschiedlichen Kulturen stammten. Ein Teil ihrer Verbindung resultierte daraus, dass sie beide Bauern gewesen waren. Als Junge hatte Carter hinter einem Maultier den roten Lehm

Südwest-Georgias gepflügt, hatte die feuchte Kühle der frisch aufgeworfenen Erde zwischen seinen Zehen gespürt. Ihm war der Gedanke gekommen, dass Jesus und Moses sich während des ersten Teils des 20. Jahrhunderts auf einer Farm im tiefen Süden zu Haus gefühlt hätten[25]. Auf der anderen Seite des Globus, jedoch auf demselben Breitengrad wie Plains, Georgia, gab es in Ägypten ein Lehmhüttendorf namens Mit Abul-Kum, in dem Sadat seine frühe Jugend verbrachte. Zur Bewässerung ihrer Felder im schwarzen Schwemmland des Nildeltas benutzten die Bauern die archimedische Schraube, die der griechische Gelehrte angeblich erfand, als er im 3. Jahrhundert v. Chr. Ägypten bereiste. In den Grabmälern der Pharaonen waren gemalte Szenen des Dorflebens zu sehen, wie es sich 3000 Jahre später immer noch abspielte.

Unveränderlichkeit ist ein wesentliches Merkmal solch ländlicher Kindheit – ein Gefühl von Geborgenheit, gleichzeitig beschützt und gefangen. Und doch spürte Sadat bereits als Kind, als dunkelhäutiger Bauer aus einem kleinen Dorf im Nildelta, welche einmalige Rolle ihm in der ägyptischen Gesellschaft zufallen würde. Als er einmal mit anderen Kindern an einem Entwässerungskanal spielte, sprangen diese ins Wasser und Anwar sprang hinterher. Erst da fiel ihm ein, dass er nicht schwimmen konnte. Er dachte: „Wenn ich ertrinke, wird Ägypten Anwar Sadat verloren haben!“[26]

Obwohl er selten über seine Rassenzugehörigkeit sprach, war Sadat nur zwei Generationen von der Sklaverei entfernt – sein Großvater mütterlicherseits, ein Afrikaner namens Kheirallah, war als Sklave nach Ägypten gebracht und erst befreit worden, als die britischen Besatzer darauf drängten, den Sklavenhandel abzuschaffen. Kheirallahs Tochter, Sitt el-Barrein (Frau von zwei Ufern), war ebenfalls eine schwarze Afrikanerin. Sie wurde als Frau für Mohammed el-Sadaty ausgewählt[27], Dolmetscher eines britischen Sanitätstrupps*. Sie trug traditionelle schwarze Klei-

* Anwar Sadat strich das „y“ an seinem Nachnamen nach der Revolution von 1952.

dung, lange Ärmel und einen Rock, der bis auf den Boden reichte. Sie war Mohammeds sechste Frau; die ersten fünf gebaren ihm keine Kinder, daher ließ er sich von einer nach der anderen scheiden. Sitt el-Barrein gebar ihm drei Söhne und eine Tochter. Anwar war ihr zweites Kind.

In der Sadaty-Familie sorgte die Mischung der Rassen für reichlich Spannung, wie auch in der gesamten ägyptischen Gesellschaft. Mohammed el-Sadatys Mutter, dem Brauch gemäß Umm Mohammed genannt (Mutter des Mohammed)[28], war eine sehr herrische Persönlichkeit und hatte die Ehe mit Sitt el-Barrein arrangiert. Es ist ein wenig rätselhaft, warum sie diese Wahl traf, da Umm Mohammed türkischer Abstammung war, mit heller Haut, und ihre dunkelhäutige Schwiegertochter verachtete. Mohammed hatte die türkischen Gesichtszüge seiner Mutter geerbt; er besaß blaue Augen und blondes Haar. Im Islam ist es einem Mann gestattet, gleichzeitig vier Ehefrauen zu haben, und Mohammed sollte noch zweimal heiraten, als die Familie nach Kairo zog. Zusätzlich zu seinen drei Frauen und seiner Respekt einflößenden Mutter wuchs Mohammeds großer Haushalt schließlich auf 13 Kinder an. Sitt el-Barrein nahm wegen ihrer Abstammung den niedersten Rang ein. Sie war wenig mehr als ein Dienstmädchen und wurde gelegentlich in Anwesenheit ihrer Kinder von ihrem Mann geschlagen[29]. Sadat sprach nur selten von ihr.

Es war seine Großmutter, Umm Mohammed, die stärkste Persönlichkeit in der Familie, die den größten Eindruck auf Sadat machte. „Wie ich diese Frau liebte!“, erinnert er sich in seiner Autobiografie[30]. Sie konnte weder lesen noch schreiben, doch sie bestand darauf, dass ihre Kinder und Enkelkinder eine Ausbildung bekamen. Anwar verbrachte oft den Sommer in Umm Mohammeds Lehmhütte in Mit Abul-Kum, wo ihr Einfluss uneingeschränkt war. Von früher Jugend an sah er sich vom Schicksal ausersehen, seine Vorstellungskraft wurde befeuert durch die Geschichten, die seine Großmutter erzählte.

Am liebsten war ihm die Legende von Zahran, eine Märtyrerballade. Im Juni 1906, mehrere Jahre vor Anwars Geburt, war eine

Gruppe britischer Offiziere zur Taubenjagd in das nahe gelegene Dorf Dinschawai gekommen. Dabei trafen sie mit ihren Geschossen auch Geflügel der Dorfbewohner, was diese in Wut versetzte. Totales Chaos brach aus. Einer der Soldaten verwundete versehentlich die Frau des örtlichen Imam. Die Dorfbewohner reagierten mit einem Steinhagel. Die Offiziere feuerten in die Menge und verwundeten fünf Menschen. Ein Getreidesilo fing Feuer, vermutlich durch einen Irrläufer. Zwei Offiziere eilten ins Camp zurück, um Hilfe zu holen, doch die anderen Mitglieder der Jagdgesellschaft ergaben sich den Dorfbewohnern. Einer der entkommenen Offiziere starb in der extremen Hitze an einem Sonnenstich, wobei er allerdings durch die Steinigung auch eine Gehirnerschütterung erlitten haben könnte. Zur Rettung angerückte britische Offiziere töteten einen alten Bauern, der dem Sterbenden helfen wollte, in der irrigen Annahme, der Mann hätte ihren Kameraden umgebracht. Die britischen Besatzer beschlossen, an Dinschawai ein Exempel zu statuieren. 52 Dorfbewohner wurden verhaftet und vor ein Kriegsgericht gestellt. Die meisten Dorfbewohner wurden ausgepeitscht oder zu langen Gefängnisstrafen verurteilt. Vier wurden gehängt.

Dieser chaotische und tragische Vorfall markierte einen Wendepunkt der britischen Besatzung, schürte das Nationalgefühl der Ägypter und erregte selbst in Großbritannien Empörung. Dinschawai wurde zum Inbegriff für die unglückseligen Begleiterscheinungen des Imperialismus. Niemand verkörperte das Gesicht von Dinschawai mehr als der junge Mann namens Zahran, der als erster der Verurteilten gehängt wurde. Laut der von Sadats Großmutter vorgetragenen Ballade war Zahran der Sohn einer dunkelhäutigen Mutter und eines gemischtblütigen Vaters[31] – genau wie Anwar. „Die Ballade handelt vom Mut und der Hartnäckigkeit Zahrans im Kampf ... wie er mit hocherhobenem Haupt das Schafott bestieg, voll Stolz, dass er sich gegen die Aggressoren empört und einen von ihnen getötet hatte“, schreibt Sadat[32]. Er hörte diese Legende Nacht für Nacht, und sie verankerte sich tief in seinem Unterbewusstsein. „Oft sah ich Zahran sogar“, schreibt er, „und lebte seine Heldentaten im Traum mit; ich wünschte, Zahran zu sein."

In Kairo begegnete Anwar zum ersten Mal den verhassten Besatzern. Er erinnert sich an „den hassenswerten Anblick des typisch britischen Polizisten, der auf seinem Motorrad Tag und Nacht wie ein Verrückter durch die Straßen der Stadt fuhr, mit seiner tomatenroten Gesichtsfarbe, grob, dick, mit hervorquellenden Augen und offenem Mund, wie ein Idiot mit einem Wasserkopf, auf dem ein roter Fez saß, der ihm bis zu den Ohren herunterrutschte. Jedermann fürchtete ihn – ich hasste diesen Mann"[33].

Im Jahr 1931, als Anwar zwölf Jahre alt war, kam Gandhi auf dem Weg nach London zur Verhandlung über das Schicksal Indiens durch den Suezkanal. Das Schiff legte in Port Said an, woraufhin die ägyptischen Journalisten den asketischen Anführer bestürmten. Der Korrespondent von *Al-Ahram* staunte darüber, dass Gandhi nichts trug „als ein Stück Stoff im Wert von fünf Piastern, eine Drahtbrille im Wert von drei Piastern und die einfachsten Riemensandalen im Wert von höchsten zwei Piastern. Diese zehn Piaster an Kleidung haben Großbritannien eine Menge zu sagen."[34] Das Beispiel dieses armen, dunkelhäutigen Mannes, der das Empire auf den Kopf stellte, machte tiefen Eindruck auf den jungen Sadat. „Ich begann, ihn nachzuahmen", schreibt er. „Ich zog meine Kleider aus, bedeckte mich von der Taille abwärts mit einem Schurz, machte mir selbst eine Wollspindel und zog mich in eine einsame Ecke auf dem Dach unseres Hauses in Kairo zurück. Dort blieb ich ein paar Tage, bis mein Vater mich überredete, meinen ‚gewaltlosen Widerstand' aufzugeben. Er argumentierte, dass das, was ich tat, weder mir noch Ägypten nützen würde. Im Gegenteil: ich würde sicherlich Lungenentzündung bekommen."[35] Sadats Besessenheit von bedeutenden Männern[36] muss sicherlich komisch gewirkt haben, vor allem, als er Gandhi nachahmte, sich unter einen Baum setzte, vorgab, nichts essen zu wollen oder sich mit einem Lendenschurz bekleidete und eine Ziege hütete. Er sah sich bewusst nach den Eigenschaften von Größe um, probierte Merkmale und Ansichten aus. Nicht nur Gandhis Asketentum zog ihn an, sondern auch die autokratische Seite von Gandhis Natur, die Handeln dem Überlegen vorzog und sich nicht um Konsens bemühte.

Trotz Sadats Hass auf die Briten gelang es ihm dank der Hilfe eines britischen Arztes, mit dem Sadats Vater bekannt war, in die königliche Militärakademie aufgenommen zu werden. Das bewahrte ihn vor der Bedeutungslosigkeit, in die er hineingeboren war. Die Akademie war bis 1936, als die Briten der Vergrößerung der ägyptischen Armee zustimmten, ausschließlich der ägyptischen Aristokratie vorbehalten. Während dieser Zeit las Sadat Bücher über die türkische Revolution und empfand zunehmende Bewunderung für Kemal Atatürk, den Gründer der modernen Türkei. Sadat begann bereits, sich als transformatorische Gestalt zu betrachten, deren eiserner Wille seine Gesellschaft in ein neues Paradigma umformen würde. In dieser Weise waren er und Begin sich sehr ähnlich.

Paradoxerweise waren es dieselben Eigenschaften, die ihn zu Hitler hinzogen. „Ich war in unserem Dorf in den Sommerferien, als Hitler von München nach Berlin marschierte, um die Folgen der Niederlage Deutschlands im Ersten Weltkrieg zu beseitigen und sein Land wiederaufzubauen", erinnert sich Sadat. „Ich sammelte meine Freunde und sagte ihnen, wir müssten Hitlers Beispiel folgen und von Mit Abul-Kum nach Kairo marschieren. Damals war ich zwölf. Meine Freunde lachten und liefen davon."[37] Zwei Jahrzehnte später, nachdem Deutschland in Trümmern lag und sechs Millionen Menschen umgekommen waren, wurden Sadat und andere prominente Ägypter von einer Kairoer Zeitschrift gebeten, einen Brief an Hitler zu schreiben, als sei er noch am Leben. „Mein lieber Hitler", schrieb Sadat, „ich bewundere Sie aus tiefstem Herzen. Auch wenn es so scheint, als wären Sie besiegt, sind Sie in Wirklichkeit der Sieger. Es ist Ihnen gelungen, Zwietracht zwischen dem alten Churchill und seinen Verbündeten zu säen, den Söhnen des Satans ... Deutschland wird wiedergeboren werden, trotz der westlichen und östlichen Mächte ... Sie haben einige Fehler gemacht ... aber unser Glaube an Ihre Nation hat sie mehr als ausgeglichen. Es muss Sie mit Stolz erfüllen, für

Deutschland ein unsterblicher Führer geworden zu sein. Es wird uns nicht überraschen, wenn Sie erneut in Deutschland auftauchen oder ein neuer Hitler sich erheben und Sie ersetzen wird."[38]

Die Tatsache, dass Sadat ein Schwarzer war, könnte beschützende und brüderliche Gefühle in Carter wachgerufen haben. Als Jimmy vier Jahre alt war, zog seine Familie in den kleinen Weiler Archery, zwei Meilen westlich von Plains. Sie waren die einzigen Weißen in einer Gemeinde von 55 schwarzen Familien[39]. Die meisten von Jimmys Spielkameraden waren Söhne jener schwarzen Pachtbauern; ja, sogar sein Dialekt war in jener Zeit nicht von dem ihren zu unterscheiden. Jimmy und sein bester Freund Alonzo Davis bekamen manchmal Gelegenheit, mit dem Zug in die nahe gelegene Stadt Americus zu fahren, um zusammen einen Film anzuschauen, obwohl sie sowohl im Zug als auch im Kino getrennt in den Abteilungen für „Weiße" und „Schwarze" sitzen mussten. Damals nahm Carter solche Praktiken als natürliche Bestandteile einer Gesellschaft hin, in der die Weißen Besitzer und die Schwarzen Pächter waren.

Mit fünf Jahren begann Jimmy, Erdnüsse zu verkaufen, die er selbst gepflückt, gekocht, eingetütet und mit einem Leiterwagen in die Innenstadt von Plains transportiert hatte, wo er sie an kriegsversehrte Veteranen und Herumlungerer verkaufte, die vor dem Mietstall Dame spielten. Auf dem Höhepunkt der Weltwirtschaftskrise war der Preis für Baumwolle 1932 auf fünf Cent pro halbem Kilo gesunken. Inzwischen hatte der nun acht Jahre alte Jimmy von seinen Erdnussverkäufen genügend gespart, um fünf Ballen für 25 Dollar das Stück zu kaufen. Als Baumwolle mehrere Jahre später wieder auf 18 Cent stieg, verkaufte er die Ballen und kaufte fünf Pächterhäuser, die er monatsweise vermietete, wodurch er bereits als Kind in die Hausbesitzerschicht aufstieg. Um diese Zeit öffneten einmal zwei seiner schwarzen Freunde ein Tor für ihn, traten beiseite und ließen Jimmy den Vortritt. Er dachte, sie spielten ihm einen Streich, doch diese symbolische Tat war

Zeichen einer schwerwiegenden gesellschaftlichen Veränderung. „Der ständige Kampf um die Anführerschaft in unserer kleinen Gruppe war damit entschieden, aber das kostbare Gefühl der Gleichheit war aus unserer persönlichen Beziehung verschwunden“, schreibt Carter, „und danach war es zwischen ihnen und mir nie wieder dasselbe“[40].

Religion war das Elixier, das sowohl Carter als auch Sadat im Übermaß genossen. Sadat war in seinem Dorf in die islamische Schule gegangen, wo er als Junge den Koran auswendig lernte. Später hatte er eine dunkle Schwiele auf der Stirn, die in endlosen Stunden der Gebetshaltung entstanden war. Das war lange, bevor eine solche äußerliche Zurschaustellung religiösen Eifers im kosmopolitischen Kairo in Mode kam. Er nannte sich selbst den „gläubigen Präsidenten“[41]. Obwohl Carter kein Aufhebens davon machte, sahen die Menschen in ihm dasselbe. Er hatte mit drei Jahren angefangen, die Bibel auswendig zu lernen und bekannte sich bei Erweckungstreffen offen zu seinem Glauben, als er elf war. Er wurde in der Plains Baptist Church getauft, in der Pastor Royall Callaway predigte, dass die Juden bald nach Palästina zurückkehren und damit die Wiederkunft von Christus sowie die Entrückung der wahren Christen in den Himmel herbeiführen würden – eine als Prämilleniarismus bekannte Doktrin[42].

Wie bei Sadat hatte das Militär auch Carter eine Fluchtmöglichkeit geboten. Er hatte einen Onkel bei der Navy, den er vergötterte, und war während seiner ganzen Kindheit von dem Ziel besessen, in die Militär-Akademie in Anapolis, Maryland aufgenommen zu werden. Dazu war eine Aufnahmegenehmigung durch den Kongress erforderlich. Carters Vater wandte sich dazu immer wieder an ihren örtlichen Kongressabgeordneten, doch erst zwei Jahre nach Jimmys Highschool-Abschluss wurde die ersehnte Genehmigung erteilt. Carter begann als 18-jähriger Seekadett, Sonntagschulunterricht in Annapolis zu geben, etwas, was er sein Leben lang fortsetzte. Selbst auf U-Booten hielt er in der Enge zwischen den Torpedos Gottesdienste ab.

Wegen seines Südstaatenhintergrunds stellten seine Klassenkameraden in Annapolis Mutmaßungen über seine Einstellung zur Rassenfrage an. Doch als die Akademie schließlich mit Wesley Brown einen schwarzen Kadetten aufnahm, schirmte Carter ihn vor den Schikanen und der Bigotterie ab, die das Schicksal so vieler Bürgerrechtspioniere war. Carter wurde als „Niggerlover" verschrien und, wie sich ein anderer Klassenkamerad erinnert, so behandelt, „als sei er ein Verräter"[43].

Ab 1949 studierte Carter Atomphysik und Reaktortechnologie am Union College in Schenectady, New York. Admiral Hyman Rickover, bekannt als der „Vater der Atom-Marine", hatte ihn zum Chief Officer auf der USS *Seawolf* ausgewählt, einem der beiden Prototypen der noch in der Entwicklung befindlichen Atom-U-Boote. Rickover war – wie Menachem Begin – polnischer Jude, bekannt ebenso für seine Ungeduld wie für seine Intelligenz. Beim Einstellungsgespräch ließ er Carter die Themen wählen, über die er sprechen wollte. Carter war ein unermüdlicher Autodidakt, aber bei jedem Thema, das er anschnitt – Tagesereignisse, Literatur, Elektronik, Geschützwesen, Flottentaktik, Navigation – stellte Rickover ihm immer schwierigere Fragen, die seine überlegene Kenntnis des jeweiligen Gegenstands bewiesen. Als Carter zum Beispiel über klassische Musik sprach, analysierte Rickover Nuancen bestimmter Stücke, von denen Carter behauptete, sie zu bewundern, wie den „Liebestod" aus Wagners *Tristan und Isolde*. Während der gesamten Befragung blickte Rickover ihm direkt in die Augen, ohne zu lächeln. Sein Ziel war, zu sehen, wie ein Bewerber sich unter Druck verhielt. Am Ende war Carter schweißgebadet und fühlte sich gedemütigt.

Schließlich fragte Rickover ihn, wie er in seinem Jahrgang auf der Marine-Akademie abgeschnitten habe. „Sir, ich war der 59. in einem Jahrgang von 820!", erwiderte Carter stolz[44]. „Haben Sie Ihr Bestes gegeben?", fragte Rickover. Carter wollte schon zustimmend antworten, doch dann schluckte er und gab zu, nicht immer sein Bestes gegeben zu haben. Rickover blickte ihn lange an, drehte dann seinen Stuhl um und beendete das Gespräch. „Warum nicht?", fragte er abschließend. Carter konnte nicht antworten. Er blieb einen Moment lang still sitzen, erschüttert von der Unverblümtheit der Frage und der kühlen Entlassung, dann stand er auf und verließ den Raum. „Er hat mir ständig Fragen gestellt, bis er bewiesen hatte, dass ich keine Ahnung von irgendwas hatte", beschwerte Carter sich hinterher bei Rosalynn[45]. Ihr fiel auf, dass Carter noch Jahre später, als er Gouverneur war, jedes Mal in Schweiß ausbracht, wenn ihm gesagt wurde, Admiral Rickover sei am Apparat[46].

Als einem von Rickovers Protegés stand Carter eine bedeutende Militärlaufbahn in Aussicht. Doch 1953 wurde bei Carters Vater Krebs diagnostiziert, und Jimmy kehrte nach Hause zurück, um sich zu verabschieden. Er war elf Jahre fort gewesen. Er war tief bewegt von der Prozession Hunderter Menschen, die Mr. Earl auf dem Totenbett die letzte Ehre erweisen wollten; so vielen davon hatte er über die Jahre mit seiner stillen Wohltätigkeit geholfen. Obwohl Carter einen sicheren Posten mit einer aussichtsreichen Zukunft hatte, kam es ihm vor, als könnte sein Leben niemals so bedeutsam werden, wie es ihm sein Vater in seiner kleinen Gemeinde vorgelebt hatte. Hinzu kam noch, dass kein anderer aus der Familie die Farm und das Unternehmen mit den Erdnusslagerhäusern übernehmen konnte, das sein Vater aufgebaut hatte. Jimmys jüngerer Bruder Billy war noch in der Highschool und die Erntesaison stand bevor. Während Carter über seiner Entscheidung grübelte, kam er zu dem Schluss: „Gott hat für mich nicht vorgesehen, mein Leben damit zu verbringen, an Vernichtungswaffen zur Tötung von Menschen zu arbeiten."[47] Er nahm seinen Abschied von der Marine und kehrte nach Plains zurück.

Südwest-Georgia war das Land des Ku-Klux-Klans, und Carter wurde mit seinen progressiven Ansichten zur Zielscheibe. Er war kein Aktivist, doch er war der einzige Weiße in Sumter County[48], der sich weigerte, dem Weißen Bürgerrat beizutreten, der sich für die Rassentrennung einsetzte und die Südstaaten fest im Griff hatte. Sein Unternehmen wurde boykottiert. Als er 1966 zum ersten Mal als Gouverneur kandidierte, hoffte er, dass Georgia bereit sei, seine rassistische Vergangenheit hinter sich zu lassen. Er verlor die Wahl gegen Lester Maddox, der sich einen Ruf damit erworben hatte, schwarze Gäste mit einer Pistole und einem Axtgriff aus seinem Restaurant zu jagen. Carter war niedergeschlagen. „Ich konnte nicht glauben, dass Gott oder die Wähler Georgias es zulassen würden, dass mich diese Person schlug und Gouverneur unseres Staates wurde", klagte er[49]. Seine Wahlniederlage gegen Maddox löste eine Krise in seinem Glauben aus, an dem er lebenslang festhielt. Seine Schwester Ruth Carter Stapleton, Autorin und Evangelistin, führte ein Gespräch mit ihm. Sie zitierte aus dem Jakobusbrief, der die Gläubigen anwies, sich an ihren Misserfolgen zu erfreuen, da sie zu Weisheit führen können. Carter war zu dem Zeitpunkt nicht bereit, auf ihren Rat zu hören, sagte aber später, es sei ein Wendepunkt gewesen – was er als sein Erlebnis der „Wiedergeburt" bezeichnete. Er kandidierte erneut als Gouverneur, dieses Mal entschlossen, alles zu tun, um zu gewinnen.

Die Rassenfrage war immer noch das gefährlichste Thema in Georgia. Carter stellte sich im Wahlkampf von 1970 als Populist und Freund der Arbeiterklasse dar, womit er dieselbe Wählerschaft ansprach, die Maddox und andere Demagogen in Georgia umworben hatten. Gelegentlich ließ er durchblicken, dass er George Wallace, dem Gouverneur von Alabama, und anderen prominenten Segregationisten nahestand, borgte sich sogar Wallaces Slogan „Our Kind of Man"[50] („Ein Mann nach unserem Geschmack", Slogan auf einem Button für Wallaces Wiederwahl zum Gouverneur 1960, Anm. d. Übers.) als Augenzwinkern für die Rassisten in der Menge. Er ging sogar so weit, Lester Maddox zu unterstützen, der nicht selbst die Nachfolge antreten durfte und als stellvertretender Gouverneur kandidierte, und nannte ihn „die Verkörperung der Demokratischen Partei". Es gab ein Foto von Carters Gegenkandidaten in der demokratischen Vorwahl, Carl Sanders, zusammen mit schwarzen Mitgliedern des Baseballteams Atlanta Hawks (das ihm teilweise gehörte), die ihm Champagner über den Kopf gossen. Reporter aus Atlanta behaupteten, Carters Wahlkampfhelfer hätten Flugblätter mit diesem Foto an weiße Friseurläden und Kirchen im ganzen Staat verschickt und sie sogar bei Ku-Klux-Klan-Treffen verteilt. Obwohl Carter nicht mit diesen Aktivitäten in Verbindung gebracht wurde[51], da er ein Erdnussfarmer aus Süd-Georgia war, wurde bereits angenommen, er müsse Rassist und Plantagenbesitzer sein. „Ich bin kein Landbaron", war Carter schließlich gezwungen, zu verkünden. „Ich habe keine Sklaven auf meiner Farm in Plains."[52]

Einer von Carters hauptsächlichen Unterstützern war ein wohlhabender iranischer Jude aus Savannah namens David Rabhan. Er besaß ein wackliges Wirtschaftsimperium, das von Seewolf-Farmen bis zu Altersheimen reichte. Hoch gewachsen und muskulös, mit kahl rasiertem Kopf, gekleidet in den für ihn typischen blauen Overall und Turnschuhe, war Rabhan Schriftsteller, Bildhauer und Gourmet-Koch. Außerdem war er Pilot und flog Carter während des Wahlkampfs in einer zweimotorigen Chesna quer durch den Staat. Sie verbrachten so viel Zeit zusammen in der Luft, dass Carter lernte, die Maschine zu fliegen, während Rabhan ein Nickerchen machte.

Rabhan war ein Liberaler, vor allem in der Rassenfrage. Er hatte als Kind die Leiche eines Schwarzen gesehen, der von Weißen ermordet worden war, was sich ihm für immer eingeprägt hatte. Als Erwachsener pflegte er Freundschaften mit einigen der wichtigsten Persönlichkeiten in der einflussreichen schwarzen Gemeinde Atlantas. Er stellte Carter diesen Leuten unauffällig vor, zusammen mit schwarzen Predigern und Beerdigungsunternehmern im ganzen Staat. Diese Treffen wurden geheim gehalten, um Carters Chancen nicht zu zerstören. Eingeweihte schwarze Wähler konnten sich vorstellen, dass Carter ein heimlicher Progressiver sei, so wie weiße Rassisten annehmen konnten, er sei einer der Ihren.

An einem der letzten Tage des Wahlkampfs, als die beiden Männer von der Küste Georgias aus über den Bundesstaat flogen, übernahm Carter den Steuerknüppel, während Rabhan die Augen schloss. Sie flogen in 8000 Fuß Höhe, als beide Motoren zu stottern begannen und aussetzten. Carter geriet in Panik. Er versetzte

Rabahn einen Rippenstoß, doch der Mann rührte sich nicht. Dann schlug er fester zu. „Was ist los?“, fragte Rabah[53].

„Der Treibstoff ist uns ausgegangen!“ In dem Fall, sagte Rabahn, würden sie abstürzen. Rabhan ließ das erst einmal wirken, dann drehte er an einem Ventil und öffnete den Zusatztank. Hustend sprangen die Motoren wieder an.

Nur sehr wenige kommen damit durch, Jimmy Carter auf den Arm zu nehmen. Nachdem Carter sich beruhigt hatte, meinte er, Rabahn habe so viel für ihn getan. „Wir sind am Ende des Wahlkampfs“, sagte er. „Ich glaube, ich habe gute Chancen zu gewinnen. Gibt es irgendwas, das ich für Sie tun kann?“ – „Nein, ich brauche Ihre Hilfe als Gouverneur nicht“, erwiderte Rabahn. „Ich hätte nur gerne, dass Sie den Menschen von Georgia sagen, was Sie von dem Mühlstein des Rassismus halten, der so lange auf unserem Staat gelastet hat.“ Carter griff nach einer alten Flugkarte. Auf die Rückseite schrieb er: „Ich kenne diesen Staat so gut wie alle anderen. Ich sage Ihnen ganz offen, dass die Zeit für Rassendiskriminierung vorbei ist.“ Er reichte Rabhan die Karte. „Wenn ich die Wahl gewinne, werde ich in meiner Antrittsrede dieses Statement abgeben.“ – „Signieren Sie“, verlangte Rabhan.

Diese Deklaration aus dem Gouverneurssitz von Georgia am 12. Januar 1971 brachte Carter auf den Titel der Zeitschrift *Time* und säte den Samen für seine Präsidentschaftskandidatur.

Der amerikanische Secret Service hatte wenig Notiz genommen von Anwar al-Sadats früherer politischer Laufbahn. Damals überragte ihn der riesige Schatten Gamal Abdel Nassers, des charismatischen Architekten der ägyptischen Revolution. Als Nasser 1970 an einem Herzinfarkt starb, wurde Vizepräsident Sadat allgemein als Platzhalter betrachtet, bis der nächste starke Mann ihn beiseiteschieben würde. Stattdessen erwies er sich als ein Meister des Unerwarteten. Als Erstes verblüffte er Ägypten damit, Nassers korrupte Kumpane, welche die Schlüsselpositionen der Regierungsmacht innehatten, zu verhaften und ins Gefängnis zu werfen. Dann wies er 1972 15 000 sowjetische Soldaten und Militärberater aus Ägypten aus[54]. Bis zu diesem Zeitpunkt war Ägypten im Wesentlichen ein sowjetischer Militärstützpunkt, das vorrangige Standbein der Russen im Nahen Osten. In Washington, wo man vollkommen überrascht wurde, herrschte darüber ebenso viel Verwirrung wie Freude. Die Israelis waren überzeugt, dass die Ägypter ohne die Russen nicht in der Lage sein würden, Krieg zu führen[55]. Im darauffolgenden Jahr, an Jom Kippur, schickte Sadat seine Armee über den Suezkanal, überrumpelte die Israelis und brachte die Supermächte an den Rand eines atomaren Showdowns. Währenddessen war der unberechenbare ägyptische Staatschef für amerikanische Politiker und Geheimdienst-Analysten zu einer Obsession geworden.

Unter allen Überraschungen, die Sadat aus dem Hut gezaubert hatte, kam keine dem Moment des 9. November 1977 gleich, als er den vorbereiteten Text einer langatmigen Rede vor der ägyptischen Volksversammlung beiseitelegte und verkündete: „Ich bin bereit, bis ans Ende der Welt zu reisen, wenn dies in irgendeiner Weise einen ägyptischen Jungen, Soldaten oder Offizier davor bewahrt, getötet oder verwundet zu werden ... Israel wird überrascht sein, von mir zu hören, dass ich willens bin, vor sein Parlament, die Knesset selbst, zu treten und mit den Abgeordneten zu debattieren."[56] Wenige glaubten ihm. Die ägyptischen Parlamentarier jubelten routinemäßig; selbst der als Gast anwesende Jassir Arafat, der Anführer der Palästinensischen Befreiungsorganisation (PLO), applaudierte pflichtschuldig. Die Kairoer Zeitungen übergingen das Statement am nächsten Morgen. Alle hielten es für eine leere Geste.

Zehn Tage später hob Sadats Flugzeug zum Ben-Gurion-Flugplatz ab. Jetzt hielt er die Welt in Atem. Israel war in einem Stadium verwirrten Deliriums wegen des Besuchs, dem ersten eines arabischen Staatsoberhaupts in der israelischen Geschichte[57]. Zehntausende Soldaten, Polizisten und Sicherheitsleute standen bereit, um den ägyptischen Präsidenten zu schützen[58], dazu noch 2500 Auslandsjournalisten[59], die eilends angereist waren, um über das historische Ereignis zu berichten. Um 20.30 Uhr, zwei Stunden

Anwar al-Sadat wird 1977 bei seiner Ankunft in Jerusalem von Menachem Begin begrüßt

nach dem Ende des Sabbats, fingen Suchscheinwerfer das weiße Flugzeug vor dem schwarzen Himmel ein, das im Tiefflug über Tel Aviv kreiste. Ägyptische Fahnen in Rot, Weiß und Schwarz flatterten zwischen den blau-weißen Israels, obwohl die beiden Länder sich immer noch im Kriegszustand befanden. Da sie nicht über die Noten der ägyptischen Nationalhymne verfügten[60], hatte das israelische Militärorchester sie durch Hören von Radio Kairo rasch spielen gelernt. Scharfschützen waren auf den Dächern des Flughafenterminals postiert[61], sollten anstelle Sadats plötzlich Terroristen aus der Präsidentenmaschine stürmten. Aber dann war er da.

Sadats Feinde warteten auf dem Rollfeld[62] und er trat zu ihnen, scherzte mit den Generälen und den Kabinettsmitgliedern, begrüßte Menachem Begin und ehemalige israelische Premierminister.

„Madame, ich habe lange darauf gewartet, Sie kennenzulernen“, sagte er, als er Golda Meir küsste[63]. „Wir haben Sie erwartet“, sagte sie. „Und jetzt bin ich hier.“

Er scherzte mit Ariel Scharon, dem vielleicht größten Feldherrn der israelischen Geschichte, und drohte ihm, wenn er das nächste Mal den Kanal überquerte, würde er ihn verhaften lassen. „Oh nein, Sir“, erwiderte Scharon. „Ich bin jetzt nur noch Landwirtschaftsminister.“[64]

Durch seine Reise nach Israel machte Sadat zwei Kulturen miteinander bekannt, die einander beinahe vollkommen fremd waren. Nur wenige Israelis waren je einem Ägypter begegnet, abgesehen von den Juden, die von dort emigriert waren, daher mischten sich in den Schock, Sadat persönlich in ihrer Mitte zu haben, Neugier und Verwunderung. Dasselbe galt für die Ägypter, die das Ereignis im Fernsehen verfolgten. Sadat zu sehen, wie er den Feinden ins Gesicht blickte – bisher Gestalten der Legende –, machte die Israelis für die Ägypter auf plötzliche und beunruhigende Weise menschlich. Sadat war überzeugt, dass 70 Prozent des Konflikts zwischen Israel und den Arabern psychologischer Natur waren[65], wenn es ihm gelänge, den Frieden real und greifbar erscheinen zu lassen, nicht nur für die Israelis, sondern auch für die Araber, wäre der größte Teil der Arbeit getan. Dann würde es vielleicht eine Möglichkeit für den Aufschwung geben, den die Ägypter so dringend brauchten, der aber durch Kriege chronisch verhindert worden war.

Sadats Entscheidung, nach Israel zu reisen, durchbrach das Tabu, mit den Israelis zu sprechen oder auch nur die Existenz eines jüdischen Staates anzuerkennen. Sowohl der Außenminister als auch der Mann, den Sadat zu seinem Nachfolger bestimmt hatte, waren unter dem Protest zurückgetreten, dass Ägypten nun in der arabischen Welt isoliert sein würde. Sadat verstärkte die Beleidigung noch dadurch, dass er seine Ankunft auf den Abend des Eid al-Adha legte, des Opferfestes, einen der höchsten Feiertage im Islam. An diesem Tag öffnet der König von Saudi-Arabien die Tür der Kaaba, des quaderförmigen Steingebäudes in Mekka, auf das alle Muslime ihre Gebete ausrichten. „Ich bin immer zur Kaaba gegangen, um für jemanden zu beten, niemals, um gegen jemanden zu beten“, sagte König Chalid. „Aber zu diesem Anlass hörte ich mich sagen: ‚Oh Gott, gewähre, dass das Flugzeug abstürzt, das Sadat nach Jerusalem bringt, bevor es dort ankommt, damit er nicht zum Skandal für uns alle wird.'"[66]

Während die Autokolonne des Präsidenten durch die felsigen Hügel auf Jerusalem zufuhr, sangen Menschenmengen auf der Straße „Hevenu Shalom Alechem" („Wir bringen Frieden für alle")[67]. Die Israelis besaßen keine gepanzerte Limousine für Sadat, daher liehen sie sich eine vom amerikanischen Botschafter[68]. Entlang des ganzen Weges weinten die Menschen offen[69]. Manche trugen T-Shirts mit dem Aufdruck „All You Need Is Love". Die ägyptische Entourage staunte mit offenem Mund; sie fühlte sich wie auf einem anderen Planeten. Die Autokolonne kam vor dem Jerusalemer King-David-Hotel zum Stehen, das Begins Partisanen während des britischen Mandats drei Jahrzehnte zuvor in die Luft gesprengt hatten. In der Lobby warteten 250 Menschen, die Sadat zujubelten. Auf der anderen Straßenseite erklang vom Glockenspiel des YMCA (CVJM) „Getting to Know You"[70].

Jerusalem – der umkämpfteste Ort der Geschichte – war ein Gegenstand der Sehnsucht und Verehrung für die drei großen abrahamitischen Religionen und der Ursprung jahrhundertelangen Blutvergießens. Israel hatte Ostjerusalem zehn Jahre zuvor im Krieg von 1967 erobert, was Christen und Juden auf der ganzen Welt in Begeisterung versetzt und die Muslime in Verzweiflung gestürzt hatte. Aus ihren Zimmern im King-David-Hotel hatte die ägyptische Delegation nun einen fantastischen Blick auf die honiggelben Kalksteinmauern der Altstadt und die Baukräne, die wie ein riesiger Wald darum aufragten. „Diese ganze Bautätigkeit!", sagte einer der Delegierten. „Ich befürchte, dass Jerusalem für die Araber verloren ist."[71] Obwohl Sadat selber gelassen und unberührt wirkte, führten die aus Beklemmung, Hoffnung und Furcht gemischten Gefühle unter den Ägyptern zu starkem Stress und Verwirrung. Einer von Sadats Leibwächtern starb im Hotel sogar an einem Herzinfarkt[72]. Seine Leiche wurde in ein Frachtflugzeug geschmuggelt, damit die Gerüchte eines Attentats keine Wurzeln schlugen.

Im Herzen der Altstadt erhebt sich der Tempelberg. Entsprechend jüdischer Tradition ist er der Ort, an dem Adam aus Staub erschaffen wurde, wo Kain Abel tötete und wo der Geist Gottes wohnt. König Salomon soll dort 1000 Jahre vor der Geburt Jesu den ersten Tempel errichtet haben, um die Bundeslade aufzunehmen, in der die Steintafeln mit den Zehn Geboten ruhten, die Gott am Berg Sinai Moses übergeben hatte. Der erste Tempel stand bis etwa 586 v. Chr., als der babylonische Herrscher Nebukadnezar ihn niederriss und die Juden nach Babylon verschleppte. 70 Jahre später wurden die Juden vom persischen Herrscher Kyros dem Großen befreit, und der zweite Tempel wurde an derselben Stelle errichtet. König Herodes vergrößerte ihn zu einem der größten Bauwerke der antiken Welt. Hier vertrieb Jesus die Geldwechsler und Verkäufer der Opfertiere und sagte: „Schafft das weg hier! Macht das Haus meines Vaters nicht zu einem Kaufhaus."[73] Im Jahr 70 n. Chr. wurde der Tempel von den Römern nach dem jüdischen Aufstand gegen das Imperium erneut geschleift.

Um 1099 erreichten die Kreuzritter Jerusalem und töteten jeden in der Stadt. Die Juden wurden zusammengetrieben und in ihren Synagogen abgeschlachtet. Ein Zeuge beschreibt, wie die christlichen Ritter durch einen See von Blut ritten, nachdem sie 10 000 Muslime erschlagen hatten, die auf den Tempelberg geflohen waren[74]. Die Herrschaft über die Stadt wechselte zwischen Christen und Muslimen hin und her, bis Saladin die Stadt im 12. Jahrhundert friedlich zurückeroberte und allen Religionen das Recht erteilte, an ihren heiligen Stätten zu beten – ein Beispiel, dessen Befolgung sich für seine Nachfolger als schwierig erwies. Die Osmanen nahmen Jerusalem 1517 ein und behielten die Herrschaft 400 Jahre lang, bis die Briten die Türken und ihre deutschen Berater nach Ende des Ersten Weltkriegs hinauswarfen. Zu der Zeit war Jerusalem zu einer verpesteten Stadt mit 55 000 hungernden Menschen geworden, überschwemmt von Prostitution und Geschlechtskrankheiten. Sich des historischen Beispiels bewusst, bestand der siegreiche General Sir Edmund Allenby darauf, die Stadt zu Fuß zu betreten, um seine Ehrfurcht zu demonstrieren. Als ihm die Schlüssel der Stadt überreicht wurden, verkündete Allenby: „Die Kreuzzüge sind nun beendet.“[75] Und dennoch teilten die Briten und Franzosen das Osmanische Reich unter sich auf. Bei diesem imperialen Festmahl gelang es den Zionisten in Europa, die Unterstützung der Briten zu gewinnen, um eine Heimat für die Juden in Palästina zu erlangen. Eine blutige neue Ära war geboren.

Muslime nennen den Tempelberg *al-haram asch-sharif*, das Edle Heiligtum. Laut dem Koran ist dies der Ort, an dem Abraham seine Gottesfurcht bewies, indem er seinen Sohn Ismael als Opfer darbot. (Christen und Juden glauben, dass Abrahams Sohn Isaak, der Vater der Juden, das vorgesehene Opfer war.) Jetzt stehen zwei Moscheen auf dem Berg, auf dem einst der jüdische Tempel gestanden hatte.

Der Tag nach Sadats Ankunft war der Tag des Opferfestes, an dem der Barmherzigkeit Gottes gedacht wird, Ismael (Isaak) zu verschonen. Verfolgt von Fernsehkameras und Hubschraubern betrat Sadat die Al-Aqsa-Moschee mit der Silberkuppel zum Frühgebet. Seine Anwesenheit an diesem heiligen Ort sandte elektrisierende Strömungen durch die muslimische Welt, wechselweise von Hoffnung und Betrug. Einerseits war der Verlust Jerusalems größer als der des Sinai und der gesamten West Bank, und die Tatsache, dass die Zukunft der Stadt erneut auf dem Verhandlungstisch lag, stellte eine fast unerträgliche Belastung dar; andererseits schürte die bloße Tatsache, dass Sadat mit den Besatzern verhandelte, Angst und Paranoia. Das war dieselbe Moschee, in der ein palästinensischer Schneider 1951 König Abdullah I. von Jordanien ermordete, weil dieser es gewagt hatte, mit den Israelis zu verhandeln. Die Einschusslöcher in den Alabastersäulen waren noch immer sichtbar. Während Sadat betete, beschuldigten ihn palästinensische Demonstranten lautstark desselben Verbrechens.

Danach begab sich Sadat in den Felsendom aus dem 7. Jahrhundert, das älteste Bauwerk des Islam, ein prachtvolles, achteckiges Gebäude mit kunstvollen Porzellan-Mosaiken und einer goldenen Kuppel, welche die Altstadt beherrscht. Der Felsendom ist sowohl ein strahlendes Symbol islamischer Spiritualität, als auch das omnipräsente politische Wahrzeichen palästinensischer Sehnsucht nach Rückgabe. Der Schrein umschließt die Felsspitze, die den Gipfel des Tempelbergs darstellt. Nach jüdischer Tradition ist der Fels der Sitz, den Gott für sich machte, als er das Universum schuf. Muslime glauben, dass von diesem Felsen aus der Prophet Mohammed auf seinem wundersamen Ross Buraq zu seiner nächtlichen Reise in den Himmel aufstieg. Nach islamischer Tradition wird am Ende aller Tage in diesem Heiligtum das Jüngste Gericht stattfinden, bei dem die Gesegneten und die Verdammten ihre getrennten Wege in die Ewigkeit antreten[76].

Dann ging Sadat hinab in die Altstadt am Fuße des Tempelbergs und machte halt an der Grabeskirche. Ein Mönch zeigte ihm den Stein, auf dem angeblich der Leib des gekreuzigten Jesu gewaschen wurde, sowie das Grabmal, in dem er beerdigt war. Draußen begannen Demonstranten, die Sicherheitsabsperrung zu durchbrechen. „Sadat, was willst du von uns?“, schrien die Palästinenser, als er die Kirche verließ. „Wir sind gegen dich. Wir wollen dich hier nicht haben.“[77]

Danach legte Sadat einen Kranz vor der Gedenkstätte für die in allen Kriegen seit der Gründung des Staates Israel gefallenen Soldaten ab. Dann besuchte er zusammen mit Begin die Holocaust-Gedenkstätte Yad Vashem. Sadat wurde eine Scheitelkappe gereicht. „Das ist eine Kippa“, erklärte Begin. „Es ist unser Brauch, während des Gebets oder beim Betreten eines Gebetshauses den Kopf zu bedecken.“[78]

Schweigend ging Sadat durch die ergreifende Gedenkstätte, in der die Werkzeuge des Völkermordes offen ausgestellt waren. Da war das Tor von Auschwitz, mit dem grotesk-ironischen Motto „Arbeit macht frei“, das mehr als eine Millionen Juden auf dem Weg in den Tod passiert hatten. Die Halle der Namen enthielt kurze Biografien von zwei Millionen der während des Holocaust umgekommenen sechs Millionen Juden. In der Mitte des Raumes ragte ein großer, mit den Bildern der Opfer ausgekleideter Kegel zur Decke auf, wie die Schornsteine der Todeslager. „All das wurde uns angetan, weil wir keinen eigenen Staat hatten", sagte Begin zu Sadat[79].

Begins Eltern Ze'ev Dov und Chasia befanden sich, genau wie sein älterer Bruder Herzl, unter den Namen dieser grausigen Sammlung. Am 22. Juli 1942 hatten die Nazis seine Heimatstadt Brisk* erobert und mit der systematischen Vernichtung aller polnischen Juden begonnen. Ze'ev Dov hatte versucht, nach Palästina auszuwandern, als die Nazis kamen, aber Chasia lag mit Lungenentzündung im Krankenhaus. Die Deutschen ermordeten sie in ihrem Bett, zusammen mit anderen Patienten. 5000 Juden aus Brisk, unter ihnen auch Ze'ev und Herzl, wurden zusammengetrieben. Einige wurden erschossen und in eine Grube geworfen[80]; Ze'ev Dov wurde mit Steinen beschwert und im Fluss Bug ertränkt. Menachem erfuhr, das die letzten Worte seines Vater ein Fluch auf seine Henker gewesen waren: „Auch für euch wird ein Tag der Vergeltung kommen!"[81]

„Möge Gott unsere Schritte zum Frieden lenken", schrieb Sadat ins Gästebuch. „Lasst uns alles Leid der Menschheit beenden."[82]

Sadat, Meister der kühnen Geste, war unbedeutenden Einzelheiten gegenüber gleichgültig, doch seine verwirrten israelischen Gastgeber waren besessen vom Kleingedruckten. Was verlangte Sadat im Austausch zu seinem überwältigenden Angebot? Wollte er den Sinai? Gewisse Zugeständnisse auf der West Bank oder im Gazastreifen? Sie versuchten Sadat festzunageln, aber er blieb irritierend ausweichend. „Wir müssen uns auf den Kern des Problems konzentrieren, nicht auf technische Einzelheiten und Formalitäten", erklärte er[83]. Er wollte ein „verbindliches Programm"

* Brisk war der Name, den die Juden der als Bresk-Litowsk bekannten Stadt gaben, gelegen zwischen Russland und Polen, die beide diese Stadt zu verschiedenen Zeiten für sich beanspruchten. Im 16. Jahrhundert wurde sie für kurze Zeit zur Hauptstadt Litauens. Heute heißt sie Brest und gehört zu Weißrussland.

erreichen – eine Grundsatzerklärung, in der Israel zusicherte, aus den besetzten Gebieten abzuziehen und zu einer Lösung der Palästinenserfrage zu kommen. Aber was bedeutete das genau? Aus *allen* besetzten Gebieten, oder war das verhandelbar? Welche „Lösung“ gab es für die Notlage der Palästinenser? „Jede Seite möchte sich mit den Einzelheiten befassen“, beharrte Begin, „nicht nur mit generellen Aussagen“[84]. Da die Israelis so damit beschäftigt waren, die Nuancen von Sadats Sprache zu entziffern, waren sie blind dafür, dass Sadats Anwesenheit in Jerusalem die Botschaft selbst war.

Das Dilemma der Israelis bestand unter anderem darin, sich nie richtig damit auseinandergesetzt zu haben, was sie wirklich wollten. Andauernde Konflikte hatten das Thema permanenter Grenzen in eine ferne Zukunft gerückt, doch die unerwartete Aussicht auf tatsächlichen Frieden verlangte unmittelbare Entscheidungen. Was war ihnen der Frieden wert? Erweitert um die 1948 und 1967 eroberten Gebiete, reichte Israel nun von den Anhöhen des südlichen Libanons bis zum Roten Meer und vom Jordan bis ans Mittelmeer. All dieser Raum bot strategische Tiefe, etwas, das Israel nie zuvor besessen hatte. Der Sinai war ein historisches Einfallstor für angreifende Armeen gewesen, die Golanhöhen eine überragende Bastion für die syrische Artillerie, die West Bank ein Versteck für Terroristen. Warum das alles aufgeben? Würde der Frieden die Sicherheit ersetzen, die Israel dadurch gewonnen hatte, diese Gebiete unter militärische Kontrolle zu bringen?

Die Größe des durch die Besetzung gewonnenen Raums hatte auch etwas zutiefst Attraktives; aus ästhetischer Perspektive hatte Israel nun ein wohlgenährtes Aussehen. Vor der Besetzung der West Bank hatte das Land gewirkt, als sei es in der Mitte halb durchgebissen worden. Das kleine Fischerdorf Sharm el-Sheik, strategisch gelegen am südlichsten Zipfel der Halbinsel beim Zusammenfluss des Roten Meers und des Golfs von Akaba, hatte sich in einen israelischen Ferienort verwandelt, mit schicken Hotels und Tauchbasen. Radiosender in Tel Aviv verbreiteten regelmäßig

Wettervorhersagen über die Strände am Roten Meer. Die Israelis hatten sich in dem komfortablen Gefühl eingerichtet, Eigentümer all dieses Grundbesitzes zu sein, auch wenn die Kriegsdrohung nie ganz verschwand. Darüber hinaus verfügte der Sinai über Öl, von dem das an Ressourcen arme Israel sich bediente. Und schließlich war da der Streitpunkt Jerusalem, Gegenstand und Mittelpunkt jüdischer Gebete seit Jahrtausenden. War Frieden es wirklich wert, auf all diesen kostbaren Besitz zu verzichten?

Nach dem Mittagsmahl begab Sadat sich in die Knesset, um seine Rede zu halten. Der unheimliche und beispiellose Augenblick seines Eintretens wurde durch Trompetensignale angekündigt. Zum ersten Mal in der Geschichte dieser Institution war es den Mitgliedern der Knesset erlaubt, zu applaudieren[85]– wenn es auch nicht alle taten. Zwischen ihnen stand nach wie vor eine psychologische Mauer, die Sadat zu beseitigen gedachte. Selbst seine bittersten Feinde erkannten, dass Sadat sein Leben gefährlich aufs Spiel gesetzt hatte. Er hatte es den beiden Völkern schwerer gemacht, einander zu hassen, und der Verlust dieses wohligen Gefühls löste auf beiden Seiten mörderische Wut gegen ihn aus.

„Meine Damen und Herren, es gibt im Leben der Nationen und Völker Augenblicke, in denen die Weisen und Einsichtigen die Pflicht haben, ein Problem in seiner ganzen Kompliziertheit und in allen seinen Zusammenhängen in einem kühnen Aufbruch zu neuen Horizonten zu erforschen“, begann Sadat[86]. Er sprach Worte aus, die kein arabischer Staatsmann je zuvor gesagt hatte – Worte, die zu hören sich viele im Publikum nie hätten vorstellen können. „Sie wollen mit uns in diesem Teil der Welt leben. Ich sage Ihnen aufrichtig, dass wir Sie unter uns willkommen heißen, und zwar in der Gewissheit absoluter Sicherheit“, verkündete Sadat. „Bisher haben wir Sie abgelehnt“, räumte er ein. „Wir hatten unsere Gründe dafür und unsere Befürchtungen; gewiss! Wir pflegten Sie, als ‚sogenanntes‘ Israel zu brandmarken; gewiss! Wir nahmen zusammen an internationalen Konferenzen teil und gehörten denselben Organisationen an, aber unsere Repräsentanten haben niemals auch nur Grüße mit Ihren Delegierten ausgetauscht und tun es immer noch nicht; gewiss! So ist es geschehen und so geschieht es immer noch."

Dann wurde sein Ton schärfer. „Offenheit macht es notwendig, Ihnen das Folgende zu sagen", fuhr er fort. „Ich bin nicht hierhergekommen, um ein Separat-Abkommen zwischen Ägypten und Israel zu schließen." Viele im Raum, einschließlich Begin, hofften, die Palästinenserfrage beiseitezuschieben; ja, selbst Sadat hatte gelegentlich zwiespältige Gefühle zu diesem Thema gezeigt, doch nun war er unnachgiebig: „Lassen Sie mich ohne jedes Zögern sagen, dass ich nicht zu Ihnen unter dieses Dach gekommen bin, um den Rückzug Ihrer Truppen aus den besetzten Gebieten zu erbitten. Der vollständige Rückzug von den nach 1967 besetzten arabischen Territorien ist eine logische und unbestreitbare Tatsache. Niemand sollte darum bitten." Er fuhr fort: „Friede ist seines Namens nicht wert, wenn er nicht auf Gerechtigkeit beruht, sondern auf der Besetzung des Landes anderer. Es wäre nicht angemessen, etwas für Sie selbst zu verlangen, das Sie anderen verweigern ... Sie müssen ein für alle Mal den Traum der Eroberung und den Glauben aufgeben, dass Gewalt die beste Methode ist, um mit den Arabern fertigzuwerden."

Sadat versprach, dass Israel sicher und in Frieden mit seinen arabischen Nachbarn leben würde, unter gewissen Bedingungen. „Jedes Gespräch über einen dauerhaften und auf Gerechtigkeit basierenden Frieden und jede Bemühung, um unsere Koexistenz in Frieden und Sicherheit in diesem Teil der Welt herbeizuführen, würde bedeutungslos werden, solange Sie immer noch gewaltsam arabisches Gebiet besetzt halten", sagte er und fügte hinzu: „Wir beharren auf einem kompletten Rückzug aus diesen Gebieten, einschließlich des arabischen Jerusalem."

Die Stimmung in der Knesset, die so erwartungsfroh gewesen war, sank rapide. Die Abgeordneten machten sich nun auf das gefasst, was ihnen wie die üblichen arabischen Forderungen vorkam, obwohl kein anderer arabischer Regierungschef dabei jemals echten Frieden angeboten hatte. „Die Weigerung, das palästinensische Volk und sein Recht auf eigene Staatlichkeit sowie auf Rückkehr anzuerkennen, ist sinnlos", fuhr Sadat fort und wischte sich in dem heißen, stickigen Raum über die schweißnasse Stirn. „Wenn Sie die legale und moralische Berechtigung gefunden haben, ein nationales Heim in einem Land zu errichten, das keineswegs Ihnen gehört, dann ist es unerlässlich, dass Sie auch Verständnis für den beharrlichen Wunsch des palästinensischen Volkes zeigen, wiederum einen eigenen Staat in seinem eigenen Land zu begründen." Verteidigungsminister Ezer Weizman steckte Begin eine Notiz zu: „Wir müssen uns auf Krieg vorbereiten."[87] Begin las sie und nickte.

Es war ein seltsamer Auftritt. Wann ist es je passiert, dass ein besiegter Gegner – sogar besiegt in vier Kriegen – die Hauptstadt des Feindes betreten hat, um Bedingungen für den Frieden zu stellen? Als Sadat seine Rede beendet hatte, applaudierte Begin nicht.

Obwohl Begin für seine Redekunst vor diesem Hause bekannt war, war seine folgende Ansprache improvisiert und voller Zurechtweisungen. Ein gekränkter Ton war ihm schon unter normalen Umständen eigen, und in der seltsamen Rollenumkehr bei dieser Begegnung bot Begin von sich aus keine Friedensbedingungen an. Stattdessen verteidigte er Israels Recht, überhaupt zu existieren. „Nein, mein Herr, wir haben kein fremdes Land eingenommen", rief er aus[88]. „Wir sind in unser Heimatland zurückgekehrt. Die Bande unseres Volkes zu diesem Land sind ewig. Es wurde in der Morgendämmerung der menschlichen Geschichte erschaffen ... Hier wurden wir zu einem Volk. Und als wir gewaltsam aus unserem Land vertrieben wurden, als wir aus unserem Land geworfen wurden, vergaßen wir dieses Land nicht für einen einzigen Tag. Wir beteten für es. Wir sehnten uns nach ihm." Er erwähnte Sadats Besuch im Holocaust-Museum früher am Tag. „Sie haben mit Ihren eigenen Augen gesehen, welches Schicksal unser Volk erlitt, als ihm sein Heimatland genommen wurde", sagte er. „Niemand kam zu unserer Rettung, nicht aus dem Osten und nicht aus dem Westen. Und daher schworen wir, diese ganze Generation, die Generation des Holocaust und der Wiederauferstehung, unser Volk nie wieder in Gefahr zu bringen."

Der Frieden war so nahe erschienen, als Sadats Flugzeug in Israel landete, doch als er abflog, war der Frieden immer noch sehr weit entfernt.

Carter hatte Begin kennengelernt, als er im Juli 1977 nach Washington kam, nur einen Monat nach dem Amtsantritt des Israeli. Carter erkannte sofort den bemerkenswerten Intellekt dieses Mannes – „Ich bin vermutlich kaum jemandem begegnet, dessen IQ so hoch ist wie seiner"[89], notierte er – wie auch seine biblischen Kenntnisse, von denen Carter hoffte, sie würden dazu beitragen, Gemeinsamkeiten zu finden. Andererseits war er schockiert über Begins Arroganz und offensichtliche Gleichgültigkeit gegenüber den Bemühungen des Präsidenten der Vereinigten Staaten, Frieden im Nahen Osten zu schaffen. Nach Carters Meinung machte Begin von Anfang an klar, dass „er nicht das Geringste dafür tun würde".

Begin war ein schlanker Mann mit einem hohen, kahlen Schädel und einem langen Kinn, was seinem Kopf ein wenig die Form einer Glühbirne verlieh. Die Augen hinter der Brille mit dem schweren Rahmen waren blaugrau, die dünnen, noch verbliebenen Haarsträhnen rotbraun. Wenn er lächelte, enthüllte er eine sichtbare Lücke zwischen den Vorderzähnen. Sein Desinteresse an Mode war zu einem Markenzeichen geworden, doch andererseits war er von Natur aus äußerst förmlich und legte großen Wert auf Zeremoniell. Würde war eine fixe Idee bei ihm. Sein steifer Ehrenkodex und sein geziertes Auftreten machten ihn für seine Gegner zur Zielscheibe von Karikatur und Lächerlichkeit. „Begin ist restlos davon überzeugt, dass er die Wahrheit gepachtet hat", bemerkte Ezer Weizman. „Daher nimmt er bei Ansprachen – auch gegenüber Staatsoberhäuptern großer Nationen – die Pose eines Lehrers sein, der zu seinen Schülern spricht. Das hat etwas Anmaßendes."[90] Ansichten, die nicht mit seiner starren Lebensphilosophie übereinstimmten, wurden als naiv oder subversiv abgelehnt.

„Begin treibt jeden, der mit ihm nicht übereinstimmt, schlicht die Wände hoch“[91], bemerkte Samuel Lewis, der amerikanische Botschafter in Israel. Lewis hielt dies lediglich für eine von Begins vielen Taktiken. „Er verfügte über ein reiches Werkzeugarsenal: Wut, Sarkasmus, Bombastik; Übertreibung, ermüdende Wiederholung von Argumenten, historische Lektionen aus den dunklen Kapiteln der jüdischen Geschichte und Dickköpfigkeit.“[92]

Der Premierminister trug eine emotionale Bürde, die für Holocaust-Überlebende besonders heftig war. „Vor den Augen jedes Sohnes der Nation tauchen immer wieder die Todeswaggons auf“[93], sagte er in einer seiner verzweifelten Proklamationen aus dem Untergrund. „Die schwarzen Nächte, wenn der Klang infernalisch kreischender Räder und das Bild der Verdammten von Ferne eindringt und einem den Schlaf raubt, um daran zu erinnern, was mit Mutter, Vater, Bruder, mit einem Sohn, einer Tochter, einem Volk geschah. In diesen unausweichlichen Momenten fühlt sich jeder Jude im Land unwohl, weil es ihm gut geht. Er fragt sich: Ist da nicht etwas Verräterisches an seinem eigenen Dasein? Er fragt sich, ob er da sitzen kann und diesen schrecklichen Widerspruch zwischen dem Todesmarsch dort und dem Fluss des Lebens hier zulassen?“ Er schloss: „Und es gibt keine Möglichkeit, diesen Fragen zu entrinnen.“

Im Privaten war Begin zurückhaltend und litt unter häufigen Stimmungsschwankungen, die ihn dazu veranlassten, sich in sein Büro zurückzuziehen und Termine abzusagen[94]. Der Premierminister umgab sich mit Ratgebern, die wenig mehr als Gefolgsmänner waren, meist aus der Zeit im Untergrund rekrutiert, die seine Launen tolerierten und seine Autorität nicht infrage stellten. Begin war keineswegs ein geschickter Verwalter. Er verstand wenig von der Wirtschaft oder von internationalen Angelegenheiten außerhalb seiner Region. Während seiner gesamten Laufbahn verfolgte er nur ein politisches Hauptkonzept: die Grenzen Israels auszuweiten. Seine Haltung gegenüber den Arabern, die innerhalb dieser Grenzen lebten, war ambivalent. Er war zutiefst davon überzeugt, der Staat Israel gehöre einzig und allein dem jüdischen

Volk[95]; andererseits schlug er vor, dass Israel, wenn es die durch Krieg erlangten Gebiete annektierte, jedem Araber, der sie haben wollte, die Staatsangehörigkeit gewähren solle[96].

Er war nicht ausgesprochen religiös und ging hauptsächlich an Feiertagen in die Synagoge[97]. Nichtsdestotrotz beschäftigte ihn das tragische Problem der jüdischen Geschichte in seinem tiefsten Inneren. Andere Länder konnten multireligiös und andere Religionen multinational sein, glaubte er, doch für die Juden gebe es nur eine Nationalität und eine Religion, und beide konnten nicht voneinander getrennt werden. Sein Ratgeber und Redenschreiber Yehuda Avner erinnerte sich an einen Abend des Bibelstudiums in Begins Haus, bevor dieser nach Washington flog. Begin hatte vorgeschlagen, über das 4. Buch Mose (Numeri) zu sprechen, Verse 22–24. In dieser Geschichte sind 40 Jahre vergangen, seit die Juden aus Ägypten geflohen waren, und ihre Wanderung war fast am Ende angelangt. Der furchtsame Moabiterkönig Balak versuchte, den Propheten Bileam zu bestechen, die Israeliten zu verfluchen, bevor sie das Gelobte Land betreten konnten, in welchem die Moabiter wohnten. Bileam weigerte sich. „Wie soll ich fluchen, dem Gott nicht flucht?“, sagt er zum König und fügt dann mit Bezug auf die Israeliten hinzu: „Siehe, das Volk wird besonders wohnen und nicht unter die Heiden gerechnet werden.“

„Ist das nicht eine erstaunlich genaue Prophezeiung der Erfahrung des jüdischen Volkes während seiner gesamten Geschichte?“, fragte Begin die versammelten Gäste[98]. Warum müsse Israel in der Welt derart im Abseits stehen? Es gebe viele christliche Staaten, muslimische Staaten und buddhistische Staaten; es gebe viele Länder, in denen Englisch, Französisch, Arabisch und so weiter gesprochen werde; aber es gebe nur ein einziges jüdisches Land auf der Welt, und nur eins, in dem Hebräisch gesprochen werde. Israel stehe allein. „Warum haben wir keine souveränen Freunde und Verwandte irgendwo auf der Welt?“, fragte er. „Kein anderes Land auf der Welt teilt unsere einzigartige Geschichte.“ Die einzige Bindung, die Israel mit anderen Menschen habe, sei die zu

Mitjuden in der Diaspora, „und überall sind sie eine Minderheit und nirgendwo genießen sie irgendeine Form nationaler oder kultureller Autonomie."

Begin begann sein erstes Treffen mit Carter im Weißen Haus mit einem Überblick der modernen Geschichte Israels und erinnerte an die Angriffe der Araber auf die Juden im Unabhängigkeitskrieg von 1948. „Es gab nur 650 000 Juden[99] [in Palästina] zu jener Zeit, und wir mussten gegen drei Armeen kämpfen, plus die Iraker", sagte er. „Ich übertreibe nicht, wenn ich sage, dass wir manchmal mit unseren bloßen Händen kämpfen mussten, und manchmal mit selbst gebauten Waffen, die nicht immer funktionierten. Wir verloren ein Prozent unserer Bevölkerung in diesem Krieg, 6000 Menschen." Begin wurde emotional, während er von den Terrorangriffen durch die Palästinenser sprach. „Das Blutvergießen ist ständig weitergegangen. Mein Enkelkind wurde in Jerusalem bombardiert*.

„Ich erinnere mich, wie wir im Mai 1967 während der Parade zum Unabhängigkeitskrieg Nachrichten von der ägyptischen Mobilmachung im Sinai bekamen", fuhr Begin fort. „Zwei Wochen lang waren wir von einem Ring aus Stahl umgeben. Uns standen mehr Panzer gegenüber, als Deutschland 1941 gegen die Sowjetunion in Marsch gesetzt hatte. Alle arabischen Hauptstädte verlangten unseren Tod und wollten uns ins Meer werfen." Angesichts einer solchen Bedrohung, sagte er, „beschlossen wir, die Initiative zu ergreifen. Der Sechstagekrieg war ein Akt legitimer Selbstverteidigung, um uns vor der vollkommenen Vernichtung zu bewahren".

Begin hatte Dr. Schmuel Katz mitgebracht, einen scharfen Ideologen und Kameraden aus ihrer gemeinsamen Zeit im jü-

* Begin bezog sich vermutlich auf einen Vorfall im Oktober 1966 in dem Jerusalemer Vorort Romema Elite, als zwei Gebäude durch Attentäter bombardiert wurden, die mit der palästinensischen Terrorgruppe El-Fatah in Verbindung standen. Vier Menschen wurden verletzt, keiner ernsthaft. Begins Sohn Benny und seine Familie wohnten in einem der Gebäude, waren aber nicht unter den Verletzten aufgeführt.

dischen Untergrund. Das Treffen fand in dem düsteren Klima der Angst und Besorgnis statt, das Begin und seine Vertrauten umgab. Katz rollte eine Gebietskarte auf, die den kleinen Staat Israel in Blau zeigte, umgeben von 21 arabischen Ländern in Rot – ungefähr die Größe von New Jersey im Vergleich zum Rest der Vereinigten Staaten. Katz behauptete, es sei ein reiner Mythos, dass Palästinenser das Land bewohnt hätten, bevor der Staat Israel gegründet wurde, und um das zu beweisen, bezog er sich auf Mark Twains missmutigen Bericht über seine Reise durch das Heilige Land in *Die Arglosen im Ausland*, wo er Obergaliläa im Jahr 1867 beschrieb („Es gibt kein einziges Dorf in der ganzen Weite des Landes im Umkreis von 30 Meilen. Da sind zwei oder drei Ansammlungen von Beduinenzelten, aber es gibt keine einzige feste Behausung"). Katz führte weiter aus, dass die Araber, die nach 1948 geflohen waren, keine echten Wurzeln in dem Land besessen hätten. „Bauern fliehen schließlich nicht, selbst mitten im Krieg", sagte er leichtfertig[100].

Yehuda Avner bemerkte Carters zusammengebissene Zähne und sein verkniffenes Gesicht, während der unermüdliche Katz mit seinen stumpfsinnigen Bemühungen fortfuhr, jeglichen Anspruch zu untergraben, Palästina sei jemals Heimstatt anderer als der Juden gewesen. Schließlich hielt Begin seinen alten Kameraden zurück. „Ich möchte über die Frage diskutieren, die Sie wegen der Siedlungen vorgebracht haben", sagte er zu Carter. „Ich möchte offen sprechen. Wir werden nicht zulassen, dass Siedlungen zu Hindernissen bei Verhandlungen werden." Er vertrete jedoch den Grundsatz, dass es Juden gestattet sein sollte, überall dort zu leben, wo sie wollten. Die West Bank sei übersät von Städten mit historischer Bedeutung für die Juden: „Es gibt viele Städte namens Hebron in den Vereinigten Staaten und viele mit den Namen Bethel und Shilo", führte er an. In der Genesis ist Bethel der Ort, an dem Jakob einschlief und von der Himmelsleiter träumte. Als er sie hinaufstieg, wartete Gott oben auf ihn und versprach ihm das Land Kanaan. Shilo (oder Silo) war vor Jerusalem eine Hauptstadt der Israeliten. „Nur 20 Meilen von meiner Heimatstadt gibt es ein Bethel und ein Shilo, die beide eine baptistische Kirche haben!", informierte ihn Carter. „Stellen Sie sich vor, der Gouverneur eines solchen Staates verkündet, alle amerikanischen Bürger außer den Juden könnten in diesen Städten leben", rief Begin aus. „Kann von uns, als Regierung von Israel, erwartet werden, einen Juden davon abzuhalten, sich im ursprünglichen Bethel niederzulassen? Im ursprünglichen Shilo? Sie werden kein Hindernis bei Verhandlungen werden. Die Worte ‚nicht verhandelbar' gibt es in unserem Vokabular nicht. Aber dies ist von hoher moralischer Bedeutung. Wir können Juden in ihrem eigenen Land nicht verwehren, sich in Shilo anzusiedeln."

Die CIA-Analysten hatten sich bemüht, ein Dossier über Begin zusammenzustellen. Sie hatten seine beiden Memoiren-Bände gelesen: *White Nights* über seine Gefangenschaft in sowjetischen Arbeitslagern und *The Revolt*, eine Aufzeichnung seiner Erfahrung als Anführer der Irgun Zwai Leumi (der „nationalen Militärorganisation", in Israel als Etzel bekannt, aber im Ausland als Irgun), eine Untergrundgruppe, die vor der Unabhängigkeit Terrorangriffe auf die britischen Streitkräfte und danach gegen palästinensische Dorfbewohner durchführte. In seiner Autobiografie stellte sich Begin als unbeugsam dar, sich seiner großen Intelligenz äußerst bewusst, leidenschaftlich, von Schuldgefühlen zerrissen und voller Zorn. Er präsentierte sich als ein „neues Exemplar menschlichen Wesens"[101], geboren aus der Asche des Holocaust, „der kämpfende Jude". Seine Redegewandtheit bewegte sich am Rande von Sophisterei und Schwülstigkeit, doch er besaß eine Genialität dafür, an einem einzelnen Wort herumzupicken, bis er dessen Bedeutung auf den Kopf gestellt hatte. Zum Beispiel: „Es ist unumstößlich, dass derjenige, der kämpft, hassen muss – etwas oder jemanden", schrieb er[102].

„Wir mussten vor allen Dingen die entsetzliche, uralte, unentschuldbare vollkommene *Wehrlosigkeit* unseres jüdischen Volkes hassen, das durch die Jahrtausende gewandert war, durch eine grausame Welt, für deren Mehrheit die Wehrlosigkeit der Juden eine ständige Einladung war, sie zu massakrieren ... Wir mussten ... die Fremdherrschaft im Land unserer Vorfahren hassen ... Wer will den Hass auf das Böse verurteilen, welcher der Liebe für das Gute und Gerechte entspringt? Solcher Hass war die Antriebskraft des Fortschritts in der Geschichte der Welt – ‚nicht der Frieden, sondern das Schwert' – im Namen der Weiterentwicklung der Menschheit. Und in unserem Fall war solcher Hass nicht weniger und nicht mehr als eine Manifestation des höchsten menschlichen Gefühls: Liebe. Denn wenn man Freiheit liebt, muss man Sklaverei hassen; wenn man sein Volk liebt, kommt man nicht umhin, die Feinde zu hassen, die dessen Vernichtung herbeiführen; wenn man sein Land liebt, kann man nicht anders, als jene zu hassen, die es annektieren wollen."

Der Autor dieser Aussage war taub gegenüber demselben Argument, das die Palästinenser bezüglich ihres eigenen Kampfes anführten, Schwäche zu überwinden und Gerechtigkeit zu erlangen. Sein eigenes Leben hatte ihn dem Leiden anderer gegenüber abgestumpft. Er erzählte Carter, seine früheste Erinnerung sei die an einen polnischen Soldaten, der einen Juden in einem öffentlichen Park auspeitschte[103]. Sein Vater Ze'ev Dov, ein Holzhändler, trichterte seinen drei Kindern zionistische Doktrin ein, bestand aber darauf, sie in die polnische Schule zu schicken statt auf eine private jüdische. Die staatliche Schule war kostenlos, die Begins hatten nur wenig Geld; außerdem würde die polnische Schule, nach Ze'ev Dovs Meinung, seinen Kindern eine bessere Chance geben, einen Beruf zu ergreifen. Er wollte, dass Menachem, sein Jüngster, Anwalt würde (Menachem machte schließlich seinen rechtswissenschaftlichen Abschluss an der Universität Warschau).

Eines Tages ging Ze'ev Dov mit einem Rabbi die Straße entlang, als ein polnischer Polizist versuchte, den Bart des Rabbi abzuschneiden. „Das war ein beliebter Sport unter den antisemitischen Rüpeln jener Tage", erklärte Begin, als er Carter die Geschichte bei ihrem ersten Treffen erzählte[104]. „Mein Vater zögerte nicht. Er schlug die Hand des Polizeibeamten mit seinem Stock weg, was in jener Zeit einer Einladung zu einem Pogrom gleichkam." Der Rabbi und Ze'ev Dov kamen mit Prügeln davon. „Mein Vater kam an jenem Tag in schrecklichem Zustand nach Hause, aber er war glücklich. Er war glücklich, weil er die Ehre des jüdischen Volkes und die Ehre des Rabbi verteidigt hatte." Begin fuhr fort: „Herr Präsident, von dem Tag an habe ich mich stets an diese beiden Dinge aus meiner Jugend erinnert: Die Verfolgung unserer hilflosen Juden und den Mut meines Vaters, deren Ehre zu verteidigen." Später sagte Begin zu seinem Privatsekretär, er habe Carter diese Geschichte erzählt, um ihn wissen zu lassen, „mit welcher Art Jude er es zu tun hat".

Menachem war ein schmächtiges, blasses Kind; mit seiner dicken runden Brille und den vollen, sinnlichen Lippen war er ein leichtes Opfer für Schlägertypen. Statt zu fliehen lernte er, sich gegen den Antisemitismus in der Schule zu wehren, „jene zu schlagen, die uns schlugen, und unsere Beleidiger zu beleidigen"[105]. Er war zu schwächlich, um seine Peiniger abzuschrecken. „Wir kamen blutend und zerschlagen nach Hause, doch in dem Wissen, nicht gedemütigt worden zu sein", erinnerte er sich. Was ihm an körperlicher Kraft fehlte, macht er durch Redetalent in der Öffentlichkeit wett. Schon als frühreifer kleiner Junge[106] trug er Gedichte bei den zionistischen Versammlungen vor, die sein Vater organisierte, und als Jugendlicher sprach er vor großen Menschenmengen, die über seine Fähigkeit staunten, starke und beunruhigende Emotionen zu wachzurufen.

Im Jahr 1929 machte Begin eine politische Verwandlung durch[107]. Wladimir Jabotinsky, ein russischer Journalist, der eine expansive Form des Zionismus, genannt Revisionismus, befürwortete, hielt eine Rede in einem Theater in Brisk. Die Revisionisten lehnten die Politik der kleinen Schritte ab, die von der Hauptströmung der Zionisten vertreten wurde; sie bestanden darauf, das gesamte Land Israel in Besitz zu nehmen, statt sich auf Kompromisse mit den Arabern einzulassen, die dort bereits lebten. Die Veranstaltung war ausverkauft, doch Begin schlich sich in den Orchestergraben. Jabotinsky war der Überzeugung, die Diaspora habe das jüdische Volk so geschwächt, dass es nicht mehr wusste, wie man sich für seine eigenen Interessen einsetzte. Nur ein Staat konnte die Zuflucht bieten, welche die Juden brauchten, um wieder ein Volk zu werden. Eine seiner Antworten war, Betar zu gründen, eine paramilitärische jüdische Jugendorganisation. Die Aufgabe von Betar war es, eine neue Art von Juden zu formen, die rasch einen jüdischen Staat aufbauten – und entsprechend verteidigen konnten. Er schrieb Lieder für die Bewegung, um die Jugendlichen zu erreichen, deren Geist er zu formen hoffte:

Aus den Tiefen von Verfall und Staub
Durch Blut und Schweiß
Wird uns eine Generation erwachsen
Stolz, edelmütig und entschlossen.

Eingezwängt im Orchestergraben muss der 15-jährige Menachem Begin das Gefühl gehabt haben, dass Jabotinsky von ihm sprach. Er empfand eine geistige Verbindung zum Anführer der Betar, die er später mit dem heiligen Ehebund verglich. „Jabotinsky wurde Gott für ihn", bemerkte einer von Menachems Freunden später[108].

Zu der Zeit von Jabotinskys Rede waren die Juden in Palästina etwa acht zu eins in der Minderzahl*. „Emotional ist meine Haltung gegenüber den Arabern dieselbe wie gegenüber allen anderen Nationen – höfliche Gleichgültigkeit", schrieb Jabotinsky 1923[109]. „Politisch ist meine Haltung von zwei Prinzipien bestimmt. In erster Linie betrachte ich es als absolut unmöglich, die Araber aus Palästina zu vertreiben. Es wird immer zwei Nationen in Palästina geben – was für mich in Ordnung ist, vorausgesetzt, die Juden sind die Mehrheit." Er erkannte, dass es „absolut unmöglich" war, die

* Die britische Volkszählung von 1922 in Palästina verzeichnete 84 000 Juden und 670 000 Araber, von denen 71 000 Christen waren und der überwiegende Rest Muslime.

palästinensischen Araber zu überreden, ihre Souveränität aufzugeben. „Jede eingeborene Bevölkerung, zivilisiert oder nicht, betrachtet ihr Land als ihre nationale Heimat, deren einziger Herr sie ist, und möchte diese Herrschaft für immer behalten", merkte er an. Es gebe „kein einziges Beispiel irgendeiner Kolonisierung, die mit dem Einverständnis der eingeborenen Bevölkerung durchgeführt wurde". Da eine freiwillige Einigung mit den Arabern eine Illusion sei, schrieb er, müsse eine „eiserne Mauer" zwischen Juden und Arabern errichtet werden – mit anderen Worten, eine schlagkräftige Militärmacht, von der die meisten Zionisten glaubten, das müssten ihre britischen Beschützer sein. Jabotinsky behauptete jedoch, dass es nur die Juden selbst sein konnten. Eine Einigung würde nicht möglich sein, bis die Araber begriffen, dass es keine Hoffnung mehr gab, die Juden loszuwerden; erst dann würde die Führerschaft auf moderatere arabische Stimmen übergehen, die um gegenseitige Zugeständnisse bemüht wären. „Dann können wir möglicherweise von ihnen erwarten, ehrlich über politische Fragen zu diskutieren, wie eine Garantie, die Araber nicht zu verdrängen, oder gleiche Rechte für arabische Bürger oder arabische Integrität. Und wenn das passiert", betonte er, „bin ich überzeugt, dass wir Juden bereit sein werden, ihnen befriedigende Garantien zu geben, damit beide Völker in Frieden miteinander leben können, wie gute Nachbarn."

Ein halbes Jahrhundert, nachdem Jabotinsky diese Worte geschrieben hatte, war sein berühmtester Gefolgsmann gezwungen zu entscheiden, ob dieser Tag endlich gekommen war. Sadats Geste hatte Begin verwirrt, ihn misstrauisch und ratlos gemacht. Es war viel einfacher, mit Gewalt umzugehen als mit Frieden. Begin gestand Carter später, dass Sadats kühner Schritt ihn an Jabotinsky erinnert habe[110]– als sei der Ägypter der tatsächliche Erbe des Vermächtnisses seines Idols, und nicht Begin.

Nach 36 Stunden verließ Sadat Jerusalem, überzeugt davon, einen großen Triumph errungen zu haben. „Ihr Journalisten werdet nichts mehr zu tun haben", zog er Reporter in Kairo auf. „Alles ist gelöst worden. Es ist alles vorbei." Was sei mit der West Bank, Gaza, Jerusalem? „In meiner Tasche."[111]

Sadat wurde in den internationalen Medien als moderner Prophet gefeiert oder sogar als Retter. „Es war, als sei ein Bote Allahs ins Gelobte Land hinabgestiegen", schwärmte die *Time*[112]. Sadat glaubte jedes Wort. „Der Nahe Osten wird nach meiner Initiative in Jerusalem nie wieder der Nahe Osten sein, der er zuvor war", jubelte er bei ABC[113]. Aber die Veränderung, die er erzwungen hatte, forderte ihren Tribut. Die arabische Welt wandte sich von Ägypten ab. Es gab Demonstrationen gegen Sadats Besuch in verschiedenen arabischen Städten, und auf die ägyptischen Vertretungen in Beirut und Damaskus wurden Bombenanschläge verübt. In Athen griffen Palästinenser die dortige ägyptische Botschaft an[114] und töteten eine Person; eine weitere wurde bei einem Raketenangriff auf die Botschaft in Beirut getötet.

Eine Gruppe unübersehbarer Mitspieler war aus den Friedensgesprächen ausgeschlossen worden: die Palästinenser. Sadat war nicht bevollmächtigt, ihre Interessen zu vertreten, und Carter war eingeschränkt durch eine geheime amerikanische Zusage an Israel, vereinbart während der Regierungszeit von Präsident Ford, nicht mit der PLO zu reden – der einzigen bevollmächtigten Vertretung des palästinensischen Volkes –, solange sie sich weigerte, die Existenz Israels anzuerkennen und die UN-Resolution 242 zu akzeptieren. Jassir Arafat, der Vorsitzende der PLO, weigerte sich, die Resolution anzunehmen, ehe die USA nicht dafür garantierten, dass ein palästinensischer Staat gegründet und von der PLO regiert würde. Das war zu viel für Carter, der das Interesse daran verlor, sich auf Arafat einzulassen[115].

Inzwischen wartete die Welt auf Israels Antwort zu Sadats historischem Angebot. Begin ließ sich einen Vorschlag einfallen, den er den Autonomieplan nannte. Er legte ihn Carter bei einem weiteren Treffen im Weißen Haus vor, einen Monat nach Sadats Besuch in Jerusalem. Nach diesem Plan würden die Palästinenser weiter auf der West Bank leben und wählen können, ob sie Bürger von Israel oder Jordanien werden wollten. Eine eingeschränkte örtliche Verwaltungsbehörde sollte berechtigt sein, Abwasserrohre zu legen und Baugenehmigungen zu erteilen, konnte aber kein Geld drucken oder eine Armee aufstellen – all das, was einem funktionierenden Staat gleichkäme. Die israelischen Siedlungen auf der West Bank und im Gazastreifen würden bestehen bleiben, genau wie die israelische Militärpräsenz. Ägypten würde die Souveränität über den gesamten Sinai erhalten, doch die israelischen Siedlungen dort würden fortbestehen wie auch zwei israelische Flugplätze in einer von den Vereinten Nationen kontrollierten Pufferzone. „Das ist ein sehr interessanter Plan", räumte Carter ein[116]. Begin kehrte hocherfreut nach Israel zurück. „Mir ist seit Jabotinsky kein solcher Intellekt begegnet", sagte er über Carter. Und was seinen Autonomieplan angehe, hätten ihn „alle gelobt, die von ihm hörten", berichtete er.

Doch Begin verlor prompt jedes Wohlwollen, das er sich bei den Amerikanern erworben hatte, als er den Plan von General Ariel Scharon billigte, eine Anzahl von Siedlungsattrappen auf dem Sinai aufzustellen – vor allem an Orten, die laut Zusicherung der Israelis unter einem künftigen Friedensabkommen an die Ägypter zurückgegeben werden sollten. Die Idee dahinter war, rasch „vor Ort Fakten" zu schaffen, um Israels Anspruch auf die Halbinsel zu bekräftigen. Die „Siedlungen" bestanden aus nichts anderem als Attrappen von Wasserbohrtürmen und rostigen alten Bussen. Wenn schon für sonst nichts, führte Scharon an, könnten diese Kulissen als Druckmittel bei den Verhandlungen dienen, um die tatsächlichen Siedlungen zu bewahren, die Israel zu behalten hoffte. Das war ein unglaublicher Fehler. Begin wurde international mit Hohn und Spott überhäuft, sogar in Israel, wo man ihm vorwarf, den Friedensprozess zu sabotieren. Sadats vorhersehbare Reaktion war das Stellen eines Ultimatums: „Keine einzige Siedlung soll auf dem Sinai verbleiben!"[117] Falls die Israelis darauf bestünden, die Siedlungen an Ort und Stelle zu lassen, sagte er, würde er sie persönlich in Brand stecken[118].

Carter war ebenfalls wütend. Er machte klar, dass die Siedlungen auf der West Bank und dem Sinai illegal waren[119], darüber hinaus lehnte er Begins Autonomieplan ab, außer als Grundlage für Verhandlungen. Noch während dieser Ereignisse wurde Scharon von Begin bevollmächtigt, Bulldozer auf die West Bank zu schicken, um eine vollkommen neue Siedlung zu bauen. Nur ein Aufstand im israelischen Kabinett gebot diesem Plan Einhalt.

Während alles auseinanderfiel, drängte sich die PLO in die Auseinandersetzung hinein. Am 18. Februar 1978 betraten zwei palästinensische Terroristen die Lobby des Hilton Hotels in Nikosia, Zypern, und ermordeten Youssef el-Sebai, einen beliebten Schriftsteller und den Herausgeber der ägyptischen Tageszeitung *Al-Ahram*. Außerdem war er ein enger Freund von Sadat und hatte diesen nach Jerusalem begleitet. Danach entführten die Mörder ein Flugzeug, doch es wurde gezwungen, nach Zypern zurückzukehren, nachdem sich mehrere arabische Regierungen weigerten, den Männern Asyl zu gewähren. „Alle, die mit Sadat in Israel waren, werden sterben", teilten die Entführer ihren Geiseln mit, „einschließlich Sadat"[120].

Sadat antwortete mit der Entsendung ägyptischer Kommandotruppen, um die Terroristen gefangen zu nehmen und sie in Ägypten vor Gericht zu stellen[121]. Offenbar informierte er die Zyprioten aber nicht von seinem Vorhaben. Sobald das ägyptische Flugzeug gelandet war, stürmten die Kommandotruppen auf das entführte Flugzeug zu und wurden augenblicklich vom zypriotischen Militär unter Beschuss genommen, da man eine Invasion befürchtete. 15 ägyptische Soldaten wurden getötet. Allerdings hatten sich die Entführer kurz vor dem Überraschungsangriff schon zur Aufgabe bereit erklärt. Die Ägypter gaben vor allem den Palästinensern die Schuld an dem Fiasko und warfen ihnen Undankbarkeit gegenüber den Hunderttausenden vor, die in den Kriegen gegen Israel gefallen waren.

Eine Monat später, am 11. März 1978, landeten elf militante Palästinenser mit einem Schlauchboot an einem Strand, 40 Meilen nördlich von ihrem beabsichtigten Ziel Tel Aviv entfernt. Sie waren mit Kalaschnikows, Panzerfäusten, Granatwerfern und Sprengstoff bewaffnet. Die erste Person, der sie begegneten, war Gail

Rubin, eine amerikanische Fotografin und Nichte von Senator Abraham Ribcoff[122], die gerade Fotos von einem Landschaftsschutzgebiet machte. Die Terroristen fragten Rubin, wo sie wären, und ermordeten sie, nachdem sie es ihnen gesagt hatte. Dann rannten sie zur Schnellstraße, schossen auf Autos und warfen Granaten. Sie entführten ein Taxi und dann zwei Busse, deren Insassen sie als Geiseln nahmen. Die meisten davon wurden kaltblütig erschossen, selbst Kinder, die sich an ihre Eltern klammerten[123]. Der Vorfall endete in einem wilden Schusswechsel mit der Polizei. 38 Israelis wurden getötet, unter ihnen 13 Kinder; mehr als 70 Personen wurden verwundet. Es war der schlimmste Terrorangriff in der Geschichte Israels.

Die Ermordung von Sadats Freund und das Massaker an Israelis auf der Küstenstraße waren deutliche Botschaften, mit denen die PLO die Verhandlungen zum Scheitern bringen wollte. Allein genommen, reichten die Angriffe jedoch nicht aus. Die Terroristen rechneten mit heftigen Vergeltungsmaßnahmen vonseiten Begins, welche die arabische Welt in Brand stecken und Sadats Initiative untergraben würden. So gut wie jeder andere durchschauten sie den Teufelskreis, in dem sich der Nahe Osten befand, wo Gewalt nur mit größerer Gewalt beantwortet werden konnte. Die Akteure spielten ihre Rollen nun wie in Trance. Die Terroristen rechneten damit, dass Begin unfähig zu einer gemäßigten Reaktion war. „Jeder, der in unserer Zeit Juden tötet, kann nicht mit Straffreiheit rechnen", sagte Begin mit zitternder Stimme, die Augen rot geschwollen[124]. Drei Tage später marschierten israelische Truppen mit dem erklärten Ziel im Libanon ein, dortige palästinensische Milizen zu bestrafen, nur um im Verlauf der Aktion mehr als 1000 Zivilisten zu töten, 100 000 obdachlos zu machen und die arabischen Ängste zu schüren, Israel würde den südlichen Teil des Landes annektieren.

Carter war entsetzt von dem, was er als schreckliche Überreaktion betrachtete[125], und besorgt wegen des Einsatzes amerikanischer Waffen, die für solche Konflikte ausdrücklich verboten waren, einschließlich der geächteten Streubomben, gedacht für einen groß angelegten Krieg gegen militärische Ziele. Begins erneuter Besuch im Weißen Haus, zehn Tage nach dem Angriff, während sich israelische Truppen noch im Libanon befanden, sollte Carters Verständnis gewinnen. Begin sagte, er sei „ins Herz getroffen“[126], als Carter Abstand von Begins Autonomieplan nahm. Begin behauptete, Sadats Besuch von Jerusalem sei nur eine großspurige Geste gewesen, und das, was Sadat wirklich wolle, sei ein palästinensischer Staat und Israels vollkommener Rückzug aus allen eroberten Gebieten.

Carter zählte die Hauptpositionen des Premierministers auf: Begin sei „nicht bereit, sich politisch oder militärisch aus irgendeinem Teil der West Bank zurückzuziehen; nicht bereit, den Bau neuer Siedlungen oder die Erweiterung bestehender Siedlungen zu stoppen; nicht bereit, die israelischen Siedler aus dem Sinai zurückzuholen oder sie auch nur unter den Schutz der UN oder Ägyptens zu stellen; nicht bereit, anzuerkennen, dass die UN-Resolution 242 für das West-Bank/Gaza Gebiet galt; nicht bereit, den palästinensischen Arabern echte Autonomie oder ein Mitspracherecht bezüglich der Festlegung ihrer eignen Zukunft zu geben“[127]. Carters präzise Aufzählung der israelischen Position wurde als „die sechs Neins“ bekannt. Am nächsten Tag berichtete er einer Delegation führender US-Senatoren, dass Begins Unnachgiebigkeit die Aussicht auf Verhandlungen zerstört habe[128]. Begin war erschüttert von diesem Gespräch. Er sagte zu seinen Beratern, dies sei der schlimmste Moment seines Lebens gewesen[129]. Aber sobald er wieder in Jerusalem war, wurde er trotzig. Es würde keine israelische Antwort auf Sadats Friedensangebot geben. Er würde „nichts für nichts“ bekommen[130].

Das war die Situation, der Carter am Ende des Sommers 1978 gegenüberstand, nicht einmal ein Jahr nach Sadats Besuch in Jerusalem, als die ganze Welt geglaubt hatte, der Frieden sei zum Greifen nahe. Nun schien das nur noch wie ein törichter Traum zu sein. Die erbarmungslosen Legionen des Krieges waren wieder erwacht und auf dem Marsch. Terror grassierte, Bomben fielen. Ganze Bevölkerungsgruppen wurden entwurzelt und verstreut.

Uralter ethnischer Hass, der immer knapp unter der Oberfläche wallte, brach erneut hervor, ausgelöst durch den Kampf des 20. Jahrhunderts, moderne Nationalstaaten zu schaffen, und angeheizt durch grausame Erinnerungen und so tief greifende Verluste, dass es aussah, als könnte die Geschichte niemals alle Leichen begraben.

Die drei Männer, die sich in den Mittelpunkt dieser nicht enden wollenden Tragödie gestellt hatten, waren größtenteils durch Zufall oder Glück in ihre Ämter gekommen. Sadats radikale Reformen hatten sein Land erschüttert und die arabischen Ölscheichs verprellt, deren wirtschaftliche Unterstützung dringend benötigt wurde. Sein Angebot an Israel hatte islamische Extremisten zur Raserei gebracht. Mehrere arabische Regierungschefs planten tatsächlich, Sadat ermorden zu lassen. Er schien ihren Hass regelrecht herauszufordern, nannte seine Rivalen „Pygmäen"[131]. Trotz der sich gegen ihn erhebenden Kräfte war Sadat alarmierend großspurig geworden. Immer häufiger benutzte er die erste Person Singular; er sprach von „meiner Wirtschaft" oder „meiner Armee"[132]. Die CIA-Analysten merkten an, dass sein Beraterkreis auf eine Handvoll Speichellecker geschrumpft war, was ihm erlaubte, sich immer weiter von der politischen Realität zu entfernen. Er machte sich falsche Vorstellungen über Carters Fähigkeit, Israel eine Lösung aufzuzwingen. „Wenn der Nahe Osten ein Kartenspiel ist, hält Amerika 90 Prozent davon"[133], sagte er immer wieder, als könne Carter einen Zauberstab schwingen und Menachem Begin überreden, sein lebenslanges Projekt freiwillig aufzugeben.

Begin hatte seine politische Laufbahn in der Opposition verbracht, wo er allen Erwartungen nach bleiben sollte, bis dann Sadat den Krieg von 1973 begann und ein schockiertes Israel sich dem Mann zuwandte, der die am schwersten verwundeten und aggressivsten Eigenschaften der israelischen Psyche verkörperte. Blockade, nicht Führerschaft, lag in seiner Natur. Statt entgegenkommender und flexibler zu werden, um politischen Konsens zu erreichen, blieb Begin seiner Ideologie verhaftet. Die CIA-Analysten stellten eine Zunahme seiner provokativen Bemerkungen und seines feindseligen Verhaltens fest. Die schlechtesten Eigenschaften beider Männer übernahmen die Kontrolle über ihre Persönlichkeit, zerstörten jede Möglichkeit, miteinander arbeiten oder einander auch nur verstehen zu können.

Von allen dreien war Carter in der schwächsten Position. Seine Präsidentschaft näherte sich dem Scheitern. Er war ins Amt gekommen durch den Sieg über einen nicht gewählten Präsidenten, Gerald Ford, der Richard Nixon begnadigt hatte, die am meisten verhasste Figur der amerikanischen Politik. Genau die Eigenschaften, die Menschen überzeugt hatten, für Carter zu stimmen – seine Ernsthaftigkeit, sein Außenseiterstatus, sein Versprechen, „nie zu lügen" – erschienen nun wie die unbeholfene Naivität eines Amateurpolitikers. Er war intelligent, aber unpersönlich, mit einer Art mechanischer Gemütsbewegung, die es den Menschen schwer machte, ihn zu mögen. Ständig zeigte er ein breites Grinsen – der Gegenstand zahlloser Karikaturen –, doch statt Wärme oder Humor auszudrücken, wirkte sein Lachen oft dümmlich, unaufrichtig oder bedrohlich auf Menschen, die den Zorn dahinter sahen. Carter war von Natur aus kühl und zurückhaltend, doch wenn er wütend war, wurde er eisig. Seine Stimme wurde leise, seine Augen verhärteten sich und schossen Blitze, und sein unpassendes Lächeln wurde zu einer eingefrorenen Grimasse. Menschen, die ihm in diesem Zustand begegneten, vergaßen es selten. Er war persönlich rechtschaffen, aber es gab andere wichtige Eigenschaften, die ihm fehlten. „Wenn ich einen Politiker wählen sollte, der an der Himmelstür sitzt und das Urteil über meine Seele fällt, dann wäre das Jimmy Carter", bemerkte James Fallows, sein unzufriedener früherer Redenschreiber[134]. Fallows stellte Carter als einfältig und leidenschaftslos dar, gefangen in einem Labyrinth aus Einzelheiten und unfähig, Prioritäten zu setzen oder auch nur seine Ziele zu artikulieren. „Ich kam zu der Überzeugung, dass Carter 50 Dinge glaubt, aber keine einzelne Sache", schrieb Fallows nach seinem Rücktritt. Carter stellte Listen zu erledigender Aufgaben ohne Prioritäten zusammen, diskutierte über alles von Abtreibung bis zu Zero-Base-Budgeting (Null-Basis-Budgetierung) in alphabetischer Reihenfolge[135]. Er nahm sich Zeit, um die Rechtschreibung von erhaltenen Memos zu korrigieren, und gab seinem Stab das Gefühl, nie genug tun zu können, um ihn zufriedenzustellen[136]. Fallows beschrieb ihn als ebenso gewandt und klug wie jeden der gewählten Präsidenten, aber ein echter Intellektueller war er nicht. Carters außerordentliche Selbstdisziplin zeigte sich in getippten Listen der klassischen Musik, die er sich während des Tages anhören würde; er zitierte Reinhold Niebuhr oder Bob Dylan, um die Weite seines kulturellen Horizonts aufzuzeigen; und doch wirkten diese Hinweise oberflächlich und unreflektiert, ein Versuch, die Unsicherheit zu bekämpfen, die ihn ständig verfolgte, trotz des allwissenden Verhaltens, das er vortäuschte. Seine Bestrebungen, in Camp David einen Konflikt zu lösen, den niemand je zu einem Abschluss hatte bringen können, zeigte seine beeindruckende Hartnäckigkeit, aber auch ein erstaunliches Maß an Hybris. Seine Hauptaufgabe würde die Überwindung seiner eigenen Grenzen sein.

Alle drei Männer sahen sich selbst als lebende Beispiele prophetischer Tradition. Die Worte der Propheten hallten in ihren Köpfen wider. Begin glaubte felsenfest, Gott habe seinen Vorvätern das Gelobte Land geschenkt und Israel sei die letzte Zuflucht des jüdischen Volkes, das ständig vom Schreckgespenst der Auslöschung verfolgt wurde. Es sei seine historische Bürde, es in Sicherheit zu bringen. Sadat stellte sich als der Retter seines gedemütigten und geknechteten Volkes dar. „Gott der Allmächtige hat es zu meinem Schicksal gemacht, die Verantwortung im Namen des ägyptischen Volkes zu übernehmen und an dieser schicksalhaften Verantwortung der arabischen Nation und des palästinensischen Volkes teilzuhaben“, hatte er in der Knesset gesagt. Carter war mit der blutrünstigen Geschichte des Alten Testaments wohl vertraut; dennoch sagte er: „Ich spürte, dass Gott Frieden im Heiligen Land wünschte und ich dabei nützlich sein könnte“[137]. Der Glaube dieser Männer an ihre Traditionen befähigte sie, an die

Rechtmäßigkeit ihres Anliegens zu glauben, doch gleichzeitig stellte religiöses Denken das größte Hindernis für den Frieden dar. Das Vorhandensein göttlicher Gebote, die keinen Kompromiss duldeten, lenkte immer noch das Denken dieser Männer, die teils in der modernen säkularen Welt lebten – mit deren unterschiedlichen Sichtweisen und widersprüchlichen Anforderungen – und teils in der Welt von Prophezeiung und Offenbarung. Das Unterfangen, Frieden im Nahen Osten zu schaffen, machte es erforderlich, diese unterschiedlichen Sichtweisen zu vereinen, etwas, zu dem viel stärkere und angesehenere Persönlichkeiten nicht fähig oder gar bereit waren, es auch nur zu versuchen.

Im Juli 1978 fuhren die Carters für ein ruhiges Familienwochenende nach Camp David[138]. Die Bemühungen des Präsidenten, die Kontrahenten zu Friedensverhandlungen an einen Tisch zu bringen, hatten zu nichts geführt; ja, die Ereignisse schienen sich in die entgegengesetzte Richtung zu entwickeln, hin zu Krieg und Ausweitung der Konflikte. Jimmy erzählte Rosalynn von seiner Frustration über den festgefahrenen Friedensprozess, und sie schlug vor, er solle noch einen letzten Versuch unternehmen. Vielleicht könne er die beiden Männer hierher bringen, nach Camp David. Carter sprang sofort auf die Idee an. „Es ist so schön hier", stimmte er zu. „Ich kann mir nicht vorstellen, dass jemand hier sein könnte, nahe der Natur, friedvoll und abgeschieden von der Welt, und weiterhin einen Groll hegen"[139]. Er sollte sich der Naivität dieser Aussage noch bewusst werden.

Rosalynn führte an, dass es für die beiden Männer unmöglich sein würde, von ihren rigorosen Standpunkten abzurücken ohne einen dritten Beteiligten, der bereit wäre, die Schuld auf sich zu nehmen. „Bist zu bereit, als Sündenbock herzuhalten?", fragte sie. „Das bin ich ja gewohnt", erwiderte Carter. Er wurde bereits von der Presse an den Pranger gestellt und lächerlich gemacht, doch das war nichts im Vergleich zu dem, was passieren würde, wenn der „mächtigste Mann der Welt" einen Friedensgipfel inszenierte, der zu dem Fiasko würde, das jeder vorhergesagt hatte.

„Du hast dich noch nie vor Misserfolgen gefürchtet", erinnerte ihn Rosalynn. Einige Wochen später schickte Carter seinen Außenminister Cyrus Vance nach Ägypten und Israel, mit handgeschriebenen Einladungen an die beiden Regierungschefs, Anfang September nach Camp David zu kommen. Carters entsetzte Berater versuchten, seine Erwartungen zu dämpfen. Vizepräsident Walter Mondale, der nationale Sicherheitsberater Zbigniew Brzezinski sowie Verteidigungsminister Harold Brown warnten ihn, der Plan habe wenig Aussicht auf Erfolg[140]. Die Regierung habe dem Nahen Osten bereits außergewöhnlich viel Zeit gewidmet, ohne ein Resultat aufweisen zu können, während viele andere wichtige Belange unter den Tisch gefallen seien. Die Differenzen zwischen den beiden Beteiligten seien zu groß, um beigelegt zu werden, argumentierten die Berater. Falls Carter noch mehr von seinem politischen Kapital in ein Projekt investiere, das so eindeutig zum Scheitern verurteilt sei, könnte es seine schwache Regierung torpedieren[141]. „Wenn Sie versagen, sind wir geliefert“, hatte ihn Mondale gewarnt. „Wir werden unser Ansehen als nationale Führer untergraben. Wir müssen einen weniger riskanten Weg für Friedensverhandlungen finden.“[142]

Carter hatte ihren Zweifeln wenig entgegenzusetzen. Selbst in den schriftlichen Lagebesprechungen, die er während seines Urlaubs in Wyoming las, kamen ihre Bedenken zum Ausdruck. „Unser Hauptziel in Camp David besteht darin, den momentanen Stillstand auf höchster politischer Ebene aufzubrechen, damit Verhandlungen für detaillierte Vereinbarungen auf ministerieller Ebene fortgesetzt werden können“, riet Vance. „Unser Ziel besteht nicht darin, ein detailliertes Abkommen zu erreichen.“[143]

Jetzt war es zu spät. Gegen den Rat seiner engsten Berater und gegen sein eigenes politisches Interesse hatte Carter beschlossen, alles aufs Spiel zu setzen. In Camp David würde es nicht darum gehen, einen politischen Stillstand aufzubrechen, damit weitere Verhandlungen stattfinden konnten; es würde darum gehen, ein dauerhaftes Friedensabkommen für den Nahen Osten zu schaffen, mit den Unterschriften aller drei Regierungschefs. Auf einem Notizblock listete Carter alle Gründe auf, warum die beiden Länder Frieden schließen müssten, und schrieb dann zuversichtlich: „Der erste ägyptisch-jüdische Frieden seit der Zeit Josefs“[144]. Dann strich er „Josef“ aus und schrieb „Jeremia“ – der verzweifelte Prophet aus dem 7. Jahrhundert v. Chr., der sowohl die Vernichtung der Israeliten wie auch der Ägypter wegen ihres Unglaubens und ihres Eigensinns vorhersagte:

Wir hofften auf Frieden, und da ist nichts Gutes,
auf eine Zeit der Heilung, und siehe da: Schrecken.[145]

1 Erster Tag

Der 56 Hektar große Präsidenten-Landsitz Camp David liegt innerhalb des stark bewaldeten Catoctin Mountain Parks in Maryland, knapp 100 Kilometer vom Weißen Haus entfernt. Franklin D. Roosevelt, der erste Präsident, der ihn nutzte, hatte ihn „Shangri-La“ genannt. Während des Zweiten Weltkriegs hatte er 1942 nach einem verborgenen Zufluchtsort gesucht, an dem er ausschlafen, sich seiner Briefmarkensammlung widmen und gelegentlich wichtige Regierungschefs als Hausgäste einladen konnte, von denen er sich nicht gestört fühlte. Winston Churchill war einer der ersten davon und traf im Frühjahr 1943 ein, um die Invasion der Normandie zu planen. Die beiden Männer machten sich von ihren freudlosen Pflichten frei, um durch den Park zu fahren und im nahe gelegenen Bergbach zu angeln. Als Informationen über die Existenz von Shangri-La durchsickerten, gab es Bedenken, das Refugium könnte zu ungeschützt für feindliche Bombenangriffe sein und der Präsident wurde gedrängt, seinen Zufluchtsort auf die amerikanische Marinebasis in Guantánomo auf Kuba zu verlegen. Roosevelt lehnte ab. „Auf Kuba wimmelte es vor Anarchisten, Mördern, etcetera und jeder Menge Tatsachenverdrehern“, bemerkte er[1].

Dwight D. Eisenhower benannte das Refugium in Camp David um, nach seinem Enkelsohn. Im September 1959 lud er den sowjetischen Regierungschef Nikita Chruschtschow ein, in dem Versuch, die Spannungen zwischen den beiden Supermächten zu verringern. Chruschtschow schrieb später: „Ich konnte beim besten Willen nicht herausfinden, was dieses Camp David war.“[2] Er befürchtete, es könnte ein Ort sein, „an dem Menschen, denen man misstraute, in Quarantäne gehalten würden“. Bei dem Treffen wurde wenig erreicht, aber die Presse begann vom „Geist von Camp David“ zu sprechen. „Ich weiß nicht, was das heißt“, gestand Eisenhower. „Es hat wohl den Anschein, als könnte man dort miteinander reden, ohne sich gegenseitig an die Gurgel zu gehen.“[3]

Carter, ein knauseriger Populist[4], war mit der Absicht ins Amt gekommen, das Anwesen zu verkaufen, um Kosten zu sparen und gleichzeitig damit die royale Anmutung der Präsidentschaft zu demokratisieren. In seinem ersten Amtsjahr hatte er bereits die Präsidentenyacht verkauft und das Spielen von „Hail to the Chief" (der offizielle Präsidialsalut für den amerikanischen Präsidenten, Anm. d. Übers.) untersagt. Er suchte nach anderen symbolischen Einschnitten. Er verabscheute jede offene Zurschaustellung von Pomp und Privilegien; sogar als Präsidentschaftskandidat hatte er seinen Kleidersack immer selbst getragen. Camp David, eines der exklusivsten Refugien der Welt, erschien ihm als geradezu perfekte Opfergabe, und er ordnete an, es zu verkaufen.

Der Direktor des Militärbüros vom Weißen Haus fragte ihn, ob er wisse, was in Camp David sei. „Hütten", sagte Carter[5]. Ja, da gebe es Hütten – an der Oberfläche –, war die Antwort. Aber tief unter der Erde befinde sich ein bewohnbarer Präsidentenbunker für den Fall einer atomaren Apokalypse. Er werde *Orange One* genannt. Rund um das Grundstück führten versteckte Aufzüge hinunter in die unterirdische Anlage; einer davon in einem Schrank des Präsidentenschlafzimmers der Aspen Lodge. Eisenhower hatte die Schutzräume auf der Höhe des Kalten Krieges bauen lassen. Im Jahr 1959 nahm er den britischen Premierminister Harold Macmillan mit auf eine Besichtigungstour des Bunkers. „Eine Art Kommandoposten des Präsidenten im Fall eines Atomkrieges", notierte Macmillan in seinem Tagebuch. „In einem Teil können 50 Stabsangehörige des Präsidenten untergebracht werden, in einem anderen 150 Verteidigungskräfte. Die aus dem Fels herausgehauene Festung liegt unterhalb der unschuldig wirkenden Hütten, in denen wir untergebracht waren. Sie hat 10 Millionen Dollar gekostet"[6]. Zehn Kilometer von Camp David entfernt befindet sich eine noch viel größere unterirdische Bunkeranlage – 23 850 Quadratmeter –, herausgesprengt aus einem Berg namens Raven Rock, dazu gedacht, im Fall eines verheerenden Angriffs als Ersatz-Pentagon zu dienen[7]. Als Carter ins Amt kam, war der wahrscheinlichste Auslöser für ein solches Ereignis der Konflikt im Nahen Osten, der stets drohte, außer Kontrolle zu geraten.

Nachdem Carter Camp David besichtigt hatte, kam das Gerede über den Verkauf zum Erliegen. Der Landsitz war per Helikopter in nur 35 Minuten vom Südrasen des Weißen Hauses zu erreichen, lag aber Welten von Washington entfernt. Er schien sich außerhalb der Zeit zu befinden, war friedvoll und still, bis auf das Krächzen und Tschilpen der Vögel. Gelegentlich konnte der Stab beobachten, wie der Präsident und die First Lady Hand in Hand im Mondschein spazieren gingen[8]. Statt Staatsbanketts zu geben, konnten sie entspannt mit ihrer 10-jährigen Tochter Amy speisen. Beide Carters angelten gerne – Carter war ein Experte im Fliegenbinden geworden – und versuchten ihr Glück in dem kleinen Forellenbach, an dem Roosevelt und Churchill leer ausgegangen waren. Solche Erholungspausen waren selten und unbezahlbar.

In den Wochen vor dem Gipfeltreffen war der Stab damit beschäftigt gewesen, die Unterkünfte für die drei Delegationen herzurichten und Rezepte für *halal* und koscher zubereitete Speisen zusammenzustellen. Zusätzlich zu den Regierungschefs und deren engsten Beratern umfasste jede Delegation Bürokräfte, Ärzte, eigene Köche, Kommunikationsspezialisten und „Quatschköpfe"[9], wie Carter die Mitläufer bezeichnete, mehr als 100 Menschen insgesamt, was die Kapazität dieser ländlichen Urlaubsanlage an ihre Grenzen brachte. Sie wurden beengt in einem Dutzend Hütten untergebracht, die sich über das Camp verteilten, benannt nach einheimischen Baumarten – Sadat in *Dogwood* und Begin in *Birch*, rechts und links von Carters *Aspen*. Die frustrierte Presse musste vor den Toren bleiben. Die Delegierten gingen davon aus, dass ihre Telefone abgehört wurden, um zu verhindern, dass Einzelheiten der Gespräche durchsickerten, während sie noch in Gang waren*.

* Carter behauptet, dass es weder Wanzen in den Telefonen noch in den Zimmern gab. Trotzdem fanden die meisten wichtigen Gespräche innerhalb der Delegationen im Freien statt. Laut William Quandt brachte das ägyptische Team trotzdem Störgeräte mit.

Die ruhige Umgebung sorgte für vollkommene Konzentration auf ein einziges Ziel, ohne voreingenommene Kommentare, die jeden Kompromissversuch hätten untergraben können. Für die Außenwelt war Camp David ein schwarzes Loch.

Das Gipfeltreffen fand, politisch gesehen, für alle Teilnehmer zu einem ungünstigen Zeitpunkt statt. Ägypten war immer noch erschüttert durch Sadats Abkehr vom Sozialismus. Unter Nasser hatte die Regierung viele Gebrauchsgüter subventioniert und allen qualifizierten Abgängern von technischen und kaufmännischen Berufsschulen Anstellungen garantiert – Zehntausende jedes Jahr. Diese Maßnahmen verstärkten die Inflation, erhöhten das Haushaltsdefizit und schufen einen monströsen Verwaltungsapparat mit Beamten, die praktisch nichts zu tun hatten – außer Veränderungen zu behindern. Sadat hatte die Subventionen für viele Gebrauchsgüter verringert, was im ganzen Land zu Massenprotesten über den Brotpreis geführt hatte. Mehrere Polizisten waren getötet worden[10], die Sommerresidenz von Vizepräsident Hosni Mubarak in Alexandria wurde geplündert und in Brand gesteckt. Daraufhin hatte Sadat die Preiserhöhungen ausgesetzt und eine Ausgangssperre verhängt, doch im Land schwelte immer noch Unzufriedenheit und kaum unterdrückte Wut. Die CIA warnte Carter, ohne wirtschaftlichen Aufschwung oder greifbare Fortschritte in Camp David könne es erneut zu Aufständen kommen, die möglicherweise einen Militärputsch auslösten[11]. In Israel trieb eine steile Inflationsrate – über 35 Prozent – die Wirtschaft auf die Anarchie zu, das Wachstum war eingefroren und die Verteidigungsausgaben betrugen 40 Prozent des Bruttosozialprodukts. Pro Monat verließen 1000 Israelis das Land, und nur wenige neue jüdische Einwanderer trafen ein, um sie zu ersetzen. „Was kann ich tun?“, pflegte Begin seine Minister schwermütig zu fragen[12]. Er verlor die Kontrolle über sein Kabinett, und in seiner Partei herrschte Aufruhr.

Die Amerikaner waren sowieso davon überzeugt, dass Carter zu viel Zeit auf den Nahen Osten verschwendete, wo es doch drängendere Probleme zu Hause gab. Das Land litt unter einer zweistelligen Inflationsrate, gekoppelt mit hoher Arbeitslosigkeit und anämischem Wachstum – ein verwirrendes Phänomen, das als „Stagflation" bezeichnet wurde. Was die Zufriedenheit mit der Amtsführung des Präsidenten betraf, überschnitten sich die beiden gefürchteten Linien auf der Grafik schließlich im Frühjahr 1978, wobei mehr Amerikaner unzufrieden als zufrieden mit Carters Bemühungen im Amt waren. Für ihn war es sicherlich an der Zeit, sein Image aufzupolieren, aber nicht dadurch, dass er diese Zeit mit dem fruchtlosen Bestreben verschwendete, Menschen Frieden zu bringen, die sich diesen Frieden anscheinend längst nicht so sehr wünschten wie er. Carter hatte drei Tage für das Gipfeltreffen angesetzt, obwohl er bereit war, bis zu einer Woche zu bleiben, wenn er das Gefühl bekam, dass Erfolg in Reichweite war. Es stand außer Frage für einen amerikanischen Präsidenten – wie auch für die anderen Regierungschefs –, angesichts ihrer beängstigenden heimischen Probleme den Verpflichtungen des Amtes länger fern zu bleiben.

Carter brachte einen großen Vorteil mit nach Camp David: ein einiges und erfahrenes Außenpolitik-Team. Vance und Brzezinski, in so vielen Aspekten der Außenpolitik uneins, waren in Fragen des Nahen Ostens untypischerweise auf einer Linie, und dieser Zusammenhalt spiegelte sich in ihren Teams wider. William Quandt, der dem Nationalen Sicherheitsrat angehörte, war seit der Nixon-Regierung ein Veteran der Nahostpolitik, genau wie die stellvertretenden Außenminister Alfred „Roy" Atherton und Harold Saunders. Hermann Eilts, amerikanischer Botschafter in Ägypten, und Samuel Lewis, Botschafter in Israel, waren angesehene Experten, die sich gut in die Denkweise der Regierungschefs der jeweiligen Länder einfühlen konnten. Ohne das Team, das Carter mit nach Camp David gebracht hatte, hätte er keines seiner Ziele erreichen können, und ohne das Engagement ihres obersten Dienstherrn wäre der Friedensprozess in einer Sackgasse gelandet.

Als der Eröffnungstag des Gipfeltreffens am 5. September 1978 schließlich kam, fühlte sich Carter wie ein Soldat am Abend vor der Schlacht. „Über allem lag ein seltsamer Fatalismus“, erinnerte er sich später[13].

Anwar al-Sadat stieg mit weit geöffneten Armen aus dem Hubschrauber. Er umarmte Carter und küsste dann Rosalynn auf beide Wangen. Sadat und seine Frau Jehan hatten Camp David schon sieben Monate zuvor besucht, an einem eisigen Wochenende, als der Schnee kniehoch lag. Damals war Sadat in rebellischer Stimmung gewesen und hatte angedeutet, er würde alle Bemühungen abbrechen, eine Einigung mit Begin zu erreichen. Carter hatte sich unermüdlich darum bemüht, ihn von einem so drastischen Schritt abzuhalten. Der zwanglose Rahmen erlaubte es den Carters und den Sadats, sich besser kennenzulernen. Sie veranstalteten sogar ein Schneemobilrennen auf dem Helikopter-Landeplatz. Danach überlegten Anwar und Jehan, ob Schneemobile auch auf Sand funktionieren würden[14]. Am Ende des Wochenendes hatte Sadat seine Ansichten zum Friedensprozess etwas abgeschwächt und zugestimmt, dass Carter weiterhin unter Druck daran arbeitete, einen Weg aus der Sackgasse zu finden. Carter hatte auf die Ehefrauen gezählt, um eine gesellschaftliche Brücke zwischen den gegensätzlichen Persönlichkeiten von Sadat und Begin zu schlagen. Diesmal war Sadat jedoch ohne Jehan eingetroffen; sie war in Paris bei ihrem Enkelsohn, der im Krankenhaus lag.

Das mit Sadat angereiste Team war fast geschlossen gegen das Gipfeltreffen von Camp David. Muhammad Ibrahim Kamil, sein Außenminister und offensichtlich wichtigster Berater, hatte diesen Posten erst seit Kurzem inne. Seine beiden Vorgänger waren aus Protest über Sadats Jerusalem-Reise zurückgetreten. Der ansonsten freundliche und gelassene Diplomat Kamil war dogmatisch, wenn es um die arabische Einheit ging, obwohl er selber nie ein anderes arabisches Land besucht hatte. Mit den Israelis auch nur zu reden, war seiner Meinung nach Hochverrat[15]. Kamils Unnachgiebigkeit beeinflusste andere Mitglieder der ägyptischen Delegation, andererseits waren sie besorgt wegen seines Urteilsvermögens und der Fähigkeit, seine Gefühle im Zaum zu halten.

Boutros Boutros-Ghali, der den Titel eines Staatsministers im Außenministerium trug, sagte über Kamil, seinen Vorgesetzten: „Seine Kenntnisse über die arabische Welt und die Palästinenserfrage hatten wenig Bezug zur Realität.“[16]

Sadat brachte seinen stellvertretenden Premierminister Hassan el-Tohami mit, einen ehemaligen Geheimagenten, der auch als Sadats Astrologe, Hofnarr und spiritueller Guru fungierte. Der körperlich kräftige Tohami – ein versierter Boxer während seiner Armeezeit – mit dem ordentlich getrimmten Bart war Sufi-Mystiker. „Er hat etwas Göttliches in sich, und er kann das Unbekannte sehen“, staunte Sadat[17]. Tohami berichtete ständig über prophetische Träume oder Gespräche, die er gerade mit den Engeln geführt habe[18]. Er hatte Vorräte an Ambra und Gelée royale mitgebracht, um die Entschlossenheit der anderen Ägypter zu stärken, und belehrte jeden in Hörweite darüber, wie Gott beabsichtigte, die Juden abzuschlachten. „Wir dachten alle, er sei verrückt“, erinnerte sich Boutros-Ghali[19].

Sadat hatte seiner Delegation versichert, das Gipfeltreffen sei eine einfache Angelegenheit. Er würde den ägyptischen Vorschlag präsentieren; die Israelis würden ihn ablehnen; dann würde Carter eingreifen und Begin unter Druck setzen, das ägyptische Angebot anzunehmen. Entweder würden die Israelis einknicken, was bedeutete, die Ägypter hätten einen großen Sieg errungen, oder das Gipfeltreffen würde scheitern, in welchem Fall nichts verloren sei, Ägypten aber trotzdem von der engeren Beziehung zu den Vereinigten Staaten profitieren würde. „Wir haben es darauf abgesehen, die Meinung der Welt für uns zu gewinnen“, teilte er seinen Beratern mit. „Präsident Carter ist auf unserer Seite. Dies wird mit Begins Sturz enden!“[20]

Am Nachmittag führten Carter und Sadat ein Privatgespräch auf der Veranda der Aspen Lodge. Sadat sagte ihm, er sei bereit, einen umfassenden Frieden abzuschließen – „umfassend“ war ein Lieblingsausdruck beider Männer –, und er habe in der Tat einen Plan „hier in meiner Tasche“, den er vorzustellen gedenke[21]. Das Abkommen müsse eine Lösung für die Palästinenser gewährleisten sowie den Abzug aller Israelis aus dem Sinai, wenn er an die Ägypter zurückgegeben werde. Sadat wolle nicht als jemand gesehen werden, der einen separaten Frieden mit den Israelis schließe und sich im Wesentlichen vom Anliegen der Palästinenser distanziere. Eine solche Handlungsweise würde Ägypten seiner gewohnten Rolle als Führer der arabischen Welt berauben. Trotz der schrecklichen Kosten, die ständiger Krieg seinem Land aufgebürdet habe, sei ein Frieden, der in den Augen anderer Araber und seiner eigenen Landsleute unehrenhaft erschiene, unmöglich zu verteidigen. „Israel muss sich aus meinem Land zurückziehen", sagte Sadat. „Bei allem anderen, mein guter Freund, können Sie tun, was Sie wollen, und ich werde zustimmen."[22] Carter war ein bisschen alarmiert angesichts dieser Carte blanche zu Verhandlungen im Namen Sadats. Er fragte sich, ob der ägyptische Staatschef vollkommen begriff, was von ihm verlangt werden würde, doch Sadat wirkte beschwingt. „Wir können es schaffen, Herr Präsident!", rief er. „Wir können es schaffen."[23]

Zwei Stunden später trafen Begin und sein Team ein. Begin vollzog genau dasselbe Begrüßungsritual wie Sadat – eine unbeholfene Umarmung Carters, dann Küsse für Rosalynn auf beide Wangen. Die Carters waren erleichtert, dass Begins Frau Aliza bald eintreffen würde. Carter fiel auf, dass Begin Anzug und Krawatte trug, als ginge es um ein Treffen im Oval Office. In Camp David, sagte Carter, herrsche ein Geist der Ungezwungenheit; er ziehe es zum Beispiel vor, Jeans und ein Westernhemd zu tragen oder sogar Laufshorts und T-Shirt. Er ermutigte Begin, diesem Beispiel zu folgen. „Es wird wie an einem Ferienort sein", meinte er[24]. Begin war entgeistert. Er sei kein Staatsoberhaupt, erinnerte er Carter; er sei nur der Premierminister – ein eher geringfügiger Unterschied –, und er gedenke, die strikten Regeln des Protokolls zu befolgen, wenn er mit zwei Präsidenten verhandeln würde, ganz gleich, wie sie gekleidet seien.

Mit Hilfe mehrerer religionsübergreifender Gruppen in Washington hatte Rosalynn ein Gebet für den Erfolg des Gipfeltreffens vorbereitet. Sadat stimmte der Idee sofort zu, doch Begin bestand darauf, den Text zu lesen und geringfügige Änderungen vorzunehmen. „Nach vier Kriegen und trotz gewaltiger menschlicher Anstrengungen“, lautete schließlich das Gebet, „genießt das Heilige Land noch immer nicht den Segen des Friedens. Im Bewusstsein der ernsten Fragen, denen wir gegenüberstehen, vertrauen wir auf den Gott unserer Väter, von dem wir Weisheit und Führung erbitten. Während wir uns hier in Camp David treffen, bitten wir Menschen aller Glaubensrichtungen, mit uns darum zu beten, dass Frieden und Gerechtigkeit das Ergebnis dieser Beratungen sein mögen.“ Das war das erste gemeinsame Kommuniqué, das von den Gesprächen herausgegeben wurde, und es würde das letzte sein, bis das Gipfeltreffen dreizehn Tage später endete.

Mitglieder der israelischen Delegation stiegen aus dem Hubschrauber, gingen auf das Camp zu und drängelten sich in Richtung der Kameras vor, die auf Begin und Carter gerichtet waren, „wie eine Gruppe Pfadfinder auf einem Ausflug“, erinnerte sich später jemand, „wo sich jeder so nahe wie möglich um den Fähnleinführer drängt, um mit aufs Foto zu kommen“[25]. Das Team, das Begin mitgebracht hatte, war streitsüchtig und in seinen Ansichten tief gespalten. Für die Amerikaner schien es aus „Primadonnen“[26] zu bestehen, doch die Mitglieder spiegelten auch den impulsiven und kontroversen Stil der israelischen Politik wider[27], in der das amerikanische Konzept von Teamplayern wenig Bedeutung hatte. Die Israelis reisten in der Überzeugung an, das Gipfeltreffen würde nicht mehr als zwei Tage dauern, und es würde keine Vereinbarung dabei herauskommen[28].

Neben Begin war Mosche Dajan, der legendäre einäugige israelische Krieger, das bedeutendste Mitglied der israelischen Delegation. Als Verteidigungsminister hatte er viel Anerkennung für den israelischen Blitzsieg von 1967 bekommen. Doch 1973 waren ägyptische Truppen über den Kanal gestürmt, hatten die Israelis unvorbereitet getroffen und Dajans legendären Ruf wie auch das Eigenbild Israels zerstört. Er fiel in Ungnade, wurde beschuldigt und geschmäht wegen des grausamen Schocks, den Israel hatte erleiden müssen. Obwohl er es niemandem sagte, war er krank, drohte zu erblinden und hoffte verzweifelt auf eine letzte Chance zur Wiedergutmachung. Frieden könnte diese Chance sein.

Am späten Nachmittag wanderten die beiden Delegationen in Grüppchen durch das Camp, wobei sie einander größtenteils aus dem Weg gingen. Jeder hatte eine Karte des Grundstücks bekommen und eine blaue Camp-David-Windjacke. Es gab einen Tennisplatz, einen Swimmingpool, eine Bowlingbahn, einen Billardraum, eine Driving Range und ein Kino, in dem ununterbrochen Filme liefen. Es war früher Herbst, und die Blätter färbten sich allmählich rot und golden. Der dichte Wald war beiden Gruppen fremd. Dajan fühlte sich von den Bäumen bedroht, die er nicht gut erkennen konnte; er sehnte sich nach der hellen Wüste.

Ezer Weizman sprang auf eines der vielen für die Gäste bereitstehenden Fahrräder und radelte hinüber zu Begins Hütte. Auf dem Weg begegnete er Sadat auf dessen forschem täglichem Spaziergang, begleitet von Außenminister Kamil, der kaum Schritt halten konnte. Weizman und Sadat umarmten sich. „Ich bin froh, Sie wiederzusehen!“, sagte Weizman[29].

Von Natur aus ungestüm, temperamentvoll und gesellig, gehörte Weizman zur „Mayflower-Generation“ Israels[30]. Sein Onkel Chaim Weizmann war der erste Präsident Israels*. Der junge Ezer wuchs in Haifa auf, einer gemischten Stadt. Seine Mutter sprach fließend Arabisch und bemühte sich, es auch ihren Kindern beizubringen – bei Ezer mit wenig Erfolg. Sein Vater war ein deutscher Agrarwissenschaftler und wurde Forstwirtschaftsbeamter im nördlichen Teil Palästinas. „Wir waren erfahrene Reisende in einer Welt offener Grenzen, noch nicht verschlossen durch den arabisch-jüdischen Hass“, erinnerte sich Weizman später[31]. Sein Ideal, mit seinen arabischen Nachbarn in Harmonie zu leben, wurde im Mai 1948 abrupt zerstört, als ägyptische und andere arabische Nachbararmeen direkt nach der Gründung des Staates

* Ezer Weizman veränderte später die Schreibweise seines Namens zu englisch Weizman.

Israel angriffen. „Was die Ägypter betraf, so konnte ich einfach nicht fassen, was in sie gefahren war", würde er später schreiben. „Welches Interesse konnten sie an einem Konflikt in Palästina haben?"[32]

Letztendlich hielt Weizman die Araber für geduldige Realisten, die sich auf ihre weitaus größere Anzahl und ihren sagenhaften Ölreichtum verließen, der ihnen langfristig zum Vorteil gereichen würde. Währenddessen brannten sie vor Hass und Neid auf den israelischen Erfolg. „Stellt euch vor, ihr wärt Araber", pflegte er zu seinen Untergebenen zu sagen. „Was seht ihr? Wie der Staat Israel einen Striptease hinlegt, das seht ihr. Einen Striptease! Grün, blühend, wohlhabend, glitzernd in der Nacht vor Unmengen von Lichtern. Und was das arabische Auge nicht sieht, macht es mit Einbildungskraft wett. Tja, ihr wisst, was mit einem gesunden Mann passiert, wenn er einen aufreizenden Striptease sieht ..."[33]

Die beeindruckende israelische Luftwaffe war Weizmans Schöpfung, dazu gedacht, dem arabischen Herzen die Eroberungslust auszutreiben. „Ich habe die Araber nie gehasst", beharrte Weizman. „Doch statt zu bauen und zu entwickeln und in Frieden zu leben, ist der Jude gezwungen zu lernen, mehr Araber in weniger Zeit zu töten." Weizmans Flugzeuge hatten 1967 die ägyptische Luftwaffe innerhalb von drei Stunden vernichtet und damit den Ausgang jenes Konflikts von Beginn an bestimmt. Weizman glaubte, dass der Krieg nicht enden sollte, ehe die Israelis Kairo, Amman und Damaskus eingenommen hätten. Stolz pries er sich selbst als „wütenden Falken" an, der die sofortige Annexion aller in jenem Krieg eroberten Gebiete befürwortete.

Wie die meisten seiner Landsleute hatte Weizman seine wahre Freude an der totalen Schlappe der arabischen Armeen. In der israelischen Presse gab es Fotos von ägyptischen Stiefeln, im Sand des Sinai zurückgelassen, damit die Soldaten schneller wegrennen konnten. Die Israelis lachten über ihre erbärmlichen Gegner und bemitleideten sie sogar – Emotionen, welche die arabische Niederlage noch demütigender machten. „Erst nach meinen ersten Treffen mit den Ägyptern begann ich den Fehler zu begreifen, den wir gemacht hatten“, räumte Weizman später ein. „Jedes Mal, wenn die Ägypter ihre Demütigung im Sechs-Tage-Krieg erwähnten, wurden ihre Augen feucht. Ich erkannte plötzlich, wie schmerzhaft dieser Schlag gewesen war und wie er sie angespornt hatte, ihre Anstrengungen, Rache zu nehmen, zu verdoppeln.“[34]

Als Einziger unter den Israelis hatte Weizman eine persönliche Beziehung zu Sadat aufgebaut, geformt durch die vielen Stunden der Verhandlungen. Er betrachtete den ägyptischen Staatschef stets als die Personifizierung männlicher Eleganz, perfekt gepflegt und exquisit gekleidet, umgeben von einem Hauch Aramis-Parfüm[35]. Dem ägyptischen Präsidenten jetzt in einem verschwitzten Trainingsanzug zu begegnen, ließ ihn weniger glamourös erscheinen.

„Kommen Sie mich besuchen!“, sagte Sadat und ging weiter in den düsteren Wald[36].

Die Regierungschefs aßen in ihren Hütten, doch der Rest der Delegationen wurde in einem großen Speisesaal in der Laurel Lodge verköstigt. Ernste Ägypter saßen an ihren Tischen auf der unteren Ebene, während die Israelis sich auf der oberen Ebene leise unterhielten, besorgt darüber, belauscht zu werden.

Alle im Speisesaal waren leger gekleidet, mit Ausnahme von Hassan el-Tohami. Wie Begin bestand er darauf, zu jeder Tageszeit Anzug und Krawatte zu tragen. Die anderen Ägypter amüsierten sich entweder über Tohami oder fanden ihn peinlich, doch er schüchterte sie auch ein wenig ein. Tohamis Jahre beim Geheimdienst hatten ihm den Ruf eines Mannes eingebracht, der zu seiner Zeit eine Menge schmutzige Arbeit erledigt hatte[37]. Er war eine einschüchternde Gestalt mit kräftigem Brustkorb, breiten Schultern, blauen Augen und einem beeindruckenden silbrigen Bart. Seine Förmlichkeit hob ihn noch mehr von den Jeans- und Pulloverträgern ab.

Tohami galt als eine Art Guru für Sadat, wobei niemand so recht den Grund für ihre enge Beziehung verstand[38]. Er sprach offen davon, Gespräche mit Dschinns und toten Heiligen zu führen[39]. Als er in Österreich als ägyptischer Botschafter eingesetzt war, stand er bei einem Bankett plötzlich auf und begrüßte den Propheten Mohammed, als sei dessen Geist körperlich im Raum anwesend[40]. Für solche Anwandlungen war er in den oberen Rängen der ägyptischen Regierung berühmt; er verbreitete ständig Geschichten seines eigenen Könnens[41], erwähnte zum Beispiel nebenbei, dass er in letzter Minute beschlossen hatte, die afghanische Regierung nicht zu stürzen oder eine Revolution in Malaysia gerade noch gestoppt habe[42]. Und doch umgab ihn als ehemaligen Leiter des ägyptischen Geheimdienstes der Ruf eines Strippenziehers. Vielleicht stand Sadat unter dem Bann von Tohamis Spiritualität oder war verzaubert von seinen Geschichten. Sie hatten zusammen in der Revolution gekämpft, und Verschwörer schließen unwillkürlich Bündnisse, die andere nicht erkennen oder verstehen.

Bei jenem ersten Abendessen in der Laurel Lodge prahlte Tohami vor den Ägyptern und mehreren Amerikanern mit seinen mystischen Kräften. Durch schiere Willenskraft, sagte er, habe er darauf trainiert, die Kräfte der Natur innerhalb und außerhalb seines Körpers zu beherrschen. Er pflegte im Kairoer Zoo in den Löwenkäfig zu klettern, erzählte er seinem erstaunten Publikum, und die Löwen gefügig zu machen. Schließlich habe er es soweit gebracht, seinen Körper zu verlassen und sich außerhalb des physischen Universums zu bewegen. Er habe sogar eine Möglichkeit gefunden, sein Herz auf Befehl am Schlagen zu hindern.

Diese letzte Bemerkung weckte die Aufmerksamkeit von Menachem Begins Kardiologen, der mit einem amerikanischen Arzt an einem Tisch in der Nähe saß. Seinem vergrößerten Publikum berichtete Tohami, dass er einst bei einer ärztlichen Untersuchung gewesen sei, und der Arzt, der ihm Puls maß, sei plötzlich bleich geworden. „Herr Tohami, Ihr Herz schlägt nicht!“, habe der Arzt gerufen. „Sie sind tot!“[43] Tohami entschuldigte sich und erklärte, er habe einfach nur vergessen, sein Herz wieder anzustellen.

Nachdem er diese Geschichte gehört hatte, fragte einer der ungläubigen Ärzte am Tisch Tohami, ob es ihm gelungen sei, dieses erstaunliche Kunststück durch Yoga zu erreichen[44]. Die Frage machte Tohami wütend, und er antwortete, das habe überhaupt nichts mit Yoga zu tun! Aber er weigerte sich, seine geheime Technik preiszugeben.

Ein Jahr vor Camp David, noch vor Sadats Reise nach Jerusalem, hatte sich Mosche Dajan auf Einladung von König Hassan II. heimlich mit Tohami in Marokko getroffen, in der Absicht, Friedensgespräche durch die Hintertür in die Wege zu leiten. Um das Treffen geheim zu halten, war Dajan von Paris nach Rabat geflogen, verkleidet als Beatnik mit einer zotteligen Perücke, Schnurrbart und Sonnenbrille[45]. Er musste erkannt haben, welche monströse Figur er in der Vorstellung ägyptischer Militärs wie Tohami war. Kein Israeli verkörperte die Demütigung, die sie 1967 erlitten hatten, stärker als er. Vielleicht erzählte der marokkanische König den Ägyptern daher nicht im Voraus, wen Tohami treffen würde, sondern sagte nur, der israelische Repräsentant sei „jemand von hohem Ansehen in jedem arabischen Staat und von großer Kompetenz“[46].

Als Tohami Hassans Palast in Marokko betrat, begrüßte er den König und umarmte ihn, konnte sich jedoch zunächst nicht durchringen, den Israeli anzusehen. „Das ist Dajan!“, sagte der König schließlich[47].

„Zweifellos ist das Dajan“, erwiderte Tohami. Schließlich wandte er sich an den Israeli. „Ich hätte nie im Leben erwartet, Ihnen in einem Salon zu begegnen. Ich hätte eher erwartet, Ihnen irgendwann auf dem Schlachtfeld zu begegnen, wo ich Sie töten würde oder Sie mich.“

Tohami sagte, er habe eine Botschaft von Präsident Sadat mitgebracht, die er in abgehacktem Ton laut vorlas und in der die Bedingungen für den ägyptischen Friedensvorschlag umrissen wurden. Mehrfach betonte er die Notwendigkeit der Geheimhaltung; selbst die Amerikaner dürften nicht von diesem Treffen erfahren, sagte er – sein Leben hänge davon ab. „Seine Bitte um Geheimhaltung wurde zu dem Zeitpunkt auch durch etwas ausgelöst, das ich nur als Seelenkrise beschreiben kann“, schrieb Dajan später. „Einen offiziellen Vertreter der israelischen Regierung zu treffen, um über Frieden zu reden, war für ihn ein emotionaler Schock.“[48]

Tohami sollte die Grundlagen für Friedensgespräche zwischen Sadat und Begin legen, aber seine mystische Natur schlug immer wieder durch. Irgendwann sagte Tohami: „Mosche, Sie sind der falsche Prophet Israels. Es gab einen Propheten vor Ihnen, der einäugig war, und er war ein falscher Prophet.“[49]

„Dieser Mann bin ich nicht“, erwiderte Dajan.

Als Tohami wieder auf das Eigentliche zurückkam, betonte er, Sadat habe ernsthaft den Wunsch nach Frieden. Sadat würde jedoch nur einwilligen, sich mit Begin zu treffen und ihm die Hand zu reichen, nachdem der israelische Premierminister einem totalen Rückzug aus den besetzten Gebieten zugestimmt habe[50]. Garantien für die israelische Sicherheit könnten festgeschrieben werden, sobald man sich über diesen Grundsatz geeinigt habe. Auf diese Weise könnte Sadat Frieden ohne Kapitulation erreichen.

Tohami konnte sich nicht enthalten, über vergangene Niederlagen zu räsonieren. Für ihn war es unfassbar, dass Ägypten, mit einer Bevölkerung von 40 Millionen, zusammen mit Syrien, Jordanien und anderen arabischen Staaten von Israel, das nur drei Millionen Einwohner hatte, besiegt worden war. Tohamis Lippen zitterten vor Wut und Verachtung, als er über Nasser sprach und argumentierte, Ägypten habe den Krieg von 1967 verloren, weil Nasser sich mit den Israelis verschworen habe, um die Niederlage herbeizuführen. „Wie hätte eine solche Katastrophe sonst über uns hereinbrechen können?“, fragte er Dajan[51] und setzte hinzu, die wirtschaftliche Prosperität und das geistige Erblühen des Nahen Ostens seien durch die endlosen Kriege gebremst worden, doch die Zeit nähere sich für den apokalyptischen Zusammenstoß von Gog und Magog, bei dem die Söhne des Lichts und die Söhne der Finsternis aufeinanderprallten und das israelische Volk wählen müsse, auf wessen Seite es stehe[52].

Die seltsame Begegnung von Dajan und Tohami erwies sich als

wesentlich folgenreicher, als Dajan es sich vorgestellt haben mochte. Als Tohami nach Kairo zurückkehrte, berichtete er offenbar Sadat, Begin habe zugestimmt, sich aus den besetzten Gebieten zurückzuziehen. Das war die Basis, auf der Sadat nach Jerusalem reiste, in dem Glauben, es müssten nur noch gewisse Details zwischen den beiden Seiten ausgearbeitet werden. Als er sich zum Privatgespräch mit Begin und Dajan traf, erwähnte Sadat dieses geheime Einverständnis für den Rückzug. Dajan stritt ab, jemals eine solche Zusage gemacht zu haben; der einzige Zweck seiner Reise nach Marokko habe darin bestanden, Informationen einzuholen und Begin darüber Bericht zu erstatten. „Aber Tohami sagte, Sie wären bereit, abzuziehen“, protestierte Sadat.

„Das habe ich nicht gesagt, Herr Präsident“, erwiderte Dajan[53].

Doch nun war Sadat in Jerusalem, und die Blicke der ganzen Welt waren auf ihn gerichtet. Es ist durchaus möglich, dass der Friedensprozess für den Nahen Osten durch das Missverständnis eines Wahnsinnigen in Gang gesetzt wurde.

Am Abend ging Begin zu ihrer ersten langen Unterredung in Carters Lodge. Sie ließen sich in einem bescheidenen, holzgetäfelten Arbeitszimmer nieder, in dem Begin sich wohler zu fühlen schien als im geräumigen Wohnzimmer. Carter gab ihm einen Überblick zu den Themen, die in Camp David behandelt werden würden, und erklärte, er würde hauptsächlich als Vermittler fungieren und Kompromisse vorschlagen, wenn beide Seiten zu keiner Einigung kämen.

Von den drei Regierungschefs befand Begin sich in der stärksten Position: Er konnte mit leeren Händen und geringem politischen Schaden aus Camp David abreisen. Seine unbeugsame Haltung war allgemein bekannt. Selbst seine erbittertsten Gegner zweifelten nie an seinen Prinzipien oder seiner Weigerung, irgendwelche Zugeständnisse zu machen, die Israels Sicherheit gefährden könnten. Er war eine Felswand. Doch Unnachgiebigkeit brachte ihre eigenen Gefahren mit sich. Er erkannte, dass für

Sadat eines wertvoller war als der Frieden mit Israel: eine stabile amerikanisch-ägyptische Beziehung, in der sich die Freundschaft zwischen Carter und Sadat widerspiegelte. Es ließ sich absehen, dass Ägypten Israel als Amerikas engsten Verbündeten im Nahen Osten ersetzen und neue diplomatische Brücken zwischen den Vereinigten Staaten und den Öl-Scheichtümern schlagen konnte[54]. Währenddessen sah Israels Beziehung zu den Vereinigten Staaten mehr wie die angespannte Beziehung zwischen Begin und Carter aus. Amerika hatte auf großzügige Weise für die militärische und wirtschaftliche Sicherheit Israels gesorgt, hatte seit dem Krieg von 1973 10 Milliarden Dollar an Hilfsgeldern gezahlt, fast 4000 Dollar pro israelischem Bürger[55]. Sollten die Amerikaner Begin als das Haupthindernis für einen echten Frieden im Nahen Osten betrachten, wäre seine politische Karriere beendet und Israel stünde vollkommen ohne Freunde auf der Welt da.

Begins größte Angst war, dass Carter und Sadat sich gegen ihn verschworen. Er hatte Anlass zu dieser Sorge. Früher im Jahr war Brzezinski auf die Idee gekommen, insgeheim mit Sadat zusammenzuarbeiten, um Begin unter Druck zu setzen[56]. Dazu gehörte, dass Sadat einen ägyptischen Plan für die West Bank und den Gazastreifen vorlegte, der realistisch genug war, um die israelischen Sicherheitsbedürfnissen zu erfüllen, aber auch ein paar Punkte enthalten sollte, welche die Vereinigten Staaten unannehmbar finden würden. Das würde Carter erlauben, sowohl mit Begin als auch Sadat zu diskutieren, woraufhin er einen „Kompromissplan" vorlegen würde, dem Sadat bereits im Voraus heimlich zugestimmt hatte. Begin würde in der Klemme stecken. Carter könnte Druck auf ihn ausüben, ohne voreingenommen gegen die israelische Haltung zu wirken, könnte die ganze Macht seines Amtes und die allseits bekannte prekäre Abhängigkeit Israels von den Vereinigten Staaten zum Tragen bringen. Die Amerikaner rechneten mit Sadats theatralischen Fähigkeiten, das hinzukriegen. Vance hatte sich jedoch gegen die Idee ausgesprochen, und Sadat war eigentlich zu impulsiv, um einen glaubhaften Verschwörer abzugeben. Doch das amerikanische Team glaubte dennoch, es bedürfe einer

Art List, Begin unter Druck zu setzen, sollte es irgendeine Hoffnung geben, ein sinnvolles Friedensabkommen zustande zu bringen[57]. Falls Begin sich weigerte einzulenken, war das amerikanische Ziel, genügend einheimischen Druck gegen ihn aufzubauen, um seine Regierung zu stürzen, mit der Absicht, einen beweglicheren Friedenspartner auf den Plan zu bringen – Ezer Weizman erschien als der geeignetste Kandidat, ihn zu ersetzen[58].

Begin verfügte jedoch über eine Trumpfkarte. Er hatte den genauen Wortlaut eines Briefes von Carters Vorgänger Gerald Ford mitgebracht[59]. Fords Außenminister Henry Kissinger hatte 1975 versucht, ein Abkommen auszuhandeln, nach dem Israel sich aus einem Teil des Sinai zurückziehen würde, den es im Krieg von 1973 besetzt hatte. Während jener Verhandlungen hatten die Vereinigten Staaten eine Reihe von Zusagen gemacht, einschließlich derjenigen, die Begin mitgebracht hatte, in denen Amerika zustimmte, keine Friedensvorschläge zu machen, ohne vorher die Israelis hinzuzuziehen. Wenig war durch diese außerordentliche Verpflichtung gewonnen worden, doch sie überschattete seitdem alle Aktionen amerikanischer Politiker. In der Tat ermöglichte Fords Zusicherung Begin ein machtvolles Veto gegen jeden Friedensvorschlag und gefährdete die amerikanische Rolle des unparteiischen Vermittlers.

„Herr Premierminister, wir müssen bei dieser Konferenz zu einer Vereinbarung kommen“, sagte Carter und wies darauf hin, dass bei einem Scheitern wenig Aussicht auf Fortschritt in der vorhersehbaren Zukunft bestehe[60]. Hier jedoch, in dieser abgeschiedenen Umgebung, mit genügend Zeit, abgeriegelt vor der Presse und geschützt vor dem Parteigerangel und drückenden innenpolitischen Sorgen, könnten die drei Regierungschefs die Geschichte verändern. Ihre Untergebenen hätten weder die Macht noch die Autorität, das zu tun, und ihre Nachfolger bekämen möglicherweise nie wieder eine bessere Gelegenheit. Nur Begin und Sadat könnten es schaffen, hier und jetzt. Carter fügte hinzu: „Das Erreichen eines Friedensabkommens zwischen Israel und Ägypten ist mir noch wichtiger als meine eigenen politischen Erfolge.“

Carter las dann eine Liste der Punkte vor, von denen er annahm, beide Seiten seien sich darüber einig. Er sagte, Begins Autonomieplan für die Palästinenser sei ein kühner Schritt gewesen, wie auch seine Bereitschaft, die ägyptische Souveränität über den gesamten Sinai anzuerkennen.

An dieser Stelle unterbrach Begin ihn. Was den Sinai betreffe, sei Souveränität das eine, aber die israelischen Siedlungen dort müssten bestehen bleiben.

Dem würde Sadat nie zustimmen, entgegnete Carter.

Während der Unterredung weigerte Begin sich, den Namen „Palästinenser" auch nur auszusprechen. Er beharrte darauf, die West Bank bei ihren biblischen Namen zu nennen, Judäa und Samaria, wie um die Behauptung zu unterstreichen, Gott habe das Land seinem erwählten Volk geschenkt. „Manche Menschen machen sich über die Bibel lustig", sagte er. „Aber Sie nicht, Herr Präsident. Und ich nicht."[61]

Israels fortgesetzte Präsenz auf dem Sinai, der West Bank und im Gazastreifen sei ein Verstoß gegen internationales Recht, bemerkte Carter; mehr noch: „Sadat verlangt von Israel die Anerkennung des Grundsatzes, dass Gebietserwerb nicht durch Gewalt geschehen darf."[62]

„Davon steht nichts in der Resolution 242 des Sicherheitsrats", erwiderte Begin. „Darin steht, dass Gebiete nicht durch Krieg erworben werden dürfen. Der Unterschied ist bedeutsam, Herr Präsident. Es gibt auch Verteidigungskriege. So einfach ist das nicht." Der Sechs-Tage-Krieg sei eine Verteidigungsreaktion auf feindselige Schritte seitens Ägyptens gewesen, kein Überraschungsangriff, fügte er hinzu. „Wenn ein solcher Grundsatz akzeptiert wird, müsste die ganz Landkarte Europas verändert werden."[63] Er würde einer solchen Formulierung nur zustimmen, wenn das Wort „Angriff" vor dem Wort „Krieg" eingefügt würde, sodass Israel rechtfertigen könnte, an den besetzten Gebieten festzuhalten.

„Die Vereinigten Staaten erwarten von Israel, die Besiedlung der besetzten Gebiete zu beenden", sagte Carter[64]. „Das können wir nicht akzeptieren!“, rief Begin. Vielleicht könne er zustimmen, den Bau neuer Siedlungen auf dem Sinai zu stoppen, sagte er, aber nicht auf der West Bank. „Das ist unser unabdingbares Recht.“

Weder brachte Begin neue Vorschläge ein, noch schien er überhaupt den Sinn dieses Gipfeltreffens zu verstehen. Ja, es sei wichtig, eine Übereinkunft mit Ägypten zu erreichen, aber zunächst müsse Israel eine Vereinbarung mit den Vereinigten Staaten ausarbeiten, wie dabei vorzugehen sei. Das allein würde mehrere Monate dauern. Es sei offensichtlich, dass dies nicht in Camp David erreicht werden könne.

Begins scheinbare Gleichgültigkeit gegenüber dem Ergebnis des Gipfeltreffens traf Carter unvorbereitet. „Sadat ist impulsiv“, warnte er. „Wenn die Verhandlungen keine Fortschritte machen, könnte er eine Militäraktion in Gang setzen.“[65]

Begin blieb unbeeindruckt. Carter wurde allmählich klar, wie weit der israelische Regierungschef auch nur vom Anfang einer Verhandlung entfernt war. Um 11 Uhr abends brach Carter die sinnlose Diskussion schließlich ab. Er ging ins Schlafzimmer und berichtete Rosalynn niedergeschlagen: „Ich glaube, er hat überhaupt nicht vor, weiter über einen Friedensvertrag zu verhandeln.“

Begin schlenderte durch die Dunkelheit zu seiner Hütte zurück und genoss die Stille. In vielen anderen Hütten brannte noch Licht, da sich die Teams auf das erste große Treffen der beiden Delegationen am nächsten Morgen vorbereiteten. In der Luft lag milde Herbstkühle. „Was für ein Paradies auf Erden!“, dachte er[66].

Mitglieder seines Teams warteten auf ihn, als er in der Birch Lodge eintraf. Als Premierminister war er nie gut darin gewesen, sein Kabinett zu konsultieren, aber nun scharte er seine Berater auf der Veranda um sich und berichtete ihnen von seinem Gespräch mit Carter. „Wir haben eine harte Nuss zu knacken“, teilte er ihnen mit. „Ihr Name ist Anwar al-Sadat.“[67]

2 Zweiter Tag

Seit seiner Zeit in der Marine wachte Carter jeden Morgen um 5 Uhr auf, eine Gewohnheit, die er nicht ablegen konnte, ganz gleich, wie spät er ins Bett kam. An diesem Morgen sah er sein Diktat durch, und als die Sonne aufging, spielten er und Rosalynn eine Stunde lang Tennis. Cy Vance und Zbig Brzezinski schlossen sich ihnen zum Frühstück an. Carter schüttelte immer wieder den Kopf, während er sein Treffen mit dem israelischen Premierminister vom Vorabend beschrieb. Begin habe starr und einfallslos gewirkt, habe jede Silbe analysiert; er klammere sich an die Vergangenheit und sei nicht bereit, die breitere Perspektive ins Auge zu fassen[1]. Carter graute es bereits vor dem Treffen der drei Regierungschefs am Nachmittag.

Sadat stand um acht auf, machte sich auf seinen täglichen strammen Spaziergang und traf sich mit Carter um zehn. „Mein Programm ist fertig“, teilte Sadat dem Präsidenten stolz mit und überreichte ihm einen Entwurf der ägyptischen Position[2]. Als Carter das „Rahmenabkommen für eine umfassende, friedliche Beilegung des Nahostkonflikts“ durchlas, sank ihm der Mut[3]. Es war wahrlich umfassend – Seite um Seite kompromissloser arabischer Standardformulierungen, die zwangsläufig jede Möglichkeit einer Übereinkunft torpedieren würden; zum Beispiel bestand Sadat darauf, dass Israel den Atomwaffensperrvertrag von 1968 unterzeichnete, dem Ägypten zugestimmt hatte, Israel aber nicht. Alle Siedlungen in den besetzten Gebieten müssten abgerissen werden. Zusätzlich zum vollständigen Rückzug aus dem Sinai würde Israel für das Öl zahlen müssen, das es abgepumpt hatte sowie für die durch die Kriegshandlungen entstandenen Schäden an Menschen und zivilen Einrichtungen. Vertriebene Palästinenser würden nach Israel zurückkehren können oder Entschädigungen erhalten, und innerhalb von fünf Jahren würde es einen palästinensischen Staat auf der West Bank geben. Israel würde die Kontrolle über Ostjerusalem der arabischen Oberhoheit übergeben. Das war reine Fantasie. Es gab fast nichts, dem Israel würde zustimmen könne.

Sadat sagte, er werde das „Rahmenabkommen für Frieden" beim Nachmittagstreffen laut vorlesen. Da Carter sich Begins Reaktion vorstellen konnte, warnte er Sadat, es wäre ein schrecklicher Fehler. Doch war klar, dass Sadat eine starke Ausgangsposition einnehmen wollte, um andere arabische Führer zu beschwichtigen und es sich zu erleichtern, im weiteren Verlauf Zugeständnisse zu machen. Dann machte er ein überraschendes Angebot. Dieser Teil des Gesprächs müsse absolut geheim bleiben, betonte Sadat. Er zog drei mit Schreibmaschine getippte Seiten heraus, gekennzeichnet als nur für den Präsidenten bestimmt, auf denen er mehrere Zugeständnisse vorschlug, die Carter nach eigenem Ermessen verwenden könne. Sadat würde vollen diplomatischen Beziehungen zustimmen, mit einem Austausch von Botschaftern und freiem Personenverkehr über die Grenze, regelmäßigem Postdienst, freiem Handel – eine normale, nachbarschaftliche Beziehung – mit anderen Worten, genau die Zukunft, die Carter zu sichern hoffte. Zusätzlich könnte es ein moderateres Umgehen mit den palästinensischen Flüchtlingen geben wie auch die Einrichtung einer Autonomiebehörde auf der West Bank, was beinahe einem eigenen Staat gleichkam. Sadat würde ebenfalls geringfügigen Änderungen des Grenzverlaufs auf der West Bank zustimmen, um den Sicherheitsbedürfnissen der Israelis Rechnung zu tragen. Auf dem Sinai würde er die Anwesenheit von UN-Friedenstruppen akzeptieren. Jerusalem könne eine ungeteilte Stadt bleiben. Das waren alles Punkte, die Carter meinte, Begin verkaufen zu können. Zum ersten Mal erhaschte Carter einen Blick auf ein mögliches Abkommen. Doch im Moment war er der Einzige, der vom Vorhandensein dieses geheimen Memorandums wusste. Sadat hatte selbst seine eigene Delegation im Ungewissen gelassen.

Als Sadat in seine Hütte zurückkehrte, war er bester Laune, wie sein Außenminister feststellte. Muhammad Kamil kannte Sadat seit vielen Jahren, schon bevor sie zusammen im Gefängnis gewesen waren. Ihr lebenslanger Hass auf die Briten hatte sie zusammengebracht und in einer spektakulären Verschwörung vereint.

Im Sommer 1942 hatte die deutsche Panzerdivision von „Wüstenfuchs" General Erwin Rommel die Achte Britische Armee in El Alamein, einer Küstenstadt in Nordägypten, eingekesselt. Viele glühende ägyptische Nationalisten waren begeistert von der Invasion der Nazis und beteten offen um eine britische Niederlage. „Deutschland ist der Feind unseres Feindes England", erklärte Sadat später[4]. Da er eine Gelegenheit spürte, Geschichte zu schreiben, übernahm er es selbst, einen Brief an Rommel zu verfassen, mit dem Vorschlag, Teile der ägyptischen Armee würden die britischen Soldaten daran hindern, Kairo zu verlassen, damit die deutschen Truppen freie Hand hätten; im Gegenzug sollte Ägypten die vollständige Unabhängigkeit garantiert werden. Zu der Zeit war Sadat ein 23-jähriger Offizier in der Nachrichtentruppe, fühlte sich aber berechtigt, über ein Abkommen zwischen Ägypten und einer der schillerndsten Figuren der Militärgeschichte zu verhandeln. Der Brief erreichte Rommel nie; Sadat hatte einen Mitverschwörer beauftragt, nach El Alamein zu fliegen und den Vertragsentwurf abzuliefern, doch dieser flog mit einer britischen Maschine und wurde von den Deutschen abgeschossen.

Kurz danach nahmen zwei Nazispione Kontakt mit Sadat auf. Es waren Johannes Eppler, ein Halb-Ägypter, und Hans-Gerd „Sandy" Sandstede. Sie hatten einen beschädigten Funksender, von dem sie hofften, Sadat könnte ihn reparieren. Sadat sah darin eine weitere Chance, seinen Plan an Rommel durchzugeben, und willigte ein. Die Spione wohnten in einem Hausboot auf dem Nil, das einer bekannten Bauchtänzerin gehörte. Sie prahlten vor Sadat, ein jüdischer Vermittler habe mehr als 40 000 gefälschte britische Pfund für sie umgetauscht. „Ich war nicht erstaunt darüber, dass ein Jude diesen Dienst für die Nazis übernehmen würde, denn ich wusste, dass ein Jude alles tun würde, wenn der Preis stimmte", erinnerte sich Sadat. „Aber ich war um Eppler und Sandy wegen dieses Kontakts zu den Juden besorgt."[5]

Hekmet Fahmy, die Bauchtänzerin, hatte das Gesicht einer Naiven, war jedoch eine glühende ägyptische Nationalistin, die Mata Hari von Kairo[6]. Eppler benutzte sie, um britische Offiziere, die sie im Kit-Kat-Cabaret kennengelernt hatte, auf das Hausboot zu locken. Während sie den Offizier in ihrem Schlafzimmer ablenkte, sahen die Spione dessen Papiere durch. Sadat begann ebenfalls, Nächte auf dem Hausboot zu verbringen[7], wo es immer sittenloser zuging. Eppler war besessen von der Legende *Tausendundeine Nacht* und ließ ständig eine Platte von Rimsky-Korsakows *Scheherazade* laufen. Er erzählte Sadat: „Wie glücklich König Schahrayar gewesen sein muss – jede Nacht eine frische Jungfrau zu bekommen und sie am Morgen zu töten! Das wäre mein Lebensideal!"

Die Nazispione wurden geschnappt und zogen Sadat rasch in die Sache mit hinein. Eppler beschwerte sich, sie wären von zwei jüdischen Prostituieren betrogen worden; die hätten sie an die britische Obrigkeit verraten, nachdem er gedroht hatte, sie bei einem Rollenspiel von *Tausendundeine Nacht* „abzuschlachten", während er „Deutschland über alles" sang.

Sadat wurde im September 1942 verhaftet. Zwei Jahre später, als der Krieg deutlich dem Ende zuging, wurden viele ägyptische Gefangene freigelassen, die mit den Briten in Konflikt geraten waren, Sadat jedoch nicht. Als eine Art Publicitygag entfloh er mit mehreren Kameraden aus dem nur leicht bewachten Gefängnis, ließ sich mit dem Taxi zur Kairorer Residenz des Königs fahren, dem Abdeen-Palast, trug sich in das Gästebuch ein und fuhr mit dem Taxi zurück ins Gefängnis. Nach dieser Eskapade ging Sadat in Hungerstreik, und als er schließlich ins Krankenhaus gebracht wurde, entkam er ein weiteres Mal. Während des nächsten Jahres lebte er als Entflohener. Zur Tarnung ließ er sich einen Bart wachsen und versuchte, Arbeit als Unternehmer zu finden. Sadat war frei, aber mittellos. Seine zehn Monate alte Tochter starb 1945, vermutlich an Unterernährung[8].

Während dieser Zeit begegnete er Muhammed Kamil[9]. Kamil war Anführer einer Untergrundorganisation, die britische Soldaten verfolgte und tötete, für gewöhnlich, wenn sie betrunken und allein auf den Straßen Kairos unterwegs waren. Die beiden Männer trafen sich in einem Café am Opernplatz. Sadat war von eindrucksvoller Gestalt, groß, ziemlich dunkelhäutig, mit einem Schnurrbart und einer tiefen, sonoren Stimme. Kamils Ansicht nach war Sadat „exzentrisch gekleidet“[10] – dunkelgrauer Anzug, rot karierte Weste und ein besonders auffälliges Paar weißer Lederschuhe, eine seltsame Aufmachung für einen Mann auf der Flucht.

Sadat begriff sofort, wie er Kamils kleine „Mördergesellschaft“[11], wie er sie nannte, einsetzen könnte. Eine Handvoll britischer Soldaten zu erschießen, würde nicht ausreichen, um Ägypten zu befreien, aber es könnte eine Art „Aufwärmen“[12] für die Hauptaufgabe darstellen: prominente Ägypter auszuschalten, die die Briten unterstützten – vor allem Premierminister Mustafa al-Nahhas.

Sadat nahm die angehenden Attentäter mit in die Wüste, brachte ihnen das Schießen bei und unterrichtete sie im Gebrauch von Handgranaten. Der Plan war, die Granaten unter das Auto des Premierministers zu werfen, während es an der Amerikanischen Universität von Kairo in der Kasr-el-Aini-Straße vorbeifuhr, und es dann zusätzlich mit Kugeln zu durchsieben. Sadat gab Kamil und den anderen Attentätern ein Paket mit Handgranaten und zwei Pistolen und wartete in einem Fluchtfahrzeug vor der Universität. Als Nahhas Wagen sich näherte, beschleunigte er plötzlich, um einer Straßenbahn auszuweichen, und die Granaten explodierten hinter dem Angriffsziel. Die Verschwörer zerstreuten sich. Das Fluchtfahrzeug war nirgends zu sehen.

Sadat suchte rasch einen weiteren Kandidaten zur Beseitigung aus: Amin Osman, einen Minister aus der Regierung, der gesagt hatte, die Verbindung zwischen Ägypten und den britischen Besatzern gleiche „einer unauflösbaren katholischen Ehe“[13]. Diesmal war der Versuch erfolgreich. Osman wurde erschossen, als er den Old Victorian’s Club betrat, einen beliebten Treffpunkt der Engländer und ein äußerst symbolischer Schauplatz für das Attentat. „Abgesehen davon, dass ein besonders eifriger Anhänger des Kolonialismus beseitigt worden war, hatten wir vor allem das Prestige der britischen Behörden schwer angeschlagen“, prahlte

Sadat[14]. Innerhalb weniger Tage legte der Täter jedoch ein Geständnis ab, und die gesamte Mördergesellschaft wurde verhaftet und ins Gefängnis gebracht.

Kamil stammte aus einer wohlhabenden und einflussreichen Familie; sein Vater war ein prominenter Richter, was bedeutete, dass dem Sohn besondere Vergünstigungen gewährt wurden. Seine Familie schickte ihm Essen ins Gefängnis, das Kamil großzügig unter seinen Mitgefangenen verteilte. Sadat schmeckten die Kochkünste von Kamils Mutter, und er erbat kühn besondere Gerichte wie Reis und Tauben-Auflauf. Kamil durfte außerdem das Gefängnis zweimal in der Woche verlassen, angeblich, um zum Zahnarzt zu gehen. Dort traf er sich dann mit seiner Familie und einigen von Sadats Armeefreunden, die Kamils Taschen mit Leckereien zum Einschmuggeln ins Gefängnis füllten.

Der als „der größte politische Attentatsfall“ bezeichnete Prozess füllte während der zwei Jahre seines Verlaufs die Titelseiten der ägyptischen Zeitungen. Sadats Beteiligung war der Hauptgegenstand des Interesses; der ehemalige Armeeoffizier war bereits für seine Versuche bekannt, mit den Nazis zu kollaborieren. Sein Draufgängertum und seine düstere Vergangenheit machten ihn, zusammen mit seinem guten Aussehen und dem natürlichen dramatischen Flair, zu einer Zeitungssensation und einem Helden für die ägyptischen Nationalisten. „Verurteilen Sie mich zum Tode, wenn Sie wollen“, verkündete er aus dem Käfig, in den die Angeklagten im Gerichtssaal gesperrt waren, „aber hindern Sie den Staatsanwalt daran, den britischen Imperialismus in den ehrwürdigen Hallen dieses ägyptischen Gerichtshofs zu preisen“[15].

Obwohl er in seinen Memoiren nichts darüber schreibt, wurde Sadat zweimal von einer Gruppe junger Armeeoffiziere, die es sich zur Aufgabe gemacht hatten, den König vor britischer Demütigung zu schützen, aus dem Gefängnis geschmuggelt. Sie nannten sich die Eiserne Garde[16]. Genau wie Sadat hofften sie darauf, Mustafa al-Nahhas zu ermorden. Sadat saß in einem zum königlichen Palast gehörenden Auto, als Schüsse auf den Premierminister abgegeben wurden, ihn jedoch verfehlten. Einen Monat später war

Sadat an einer vor dem Haus des Ministers gezündeten Autobombe beteiligt, wurde aber nie dafür angeklagt. (Der vom Glück begünstige Nahhas starb erst als sehr alter Mann.)

Sadat und Kamil leugneten standhaft ihre Beteiligung an dem politischen Attentat und wurden schließlich freigesprochen. „Meine Bemühungen bei den Verhören hatten den Fall hinreichend in Verwirrung gebracht", schloss Sadat fröhlich[17]. Bald danach kehrte er zur Armee zurück, wo er sich Nassers Verschwörung anschloss, den König zu stürzen. Kamil ging in den Auswärtigen Dienst und wurde schließlich ägyptischer Botschafter in der Bundesrepublik Deutschland. In der Zwischenzeit sahen die beiden Männer sich selten, selbst, als sie in ihrer Regierungslaufbahn aufstiegen.

Im Dezember 1977, nachdem Kamil in offiziellem Auftrag nach Kairo zurückgekehrt war, hörte seine Frau im Radio, er sei als Außenminister berufen worden. Er war schockiert; Sadat hatte ihn nicht mal informiert. Durch die öffentliche Ankündigung machte Sadat es Kamil unmöglich abzulehnen, ohne einen Skandal zu verursachen. Zwei Außenminister waren nacheinander wegen Sadats Friedensinitiative zurückgetreten. Kamil fühlte sich in die Enge getrieben; alte Bande der Loyalität aus ihrer Gefängniszeit zogen an ihm, doch in Wahrheit war er entsetzt über jeden Umgang mit den Israelis. Er glaubte, wenn man einmal mit Gesprächen begann, sei die Schlacht schon halb verloren, da Dialog Ebenbürtigkeit impliziere[18]. Ägypten war zu schwach, um Israel ebenbürtig zu sein. Die einzige Stärke, die Ägypten besaß, war der Zusammenhalt mit andern Arabern in ihrer Verweigerungshaltung, jegliche Verhandlungen abzulehnen. Sadat war für diese Bedenken jedoch taub. „Erinnerst du dich, als wir im Gefängnis waren?", fragte er Kamil, als sie schließlich über den Posten sprachen. „Du wirst mit mir einen Platz in der Geschichte bekommen, Muhammad!"[19]

Kamil traf in einem Zustand großer emotionaler Bedrängnis in Camp David ein, rauchte zu viel, machte sich weit mehr Sorgen über den Erfolg als über das Scheitern[20]. Nach einigen vorangegangenen Treffen mit den Israelis hatte man Kamil in seinem Zimmer schluchzen gehört. Vance hatte versucht, ihn zu beschwichtigen[21]. Der historische Anspruch der Israelis auf arabische Gebiete brachte ihn zu einem Wutausbruch: „Die israelische Haltung beruht auf einem abwegigen rassistischen Glauben, der ihr Denken beherrscht und ihr Verhalten bestimmt – nämlich, dass sie das von Gott erwählte Volk seien. Demzufolge übertreffen ihre Rechte die Rechte von anderen, was auch immer sie glauben.“[22]

Nachdem Sadat von seinem morgendlichen Treffen mit Carter berichtet hatte, schlug er Kamil und anderen Delegationsmitgliedern vor, einen Spaziergang zu machen, um die Umgebung kennenzulernen. Sadat zog dazu seinen Trainingsanzug an. Unterwegs begegneten sie Menachem Begin in einem Golfwagen. Es war die erste kurze Begegnung der beiden Männer im Camp.

„Wie geht es Ihnen, Herr Präsident?“, fragte Begin, als sie sich die Hand reichten. „Sie sehen gut aus. Ich hoffe, es geht Ihnen auch gut.“[23]

„Sie sehen auch gut aus, Herr Premierminister“, erwiderte Sadat und musterte seinen Gegner.

Die Gesundheit war ein Gegenstand ständiger Spekulation und Überprüfung aller Beteiligter. Beide Männer hatten wiederholte Herzattacken erlitten. Sadat schien derjenige zu sein, der in besserer Verfassung war, obwohl er seine Gesundheit wie eine gesprungene Schüssel behandelte, die mit größter Vorsicht zu benutzen sei. Normalerweise schlief er bis neun oder halb zehn am Morgen; nach dem Aufwachen nahm er einen Löffel Honig und Gelée royal zu sich und trank eine Tasse gesüßten Pfefferminztee[24]. Er betete, badete und rasierte sich, dann ging er wieder ins Bett und las Zeitung bis zum Frühstück – für gewöhnlich Joghurt oder Papaya und Honig. Schließlich kleidete er sich zur Arbeit an, vielleicht gestärkt durch ein oder zwei Schluck Wodka als Stärkungsmittel zur Anregung des Herzens. In den nächsten drei bis vier Stunden widmetet er sich Regierungsgeschäften, empfing Besucher oder las Berichte. Er glaubte, dass er sich sehr leicht erkältete und verbot daher Klimaanlagen, ganz gleich, wie heiß es war. Wenn erforderlich, reichte ihm ein Mitarbeiter ein sauberes weißes Taschentuch, um den Schweiß vom Gesicht zu wischen. Jeden Nachmittag legte er sich eine Stunde auf den Boden seines Schlafzimmers, mit einem Tuch über den Augen. Als Teil seiner Diät hatte er das Mittagessen aufgegeben, rauchte aber weiterhin seine Pfeife, die er kaum aus der Hand legte. Jeden Tag unternahm er einen strammen, zwei Kilometer langen Spaziergang. Als einzige andere sportliche Betätigung gestattete er sich Tischtennis; zusätzlich zu seinen anderen Pflichten war er Vorsitzender der afrikanischen Tischtennisvereinigung. Danach folgten eine Massage, ein Bad und ein langes Nickerchen. Gegen 7 Uhr abends wachte er wieder auf. Er trank ein weiteres Glas Tee und nahm dann ein leichtes Abendessen ein. Bis um 9 Uhr beschäftigte er sich mit weiteren Regierungsangelegenheiten, dann zog er seinen Pyjama an und ließ sich Filme bringen, die er sehen wollte – meist amerikanische Westernfilme –, dazu genehmigter er sich einen Whisky als Schlummertrunk.

Begin schien eine Abneigung gegen sportliche Betätigung zu haben, wobei es ihm im Gegensatz zu Sadat gelungen war, das Rauchen aufzugeben. Er nahm eine Reihe von Medikamenten für Herzkrankheiten und Diabetes, die an seiner Vitalität zehrten und seine Stimmung dämpften. Auch er hielt sich an eine fade Diät, bevorzugte gekochtes Huhn und Hüttenkäse, trank aber ständig Tee – auf russische Art, mit einem Würfel Zucker im Mund. Er war häufig in sich gekehrt und deprimiert. Nach einer seiner vielen fehlgeschlagenen Wahlen zog er sich 1951 kurz aus der Politik zurück und segelte mit Aliza nach Italien. Unter seinem Stab gab es Gerüchte, er habe einen Teil der Zeit in einem Schweizer Sanatorium verbracht[25]. Während seines ganzen Lebens verfiel er immer wieder in düstere Stimmungen, und selbst bei Kabinettsitzungen war er oft lustlos und unfähig, sich zu konzentrieren[26].

Unter den Amerikanern herrschte die Befürchtung, der Stress

der Verhandlungen in Camp David könnte für beide Männer lebensgefährlich sein. Die Sterblichkeit war ein inoffizieller Gast, doch ständig anwesend.

Carter hatte Begin gebeten, zu dem Treffen um drei etwas früher zu kommen, und als er eintraf, wirkte Carter extrem nervös. „Präsident Sadat hat einen schriftlichen Vorschlag mitgebracht“, sagte er und ließ Begin im Voraus wissen, ihm sei klar, dass die Israelis nicht bereit sein würden, ihn anzunehmen. „Aber ich möchte nicht, dass die Konferenz daran zerbricht.“[27]

Sadat traf ein, jetzt geduscht und wie Begin in Anzug und Krawatte – beide Männer weigerten sich, Carters beharrliche Ungezwungenheit zu übernehmen. Im gesprenkelten Nachmittagslicht setzten sie sich um einen kleinen Holztisch auf der Veranda von Aspen. Carter beabsichtigte, sich bei diesem Treffen so wenig wie möglich einzumischen, in der Hoffnung, die beiden Männer würden sich besser kennenlernen und beginnen, einander zu vertrauen. Zu diesem Zeitpunkt betrachtete er seine Rolle nach wie vor als die eines Moderators, mehr nicht.

Zur Eröffnung sagte Begin: „Wir müssen eine neue Seite aufschlagen.“ Doch er fügte hinzu: „Verhandlungen erfordern Geduld.“[28]

„Es ist wahr, wir brauchen Zeit“, stimmte Sadat zu. Er wolle einen Rahmen für eine umfassende Vereinbarung, deren Einzelheiten später von den Verfassern des Abkommens ausgearbeitet werden sollten. „Ich denke, das wird drei Monate Arbeit erfordern.“ Sadat wirkte ungewöhnlich beklommen, stolperte bei der Antwort mehrfach über seine Worte. Die Anspannung dieses ersten Treffens war bei allen Beteiligten spürbar.

Begin meinte, wenn die Katholiken einen neuen Papst wählten, sagten sie *„Habemus papam.“* Er hoffe, dass sie alle drei am Ende der Konferenz sagen könnten *„Habemus pacem“* – wir haben Frieden[29].

Nach diesem Austausch von Höflichkeiten kam der Augenblick, den Carter gefürchtet hatte. Sadat setzte seine Brille auf und las seinen elfseitigen Plan vor. „Zusätzlich zu der historischen Initiative von Präsident Sadat", sagte er unbescheiden, „der Initiative, welche die Hoffnung der gesamten Welt auf eine glücklichere Zukunft für die Menschheit wiederbelebt hat, und in Anbetracht des Wunsches der Völker des Nahen Ostens und aller friedliebenden Völker, das Leid der Vergangenheit zu beenden ..."[30]. In dieser hochtrabenden Manier fuhr er fort, bis er zu dem eigentlichen Vorschlag kam. Die nächsten 90 Minuten lang las er gefühlvoll, umklammerte gelegentlich die Armlehnen seines Stuhls, während er seine Forderungen für einen Palästinenserstaat, einen arabischen Anteil an Jerusalem, die Rückgabe des Sinai, die Beseitigung der Siedlungen und Israels Rückzug in die Grenzen von 1967 ausführte. Begin saß mit erstarrtem Gesicht da. Carter spürte, wie Hitze im Premierminister aufstieg wie Lava in einem Vulkan. Als Sadat seinen Vortrag schließlich beendete, herrschte einen Moment lang vollkommene Stille.

Carter brach die Anspannung mit dem Vorschlag an Begin, ihnen allen eine Menge Ärger zu ersparen und das Dokument einfach so, wie es war, zu unterschreiben. Plötzlich lachten alle drei Regierungschefs laut los. Begin reagierte überraschend höflich und sagte, er wisse es zu schätzen, wie hart die Ägypter an diesem Dokument gearbeitet hätten, aber nun müsse er es genauer lesen und mit seinen Beratern darüber sprechen. Die drei Regierungschefs vereinbarten, sich am nächsten Tag wieder zu treffen. Alle drei trennten sich in bester Stimmung.

Es war seltsam. Carter hatte Rosalynn prophezeit: „Begin wird platzen", aber im Gegenteil: er wirkte merkwürdig erleichtert[31] – genau wie Sadat.

Begins Treffen mit seinen Beratern auf der Veranda in Camp David wurde zu einem nächtlichen Ritual. Sein Assistent Jechiel Kadischai rückte mit ernster Miene einen Stuhl für Begin in die Mitte, „wie für einen Rabbi", beobachtete Dajan[32]. Als Begin an diesem kühlen Herbstabend von der Sitzung mit Sadat und Carter berichtete, waren die Israelis entsetzt. Begin meinte, Sadat habe sogar Wiedergutmachung verlangt – als sei Israel die besiegte Nation, nicht Ägypten. „Was für eine Chuzpe! Welche Frechheit!" schimpfte er[33]. „Die Bezeichnung Chuzpe ist eine gewaltige Untertreibung", stimmte Dajan zu. Begin fügte einen nicht ganz passenden israelischen Spruch hinzu: „Falls ich mich über das ägyptische Dokument täusche, bin ich ein Blumentopf!"

Begins Tirade machte klar, dass er das Gefühl hatte, Sadats Eröffnungsmanöver habe die normalen Grenzen der Diplomatie überschritten und gewissermaßen Israels nationale Ehre infrage gestellt. Gegen solche Kränkungen war er äußerst empfindlich. Sein Leben und seine Laufbahn bezeugen seine unermüdlichen Bemühungen, jüdische Würde zu fördern – das Wort, das er benutzte, war *hadar*[34], was genau genommen Pracht oder Herrlichkeit heißt, auf jeden Fall das genaue Gegenteil der Erniedrigung und Schikane, der die Juden in der modernen Geschichte ausgesetzt waren. Sein Bemühen, diese Eigenschaft zu verkörpern, erklärt nicht nur sein großspuriges Auftreten und sein Faible für Zeremonien, sondern auch seinen Mangel an Mitgefühl für Kulturen, die nicht jüdisch waren. Diese Härte machte ihn zu einer einschüchternden Figur im Untergrund, aber zu einem schwierigen Mann für Verhandlungen bei einer Friedenskonferenz. „Es gibt nur eines, worauf ich empfindlich reagiere", gestand er Carter. „Jüdisches Blut."[35]

Die Israelis erkannten, dass zwischen Begin und Kadischai eine Beziehung bestand, die sich nicht mit den gewöhnlichen Begriffen von Dienstverhältnis oder Freundschaft verstehen ließ. Sie hatte in Tel Aviv während der ersten Tage des Zweiten Weltkriegs begonnen. Kadischai gehörte zu einer Gruppe von Juden, die sich der britischen Armee angeschlossen hatte. Etwa 20 davon trafen sich heimlich in einem Keller unter der King George Street und tauschten Gerüchte über das aus, was in Europa geschah. Alle hatten Familie dort, und es sprach sich herum, dass Juden von den Deutschen massakriert wurden. War das wahr? Was konnten sie tun? Sie bekamen so wenig Informationen.

Eines Tages öffnete sich die Kellertür, und ein schlanker junger Mann – die anderen hielten ihn zuerst für einen Jungen – trat ein. Er trug eine runde Brille und eine Armeeuniform mit einer schottischen Mütze, kurzen Hosen und Knöpfen an den Socken. An seiner Mütze befand sich das Abzeichen des polnischen Adlers, was ihn als Mitglied der Anders-Armee auswies, zusammengestellt aus ehemaligen Gefangenen, die aus den sowjetischen Gulags kamen. Nachdem die Nazis in die Sowjetunion eingefallen waren, hatte Josef Stalin die polnischen Gefangenen entlassen, einschließlich der Juden, und ihnen gestattet, eine eigene Armee unter General Wladyslaw Anders zu bilden. Schließlich wurde die Anders-Armee dem britischen Oberkommando im Nahen Osten unterstellt.

Der junge Mann brachte erschreckende Nachrichten für Kadischai und die im Keller von Tel Aviv versammelten jüdischen Soldaten. Die Juden in Polen – mehr als drei Millionen – seien bereits dem Tode geweiht, berichtete der mysteriöse Bote. Doch die Juden in Ungarn, Rumänien und Bulgarien könnten gerettet werden, weil die Deutschen ihre Aufmerksamkeit noch nicht auf sie gerichtet hätten. „Wir können sie retten, aber da sind keine Retter“, sagte er[36]. Wenn Großbritannien nur die Tür zu Palästina öffnen würde, dann würden Juden aus ganz Europa hereinströmen – auf Fahrrädern, mit Lastwagen, sie könnten sogar durch die Türkei und Persien zu Fuß wandern. Doch die einzige Möglichkeit, die Briten zu überzeugen, bestünde darin, Unruhe zu stiften.

Kadischai – der damals 19 Jahre alt war – wandte sich an seine Armeekameraden. „Wer ist dieser Junge?“, fragte er. Einer der Soldaten erwiderte: „Er kam vor Kurzem aus Sibirien. Sein Name ist Menachem Begin.“[37]

Kurz darauf meldete sich Kadischai bei Begin, um einer seiner Unruhestifter zu werden. Während der Kampagne der Irgun, die britische Mandatsregierung aus Palästina zu vertreiben, half Kadischai 1946 dabei, die britische Botschaft in Rom in die Luft zu jagen. Drei Jahrzehnte später war Kadischai immer noch an Begins Seite, kümmerte sich mit einer Art ehelicher Zärtlichkeit um ihn, die niemand infrage stellte oder vollkommen verstand. Nur jene, die mit Begin im Untergrund gewesen waren, begriffen, was seine Reise ihm abverlangt hatte, und keiner besser als Kadischai. Aber wer hätte sich je vorstellen können, dass es sie in dieses bewaldete Berggelände verschlagen würde, um über Frieden zu sprechen?

Im Dezember 1943, mit 30 Jahren, übernahm Begin die Führung der Irgun. Die Vorstellung, zu einer Zeit, in der die Briten gegen die Nazis kämpften, einen jüdischen Aufstand zu wagen, kam vielen Juden wie Wahnsinn vor. Doch die Briten, gerade wach geworden für den Wert des Öls und in der Hoffnung, produktive Beziehungen mit arabischen Länder aufrechtzuerhalten, stimmten zu, die jüdische Einwanderung nach Palästina streng zu begrenzen. Die Irgun schmuggelte Juden aus Europa, aber die britischen Behörden wiesen Schiffe mit jüdischen Flüchtlingen ab und schickten sie in das europäische Schlachthaus zurück.

Die von Begin übernommene Organisation bestand so gut wie nicht mehr[38]; zu der Zeit gab es nur noch etwa 1000 Mitglieder der Irgun, wovon nur ein Drittel ausgebildete Kämpfer waren; sie verfügten über ein Maschinengewehr, fünf Maschinenpistolen, eine Anzahl von Pistolen und Gewehren, dazu 100 Handgranaten und fünf Tonnen Sprengstoff. Mit diesem mageren Bestand erklärte Begin dem britischen Mandat den bewaffneten Widerstand. „Wir werden kämpfen, jeder Jude im Heimatland wird kämpfen“, verkündete er. „Rückzug wird es nicht geben. Freiheit – oder Tod.“[39]

Begin begriff intuitiv, dass Terror auch Inszenierung war. Mord war nicht der Zweck, wenn er auch das unvermeidliche Ergebnis sein würde. Seine Idee war, eine Reihe von aufsehenerregenden Angriffen durchzuführen, die in London und New York Schlagzeilen machen und repressive Gegenmaßnahmen provozieren würden. Vorhersehbarerweise würden die britischen Behörden mit Massenverhaftungen reagieren, brutalen Verhören und exemplarischen Hinrichtungen, die Juden in Palästina würden zunehmend verstimmt sein und aufgerüttelt werden, und das britische

Ansehen in der Weltgemeinschaft würde leiden, wie auch die Unterstützung für das Mandat in Großbritannien selbst. „Geschichte und unsere Beobachtungen überzeugten uns davon, dass wir das Prestige der Regierung in Eretz Israel vernichten konnten, worauf zwangsläufig ihre Herrschaft enden würde“, schreibt Begin[40].

„Von da an gönnten wir dieser Schwachstelle keine Minute Ruhe mehr. Während all der Jahre unseres Aufstands attackierten wir das Prestige der britischen Regierung absichtlich, unermüdlich, unaufhörlich.

Die bloße Existenz einer Untergrundbewegung, die sich durch Unterdrückung, Hinrichtung, Folter und Deportation weder vernichten noch schwächen lässt, muss letztlich das Prestige eines Kolonialregimes untergraben, das von der Legende seiner Allmacht lebt. Jede Attacke, deren Verhinderung misslingt, ist ein Schlag gegen das Ansehen des Regimes. Selbst wenn die Attacke nicht gelingt, hinterlässt sie eine Kerbe in diesem Prestige, und diese Kerbe erweitert sich zu einem Riss, der sich mit jedem weiteren Riss vergrößert.“

Begins geniale Improvisationen[41] schufen ein Terroristenhandbuch, das Gruppen auf der ganzen Welt benutzten – einschließlich palästinensischer Organisationen –, die seinen Erfolg nachzuahmen hofften.

Begin hatte das Glück, es mit einem geschwächten und abgelenkten Gegner zu tun zu haben, der nach wie vor in den Krieg gegen Deutschland verwickelt war. Während ihrer gesamten Geschichte in Palästina arbeiteten die Briten keine kohärente Strategie zur Bekämpfung des jüdischen Terrorismus aus, der im Gegensatz zum arabischen Aufstand ein Jahrzehnt zuvor hauptsächlich in den Städten stattfand, wo es den Aufständischen leicht fiel, sich unter die Bevölkerung zu mischen. Begins Ziel bestand nicht darin, Schlachten zu gewinnen, sondern den Briten zu beweisen, dass Palästina unregierbar war. Er konzentrierte sich auf symbolträchtige Ziele, beginnend mit gleichzeitigen Angriffen auf drei britische Einwanderungsbüros, deren Aufgabe darin bestand, illegale jüdische Einwanderer abzuweisen. Dem folgten gleichartige Angriffe auf vier Polizeistationen. Er beschaffte Geld durch Erpressung und Diebstahl. Im Januar 1945 raubten Mitglieder der Irgun eine Ladung Diamanten aus einem Postwagen in Tel Aviv[42], die sie später für 40 000 britische Pfund verkauften. Ein Jahr später fiel ihnen bei einem Zugraub die gleiche Geldsumme in die Hände. Waffen wurden bei Überfällen auf britische Arsenale erbeutet und schließlich aus den eigenen Waffenfabriken der Irgun ergänzt. Im Juli 1945 setzten die Briten eine Belohnung von 2000 palästinensischen Pfund auf Begins Kopf aus[43]. Begin tauchte unter[44]. Er ließ sich einen Bart wachsen und verkleidete sich als chassidischer Rabbi mit dem Namen Israel Sassover in langem schwarzen Mantel und schmalkrempigem Hut. Er lebte mit seiner Familie in einer kleinen Wohnung in Tel Aviv, wo der Terrorismus-Impressario seine Zeit damit verbrachte, Windeln zu wechseln und Geschirr zu spülen. Abgesehen von der täglichen Zeitungslieferung und seinen Gebeten in der Synagoge bekamen ihn in dieser Zeit nur wenige Menschen zu sehen.

Einer der wenigen, die sich mit ihm trafen, war Mosche Dajan, der inzwischen ein bewährter Offizier der jüdischen Verteidigungsorganisation Hagana war. Die Beziehungen zwischen Hagana und Irgun waren stets angespannt. Die Hagana arbeitete auf Anweisung der offiziellen Jewish Agency, deren Vorsitzender zu der Zeit David Ben-Gurion war. Beinahe von dem Moment an, als Begin in Palästina eintraf, betrachtete Ben-Gurion ihn als Rivalen. Die Hagana hatte eine Vorgeschichte der Übereinkunft mit den britischen Behörden, was Begin in aufreizender Weise mit der Zurückhaltung der europäischen Juden während des Aufstiegs der Nazis verglich. Ben-Gurion hatte geschworen, die Irgun um jeden Preis auszuschalten, und schickte seinen Protegé Dajan, um die Nachricht zu überbringen.

Begin war beeindruckt von dem schneidigen jungen Offizier, seinem Altersgefährten, aber in so vieler Hinsicht sein Gegenteil. Dajan war gebürtiger Israeli – ein Sabra –, der den kämpfenden

Juden verkörperte, den Begin in seiner Vorstellung heraufbeschworen hatte. „Er hatte sein Auge in Syrien verloren, aber gewiss nicht seinen Mut“, merkte Begin bewundernd an[45]. Begin wiederum besaß nach wie vor das kultivierte Auftreten eines polnischen Anwalts. Dajan bemerkte, dass es Begin gelang, obwohl er sich immer noch versteckt hielt, ein gepflegtes Äußeres beizubehalten. „Er hat große Schneidezähne mit einem Spalt und ist gut gekleidet“, berichtete Dajan[46]. Die Botschaft, die Dajan zu überbringen hatte, besagte, die Irgun solle nicht aus der Reihe tanzen. „Ihr habt nicht das Recht, ohne Koordination und Zustimmung zu handeln“, sagte er. Dies sei nicht die Zeit für einen unabhängigen Aufstand. Der britische Premierminister Winston Churchill habe versprochen, der Hagana zu gestatten, eine Brigade zum Kampf gegen die Nazis aufzustellen, von der Ben-Gurion hoffe, sie würde die Basis für eine zukünftige israelische Armee bilden. Begin erwiderte, nur militärische Gewalt würde die Briten aus Palästina vertreiben. Dann fragte er: „Sind Sie ebenfalls dafür, Gewalt gegen uns anzuwenden?“[47] Dajan sagte, er sei Soldat und werde Befehlen gehorchen.

Dieses erste Treffen war der Beginn einer schicksalhaften Beziehung. Die beiden Männer standen sich an einer breiten Kluft von Ideologie und Taktik gegenüber, die drohte, einen Bürgerkrieg zwischen den Juden auszulösen. Im November 1944 griff die Hagana hart gegen die Irgun und eine noch gewalttätigere Splittergruppe namens Stern-Gang durch (auch bekannt als *Lochaimi Cherut Israel* oder *Lechi*). Ben-Gurion betrachtete sie als eine Bedrohung der Konsolidierung von Macht im entstehenden jüdischen Staat und versuchte sie zu vernichten. Mitglieder der Irgun wurden entführt[48]; einige wurden in provisorischen Kerkern eingesperrt, andere den Briten übergeben. Einige wurden sogar gefoltert. Kinder von Irgun-Mitgliedern wurden aus der Schule verwiesen; Sympathisanten der Irgun verloren ihre Arbeitsplätze. Obwohl seine Anhänger nach Rache schrien, weigerte sich Begin zurückzuschlagen. Er ordnete an, dass Juden nicht verletzt werden sollten. Die Fähigkeit, seine Männer in Schach zu halten, machte starken Eindruck, selbst auf die Hagana. Ein neues Bild von Begin entstand – das eines Patrioten mit einer beinahe mystischen Verbundenheit zum Leben der Juden. Wenn er beschlossen hätte, die Angriffe der Hagana mit gleicher Münze heimzuzahlen, wäre die Gemeinschaft vollkommen zerrissen worden, doch seine Bereitschaft, Verfolgung um des Friedens willen unter den Juden zu erdulden, verlieh ihm und seiner Bewegung eine Aura des Märtyrertums.

Als der Zweite Weltkrieg sich dem Ende näherte, wurde Europa von jüdischen Flüchtlingen überrannt, doch die westlichen Demokratien verschlossen ihre Tore vor ihnen. In manchen Fällen wurden Flüchtlinge, die es bis an die Küsten Palästinas geschafft hatten, zurück in die deutschen Lager für „Vertriebene" geschickt, direkt neben den Konzentrationslagern, in denen sie zuvor gefangen waren[49].

Im Juli 1945 erlitt Churchill eine überraschende Niederlage. Die Zionisten waren begeistert, weil die auf ihn folgende Labour Party bisher ihr Anliegen unterstützt hatte, doch sie wurden bald enttäuscht, als die neue Regierung beschloss, die restriktive Einwanderungspolitik ihres Vorgängers beizubehalten. Nach Ansicht vieler Juden in Palästina hatte Begin – der Fanatiker, der Terrorist – recht behalten.

Ben-Gurion entschied, dass die Hagana vorübergehend ihre Kräfte mit Begins Irgun und der Stern-Gang zu einem gemeinsamen Widerstand gegen die Briten vereinen sollte. Das Tempo und der Umfang der Angriffe erhöhten sich drastisch, genau wie die britische Reaktion. Um 1946 gab es mehr als 100 000 Soldaten in Palästina[50] – auf jeden erwachsenen Juden im Land kam etwa ein britischer Soldat[51]. Bei einer einzigen gewaltigen Razzia am 29. Juni, der später „Schwarzer Sabbat" genannt wurde, nahmen die Briten 3000 vermutete Widerstandskämpfer fest. An diesem Punkt entschied Ben-Gurion, der Aufstand sei zu gefährlich geworden. Doch er hatte zugestimmt, noch eine letzte Operation in Gang zu setzen, die größte von allen.

Das elegante King-David-Hotel in Jerusalem war nicht nur das

Zentrum des gesellschaftlichen Lebens des Landes, sondern auch das Hauptquartier der britischen Verwaltung, die Büros in zwei Stockwerken im Südflügel des stark gesicherten Gebäudes eingerichtet hatte, das dazu entworfen worden war, sowohl Erdbeben als auch Luftangriffen standzuhalten. Es hatte zahllose Drohungen gegen die Einrichtung gegeben, doch der britische Chefsekretär John Shaw entschied sich, sie zu ignorieren. „Wir müssen so weit wie möglich normale Bedingungen aufrechterhalten", teilte er seinen Untergebenen mit, „und man kann den Leuten ihre letzte Vergnügungsstätte nicht wegnehmen"[52].

Verkleidet als arabische Kellner, schmuggelten Begins Männer sieben große Milchkannen, jede gefüllt mit 30 Kilo TNT, durch die Küche des Restaurants in den Keller. Oben setzten sich die Gäste zum Lunch ins schicke Café Régence. Um 12.10 Uhr rief eine anonyme Frau bei der Telefonvermittlung an und sagte, das Hotel sei vermint. „Evakuieren Sie das gesamte Gebäude!"[53] Doch irgendwie erreichte die Nachricht weder die Restaurant- noch die Hotelgäste. Begin gab später den Briten die Schuld, die Warnung nicht beherzigt zu haben, vor allem John Shaw. Er verbreitete das Gerücht, Shaw habe verkündet, er sei dazu da, „Befehle an Juden zu geben und nicht, sie von ihnen entgegenzunehmen"[54]. Shaw behauptete, es habe überhaupt keine Warnung gegeben[55].

Um 12.37 Uhr wurde die Stadt von der Explosion erschüttert, die den Südflügel des einst uneinnehmbaren sechsstöckigen Hotels abriss und einen Berg qualmenden Schutts auf der Straße hinterließ. Die Stille, die dem gewaltigen Lärm folgte, wurde bald von den Schreien der Verwundeten durchbrochen. Zwei Wochen später, als die Rettungskräfte sich schließlich durch die Berge von Schutt, verbogene Träger, zersplitterte Möbel und Überreste von Büros und Hotelzimmern, Küchengeräten und Rohrleitungen gekämpft hatten, zählten sie 91 Tote, davon 28 Briten, 41 Araber, 17 Juden, zwei Armenier, einen Russen, einen Griechen und einen Ägypter.

Bestürzt lauschte Begin dem Bericht der BBC über die Opfer, wonach ein Trauermarsch gespielt wurde. Einer seiner Kameraden, besorgt über Begins Geisteszustand, entfernte eine Röhre aus dem Radio, damit er nicht mehr zuhören konnte.

Die Hagana erteilte Begin den Befehl, die alleinige Verantwortung zu übernehmen, dem er loyal nachkam[56]. Ben-Gurion verurteilte dann die Operation[57], obwohl er sie laut der Irgun insgeheim genehmigt hatte. „Die Irgun ist der Feind des jüdischen Volkes", verkündete der Premierminister öffentlich. „Sie hat sich mir immer widersetzt."[58]

Begin gestand, die Tötung Unschuldiger habe ihm „Tage der Schmerzen und Nächte des Leids"[59] beschert, doch seine Trauer hatte ihre Grenzen. „Wir trauern um die *jüdischen* Opfer", betonte er danach im Radio. „Die Briten haben weder um die sechs Millionen Juden getrauert, die ihr Leben verloren haben, noch um die jüdischen Kämpfer, die von den Briten mit eigener Hand ermordet wurden. Wir überlassen die Trauer für die britischen Opfer den Briten."[60] Er versäumte es, die anderen Opfer zu erwähnen, einschließlich der Araber, die den größten Teil der Toten ausmachten.

Während der darauffolgenden Fahndung versteckte sich Begin vier Tage lang ohne Nahrung und Wasser in einer geheimen Nische seines Hauses. Von den britischen Behörden wurde ein Fahndungsplakat verteilt, mit einem Foto von Begin, die Stirn leicht gerunzelt und den unversöhnlichen Blick in die Kamera gerichtet. Das Plakat beschrieb ihn als „1,75 Meter groß"[61] – in Wirklichkeit war er sieben Zentimeter kleiner –, „mittlerer Körperbau, lange Hakennase, schlechte Zähne, trägt eine Hornbrille." Die Suche wurde durch eine Fülle von Fehlinformationen in den britischen Unterlagen erschwert. „Er könnte ein sowjetischer Agent sein", spekulierte das britische Außenministerium[62]. „Ihm wurde von einem deutsch-jüdischen Arzt in Kairo ein ‚besseres Aussehen' verpasst", behauptete eine britische Zeitung[63]. „Es ist durchaus möglich, dass die Plattfüße und die schlechten Zähne ebenfalls behoben worden sind."

Wie Begin gehofft hatte, ließ die Sprengung des King David den Willen des britischen Volkes, das Mandat fortzusetzen, erlahmen. Man gab bereits mehr für Palästina aus als für die einheimische Gesundheitsfürsorge oder Bildung[64]. Im Februar 1947 verkündete Großbritannien, es würde das Palästinaproblem den Vereinten Nationen übergeben, da das Mandat sich als „undurchführbar" erwiesen habe[65].

Da Begin den Sieg spürte, verstärkte er die Angriffe – 16 an einem einzigen Tag im März, einschließlich einer Bombe in einem britischen Offiziersclub, bei dem zwölf Menschen getötet wurden[66]. Als jugendliche Mitglieder seiner Irgun-Gang verhaftet und von den Briten ausgepeitscht wurden, drohte Begin, britische Offiziere würden auf dieselbe erniedrigende Weise behandelt werden, Schlag um Schlag. Kein Zweifel, dass ihm Kindheitserinnerungen an das Auspeitschen von Juden durch polnische Soldaten in Brisk durch den Kopf gingen. „Hunderte von Jahren habt ihr ‚Eingeborene' in euren Kolonien ausgepeitscht – ohne Vergeltung", hieß es in einer Botschaft der Irgun[67]. „Juden sind keine Zulus. Ihr werdet Juden nicht in ihrem Heimatland auspeitschen." Die Briten stoppten diese Praxis, nachdem vier ihrer Soldaten gefangen genommen und ausgepeitscht worden waren. Die Nachricht von diesem Ereignis ging um die ganze Welt, auch, weil die Juden gewagt hatten, sich als gleichwertig mit den britischen Besatzern zu betrachten.

Kurz darauf lieferte Begin der britischen Mandatsverwaltung eine noch unverschämtere Herausforderung. Am frühen Morgen des 29. Juli hängten die Briten drei wegen terroristischer Straftaten verurteilte Mitglieder der Irgun. Am selben Morgen hängten Begins Männer zwei britische Soldaten und versahen die Leichen mit versteckten Sprengladungen. Begin, der Anwalt, rechtfertigte die Morde mit der Behauptung, die wahllos entführten Soldaten seien von einem Kriegsgericht wegen „antihebräischer Aktivitäten" verurteilt worden[68].

Viele Juden waren entsetzt über diese Aktionen, nicht nur wegen des Mordes an den britischen Sergeanten, sondern auch über Begins juristische Spitzfindigkeit. In ganz Großbritannien kam es zu gewalttätigen antisemitischen Übergriffen – Synagogen brannten, Geschäfte wurden geplündert. Wütende britische Soldaten veranstalteten Schießereien in Tel Aviv und töteten fünf Zivilisten. Und doch hatte Begins Strategie funktioniert. Das Erhängen der britischen Sergeanten gab den Ausschlag, dass sich die öffentliche Meinung in Großbritannien entschieden gegen das Mandat stellte[69].

Terror war nicht der einzige Grund dafür, dass der Staat Israel schließlich gegründet wurde, doch die Kampagne der Irgun war ein entscheidender Faktor bei der Vertreibung der Briten aus Palästina. Begin war der erste Terrorist, der den Wert der Öffentlichkeit zur Förderung seines Anliegens vor einem internationalen Publikum begriff. Die Entwicklung des Terrorismus von einem hauptsächlich lokalen Phänomen zu einem globalen wurde überwiegend durch den Erfolg seiner Taktiken ausgelöst. Er bereitete den Weg für Techniken, die zur grundlegenden terroristischen Strategie werden würden, wie gleichzeitige Bombardierungen und die Anwendung unkonventioneller Spreng- und Brandvorrichtungen (USBV). Er bewies, dass Terror, unter den richtigen Umständen, funktioniert[70]. Viele Jahre später fanden amerikanische Truppen eine Kopie von Begins Memoiren *The Revolt* in der Bibliothek eines Ausbildungslagers von al-Kaida[71]. Osama bin Laden las Begins Buch in dem Bemühen zu verstehen, wie sich ein Terrorist in einen Staatsmann verwandelte[72].

Begin bestritt immer, dass er in Terrorismus verwickelt gewesen sei. Er schrieb, sein Ziel sei „das genaue Gegenteil von ‚Terrorismus'"[73] gewesen, weil es ihm in seinem Kampf darum gegangen sei, die Juden von ihrem Hauptleiden zu befreien – der Angst. Er schlussfolgerte: „Historisch betrachtet waren wir keine ‚Terroristen'. Wir waren genau genommen Anti-Terroristen."

Dritter Tag

3

Nach dem Frühstück am Morgen des 7. September trafen Carter und seine engsten Berater Vance und Brzezinski sich mit Begin, Dajan und Weizman. Begin kochte immer noch. Carter versuchte ihn damit zu beschwichtigen, dass auch er Sadats Vorschlag „sehr strikt“[1] finde. Er fragte die Israelis, ob sie irgendein Zugeständnis machen könnten, das dazu beitragen würde, die Stimmung des Gipfeltreffens zu ändern; anderenfalls würde alles bald enden. Begin ignorierte seine Bitte, bestand darauf, den ägyptischen Vorschlag Zeile für Zeile durchzugehen und behandelte einzelne Wörter und Formulierungen, als würde er Gift ausspucken. „Palästinenser!“[2], rief er. „Das ist eine unannehmbare Bezeichnung. Juden sind ebenfalls Palästinenser!“ „Erobertes Gebiet! Gaza wurde ebenfalls von Ägypten erobert.“ Carter wies darauf hin, dass Ägypten keinen Anspruch auf den Gazastreifen erhebe, der jetzt unter israelischer Kontrolle stehe. Während Begin fortfuhr, sich über das ägyptische Dokument zu ereifern, erkannte Carter, wie sehr es dem Premierminister als Vorwand entgegenkam, die Probleme nicht ansprechen zu müssen[3].

„Was wollen Sie wirklich für Israel, wenn ein Friedensvertrag unterzeichnet ist?“, fragte Carter gefährlich laut, weil er so frustriert war[4]. „Wie viele Flüchtlinge und welche davon können zurückkehren? Ich muss wissen, ob Sie es für nötig halten, die Grenze zu überwachen, welche militärischen Außenposten nötig sind, um für Ihre Sicherheit zu garantieren.“ Er fügte hinzu: „Meine größte Stärke hier ist Ihre Zuversicht – aber ich spüre nicht, dass ich Ihr Vertrauen habe.“

„Wir wären nicht hier, wenn wir keine Zuversicht in Sie setzen würden“, protestierte Weizman.

„Sie gehen mit mir genauso ausweichend um wie mit den Arabern“, erwiderte Carter. Er sagte, es sei an der Zeit, mit dem „Herumblödeln“[5] aufzuhören und die Karten auf den Tisch zu legen.

„Werfen Sie die Zurückhaltung über Bord. Sagen Sie uns, was Sie wirklich brauchen.“[6] Die Diskussion artete aus. Carter warf Begin vor, an der West Bank festhalten zu wollen, und sagte, Begins Angebot der Autonomie sei nur ein „Vorwand“, um das Gebiet unter permanenter Kontrolle zu behalten.

Begin war entrüstet über die Infragestellung seiner Integrität. Dann wandte er sich wieder dem ägyptischen Vorschlag zu und behauptete, durch ihn wären die Juden gezwungen, eine Minderheit in ihrem eigenen Land zu werden. Das sei die Art von Frieden, die Sadat anstrebe, argumentierte er – mit einem durch genau die Bedingungen dieses Vorschlags dem Untergang geweihten Israel.

„Die Siedlungen auf dem Sinai!“, fuhr Begin mit seiner nicht enden wollenden Anfechtung des ägyptischen Vorschlags fort. „Es gibt einen nationalen Konsens in Israel, dass die Siedlungen bestehen bleiben *müssen!*“[7]

Zu Beginn des Gipfeltreffens in Camp David erschien der Sinai als das am leichtesten zu lösende Problem, doch Carter sollte zu dem Schluss kommen, dass die Halbinsel in der Tat das schwierigste Problem von allen war. Denn dort hatte der ganze Ärger begonnen.

Die Bibel und der Koran erzählen sehr ähnliche Geschichten über den Ursprung des Konflikts zwischen den Ägyptern und den Isrealiten. Vier Jahrhunderte lang lebte und gedieh ein beträchtliche Anzahl von Israeliten in Ägypten und wuchs zu einem großen Volk an. Dann erhebt sich ein neuer Pharao, der den Israeliten misstraut. Besorgt darüber, sie würden zu zahlreich und stellten eine Bedrohung dar, macht Pharao die Israeliten zu Sklaven und befiehlt, dass jedes ihrer männlichen Neugeborenen in den Nil geworfen werde.

Eines Tages entdeckt die Tochter Pharaos (im Koran ist es die Frau Pharaos) ein hübsches Kind, das in einem Weidenkorb zwischen dem Schilf am Fluss treibt. Das ist Moses. Die Tochter ist bezaubert und nimmt Moses in den königlichen Haushalt auf. Da sich das Baby weigert, an einer ägyptischen Brust zu trinken, wird die echte Mutter des Kindes herbeibefohlen, um als Amme zu dienen. Moses wächst als Prinz auf, ist sich jedoch stets bewusst, dass er ein Hebräer ist. Als er mit ansehen muss, wie einer seiner versklavten Landsleute von einem ägyptischen Aufseher geprügelt wird, schlägt er den Angreifer nieder und tötet ihn. Er verbringt die nächsten vier Jahrzehnte im Exil, auf der Flucht vor dem Zorn Pharaos, und lebt als nomadischer Schafhirte im Lande Midian, auf der anderen Seite des Roten Meeres.

Während er seine Herde am Fuße des Berges Sinai hütet, bemerkt er ein seltsames Feuer am Hang. Er findet einen brennenden Dornbusch, und doch wird dieser Busch nicht von den Flammen verzehrt. „Moses", ruft eine Stimme aus den Flammen, „Ich bin Gott, der Herr der Welten!"[8] Der Herr sagt zu Moses, er habe Mitleid mit den Israeliten. Zum ersten Mal hat Gott beschlossen, aktiv in die menschliche Geschichte einzugreifen, indem er sich auf die Seite der Juden stellt. „Ich bin herniedergefahren, dass ich sie errette von der Ägypter Hand und sie ausführe aus diesem Land in ein gutes und weites Land, in ein Land, in dem Milch und Honig fließt."[9] Er bestimmt Moses dazu, sein Volk aus Ägypten zu führen.

Moses kehrt vom Sinai zurück, um Pharao entgegenzutreten. „Lass mein Volk ziehen", fordert er[10]. Als Pharao sich weigert, wirken Moses und sein Bruder Aaron ein Wunder und verwandeln den Nil in einen Fluss aus Blut. Gott schickt eine Reihe verheerender Plagen – Frösche, Pestbeulen, Läuse, Fliegen, wilde Tiere, Hagelstürme, Heuschrecken und Tage der Dunkelheit –, um den Ägyptern zuzusetzen, bis Pharao nachgibt. Wieder und wieder verspricht Pharao Moses: „Wenn du die Strafe von uns wegnehmen lässt, so werden wir dir ganz gewiss glauben und die Kinder Israels ganz gewiss mit dir ziehen lassen!"[11] Der Koran berichtet, dass nach jedem Aufheben einer Plage Pharao seine Meinung änderte und sein Versprechen zurücknahm, die Israeliten zu befreien. Die Bibel sagt, Gott habe Pharaos Herz absichtlich verhärtet und Moses mitgeteilt, er tue dies, um ein Zeichen zu setzen, „dass du verkündigest vor den Ohren deiner Kinder und deiner Kindeskinder, was ich in Ägypten ausgerichtet habe und meine Zeichen unter ihnen getan habe, dass ihr wisset: Ich bin der Herr."[12]

Schließlich weist Gott Moses und Aaron an, ihr Volk aufzufordern, ein Jährlingslamm zu schlachten und das Blut an ihre Türpfosten zu schmieren. „Ich will in derselbigen Nacht durch Ägyptenland gehen und alle Erstgeburt schlagen in Ägptenland, unter den Menschen und unter dem Vieh", sagt er. „Und das Blut soll euer Zeichen sein an den Häusern ... dass, wenn ich das Blut sehe, ich an euch vorübergehe, und euch nicht die Plage widerfahre, die euch verderbe, wenn ich Ägyptenland schlage."[13] In Erinnerung an dieses Wunder feiern die Juden jedes Jahr das Passahfest. Beim Seder wird ein Tropfen Wein für jede der zehn Plagen vergossen, um kundzutun, dass die Freude der Juden über ihre Befreiung getrübt ist durch das Leid, das dem ägyptischen Volk widerfuhr.

Als Pharao am nächsten Morgen aufwacht und seinen erstgeborenen Sohn unter den Toten findet, lässt er Moses zu sich rufen und fleht ihn an: „Macht euch auf und zieht aus meinem Volk, ihr und die Kinder Israel."[14] Die Isrealiten raffen ihre Besitztümer zusammen, nehmen sich aber auch die Zeit, Schmuck und Kleidung von den bezwungenen Ägyptern zu verlangen.

Aber Gott ist noch nicht fertig mit Pharao und seinem Volk. Wieder verhärtet er das Herz des Herrschers und veranlasst ihn, nach seinem Streitwagen zu schicken und seine gesamte Armee aufzustellen. Das ägyptische Heer jagt die Israeliten und holt sie am Ufer des Roten Meeres ein. Die in die Enge getriebenen Israeliten rufen Moses zu: „Waren nicht genug Gräber in Ägypten, dass du uns musstest wegführen, dass wir in der Wüste sterben?"[15] Moses antwortet mit dem Heben seines Stabs, woraufhin ein starker Wind aufkommt und die Wasser des Roten Meeres teilt. Die Israeliten ziehen hindurch zum Sinai, doch als der Pharao sie mit seiner Armee verfolgt, lässt Gott die Wasser zurückkommen und die Ägypter verschlingen. Nicht ein einziger Soldat überlebt. Moses und sein Volk stehen am anderen Ufer, staunen über den Anblick und singen:

Der Herr ist meine Stärke und Lobgesang
und ist mein Heil.
Das ist mein Gott, ich will ihn preisen;
er ist meines Vaters Gott, ich will ihn erheben.
Der Herr ist der rechte Kriegsmann,
Herr ist sein Name.[16]

„Wir erretteten die Kinder Israels vor schimpflicher Pein, vor Pharao", fasst der Koran zusammen[17].

Für die säkularen Juden, die das moderne Israel schufen, ist die Geschichte der Israeliten in Ägypten, ihr Auszug und die Ankunft in Kaanan vor 3000 Jahren ein Beleg für den jüdischen Anspruch auf das Land. Historische Aufzeichnungen und die Archäologie erzählen jedoch gemeinsam eine andere Geschichte. Es mag Juden in Ägypten gegeben haben[18], aber es existiert keine Dokumentation durch die alten Ägypter – die als gewissenhafte Archivare gelten – über ihre Anwesenheit. Es ist möglich, dass die biblische Chronologie falsch ist. Es gab ein semitisches Volk, genannt die Hyksos, die in Ägypten einfielen und Teile davon besetzten, bis sie gewaltsam vertrieben wurden, mehr als 100 Jahre, bevor der Auszug der Israeliten angeblich stattgefunden hat; Israel wird jedoch in den Inschriften aus der Hyksos-Zeit nicht erwähnt[19]. Ein nationales Trauma wie der Untergang eines Pharao und seiner Armee wird in ägyptischen Aufzeichnungen nicht erwähnt.

Laut Bibel zählten die Israeliten, die Moses folgten, 603 550 Männer über 20 Jahre, dazu ihre Frauen und Kinder, Haustiere und eine Vielzahl von Nichtisraeliten, die sie begleiteten – eine Horde von mindesten zweieinhalb Millionen[20]. Wenn sie in Zehnerreihen marschiert wären, hätten sie sich über mehr als 240 Kilometer erstreckt[21] und die ganze Breite der Halbinsel eingenommen. Auf der Reise geschahen angeblich viele Wunder. In der unfruchtbaren Wüste stellt Gott frisches Wasser und Nahrung zur Verfügung – insbesondere Manna, eine göttliche Substanz, die jede Nacht vom Himmel fällt und Moses und sein Volk in den 40 Jahren ihrer Wanderung durch die Sinai-Wildnis versorgt. Der

Herr weist sie an, nicht mehr als ihre tägliche Ration zu essen, bis auf den sechsten Tag, an dem sie genug für zwei Tage einsammeln sollen, damit sie am siebten Tag ruhen können.

Während die Kinder Israels versuchen, das Gelobte Land zu erreichen, werden sie von den Amalekitern überfallen, einem Nomadenstamm, der die Nachzügler ausplündert. Der Herr ist so wütend, dass er die Juden anweist, den gesamten Stamm der Amalekiter zu vernichten: „Schone ihrer nicht; sondern töte beide, Mann und Weib, Kinder und Säuglinge, Ochsen und Schafe, Kamele und Esel."[22] In der jüdischen Überlieferung wurden die Amalekiter zu einem mythischen Feind der Juden, der ewig wiederersteht. Am ersten Abend des Passahfestes, an dem jüdische Familien rund um die Welt die Geschichte des Auszugs aus Ägypten rezitieren, werden sie daran erinnert, dass es in jeder Generation jemanden geben wird, der sich erhebt, um das jüdische Volk zu vernichten. Menachem Begin sollte sich von dieser Mahnung lenken lassen. In der Generation seiner Eltern waren es die Nazis[23]; für ihn würden es die Araber sein.

Drei Monate nach der Flucht der Israeliten aus Ägypten ruft Gott Moses zu sich auf den Berg Sinai, den Ort, an dem Gott sich zuerst in dem brennenden Dornbusch offenbart hat. Als Gott auf den Berg hinabfährt, angekündigt durch Blitze, Donner und Trompetenstöße, steht der Gipfel in Flammen, und die Menschen zittern vor Angst. Der Herr spricht zu Moses, überreicht ihm die Zehn Gebote, gefolgt von einer langen Liste von Anordnungen, wie mit Sklaven, Zauberern und Viehdieben zu verfahren sei. Zweimal wird Moses von Gott daran erinnert, großzügig zu Fremden zu sein, „denn ihr seid auch Fremdlinge in Ägyptenlande gewesen"[24]. Zusätzlich versprich der Herr, einen Engel zu senden, um die Kinder Israels ins Land von Milch und Honig zu führen – das ungünstigerweise von einer Reihe anderer Stämme besetzt ist. „Einzeln und nacheinander will ich sie vor dir her ausstoßen", verspricht der Herr, „bis du wächsest und das Land besitzest. Und ich will deine Grenzen setzen von dem Schilfmeer [Rotes Meer] bis an das Philistermeer [d.h. das Mittelmeer], und von der Wüste [Sinai] bis an den Strom [Euphrat].“[25] An anderen Stellen der Bibel spricht Gott das Land Kanaan ausdrücklich Moses zu, beschreibt dessen Grenzen als ungefähr jene, die das moderne Israel umfassen, allerdings inklusive eines großen Teils des südlichen Libanons und des Westufers des Jordans.

Die gewaltige Wanderung durch den Sinai, wie sie von der Bibel beschrieben wird – Millionen von Menschen, die 40 Jahre lang hier hindurchtrampelten –, sollte zumindest gewisse archäologische Überreste hinterlassen haben, doch es existiert nicht der geringste Beweis, dass der Auszug aus Ägypten tatsächlich stattgefunden hat[26]. Archäologische Aufzeichnungen scheinen darauf hinzuweisen, dass das vorzeitliche Hebräervolk ein Stamm aus der Bronzezeit war, beheimatet in der Kanaan-Region – eine ägyptische Provinz zu der Zeit, in welcher der Auszug aus Ägypten stattgefunden haben soll, eine Tatsache, die in der Bibel nicht erwähnt wird. Wenn die Antike als Messlatte genommen wird, um territoriale Rechte zu vermessen, würde sie den Ägyptern einen mit den Juden gleichwertigen Anspruch auf das heutige Israel verleihen.

Der Koran akzeptiert die Prämisse, Gott habe den Israeliten das Heilige Land zugebilligt, macht jedoch geltend, dass die Menschen ungehorsam waren, worauf Gott sich gegen sie wandte und ihnen den speziellen Status als erwähltes Volk aberkannte. „Deshalb, weil sie den Bund brachen, haben wir sie verflucht und haben ihre Herzen verhärtet“, sagt Gott über die Juden. „Und du wirst nicht aufhören, auf ihrer Seite – bis auf einige von ihnen – Verrat zu entdecken. Also vergib ihnen und wende dich [von ihnen] ab.“[27]

Um 10.30 Uhr am Vormittag des dritten Tages gingen Carter und Begin zusammen zur Aspen Lodge und trafen dabei auf Sadat, der aus der anderen Richtung kam. Begin, mit seinem ehernen Sinn für Protokoll, weigerte sich, die Hütte vor den beiden Präsidenten zu betreten, was zu einem eher komischen und unbeholfenen Beginn der Beratungen führte[28]. Carter begann mit der Frage an Begin, ob er nicht ein großzügiges Zugeständnis machen könnte, das in etwa Sadats Besuch in Jerusalem gleichkomme. Der Premierminister wischte diese Einleitung mit den Worten beiseite, das israelische Volk habe Sadat bereits mit seinem warmen Empfang belohnt. Es sollte nicht vergessen werden, fuhr Begin fort, dass nur vier Jahre zuvor, an Jom Kippur, dem heiligsten Tag im jüdischen Kalender, Sadat seinen Überraschungsangriff gestartet habe, „wohl wissend, dass wir alle in den Synagogen sein würden“[29].

„Es war eine strategische Täuschung“, erwiderte Sadat.

„Täuschung ist Täuschung“, sagte Begin. Dann zog er Sadats Vorschlag heraus, ging ihn erneut Punkt für Punkt durch und machte sich dabei auf grobe Art und Weise über den Wortlaut lustig. Die beiden Männer schienen nicht fähig oder willens, einander zu verstehen. Begin behauptete, das ägyptische Dokument würde die Grundlagen für einen Palästinenserstaat legen. „Wir werden die Einrichtung einer Basis für Jassir Arafats Mörder innerhalb unserer Grenzen, einschließlich der Neuaufteilung von Jerusalem, nicht zulassen. Es kann kein Abkommen auf Basis dieser Forderungen geben.“[30]

„Nein! Ich sagte bereits gestern, dass es nicht nötig sei, Jerusalem aufzuteilen“, protestierte Sadat. „Sie behandeln uns, als wären wir eine besiegte Nation“, sagte Begin und redet an ihm vorbei. Er umklammerte Sadats Dokument wie ein Staatsanwalt, der mit einer Mordwaffe vor den Geschworenen herumfuchtelt. „Sie verlangen, dass wir Wiedergutmachung für Schäden zahlen, die ägyptische Zivilisten erlitten haben“, fuhr er fort. „Ich möchte Sie wissen lassen, dass wir von Ihnen ebenfalls Entschädigung fordern.“

Das brachte Sadat in Rage. Noch in diesem Moment pumpe Israel Öl aus den Quellen im Sinai, die eigentlich den Ägyptern gehörten, sagte Sadat empört. Begin machte eine weitere provokante Bemerkung darüber, wie eine besiegte Nation behandelt zu werden, was die Frage aufbrachte, wer eigentlich den Krieg von 1973 verloren habe. Carter warf ein, keine Seite behaupte, eine besiegte Nation zu vertreten. Sie beruhigten sich für einen Moment, doch der Groll auf beiden Seiten brannte heiß, und keiner der beiden Männer schien geneigt, dem anderen zuzuhören.

Wütend sprach Sadat von dem Leid, das vier Kriege der ägyptischen Bevölkerung zugefügt hätten. Carter versuchte zu unterbrechen, doch Sadat winkte ab. „Ich dachte, dass es nach meiner Initiative eine Zeit der Verständigungsbereitschaft geben würde", beschwerte er sich bei Begin. „Wir geben Ihnen Frieden, und Sie wollen Gebiete."[31]

Begin erwiderte, Israel wolle nur eine verteidigungsfähige Position. „Ich will Ägypten ebenfalls verteidigen!", brüllte Sadat. Wenn Sadat die Beherrschung verlor, neigte er dazu, Begin „Premier" zu nennen, statt „Premierminister", was Begin irritierte. Jetzt beugte Sadat sich vor und beschuldigte den israelischen Regierungschef, überhaupt keinen Frieden zu wollen. Mit dem Finger in die Luft stechend, rief er: „Premier Begin, Sie wollen Land!"

Die beiden Männer schienen Carters Anwesenheit gar nicht mehr wahrzunehmen. Ihre Gesichter waren gerötet und ihre Stimmen unbeherrscht. Rosalynn war im Nebenzimmer und konnte hören, wie sich die Regierungschefs gegenseitig anschrien[32]. Sadat schlug auf den Tisch und verkündete, Land sei nicht verhandelbar. 30 Jahre lang, sagte er, habe Israel Sicherheit gesucht, ein Ende des arabischen Boykotts und volle Anerkennung – und hier liege sie, auf dem Tisch! Wenn Begin weiterhin darauf bestehe, an Gebieten festzuhalten, dann sei diese Diskussion beendet. „Sicherheit, ja! Land, nein!", schrie Sadat[33]. Kein Israeli könne auf dem Sinai bleiben. Ägyptisches Territorium müsse „glatt rasiert" sein[34].

Die Anwesenheit einiger israelischer Siedler auf dem Sinai sei kein Verstoß gegen die ägyptische Souveränität, erwiderte Begin, was Sadat noch wütender machte. All die guten Gefühle, die sein Besuch in Jerusalem in ihm hervorgerufen hätte, seien in Rauch aufgegangen, sagte Sadat. „Minimalvertrauen besteht nicht mehr, da Premier Begin in böser Absicht gehandelt hat."[35]

Seltsamerweise gab es zwischen Sadat und Begin auch vereinzelte Momente der Unbeschwertheit[36]. Einer der beiden erwähnte, die Journalistin Barbara Walters geküsst zu haben, und überlegte, ob die Kameras wohl gelaufen seien und die eigene Frau zugeschaut habe. Ein anderes Mal zankten sie sich darüber, wer für den Haschischhandel zwischen Israel und Ägypten auf dem Sinai verantwortlich sei. Beide mussten darüber lachen.

Nach drei Stunden anstrengenden Austausches zogen sich die Regierungschefs zurück, um sich vor der nächsten Sitzung am Nachmittag mit ihren Beratern zu besprechen. Bevor sie aufbrachen, trug Carter eine Liste aller Probleme vor, die noch zu lösen waren:

Sinai. Wenn er entmilitarisiert werden sollte, was bedeutete das? Betraf es die gesamte Halbinsel, oder konnte Ägypten Truppen stationieren, um den Kanal zu schützen? Würde Polizei auf dem Sinai erlaubt sein, um die Ordnung aufrechtzuerhalten?

Siedlungen. Begin weigerte sich, irgendwo Siedlungen abzureißen; Sadat verlangte, dass alle weg müssten, nicht nur auf dem Sinai, sondern auch auf der West Bank, in Gaza und auf den Golanhöhen.

Ein unabhängiger Palästinenserstaat. Das war Begins größte Angst; er beteuerte, dass jeder Kompromiss auf der West Bank und in Gaza ein Einfallstor für einen terroristischen Staat sei. Sadat glaubte, ein unabhängiger Staat sei unvermeidlich, zog es jedoch vor, dass jedes schließlich entstehende Gebilde entweder an Israel oder Jordanien angegliedert werde. Die Palästinenser sollten selbst die Wahl treffen dürfen. Die Tatsache, dass die Palästinenserbewegung von Jassir Arafat geleitet wurde, der Anführer der Terroristenorganisation Fatah gewesen war, machte diese Frage aus diplomatischer Sicht explosiv.

Palästinensische Autonomie. Begin behauptete, Israel würde den Palästinensern sehr großzügig „volle Autonomie" gewähren, doch nach Carters Meinung war der Beweis gegenteilig. Begin wollte das Land und die Herrschaft über die Menschen durch eine Marionettenregierung behalten, die keine endgültige Autorität haben würde.

Israelische Militärpräsenz auf der West Bank und in Gaza. Wenn den Palästinensern tatsächlich eine Art von Autonomie zugestanden würde, wie würde Israel für seine Sicherheit garantieren, ohne eine Militärregierung in der Region einzusetzen? Würde es Streitkräfte in den Gebieten stationieren können?

Die West Bank. Begin behauptete, die UN-Resolution 242 treffe nicht auf die West Bank zu, denn als Israel das Gebiet 1967 besetzt habe, sei es während eines Verteidigungskriegs geschehen. Daher, führte er an, sei der Sieger berechtigt, das Land zu behalten. Sadat war einigermaßen flexibel, was Grenzen anging, aber nicht bei dem Grundsatz, die West Bank gehöre den Palästinensern.

Jerusalem. Der UN-Teilungsplan von 1947, durch den der Staat Israel entstanden war, sah Jerusalem als internationale Stadt vor, die nicht unter die Kontrolle irgendeines anderen Gremiums gestellt werden sollte. Begin war jedoch nicht bereit, bei irgendetwas nachzugeben, das Jerusalem betraf.

Was Frieden bedeutet. Zusätzlich zur Beendigung des Kriegszustandes sollte es Handel, offene Grenzen und Wasserwege sowie einen Austausch von Botschaftern geben, obwohl Sadat missmutig meinte, er werde die diplomatische Anerkennung wegen Begins bedauernswerten Verhaltens überdenken.

Flüchtlinge. Es gab schätzungsweise 750 000 Palästinenser, die 1948 während des Krieges, der zu Israels Entstehung geführt hatte, geflohen waren, dazu noch 300 000 oder mehr, die 1967 zu Flüchtlingen geworden waren. Viele von ihnen und ihre Nachfahren lebten in Flüchtlingslagern in Nachbarländern, staatenlos, oft unter elenden Bedingungen. Wie viele davon konnten nach Israel zurückkehren? Wie vielen würde man die Rückkehr auf die West Bank erlauben? Welche Entschädigung müsste man denen bezahlen, die nicht zurückkehren durften? Die Tatsache, dass die Palästinenser nicht bei dem Gipfeltreffen vertreten waren, machte es schwierig, in ihrem Namen zu vermitteln.

Die Flugplätze auf dem Sinai. Israel besaß zehn auf der Halbinsel, von denen nur zwei von Bedeutung waren. Begin schlug vor, die Vereinigten Staaten könnten den Betrieb der Basen übernehmen und den Israelis erlauben, sie weiterhin zu nutzen. Sadat lehnte diesen Plan hartnäckig ab.

Es gab noch etliche weitere Punkte hinsichtlich der Beteiligung anderer arabischer Länder und des Beschlusses eines gegenseitigen Verteidigungsabkommens zwischen den Vereinigten Staaten und Israel. Sowohl Begin als auch Sadat befürworteten dies, da es Israels chronische Klagen über Sicherheitsbedürfnisse beseitigen würde, aber Carter zögerte, sich offiziell mit einem der beiden Partner zu verbünden. Dies würde es für die Zukunft unmöglich machen, zwischen Israel und den arabischen Ländern zu vermitteln.

Als Carter den Vortrag seiner Liste beendete, war er deprimiert. Die Probleme waren überwältigend. Es gab so wenige Bereiche der Übereinstimmung. Er hatte keine Ahnung, wie es weitergehen sollte. Dies waren Probleme, die schon in der Entstehung Israels selbst begründet waren, 30 Jahre zuvor.

Im November 1947 stimmten die Vereinten Nationen darüber ab, das Territorium von Palästina in zwei Staaten zu teilen, 56 Prozent für die Juden und der Rest für die Araber. Jerusalem würde zur internationalen Zone werden, zugänglich für alle drei Religionen, aber verwaltet von einem unabhängigen Gremium. Der Plan bekam nie eine Chance. Am 14. Mai verließen die Briten offiziell Palästina, und der Staat Israel war geboren. Am nächsten Tag stießen Armeen aus Libanon, Syrien, Irak, Transjordanien und Ägypten von Norden, Osten und Süden vor, im Bestreben, den jüdischen Staat zu vernichten.

Es ist interessant, sich vorzustellen, was passiert wäre, wenn diese arabischen Armeen damals sofort hätten aufgehalten werden können, vor der Vielzahl nicht durchdachter Entscheidungen, und wenn es so der Geschichte erlaubt gewesen wäre, einen anderen Kurs einzuschlagen. Keines der umliegenden arabischen Länder befürwortete die Entstehung Israels, doch sie waren genauso Gegner eines Palästinenserstaates. König Abdullah von Transjordanien hatte bereits versucht, mit den jüdischen Anführern zu einer Übereinkunft zu kommen, um die West Bank und Gaza zu annektieren und den wertvollen Zugang zum Mittelmeer zu bekommen, aber seine arabischen Rivalen waren entschlossen, den haschemitischen König daran zu hindern, seinen Herrschaftsbereich auszuweiten. Sowohl Ägypten als auch Irak strebten danach, den Platz des untergegangenen Osmanischen Reichs einzunehmen. Jede dieser arabischen Mächte war hauptsächlich daran interessiert, die Bestrebungen der anderen zu blockieren, doch ihre Raubtierinstinkte waren ebenfalls geweckt. Die Palästinenser selbst waren schwach und führerlos. Dadurch wurde das israelisch-palästinensische Problem arabisiert, statt zu einem Zwei-Parteien-Disput abzuflauen.

Durch ihre Ablehnung Israels wandten sich die arabischen Gesellschaften auch gegen die Juden in ihrer Mitte. Um 1948 lebten etwa 800 000 Juden in arabischen Ländern[37], 75 000 bis 80 000 allein in Ägypten[38]. Massenverhaftungen, Bombardierungen und Konfiszierungen ihres Eigentums veranlasste die arabischen Juden dazu, ihre Koffer zu packen, ihre Investitionen mitzunehmen, ihre lange Geschichte und ihre Weltoffenheit, die einst die urbanen Zentren von Marokko bis zur Levante durchzogen hatte. Heute existieren nur noch Überreste der jüdischen Bevölkerung in arabischen Ländern, wenn überhaupt noch Juden verblieben sind. Arabische Kultur und Gesellschaft wurden tiefgreifend beeinträchtigt durch diesen modernen Exodus, und in Abwesenheit tatsächlicher jüdischer Nachbarn machte sich ein allzu einfacher und reflexhafter Antisemitismus breit. Viele jener Flüchtlinge fanden den Weg nach Israel und ersetzten die Palästinenser, die aus dem umstrittenen Land geflohen oder vertrieben worden waren.

Ägyptische Militärkräfte warnten davor, sich in den israelisch-palästinensischen Disput einzumischen. Die Armee war schwach, schlecht ausgebildet und ungenügend bewaffnet. Ägypten war noch immer von den Briten besetzt[39], und viele ägyptische Nationalisten argumentierten, dass Krieg in Palästina eine nutzlose und gefährliche Ablenkung sein würde; klüger wäre es, ein Abkommen mit den Juden zu schließen, damit diese ihren Einfluss auf Großbritannien und die Vereinigten Staaten nutzten, um die ägyptische Unabhängigkeit zu unterstützen. Aber der dekadente König

Faruq, der sich als der neue Kalif der Muslime betrachtete, entschied sich dagegen und schickte daher seine abgerissene, schlecht vorbereitete Armee in die Schlacht. Die ägyptischen Armeeoffiziere „dachten nicht über die Möglichkeit von Sieg oder Niederlage nach“, würde Sadat später schreiben. „Sie dachten nur an eines, nämlich dass der Krieg im Namen Ägyptens erklärt worden war und die ägyptische Armee diesen Krieg so mutig führen musste, wie jede Armee Krieg führt, und dass Männer sterben mussten, Offiziere und Soldaten, als Opfer für jedes Körnchen Reichtum des Heiligen Landes, für die arabische Einheit, für Ruhm, Geschichte und Frömmigkeit.“[40] Diese hochtrabenden Abstraktionen waren kaum gleichzusetzen mit der Hingabe eines Volkes, das um seine Existenz kämpfte.

Obwohl fünf arabische Länder den neuen Staat angriffen, war es keine ganz so einseitige Auseinandersetzung, wie es immer heißt. Die Gesamtzahl der zu Anfang des Krieges eingesetzten arabischen Soldaten belief sich auf 25 000, wohingegen die israelischen Verteidigungsstreitkräfte über 35 000 Soldaten verfügten, eine Anzahl, die sich bis zum Ende des Krieges 1949 auf 100 000 erhöhte – etwa viermal mehr als ihre Angreifer[41]. Ägypten griff aus dem Süden an, durch den Sinai, rückte bis auf 30 Kilometer an Tel Aviv heran und bombardierte die Stadt mehrfach, bevor die gerade erst gebildete israelische Luftwaffe eingriff. Ezer Weizman hatte sie aus fünf oder sechs leichten Flugzeugen zusammengestellt – Piper Clubs und Austin Doppeldeckern –, beschlagnahmt beim Palestine Aviation Club. Zu Beginn des Krieges gehörten noch vier brandneue Messerschmitts dazu. Weizman flog eine davon bei ihrem ersten Luftwaffenangriff und beharkte eine Panzereinheit, die auf Tel Aviv zuhielt. Der Himmel war voll von Flugabwehrgeschossen, und die Messerschmitt war noch nie geflogen worden. „Wir schwenkten über das Meer aus, stiegen auf 7000 Fuß und stießen auf die ägyptische Kolonne hinab“, erinnerte sich Weizman. „Ich muss gestehen, ich hatte ein starkes Gefühl, eine große Mission zu erfüllen.“[42] Dieser erste Angriff war kaum als Erfolg zu bezeichnen: eine der vier Messerschmitts wurde abgeschossen und Weizmans Bordkanone blockierte; aber die ägyptischen Streitkräfte waren schockiert und spürten, dass sie bereits die Lufthoheit verloren hatten[43].

Der Krieg bot dem neuen jüdischen Staat eine Gelegenheit, sich neu zu formieren, nicht nur geografisch, sondern auch demografisch. Viele Palästinenser flohen vor dem Konflikt, unter dem Eindruck, der arabische Sieg würde rasch erfolgen und sie könnten bald in ihre Häuser zurückkehren. Aber viele anderen wurden gewaltsam vertrieben. Dajan bekam den Befehl über eine Kommandoeinheit, Regiment 89, bald bekannt für drastische Überfälle auf arabische Städte, bei denen seine Soldaten wahllos töteten und die Panik schürten, die zur Massenauswanderung der Palästinenser führte[44]. Er marschierte mit seinen Männern in die Stadt Lydda ein (nahe des Geländes, das heute Ben-Gurion-Airport heißt), wo sie jeden erschossen, den sie sahen – mehr als 100 Zivilisten in weniger als einer Stunde[45]. Am nächsten Tag verübte die israelische Armee ein systematisches Massaker an Hunderten mehr und vertrieb Tausende überlebender Bürger aus der Stadt, von denen viele auf dem Treck in das zerstörte Leben starben, das sie ansonsten erwartet hätte. Der Rest stieß zu den Hunderttausenden anderer in den überfüllten Flüchtlingslagern der Nachbarländer, destabilisierte deren Regierungen und war verantwortlich für den Beginn einer Ära des Terrors, die weiterhin ihre Rechtfertigung im Verlust einer Nation findet, die niemals auch nur die Chance bekam zu existieren. Nach dem Krieg von 1948 übernahm Ägypten die Kontrolle über den Gazastreifen und Jordanien die über die West Bank, einschließlich der Altstadt von Jerusalem. Israel annektierte 20 720 Quadratkilometer, was ihm drei Viertel der Gebiete des britischen Mandats verschaffte. So viel zu Palästina.

Die arabische Niederlage würde erschütternde Folgen für diese Gesellschaften haben. Als in der Schlacht Gedemütigte kehrten die Soldaten zurück, um Rache an ihren Regierungen zu nehmen. Militärcoups, einer nach dem anderen, verwandelte die Region in einen riesigen Kasernenstaat. Um ihr weiteres Festhalten an der

Macht zu rechtfertigen, mussten die Militärregenten einen permanenten Feind etablieren, und der einzige, auf den sich alle einigen konnten, war Israel. Frieden würde alles ruinieren.

Eine von Ben-Gurions Hauptaufgaben während des Unabhängigkeitskrieges bestand darin, die Untergrundbewegungen in Schach zu halten, vor allem Begins Irgun. Als Israels erster Premierminister wollte Ben-Gurion nicht, dass sein Land durch zivile Milizen zerrissen wurde, die um die Macht stritten. Obwohl die Irgun nominell aufgelöst und ihre Mitglieder in die israelische Armee integriert worden waren, befehligte Begin immer noch eine fanatisch loyale Gefolgschaft. Seine größte Sorge war, dass die arabischen Länder den Teilungsplan annahmen und der Krieg endete, was Israel zwingen würde, innerhalb der ihm zugestandenen Grenzen zu bleiben[46]. Das schien am 11. Juni 1948 ihr Schicksal zu sein. Die Vereinten Nationen hatten einen Waffenstillstand zwischen Israel und seinen arabischen Nachbarn vermittelt. Beide Seiten stimmten zu, keine Waffen mehr zu importieren. UN-Beobachter waren bemüht, dieses Verbot durchzusetzen.

In dieser prekären Situation traf eine Schiffsladung französischer Waffen, gekauft von der Irgun und mehr als 5 Millionen Dollar wert, an der Küste Israels ein[47]. Bei Einbruch der Nacht ging die *Altalena* bei einem Dorf namens Kfar Vitkin, nördlich von Tel Aviv, vor Anker. Begin tauchte aus seinem Versteck auf und nahm das Schiff in Empfang. Er war es immer noch nicht gewohnt, sich in die Öffentlichkeit zu wagen, und viele seiner Kameraden von der Irgun hatten ihn noch nie persönlich gesehen. Einige weinten, als sie erkannten, dass ihr Kommandeur vor ihnen stand[48].

Die Schiffsladung hätte eintreffen sollen, bevor der Waffenstillstand in Kraft trat. Es gab eine Vereinbarung mit Ben-Gurion, nach der die Irgun 20 Prozent der Munition erhalten sollte und die israelische Armee den Rest, doch der israelische Premierminister war plötzlich zu der Überzeugung gelangt, Begin plane einen Staatsstreich. Erregt teilte er seinem Kabinett mit: „Das ist ein Versuch, die Armee zu überrennen und den Staat zu ermorden."[49]

Er schickte Oberstleutnant Mosche Dajan nach Kfar Vitkin, um die gesamte Schiffsladung zu konfiszieren.

Dajan fand Mitglieder der Irgun beim Entladen des Schiffes vor. Er dachte, es würde genügen, seine Männer am Strand ausschwärmen zu lassen und zu rufen: „Genug! Ihr seid umstellt.“[50] Begin widersetzte sich jedoch dem Ultimatum und wies seine Männer an, mit dem Entladen fortzufahren. Obwohl auf beiden Seiten Waffen gezogen wurden, spottete Begin über die Möglichkeit, es würde zu Gewalt kommen. „Juden schießen nicht auf Juden!“, sagte er zuversichtlich zu einem Untergebenen[51]. Aber dann knatterten Automatikwaffen los, gefolgt von Mörserbeschuss.

Wer zuerst geschossen hatte, wurde zur Streitfrage. „Unsere Männer riefen der Irgun zu, sich zu ergeben“, erinnerte sich Dajan. „Ihre Antwort war eine Gewehrsalve, bei der acht unserer Männer getroffen wurden, zwei tödlich.“[52] Und laut Begin: „Plötzlich wurden wir von allen Seiten angegriffen, ohne Vorwarnung.“[53] Sechs seiner Männer wurden ebenfalls getötet. Als Begin sich weigerte, den Strand freiwillig zu verlassen, schleiften seine Anhänger ihn gewaltsam zu einer Barkasse, um ihn an Bord der *Altalena* zu bringen. Verfolgt von israelischen Kriegsschiffen, dampfte die *Altalena* auf Tel Aviv zu, wo Begins Unterstützer sich in voller Stärke versammelten. Genau wie die israelische Armee.

Auf ihrer panischen Flucht lief die *Altalena* direkt vor der Küste von Tel Aviv auf Grund, nicht weit vom Kaete-Dan-Hotel, das sowohl als Hauptquartier der UN diente wie auch als beliebte Bar für Diplomaten und Auslandsjournalisten[54]. Sie standen auf ihren Balkonen und sahen mit ungläubigem Staunen zu, wie die israelischen Streitkräfte das gestrandete Schiff unter Feuer nahmen und sogar auf Irgunisten schossen, die auf den Strand zuschwammen. Der Kapitän hisste eine weiße Fahne, aber Begin verlangte, dass er sie einholte. „Wir müssen alle hier sterben“, verkündete er. „Das Volk wird rebellieren. Eine neue Generation wird uns rächen.“[55] Dann traf eine Granate den Laderaum, Feuer hüllte die *Altalena* ein, und die gebunkerte Munition explodierte. Der Kapitän gab Befehl, das sinkende Schiff zu verlassen. Begin, der nicht schwimmen konnte, wurde unter Protest (er wollte mit dem Schiff untergehen), wieder in eine Barkasse gehievt[56]. 16 seiner Männer wurden getötet und Dutzende verwundet[57]. Drei Mitglieder der israelischen Verteidigungsstreitkräfte wurden ebenfalls getötet[58].

Sobald Begin an Land war, eilte er zu einem Radiosender, um den israelischen Zuhörern seine Darstellung zu übermitteln, ehe die Regierung eine Chance bekäme, ihren Stempel daraufzudrücken. Er war vollkommen verstört und nicht in der Lage, eine Rede zu halten. Er weinte und schrie. Zeitweise redete er wirr. Er nannte den Angriff „das entsetzlichste Ereignis in der Geschichte unseres Volkes, vielleicht in der Geschichte der Welt“[59]. Seine Rede war ein Desaster, und das umso mehr, als er die Legende des Geheimnisvollen zerstörte, die ihn während seiner Zeit im Untergrund umgeben hatte. Er verwandelte das, was zu einem nationalen Aufschrei gegen Ben-Gurion hätte führen können, in eine abgedroschene Demonstration von Selbstmitleid. Seine Karriere als Anführer einer Untergrundbewegung war vorbei. Er zog sich als gebrochener Mann in die Abgeschiedenheit zurück. Dort beschloss er schließlich, sich als Politiker neu zu erfinden.

Um 5 Uhr nachmittags trafen sich die drei Regierungschefs erneut in Carters kleinem Büro. Sadat kochte immer noch wegen des morgendlichen Treffens und beharrte darauf, er habe nichts hinzuzufügen. Begin schlug vor, auf das zurückzukehren, was er als das Hauptproblem betrachtete, nämlich Israels Sicherheitsbedürfnis auf dem Sinai. Er erinnerte Sadat daran, dass sowohl König Faruk wie auch Präsident Nasser und Präsident Sadat selbst Israel vom Sinai aus angegriffen hätten. Die dortigen Siedlungen seien lebenswichtige Außenposten für Israels Schutz.

„Niemals!“, entgegnete Sadat unerbittlich. „Wenn Sie nicht zustimmen, die Siedlungen zu räumen, wird es keinen Frieden geben.“

„Wir werden nicht zustimmen, die Siedlungen abzureißen“, erwiderte Begin starrköpfig. „Auch die Opposition in Israel wird dem nicht zustimmen.“[60]

Das ägyptische Volk sehne sich aufrichtig nach Frieden, argumentierte Sadat, aber „es wird nie einen Übergriff auf sein souveränes Staatsgebiet hinnehmen.“ Alle verbleibenden Siedlungen auf dem Sinai wären eine absolute Beleidigung für Ägypten, sagte er. „Ich habe versucht, ein Modell für Freundschaft und Koexistenz anzubieten, zur Nachahmung für andere arabische Führer. Stattdessen bin ich zum Gegenstand extremer Beleidigungen durch Israel geworden und bekomme Hohn und Spott von den anderen arabischen Führern.“ Er fügte hinzu: „Ich träume noch immer von einem Treffen am Berge Sinai mit uns drei Regierungschefs, den Repräsentanten dreier Nationen und dreier Religionen. Das ist nach wie vor mein Gebet an Gott.“[61]

Es war ein charakteristischer Moment für den ägyptischen Staatschef. Unter Stress entfaltete sein Idealismus breite Schwingen. Er wurde emotional und nahm jeden Rückschlag persönlich. Begin, sein Gegenteil in so vieler Hinsicht, wurde kälter und analytischer, fuhr Fakten auf, in dem Versuch, Punkte in der Debatte zu gewinnen, während er die breitere Perspektive ausblendete, die Sadat auf den Tisch zu legen versuchte. „Wer die beiden Männer beobachtete, konnte den tiefgreifenden Unterschied in ihrer Einstellung nicht übersehen“, erinnerte sich Weizman später. „Beide wünschten den Frieden. Doch während Sadat ihn im Sturm erobern wollte ... kroch Begin lieber zentimeterweise vorwärts. Er nahm den Traum vom Frieden und zermahlte ihn zu einem feinen, trockenen Pulver aus Details, juristischen Klauseln und Zitaten aus dem Völkerrecht.“[62]

Ohne auf Sadats Traum einzugehen, sagte Begin, in den 13 Siedlungen auf dem Sinai befänden sich nur etwa 2000 Israelis – also warum könne Sadat das ägyptische Volk nicht einfach überreden, sie als permanente Bewohner zu akzeptieren, die keine militärische Bedrohung für Ägypten darstellten und keine Verletzung seiner Souveränität?

Sadat hatte genug. Er erklärte, er sehe keinen Grund dafür, die Gespräche fortzusetzen. Er stand auf und starrte Carter eindringlich an. Carter war verzweifelt. Er hatte seine Karriere für Camp

David aufs Spiel gesetzt, doch mehr als das, er hatte eine Wette auf die menschliche Natur abgeschlossen. Er glaubte fest, Männer guten Willens würden – als Repräsentanten der Interessen ihres Volkes und angesichts der Geschichte, die ihnen quasi über die Schulter schaute –, anerkennen, dass die Vorteile des Friedens so groß waren, dass sie einen Weg zu ihm finden müssten. Aber Krieg liefert sein eigenes zwingendes Argument. Hass ist so viel einfacher als Versöhnung; es werden keine Zugeständnisse oder Kompromisse verlangt. Krieg bietet das Versprechen des Sieges und damit die verlockende Aussicht auf Wiedergutmachung für die Erniedrigung der Vergangenheit. Zuerst will der Rachedurst gestillt sein, erst dann kann es ein Versöhnungsmahl geben. Die Menschen neigen dazu, anderen die Demütigung zuzufügen, die sie selbst erlitten haben. Israel und die arabische Welt waren zwei gepeinigte Kulturen, die nur geheilt werden konnten, wenn sie Frieden miteinander schlossen; doch ihre Wunden nahmen sie völlig in Anspruch. Wut und absichtliches Missverstehen, welche die Gespräche bisher geprägt hatten, waren die Sprache des Krieges, nicht die des Friedens.

Carter spielte auf Zeit. Er umriss Bereiche der Übereinstimmung, konnte aber nur auf wenige verweisen. Er gab zu bedenken, dass ein Scheitern von Camp David zu einem Weltkrieg führen könnte. Er sagte, er könne nicht glauben, das israelische Volk würde Siedlungen auf dem Sinai einem Frieden mit Ägypten vorziehen. Er schlug Begin vor, wenn er sich nicht dazu durchringen könne, dieses Opfer zu bringen, solle er vor die Knesset treten und sie bitten, die Entscheidung über den Abriss der Siedlungen zu treffen. „Ich bin sicher, Sie bekommen eine überwältigende Mehrheit“, sagte er[63].

Das israelische Volk würde niemals zustimmen, erwiderte Begin; mehr noch, es würde das Ende seiner Regierung bedeuten. Er wäre bereit, die Konsequenz zu tragen, falls er glaubte, es sei das Richtige, aber das glaube er absolut nicht.

Inzwischen gingen Begin und Sadat bereits auf die Tür zu. Carter verstellte ihnen in den Weg. Er bat sie um einen weiteren

Tag, damit er einen Kompromiss ausarbeiten könne. Begin stimmte zu. Carter schaute Sadat an, der schließlich nickte. Dann gingen die beiden Männer, ohne miteinander zu sprechen.

Für den Abend hatte Carter eine Veranstaltung vorbereitet[64]. Man war davon ausgegangen, dass die Delegationen da bereits an den letzten Einzelheiten eines Abkommens feilten, und dies sollte eine Art festliche Unterbrechung werden. Tribünen waren um den Hubschrauberlandeplatz errichtet worden, und die Marines hielten ihren berühmten Silent Drill ab – Marschieren in strenger Formation, mit aufgepflanztem Bajonett, der komplizierte Bewegungsablauf in vollkommenem Schweigen. Das grimmig blickende Publikum saß ebenfalls in vollkommenem Schweigen auf den Tribünen. In der Luft hing ein leichter Nebel, der die Klingen glänzen ließ, wenn die Gewehre herumwirbelten. Mosche Dajan, der das Trainingshandbuch für die israelische Armee verfasst hatte, verfolgte die Darbietung mit stiller Verachtung. So ein Auftritt gehört in den Zirkus, dachte er, nicht auf einen militärischen Exerzierplatz[65].

Seit Beginn des Gipfeltreffens war die Presse kilometerweit vom Gelände entfernt abgeschottet worden. Tägliche Pressekonferenzen wurden in der American Legion Hall im nahe gelegenen Thurmont, Maryland, abgehalten, das mit dem dürftigen Anspruch prahlte, die „Goldfisch-Hauptstadt der Welt"[66] zu sein. Hunderte von Journalisten hatten jedes verfügbare Zimmer in der Region belegt. ABC News hatte ein ganzes Motel gebucht und in eine Außenstelle verwandelt, einschließlich eines Kleinluftschiffs mit einer Satellitenschüssel mehrere 100 Meter über der Szenerie[67]. Jeden Tag fütterte Jody Powell, die Pressesekretärin des Weißen Hauses, Hunderte Journalisten mit kaum mehr als Informationen darüber, was die Delegierten zum Frühstück gegessen und um welche Uhrzeit sie sich getroffen hatten. Die Reporter waren ausgehungert nach echten Nachrichten. Zu dieser einen Gelegenheit wurden sie mit Bussen auf das Gelände von Camp David gefahren und durften die Delegierten aus der Ferne beobachten. Was sie sahen, waren drei Regierungschefs mit unbeweglichen Mienen, die kein Wort miteinander wechselten und einer militärische Pantomime zuschauten. Es schien klar, dass die Gespräche abgebrochen worden waren.

Nach dem Drill, während die Band der Marines ein Medley patriotischer Lieder der drei Länder spielte, wurden die Presseleute zu ihren Bussen zurückgebracht. Gerald Rafshoon, Carters Medienberater, überprüfte, ob auch alle sicher in ihren Bussen saßen, musste jedoch feststellen, dass Barbara Walters fehlte. Sie wurde schließlich auf einer Damentoilette entdeckt, auf der sie sich versteckt hatte[68].

Nach Abfahrt der Presse gab es für die Delegierten einen Empfang mit einem Streichquartett. Die Carters hatten sich große Mühe gegeben, die Ägypter und Israelis zu bewegen, sich untereinanderzumischen. Das Buffet war über einzelne Tische in der Laurel Lodge und auf dem Patio verteilt, um die Leute zu ermuntern, herumzugehen. Rosalynn saß mit Sadat auf einer niedrigen Backsteinmauer des Patios. Ihr war aufgefallen, wie verloren er wirkte, vor allem, als die patriotische Musik gespielt wurde. Sadat konnte sich nicht einmal überwinden, Begins Namen auszusprechen. „Ich habe so viel gegeben, und ‚dieser Mann' verhält sich, als hätte ich überhaupt nichts getan", erzählte er ihr. „Ich habe die ganze Vergangenheit aufgegeben, um neu zu beginnen, aber ‚dieser Mann' will die Vergangenheit nicht loslassen."[69] Rosalynn versuchte ihn zu beruhigen, erinnerte ihn daran, dass die ganze Welt seinen Mut bewundere und Camp David in der Hoffnung beobachte, dass es einen Durchbruch geben würde. Sie fügte hinzu, dass es manchmal, wenn heilende Worte wie die seinen ausgesprochen wurden, ein wenig dauerte, bis sie durchdrangen. Sadat war nicht zu trösten. „Ich würde alles tun, um unseren beiden Ländern Frieden zu bringen", sagte er. „Aber ich spüre, dass es nichts bringt."

Carter und seine obersten Berater trafen sich später am Abend mit den ägyptischen Delegierten. Es war klar, dass sie kurz vor der Abreise standen. „Ich weiß, Sie sind alle sehr entmutigt", sagte Carter. Die Sinai-Siedlungen schienen ein unüberwindliches

Problem zu sein. „Unsere Position ist, dass sie illegal sind und entfernt werden sollen", fuhr er fort. „In diesem Punkt sind unsere und Ihre Ansichten dieselben."[70] Er gab zu, dass er keine Lösung habe. Er bräuchte nur noch ein wenig mehr Zeit.

„Mein lieber Freund Jimmy, wir hatten bereits drei lange Sitzungen", erwiderte Sadat. „Ich kann erobertes Land nicht an Israel abtreten, und wenn das Wort Souveränität für die Ägypter irgendeine Bedeutung haben soll, dann müssen alle Israelis unser Territorium verlassen. Dieser Mann Begin sagt nichts, was er nicht schon vor meiner Jerusalem-Initiative gesagt haben könnte." Sadat wies auf zahllose Bereiche hin, in denen er bereit gewesen war, Kompromisse einzugehen, wohingegen Begin „über jedes Wort feilscht und seinen Rückzug davon abhängig macht, Land zu behalten. Begin ist nicht bereit für Frieden."

Carter verteidigte Begin als „einen zähen und aufrechten Mann". Er analysierte die Situation aus Begins Perspektive. „Seine momentane Kontrolle über den Sinai wurde durch Kriege erlangt, die Israel nicht begonnen hat", bemerkte Carter. Er erinnerte die Ägypter an Amerikas besondere Beziehung zu Israel und betonte, dass die Israelis wirklich Frieden wollten.

Sadat zündete verärgert seine Pfeife an und blies Rauch aus der Nase. „Ich war derjenige, der die Friedensinitiative gestartet hat", sagte er. „Wenn Begin wirklich Frieden gewollt hätte, würden wir ihn bereits seit einiger Zeit haben."[71] Er sagte, er sei bereit, flexibel zu sein, aber nicht beim Sinai. „Ich brauche ebenfalls einen Beschluss für die West Bank und Gaza", fügte er hinzu[72].

Während die Amerikaner verschiedene Ideen für die entmutigten Ägypter durchspielten, erwähnte Carter das Communiqué von Shanghai aus dem Jahr 1972, ein berühmtes Dokument in den Annalen der Diplomatie, das von Henry Kissinger, Richard Nixons Sicherheitsberater zu jener Zeit, sowie Zhou Enlai, dem chinesischen Premierminister, aufgesetzt wurde[73]. Die Vereinigten Staaten und China waren beide daran interessiert, ihre Beziehungen zu normalisieren, konnten sich jedoch nicht auf eine Terminologie einigen, mit der sich das Hauptproblem lösen ließe, nämlich

Chinas Anspruch auf Taiwan, einen Verbündeten Amerikas. Schließlich griff Kissinger auf etwas zurück, das er später als „konstruktive Mehrdeutigkeit“ bezeichnete, indem er den Satz einfügte: „Die Vereinigten Staaten erkennen an, dass alle Chinesen auf beiden Seiten der Formosastraße versichern, es gebe nur ein China und Taiwan sei eine Provinz Chinas“, aber der Frage auswich, wer sie regieren sollte. Die Vereinbarung öffnete den Weg für China und die USA, jahrzehntelange Feindseligkeiten zu überwinden. Wie Carter den Ägyptern erklärte: „Wir stimmten beide zu, dass es nur ein China gibt, aber wir gefährdeten die Vereinbarung nicht durch den Versuch, ‚ein China‘ allzu genau zu definieren.“

Carter hätte ein anderes berühmtes Beispiel für konstruktive Mehrdeutigkeit verwenden können, mit dem die Delegierten vertrauter waren: die UN-Resolution 242. Die von den arabischen Staaten und der Sowjetunion vorgeschlagene Formulierung verlangte den Rückzug Israels aus „*allen* Gebieten, die während des Konflikts vom Juni 1967 besetzt wurden“. Das wurde auf „*die* Gebiete“ reduziert. Um die Sache noch weiter zu verschleiern, wurde der bestimmte Artikel schließlich aus der englischen Version des Textes entfernt, in der französischen Version aber beibehalten. Da beide offizielle UN-Dokumente waren, konnten die Araber behaupten, die Resolution sei für Israel bindend, sich aus den eroberten Gebieten zurückzuziehen, und Israel konnte sagen, es wäre bereit, sich aus einigen zurückzuziehen, wobei es sich nicht festlegte, aus welchen. Diese Mehrdeutigkeit endlich zu bereinigen war natürlich einer der Gründe für das Gipfeltreffen in Camp David.

„Eine Pattsituation hier würde nur eine Gelegenheit für die radikalsten Elemente liefern, den Nahen Osten zu übernehmen“, warnte Carter, als die Sitzung sich auflöste. „Wir müssen einfach eine Formel finden, die Ägypten und Israel akzeptieren können. Wenn Sie mir eine Chance geben, werde ich nicht versagen.“[74]

Es war 1 Uhr morgens, als Carter ins Bett kam. Praktisch sei das Gipfeltreffen zu Ende, gestand er Rosalynn. „Es muss einen Weg geben“, sagte er immer wieder. „Wir haben ihn noch nicht gefunden, aber es muss einen Weg geben.“[75]

Rosalynn sah, wie er sich quälte. „Wenn Jimmy grübelt, wird er still“, schrieb sie in ihren Memoiren, „und da ist eine Ader an seiner Schläfe, die ich klopfen sehen kann. In dieser Nacht klopfte sie.“

Rosalynn kannte Jimmy schon ihr ganzes Leben lang[76]; sie war sogar im Nachbarhaus geboren, allerdings zog Jimmys Familie auf die fünf Kilometer entfernte Farm, als sie noch ein Baby war. Ihr Vater Edgar Smith, ein Automechaniker, gut aussehend, mit dunklem, lockigem Haar und einem markanten, gespaltenen Kinn, hatte Rosalynns Mutter Allie Murray, ein auffallend hübsches Mädchen, kennengelernt, als sie noch zur Highschool ging und er den Schulbus fuhr. Sie heirateten erst, als Allie das College beendet hatte, mit einem Lehrerdiplom vom Georgia State College für Frauen. Eleanor Rosalynn Smith wurde im Jahr darauf geboren, am 18. August 1927. Abgesehen von ihren drei jüngeren Geschwistern wuchs Rosalynn sehr einsam auf. Es gab kein Kino und keine Bücherei in Plains, das 600 Einwohner hatte und wo es keine anderen Mädchen in ihrem Alter gab. Rosalynn spielte die meiste Zeit mit ihren Puppen, nähte, las und schnitt Papierpuppen aus einem Katalog aus.

Ihre Eltern waren auf eine Weise romantisch, wie es andere Erwachsene in Plains nicht zu sein schienen. Wenn Edgar von der Arbeit in der Autowerkstatt heimkam, wirbelte er Allie gern in der Küche herum und küsste sie. Andere Eltern verhielten sich nicht so. Edgar war jedoch streng mit den Kindern und sie hatten großen Respekt vor ihm. Rosalynn reagierte auf seine Strenge damit, perfekt zu sein. Ihr größter Verstoß war, wegzulaufen[77], d.h. die Straße zu überqueren, um mit Freunden zu spielen. Edgar versohlte sie dafür und befahl ihr dann, nicht zu weinen. Sie riss sich zusammen, bis sie im Außenklo war, wo sie ungesehen weinen konnte. Sie konnte nicht verstehen, warum er sie nicht weinen lassen wollte. Sie nahm an, er wollte nur, dass sie stark war, dachte aber auch, dass er sie vielleicht nicht so richtig liebte. „Diese Gedanken auch nur zu haben, quälte mich und verschaffte mir jahrelang ein schlechtes Gewissen“, gestand sie[78].

Im Jahr 1939 erlaubten ihre Eltern ihr, ins Sommerlager zu fahren, das erste Mal, dass sie je von zu Hause fort gewesen war. Als sie zurückkam, entdeckte sie den Grund, warum man sie weggeschickt hatte. Ihr Vater war zu Untersuchungen im Krankenhaus gewesen. Er war schwer krank. Zwar versicherte Edgar seiner Tochter, es würde ihm bald wieder besser gehen, doch das stimmte leider nicht. In der Annahme, sein Leiden sei durch ihre bösen Gedanken über ihn in der Vergangenheit ausgelöst worden, tat Rosalynn alles nur Mögliche, um ihm zu zeigen, wie sehr sie ihn liebte. Sie bürstete sein Haar und las ihm stundenlang aus der Bibel und aus Kriminalgeschichten vor, selbst als sein Gesicht immer bleicher wurde und er um Atem rang. Im Oktober rief er seine Kinder an sein Bett. „Die Zeit ist gekommen, euch zu sagen, dass ich nicht gesund werden kann und ihr euch für mich um Mutter kümmern müsst“, sagte er zu ihnen. „Ihr seid gute Kinder, und ich verlasse mich darauf, dass ihr stark seid.“[79] Er sagte, er habe immer aufs College gehen wollen, sei aber nicht in der Lage dazu gewesen. Dann wies er seine Frau an, die Farm zu verkaufen, wenn sie Geld für die Ausbildung der Kinder bräuchte. Seine größte Sorge sei, dass er nicht mehr da sein würde, um dafür zu sorgen, dass sie alle ein gutes Leben hätten und die Möglichkeiten bekämen, die er nicht gehabt hatte. Wieder befahl er ihnen, keine Tränen zu vergießen. Danach rannte Rosalynn aufs Klo und weinte bitterlich. „Meine Kindheit endete wirklich in jenem Moment“, erkannte sie[80]. Später vermerkten Kritiker ihren Stoizismus und nannten sie die „Magnolie aus Stahl“, dabei hatte ihre Kindheit sie gegen die Schläge abgehärtet, die das Leben austeilt.

Der größte Teil der Gesundheitsfürsorge wurde durch die unerschütterliche Gestalt von Lillian Carter verkörpert, eine ausgebildete Krankenschwester, die es sich zur Gewohnheit machte, schwarze und weiße Bürger von Plains zu behandeln, und jedem die Stirn bot, der sie dafür kritisieren wollte. Als Edgar Smith an Leukämie erkrankte, sah Miss Lillian jeden Tag nach ihm, und als das Ende kam, nahm sie Rosalynn mit zu sich nach Hause und ließ sie die Nacht bei ihrer Tochter Ruth verbringen. Rosalynn war 13 Jahre alt.

Rosalynns Mutter nahm Näharbeiten an, um ihre vier Kinder und ihren alten Vater zu ernähren[81]. Schließlich bekam sie eine Stelle als Postmeisterin. Rosalynn arbeitete als Teilzeit-Shampooniererin in einem Schönheitssalon. Sie half auch bei ihren beiden jüngeren Brüdern und ihrer kleinen Schwester mit, die erst vier war, als der Vater starb. Abends las Allie ihren Kindern aus der Bibel vor und versicherte ihnen, dass Gott sie wirklich liebte. Rosalynn hatte ihre Zweifel. Sie wurde von dem Gespenst eines wütenden, rachsüchtigen Gottes verfolgt. Sie war eine hervorragende Schülerin, bekam nur Einsen und verließ die Schule als Jahrgangsbeste der Klasse und Maikönigin. Sie betete; sie ging praktisch jedes Mal zur Kirche, wenn die Türen geöffnet wurden; sie erreichte alles, was ihr strenger und gottesfürchtiger Vater von ihr verlangt hätte, außer dieser einen, wichtigsten Sache – ihn am Leben zu halten.

Rosalynn wuchs zu einer attraktiven jungen Frau heran, war jedoch nüchtern und ernst. Sie betrachtete sich selbst als gewöhnlich und qualvoll schüchtern. Sie hatte die weit auseinander stehenden Augen und die hohen Wangen ihrer Mutter sowie das gespaltene Kinn ihres Vaters – wozu noch eine kleine Narbe kam, die sie sich zugezogen hatte, als sie als Kind aus dem Wohnzimmerfenster fiel und in einem Rosenbusch landete. Ruth Carter, die zwei Jahre jünger war als Rosalynn, wurde ihre beste Freundin: In Ruths Zimmer verliebte sich Rosalynn in das Foto eines jungen Mannes mit glatt zurückgekämmtem Haar und einem dunklen, brennenden Blick, der voller Intelligenz und Ehrgeiz schien, „so glamourös und unerreichbar“[82]. Es war Ruths älterer Bruder Jimmy. Rosalynn kannte ihn – in Plains kannte jeder jeden –, doch sie sah ihn selten. Währenddessen folgte sie der letzten Weisung ihres Vaters und besuchte ein nahe gelegenes Junior College[83], in der Hoffnung, Dekorateurin zu werden. Jimmy war in Annapolis, ein ganzes Universum entfernt. Rosalynn konnte sich nur erinnern, ein einziges Mal mit ihm gesprochen zu haben, als sie eines Sommers auf der Main Street eine Eistüte bei ihm gekauft hatte. Das Foto in Ruths Schlafzimmer erfüllte sie mit Sehnsucht. Jimmy war es gelungen, aus Plains zu entkommen. Er besaß das, was man dazu brauchte. Sicherlich wäre ihr Vater mit ihm einverstanden gewesen.

Ruth kam auf die Idee, eine Romanze zwischen ihrem vergötterten älteren Bruder und ihrer besten Freundin in die Wege zu leiten. Sie rief Rosalynn jedes Mal an, wenn Jimmy über Weihnachten oder im Sommerurlaub nach Hause kam, doch Rosalynn war so eingeschüchtert durch den Jungen auf dem Foto, dass sie sich nicht vorstellen konnte, was sie zu ihm sagen sollte. Schließlich, im Sommer 1945, dem Jahr, in dem der Zweite Weltkrieg endete, lud Ruth Rosalynn zu einem Picknick ein. Jimmy war auch dabei. Er neckte sie wegen ihrer exotischen Art, ein Sandwich zu machen, mit nicht zusammenpassenden Brotscheiben und Salatdressing statt Mayonnaise. Offensichtlich war er ein Perfektionist. Nach dem Picknick setzten die Carters sie zu Hause ab, und sie dachte bei sich: „Das war's."[84]

Später am Nachmittag, nach der Kirche, stand sie mit Freundinnen zusammen, als ein Auto vorfuhr und Jimmy ausstieg. Er fragte sie, ob sie mit ihm ins Kino gehen wolle – zusammen mit Ruth und deren Freund. Jimmy und Rosalynn saßen auf dem Rücksitz, und auf der Heimfahrt bei Vollmond küsste er sie. Noch am selben Abend teilte er seiner Mutter mit, dass er Rosalynn heiraten werde. Er war 20; sie war 17. Ein Jahr später fand die Hochzeit statt. Jimmy schenkte ihr ein Handbuch mit dem Titel *A Navy Wife*.

In dem Moment, als sie Plains verließ, fühlte sie sich befreit, obwohl einige ihrer ersten Stationierungen schrecklich waren. Jimmy war oft auf See und überließ es Rosalynn, sich um Jack, ihr erstes Kind, zu kümmern. In dem Jahr, in dem der Staat Israel gegründet wurde, 1948, wurde Jimmy an der U-Boot-Schule in New London, Connecticut, angenommen.

Zum ersten Mal in ihrem Eheleben hatte Jimmy regelmäßige Arbeitsstunden. Sie lernten Spanisch und besuchten zusammen einen Malkurs. Als Jimmy die U-Boot-Schule abgeschlossen hatte, bekamen sie die allerbeste Nachricht: Er wurde auf die USS *Pomfret* versetzt, mit Flottenstützpunkt auf Hawaii. Rosalynn nähte Aloha-Hemden und nahm Hula-Unterricht. Jimmy lernte die Ukulele zu spielen, und Rosalynn tanzte dann zu „My Little Grass Shack“ und „Lovely Hula Hands“. Ein weiterer Sohn, James Earl Carter III., genannt Chips, wurde geboren. Plains war Gott sei Dank sehr weit weg.

Die U-Boote jener Zeit mussten alle 24 Stunden auftauchen, um ihre Batterien aufzuladen[85]. Während Carters erster Fahrt als Elektronikoffizier auf der *Pomfret* geriet das Boot in einen der gewaltigsten Stürme, die je über den Pazifik gefegt waren. Sieben Schiffe sanken in jener Nacht und die *Pomfret* wurde so stark beschädigt, dass sie als vermisst gemeldet wurde. Carter wurde während des Sturms heftig seekrank, doch er stand pflichtgemäß seine Wache, als mitten in der Nacht eine gigantischen Welle das Schiff überrollte und ihn ins Meer hinausschleuderte. Er ruderte in vollkommener Dunkelheit innerhalb der Welle herum. Von einem Moment zum anderen war er der Welt, die er kannte, entrissen und in ein unbekanntes, tintenblaues Grab getaucht worden. Plötzlich prallte er gegen das Flugabwehrgeschütz hinter dem Kommandoturm, etwa neun Meter von dort entfernt, wo er gestanden hatte. Er klammerte sich mit aller Kraft an dem Geschütz fest. Es war unheimlich; niemand an Bord hatte überhaupt bemerkt, dass er vermisst wurde. Zum Glück war Rosalynn zu Besuch in Plains und bekam den unzutreffenden Bericht nicht mit, das U-Boot sei gesunken.

Ehefrau eines Marineoffiziers zu sein, gefiel Rosalynn. Sie genoss die Gesellschaft der anderen Frauen; es gab immer Kinder, mit denen ihre eigenen spielen konnten, und die Versetzungen brachten sie an interessante Orte. Als Carters Vater dann 1953 starb, war Rosalynn nicht im Geringsten darauf vorbereitet zu hören, dass Jimmy seinen Abschied von der Marine nehmen und sie nach Plains zurückziehen würden. Sie weinte und schrie. Es war der ernsthafteste Krach ihrer Ehe. Auf der gesamten Rückfahrt weigerte sie sich, mit ihm zu sprechen. Wenn sie unterwegs anhalten wollte, um auf die Toilette zu gehen, sagte sie es Jack, und Jack gab es an seinen Dad weiter[86]. Als sie schließlich in Plains ankamen, drehte Jimmy sich mit seinem breitesten Grinsen zu ihr und sagte: „Wir sind zu Hause!"[87] Ihr war, als hätten sich die Gefängnistore hinter ihr geschlossen, und der beste Teil ihres Lebens sei vorbei.

Das erste Jahr ihrer Rückkehr nach Plains war eines der schlimmsten Dürrejahre; die Ernte war schlecht, im ersten Geschäftsjahr hatten sie einen Gesamtgewinn von weniger als 200 Dollar[88] und wohnten in einer Sozialwohnung. Rosalynn übernahm die Buchführung für das Erdnuss-Lagerhaus, während Jimmy Saatgut und Düngemittel verkaufte. Die Bank lehnte ab, als Jimmy ein Geschäftsdarlehen beantragte. Aus der Navy auszuscheiden, schien ein kolossaler Fehler gewesen zu sein. Obwohl sie nur gerade so zurechtkamen und von Erspartem lebten, stürzten sie sich in die Gemeindearbeit. Jimmy engagierte sich in der Handelskammer, dem Krankenhaus-Verwaltungsrat und dem Bibliotheksvorstand, während Rosalynn dem Lehrer-Eltern-Ausschuss und dem Gartenclub beitrat. Sie war die Herbergsmutter für die Pfadfindergruppe ihrer Söhne. Im Jahr darauf regnete es endlich wieder, und ihr Unternehmen begann zu florieren.

Jimmy galt in Plains wegen seiner Bildung und seiner Zeit bei der Marine als irgendwie exotisch[89]. Rasch übernahm er die Rolle eines Gemeindesprechers, wurde zu einer Zeit, als Rassenintegration den tiefen Süden in erbitterte Fraktionen zerriss, Vorsitzender des Schulausschusses des County. Als er 1962 versuchte, die drei weißen Schulen des County zusammenzulegen, betrachtete die weiße Bevölkerung dies als Auftakt zur Beendigung der Rassentrennung in Schulen. Ein selbst gemaltes Schild wurde vor dem Carter-Lagerhaus aufgestellt: „Nigger und Carters passen zusammen"[90]. Carters Initiative wurde abgelehnt. Wie es sich auch in anderen Zeiten seines Lebens beweisen sollte, war Misserfolg ein

Ansporn für Carters Ehrgeiz. Am Morgen seines 38. Geburtstags zog er statt der Arbeitskleidung, die er normalerweise im Lagerhaus trug, seine Sonntagshose an. Rosalynn fragte ihn, wohin er wolle, und er antwortete, er sei auf dem Weg nach Americus, dem Sitz der Countyverwaltung, um eine Anzeige in der Zeitung aufzugeben, dass er für den Senat des Staates kandidieren würde. Er hatte sich weder mit ihr noch mit anderen darüber beraten. Die Wahl fand in 15 Tagen statt[91]. Rosalynn war begeistert, obwohl sie bisher noch nie einem Senator des Staates begegnet war[92].

Süd-Georgia war 1962 eine harte Schule für politische Neulinge. Sumter County, im dem Plains lag, war der größte Verwaltungsbereich in Carters Distrikt, und er war dort gut bekannt. Quitman County, an der Staatsgrenze zu Alabama, wurde jedoch von einem Schwarzbrenner regiert, der den Ruf hatte, seine Feinde im Chattahoochee zu ertränken. Sein Name war Joe Hurst. Er übte beinahe totale Kontrolle aus wie ein Feudalherr, begünstigte Vetternwirtschaft und teilte sogar die Sozialhilfeschecks an die 50 Prozent der Anspruchsberechtigten im County aus. Er benutzte seinen Machtbereich, um eine der mächtigsten Figuren im Bundesstaat zu werden. Hurst weigerte sich, für die Vorwahl der Demokraten Wahlkabinen aufzustellen; stattdessen begrüßte er jeden Wähler und sagte ihm, wie er stimmen sollte – gegen Carter mit seinem Programm einer sauberen Regierung. Da es keinen republikanischen Kandidaten gab, war die Vorwahl gleichbedeutend mit der Wahl. Als ein älteres Ehepaar versuchte, heimlich seine Wahlzettel ohne Hursts Überprüfung in die Urne zu stecken, drohte er, ihr Haus niederzubrennen[93].

Carter führte mit 70 Stimmen[94], bis Quitman County schließlich sein Resultat verkündete: 333 Wähler hatten irgendwie 420 Stimmen abgegeben. Einige der Toten waren aus ihren Gräbern aufgestanden, um ihre Stimmen abzugeben, und mehr als 100 hatten es geschafft, in alphabetischer Reihenfolge zu wählen. Carter verlor die Wahl. Er focht das Ergebnis an und löste damit einen Aufruhr in der Politik des Bundesstaats aus, der sich erst legte, als er 1963 im Sitzungssaal des Senats des Staates tatsächlich seine Hand hob und den Amtseid ablegte. Joe Hurst schrieb Rosalynn eine Nachricht: Das letzte Mal, als ihn Leute verärgert hätten, seien deren Unternehmen niedergebrannt[95]. Rosalynn bekam Angst. Wenn Jimmy während der Legislaturperiode in Atlanta war, ließ sie das Licht im Haus brennen, schob nachts die Couch vor die Tür, schlief bei ihren Kindern und vernagelte die Fenster.

In jenem Jahr erreichte die Bürgerrechtsbewegung Sumter County. Martin Luther King wurde in Americus verhaftet. Die Polizei verprügelte Demonstranten mit Schlagstöcken und versetzte ihnen Elektroschocks mit Viehtreibern. Hunderte schwarzer Demonstranten wurden verhaftet. Ein weißer Student wurde bei einer der Demonstrationen getötet. Carter schwieg zur Rassenfrage, obwohl er bei seiner ersten bedeutenden Rede im Senat des Staates, während seiner zweiten Legislaturperiode, die Liste der 30 Fragen anprangerte, die Schwarzen gestellt wurden, wenn sie sich zum Wählen registrieren lassen wollten. Die Liste umfasste so abstruse Rechtsfragen wie „Was schreiben die Verfassungen der Vereinigten Staaten und Georgias bezüglich der Aussetzung des Habeas-Corpus-Rechts vor?“[96] und solchen Blödsinn wie „Wie lang ist ein Stück Schnur?“[97], oder: „Wie viele Bläschen befinden sich in einem Stück Seife?“. Seine Jungfernrede blieb jedoch unbeachtet.

Im Sommer 1965 musste sich Carter schließlich dem Augenblick der Wahrheit in der Rassenfrage stellen. Es gab ein Zeitungsfoto, das rund um die Welt ging, von einer gemischten Gruppe Weißer und Schwarzer, die vor den Stufen der First Baptist Church in Americus betete, während der Pastor mit einer kurzläufigen Schrotflinte und einem Patronengurt quer über der Brust über ihnen aufragte und den Eingang versperrte. Bald darauf wurde eine Resolution in der Baptistenkirche von Plains eingebracht, wo Carter Diakon war, „Neger und andere Unruhestifter“[98] auszuschließen. Jimmy und Rosalynn waren in Atlanta bei einer Hochzeit, und sie bat Jimmy, nicht zur Abstimmung in die Kirche zurückzukehren. Sie war zermürbt von den Auseinandersetzungen und dem Boykott ihres Unternehmens; darüber hinaus erwog Jimmy, für das US-Repräsentantenhaus zu kandidieren, und die

Rassenpolitik konnte leicht zu seinem Untergang führen. Jimmy beharrte jedoch darauf, sich gegen die Maßnahme auszusprechen. Als es zur Abstimmung kam, wurde der Ausschluss mit überwältigender Mehrheit angenommen. Nur sechs Gemeindemitglieder stimmten dagegen – fünf Mitglieder der Familie Carter und ein tauber Mann, der vielleicht nicht verstanden hatte, worüber er abstimmte.

Carter verkündete, er werde für das Repräsentantenhaus gegen Howard „Bo“ Callaway antreten, den republikanischen Amtsinhaber, ein West-Point-Absolvent und Erbe eines Textilvermögens. Callaway war beliebt im Staat und genoss starke Unterstützung von der extrem rechtsgerichteten John Birch Society. Doch als der demokratische Kandidat für die Gouverneurswahlen einen Herzinfarkt erlitt und sich aus dem Wahlkampf zurückzog, beschloss Callaway, stattdessen für dieses Amt zu kandidieren, wodurch Carter für den Sitz im Repräsentantenhaus nur noch eine symbolische Opposition verblieb. Carter versuchte, einen anderen Kandidaten anzuwerben, der gegen Callaway antrat, um zu verhindern, dass das Parlamentsgebäude zum ersten Mal in einem Jahrhundert an die Republikaner fiel, beschloss jedoch schließlich, es selbst zu tun. Mit nur noch drei Monaten bis zur Vorwahl stieg er aus dem Kongress-Wahlkampf aus, den er so gut wie sicher gewonnen hätte, und in den um die Vorwahl zum demokratischen Gouverneur ein. Seine Hauptgegner waren Ellis Arnal, ein früherer Gouverneur, der als zu liberal galt, Callaway schlagen zu können, sowie der Befürworter der Rassentrennung und erzkonservative Lester Maddox. Rosalynn war extrem unglücklich über Jimmys Entscheidung. Es bedeutete, dass sie nicht nach Washington ziehen würden, wovon sie geträumt hatte, und einen Großteil ihrer Ersparnisse für einen Wahlkampf ausgeben müssten, der nur sehr schwer zu gewinnen war.

Carter rekrutierte seine Familie und einen kleinen Freundeskreis, um durch den Staat zu reisen und Wahlkampf für ihn zu machen. Dazu gehörte auch Rosalynn, die schüchtern war und Angst davor hatte, vor Publikum zu sprechen, aber sie fuhr mutig durch den gesamten Staat und bat Menschen um ihre Stimme, manchmal eine erniedrigende und demütigende Erfahrung. Sie verabscheute es, zum Beispiel vor Kmart-Märkten zu stehen, die keine Wahlwerbung erlaubten, und musste die Demütigung ertragen, von fast jeder Kmart-Filiale im Staat verjagt zu werden[99]. In einer kleinen Stadt in Georgia überreichte sie einem Mann, der im Eingang eines Schuhgeschäfts stand und Tabak kaute, eine Broschüre. Rosalynn bat ihn, für ihren Mann zu stimmen. Der Mann spuckte sie an[100].

Carter verlor die Vorwahl um 20 000 Stimmen. Maddox gewann die Stichwahl gegen Arnall und trat dann in den allgemeinen Wahlen gegen Callaway an. Wegen einer Brief-Kampagne für Arnall erhielt keiner der Männer die Mehrheit, und nach der Rechtsprechung von Georgia wurde die Wahl durch die mehrheitlich mit Demokraten besetzte Generalversammlung entschieden. Maddox wurde der neue Gouverneur. Carters Gewicht sank um 10 Kilo (auf 59 kg)[101] und er war hoch verschuldet. Einen Monat später begann er erneut, Wahlkampf für das Amt zu machen.

Er durchstreifte den Staat, traf sich mit Menschen, nahm ihre Namen mit einem kleinen Kassettenrekorder auf, dazu persönliche Angaben wie ihren Job, ihre politische Einstellung und die Wahrscheinlichkeit, ein Spender oder Mitarbeiter beim Wahlkampf zu werden. Er führte eine fortlaufende Liste darüber, wie viele Hände er geschüttelt hatte – 600 000 bei Ende des Wahlkampfs[102]. Um die Adressen der Leute zu bekommen, mit denen er in Kontakt kam, kaufte er jedes Telefonbuch von Georgia –

mehr als 150 –, und Rosalynn ließ Dankeskarten nachfolgen. Sie ordnete seine Unterlagen und schnitt Zeitungsartikel für ihn aus. Um Geld zu sparen, übernachtete er bei seinen Unterstützern. Während der letzten beiden Jahre seines zweiten Wahlkampfs verbrachte er fast jede Nacht fern von zu Hause.

Während Rosalynn in ganz Georgia Wahlreden hielt, bekam sie einen tiefen Einblick in die Probleme ihrer Mitbürger. Eines Tages stand sie um 4.30 Uhr morgens vor einer Baumwollspinnerei und wartete auf den Schichtwechsel, als eine Frau herauskam, das

Haar und den Pullover voller Fusseln von der Nachtarbeit. Rosalynn fragte sie, ob sie zum Schlafen nach Hause gehe. Die Frau antwortete, sie würde vielleicht ein Nickerchen machen, aber sie habe ein geistig behindertes Kind zu Hause, die Ausgaben seien höher als das Einkommen ihres Mannes, daher müsse sie nachts arbeiten, um etwas dazuzuverdienen. Dieser Augenblick wurde zum Wendepunkt für Rosalynn. Als ihr einfiel, dass Jimmy später am Tag in dieselbe Stadt kommen würde, reihte sie sich mit anderen in die Schlange der Wartenden ein. Er griff nach ihrer Hand, bevor er bemerkte, dass sie es war. „Ich möchte wissen, was du wegen geistiger Gesundheit unternehmen wirst, wenn du Gouverneur bist", sagte sie. Der verblüffte Carter antwortete: „Wir werden das beste System für geistige Gesundheit im Lande haben, und ich werde dir die Leitung übertragen."[103]

Am Wahltag 1970 bekam Carter 60 Prozent der Stimmen. Maddox, der nicht wieder als Gouverneur antreten durfte, wurde zum stellvertretenden Gouverneur gewählt, mit 73,5 Prozent der Stimmen.

Carter wurde als aufsteigendes Talent bei den Demokraten gesehen, doch nur wenige Menschen begriffen das volle Ausmaß seiner Ambitionen. Er erlangte einen Ruf als progressiver Gouverneur, trotz einer kontroversen Beziehung zur Legislative Georgias. Innerhalb von zwei Jahren nach seiner Wahl ins Parlamentsgebäude beschloss er, für die Präsidentschaft zu kandidieren. Ab 1974 würde er nicht mehr im Amt sein, was bedeutete, dass er in den darauffolgenden beiden Jahren ausschließlich Wahlkampf machen konnte.

Wieder musste Rosalynn Reden halten, was sie so sehr verabscheute. Bis zum Ende des Präsidentschaftswahlkampfs hatte sie 42 Staaten besucht, mehr als 100 Gemeinden allein in Iowa[104]. Am 20. Januar 1977, an einem eisigen Vormittag, wurde ihr Ehemann in Washington, D.C. als der 39. Präsident der Vereinigten Staaten in sein Amt eingeführt, und Rosalynn Carter, das einsame kleine Mädchen aus Plains, wurde zur First Lady. Während Jimmy den Eid ablegte, standen ihre Vorgänger Gerald und Betty Ford neben ihnen – ein Ritual der Demokratie, das vielleicht der beeindruckendste Beweis für die Tradition gewaltlosen gesellschaftlichen Wandels ist. In diesem Moment wurden die Besitztümer der Fords aus den Schränken im Weiße Haus geräumt und stattdessen die Kleidung der Carters hineingehängt.

Rosalynn erwies sich als eine äußerst engagierte First Lady, förderte wesentliche Gesetzgebungen für geistige Gesundheit und Alte und verärgerte viele Amerikaner, weil sie ohne Umschweife an Kabinettssitzungen teilnahm. Jene, die dem Präsidenten nahestanden, wussten, dass sie stets seine einflussreichste Ratgeberin war, und lernten bald, ihren politischen Durchblick zu schätzen[105]. Selbst als Carters eigene Zustimmungsraten 1979 abstürzten, lag Rosalynn in der Gallup-Umfrage für die am meisten bewunderte Frau der Welt noch vor Mutter Teresa[106].

Camp David war ihre Idee gewesen. Wie sich jedoch herausstellte, würde sie sowohl die Anerkennung als auch die Verantwortung tragen müssen.

Außenminister Kamil konnte nicht einschlafen. Er saß auf dem Bettrand und unterhielt sich bis spät in die Nacht mit seinem Zimmerkameraden Boutros Boutros-Ghali. Camp David war ein seltsamer Ort für Diplomatie, meinten sie beide. Sie waren gewohnt, dunkle Anzüge zu tragen und sich auf den Marmorfluren der Staatsämter zu treffen, und hier saßen sie in ihren Pyjamas im Wald. Das Hauptproblem der Ägypter war jedoch nicht ihre Umgebung, sondern ihr Staatschef. Wann immer sie sich trafen, saß Sadat schweigend da und rauchte mit unergründlicher Miene seine Pfeife, während es in seiner Delegation brodelte. Es schien ihn nicht zu beunruhigen, dass Carter an keinem einzigen der im ägyptischen Projekt enthaltenen Grundsätze interessiert war. „Und dann sieh dir an, wo wir jetzt stehen“, rief Kamil auf seinem Bett. „Hier haben wir den Präsidenten der Vereinigten Staaten, der ohne Ausflucht oder Mehrdeutigkeit mit der Idee kommt, ein strategisches amerikanisch-ägyptisch-israelisches Bündnis zu schließen, während Sadat kein einziges Wort äußert! Was kann bloß mit ihm los sein?"[107]

„Vielleicht ist er nur abwesend oder müde", erwiderte Boutros-Ghali. Er fügte hinzu: „Es könnte sein, dass es Carters Ziel war, uns zu testen, indem er Ideen als Testballons steigen lässt."

„Ist dir nicht Carters verstohlene Bemerkung zu Tohami aufgefallen hinsichtlich der Gerüchte, dass Präsident Sadat gemäßigt sei, während seine Assistenten Hardliner sind? Damit meint er natürlich uns."

„Wie auch immer, das heutige Treffen war nur vorbereitend", sagte Boutros-Ghali. „Wir werden die getroffenen Beschlüsse nicht erfahren, bis sie ihr Projekt endgültig ausgearbeitet haben und es uns übergeben – dann werden wir sehen. Also hör auf, dir bis dahin Sorgen zu machen, und lass uns schlafen – es ist schon fast Morgen!"

Vierter Tag

4

Um 8.30 Uhr traf sich das amerikanische Team mit Carter und Rosalynn in der Hütte des Präsidenten. Alle waren zutiefst pessimistisch. Carter glaubte inzwischen, Begin habe nie vorgehabt, auch nur irgendeinem Punkt zuzustimmen. Der Beweis war sein offensichtliches Vergnügen daran, sich hinter Sadats harschem Vorschlag zu verstecken. Das war sein Alibi. Wenn die Gespräche scheiterten, konnte er damit wedeln und sagen: „Seht ihr, das ist es, was sie verlangt haben.“[1]

Jimmy und Rosalynn gingen Tennis spielen, aber das Telefon auf dem Platz klingelte dauernd. Senatoren wollten ihn sprechen oder sein Verteidigungsminister – es gab noch viele andere Probleme auf der Welt, denen sich der Präsident widmen musste. Carter bat Rosalynn, den Ausflug zum Fliegenfischen abzusagen, den sie für den nächsten Morgen geplant hatten. Sie hatten gehofft, sich während des jüdischen Sabbats ein paar Stunden absetzen zu können, aber jetzt musste Carter etwas unternehmen, um die Gespräche zu retten.

Als sie zur Hütte des Präsidenten zurückkamen, erfuhr Carter, dass Sadat seine Abreise vorbereitete und Begin eine Liste von Gründen zusammenstellte, wieso das Gipfeltreffen gescheitert war. Außer Verzögerung fiel Carter nichts mehr ein. Er bat Begin, sich nachmittags um halb drei mit ihm zu treffen, und Sadat eineinhalb Stunden später. Er hoffte, wenn er Sadat auf den späten Nachmittag verschob, könnte er die Ägypter zumindest noch für einen weiteren Tag in Camp David halten. Und Cy Vance lud er ein, sich ihm und Rosalynn auf einen Drink und zum Lunch anzuschließen. Es war an der Zeit, die Taktik zu ändern.

Vance stand meist im Schatten des ungestümen und einfallsreichen nationalen Sicherheitsberaters Zbigniew Brzezinski. Vance verkörperte das „Establishment“, gegen das Carter angetreten war: Yale, Wall Street und Jahre auf oberster Ebene der

Washingtoner Bürokratie, als Heeresstaatssekretär unter John F. Kennedy und als stellvertretender Verteidigungsminister unter Lyndon B. Johnson. War Brzezinski ein Aktivist mit einer Vorliebe für verdeckte Operationen, so hatte Vances Erfahrung während der Vietnam-Ära ihn gelehrt, welche Vorzüge Geduld und Diplomatie gegenüber militärischer Intervention hatten. Brzezinski konzentrierte sich auf das große Ganze, Vance auf das Kleingedruckte. Hamilton Jordan, Carters Politikstratege und späterer Stabschef, analysierte die Rolle, die jeder dieser Männer in der Regierung spielte. Brzezinski, schloss er, sei die mutige Seite Carters – die Seite von ihm, die für die Präsidentschaft kandidierte, als er noch „Jimmy Wer?“ war. Das war der Mann, der sich nie davor gefürchtet hatte, konventionelle Ansichten infrage zu stellen und alles zu riskieren, genau wie er es jetzt in Camp David tat. Vance war die traditionellere und methodischere Seite von Carter. Er begann seine Arbeit vor Sonnenaufgang und war prinzipientreu bis zur Arroganz. Seine Anständigkeit trug ihm das Vertrauen aller ein, denen er begegnete[2]. Laut Jordans Analyse war Brzezinski der Denker, Vance der Macher und Carter der Entscheider.

Bisher hatte der Entscheider es jedoch vermieden, einen amerikanischen Vorschlag einzubringen. Seine Strategie hatte es Sadat und Begin erlaubt, von Angesicht zu Angesicht zu sprechen, in der Erwartung, dass sie sich zu ihrem eigenen Abkommen durchkämpften, vielleicht mit ein wenig amerikanischem Anstoß. Das hatte sich als hoffnungslos falsche Richtung erwiesen. Carter konnte die beiden noch nicht mal allein im selben Raum lassen. Die Gefahr eines amerikanischen Vorschlags lag darin, dass bei einem Scheitern beide Seiten verkünden konnten, die USA habe versucht, ihnen ein Abkommen aufzuzwingen. Jetzt gab es keine Alternative mehr. „Fahren Sie mit dem amerikanischen Plan fort“, teilte Carter Vance beim Lunch mit[3]. Der Vorschlag müsse fair zu beiden Seiten sein, präzisierte er, aber er müsse auch zu einem Dokument werden, das Sadat annehmen und Begin nicht als Folie benutzen konnte. „Ich denke, wir müssen bei den Israelis eine härtere Gangart anschlagen, und die Zeit ist gekommen, sie das wissen zu lassen“, fügte Carter hinzu[4].

Carter hatte Begin bei dem Treffen eigentlich nichts zu sagen, außer ihn erneut um größere Flexibilität zu bitten. „Sie können in die Geschichte als großer Regierungschef eingehen, der den Frieden gebracht hat.“[5] Aber Begin war immun gegen emotionale Appelle. Er reagierte darauf, indem er einmal mehr Sadats Vorschlag herauszog, den er stets in seiner Brusttasche bei sich trug, und genüsslich die ägyptischen Positionen vortrug. Und nun machte Carter einen entscheidenden Fehler. Er hatte immer noch die verschiedenen Zugeständnisse, die Sadat ihm heimlich gegeben hatte, um sie nach eigenem Gutdünken zu verwenden – Punkte, von denen selbst Sadats Team nichts ahnte. Carter ging zwar jetzt nicht im Einzelnen darauf ein, doch er missbrauchte Sadats Vertrauen, indem er preisgab, dass der ägyptische Vorschlag keinesfalls Sadats endgültige Verhandlungsposition darstelle. Vielleicht war das die einzige Möglichkeit, Begin zu überreden, das ägyptische Dokument wieder in die Tasche zu stecken; Begin besaß nun jedoch die wichtige Kenntnis, dass bereits Zugeständnisse ohne entsprechende israelische Angebote gemacht worden waren[6]. Er konnte es sich leisten, sogar noch unnachgiebiger in seiner Position zu verharren und abzuwarten, was auf den Tisch gelegt wurde.

Carter argumentierte, da Sadat zugestimmt habe, den Sinai zu entmilitarisieren, würde es 200 Kilometer leere Wüste zwischen Ägypten und Israel geben – und daher keine Notwendigkeit für israelische Siedlungen, als Puffer. Begin antwortete mit einer lang-
atmigen und inzwischen ermüdend vertrauten Tirade über die Notwendigkeit, die Siedlungen beizubehalten, doch mitten in seiner Rede passierte möglicherweise auch ihm ein Ausrutscher. „Ich werde niemals persönlich empfehlen, die Siedlungen auf dem Sinai abzubauen“, rief er[7]. Diese legalistische Formulierung fiel Carter auf. Es war eines, zu sagen, er würde nie erlauben, die Siedlungen zu entfernen, aber etwas ganz anderes, er würde so eine Aktion nie „persönlich empfehlen“. Sollte jemand anderer die Verantwortung

übernehmen, würde Begin möglicherweise nicht im Weg stehen. Es war der erste winzige Lichtschimmer.

Dann sagte Begin, es müsse genau genommen zwei Abkommen in Camp David geben. Das eine zwischen Israel und Ägypten sei natürlich wichtig. Aber es gebe einen noch viel wichtigeren Vertrag, der zwischen Israel und den Vereinigten Staaten abgeschlossen werden müsse. Dieser Vertrag würde der Welt zeigen, dass es zwischen der Strategie der beiden Länder keinen grundlegenden Unterschied gebe. Sein Argument glich dem, das Sadat ebenfalls anzubringen versucht hatte. Beide wollten die USA zur Unterstützung gegen die andere Seite gewinnen. Die implizite Gefahr, dass Carter sich der einen oder der anderen Seite zuwenden würde, verschaffte ihm das einzig echte Druckmittel, über das er verfügte. Er gedachte nicht, darauf zu verzichten.

„Wir werden einen umfassenden Vorschlag für Frieden vorlegen“, teilte Carter Begin mit. „Ich kann keine andere Möglichkeit für Fortschritt sehen.“[8] Er beabsichtige, ihn am nächsten Tag vorzulegen. „Herr Präsident, bitte nehmen Sie dies nicht in einen Vorschlag für uns auf“, bat Begin[9]. „Ich kann mir nicht von Ihnen vorschreiben lassen, die israelische Anwesenheit auf ägyptischem Territorium unerwähnt zu lassen“, erwiderte Carter kurz angebunden. Die beiden Männer setzten ihr Gespräch bis kurz vor 4 Uhr fort, als Rosalynn eine Notiz hereinreichte, die Carter an sein Treffen mit Sadat erinnerte. Als Begin ging, lud er den Präsidenten und dessen Frau ein, an diesem Abend das Sabbat-Mahl mit ihm einzunehmen.

Carter eilte hinüber zu Sadats Hütte. Während sie süßen Pfefferminztee tranken, beschwor Carter den ägyptischen Präsidenten, in Camp David zu bleiben. „Sie haben es mir versprochen“, erinnerte Carter ihn[10]. Geschickt nutzte er den einzigen Vorteil, den er hatte, und schlug vor, dass die Ägypter und die Amerikaner zu einer Vereinbarung kommen könnten, selbst wenn die Israelis nicht daran teilhätten. Sadat stimmte bereitwillig zu. „Setzen Sie es auf“, sagte er. „Sie kennen die Punkte, die für mich wichtig sind. Ich werde jedes plausible Dokument unterzeichnen, das Sie vorlegen.“

Für den Augenblick war das Gipfeltreffen gerettet. Doch Carters Rolle hatte sich verändert. Ursprünglich hatte er sich als Vermittler gesehen, als derjenige, der Begin und Sadat in einen Raum zusammensetzen und es ihnen überlassen konnte, die Einzelheiten für einen dauerhaften Frieden auszuhandeln. Diese Idee war gescheitert. Wenn der Gipfel Erfolg haben sollte, benötigte er einen Katalysator, jemanden mit neuen Ideen, ja, aber auch jemanden, der bereit war, über Flehen und Überreden hinaus bis zu dem Punkt zu gehen, Drohungen auszustoßen. Carter musste derjenige sein. Beide Seiten mussten glauben, dass sie etwas Entscheidendes zu verlieren hatten, und das waren ihre guten Beziehungen zu den Vereinigten Staaten.

Menachem Begin und seine Frau Aliza empfingen zum Sabbat-Mahl im Kino von Camp David, das zu diesem Anlass in einen Bankettsaal umgewandelt worden war. *Gefilte Fisch* und *Challa*[11] waren aus Washington gebracht worden, genau wie zusätzliche Kippas.

Rosalynn saß am Kopf der Tafel zwischen Begin und Dajan – zwei der fesselndsten Männer der israelischen Geschichte. Der Abend begann mit Begins Segensspruch über dem Wein: „Gelobt seist du Herr, unser Gott, König der Welt, der uns geheiligt hat durch deine Gebote und Wohlgefallen an uns gefunden hat. Du hast uns in Liebe und Wohlgefallen deinen heiligen Sabbat zum Anteil gegeben als Gedenken des Schöpfungswerks. Der Sabbat ist der Erste unter unseren heiligen Tagen und ein Gedenken an unseren Auszug aus Ägypten. Fürwahr, du hast uns erwählt und uns heilig gemacht unter allen Völkern."

Die Anspannung der letzten paar Tage legte sich, und unter den Gästen herrschte eine gesellige, sogar freudige Stimmung. Begin erinnerte Rosalynn daran, dass die Bibel sagt, man könne Gott nicht in Traurigkeit dienen, daher fordere er alle auf, zu singen. Eines der Lieder war die israelischen Nationalhymne „Hatikva", was „die Hoffnung" heißt. Sie hatte für Begin eine besondere Bedeutung. Er sagte, sein Vater habe sie gesungen, als er zum Fluss Bug geführt wurde, um von den Nazis ertränkt zu werden[12].

Unsere Hoffnung ist nicht verloren,
die Hoffnung, zweitausend Jahre alt,
zu sein ein freies Volk, in unserem Land,
im Lande Zion und in Jerusalem.

Während Begin den Text eines der Lieder für sie übersetzte, fragte Rosalynn neidisch, wie viele Sprachen er beherrsche. Er sagte, er spreche die slawischen Sprachen wie Polnisch und Russisch fließend; darüber hinaus Deutsch, Englisch, Hebräisch und Französisch. Er könne Italienisch lesen und habe früher Latein unterrichtet. Aliza, ebenfalls Lateinschülerin, und er würden einander gerne Vergil laut vorlesen[13], genau wie Rosalynn und Jimmy einander jede Nacht die Bibel auf Spanisch vorlasen.

Die Brautwerbung und die Ehe der Begins ähnelten jener der Carters in hohem Maße. Begin hatte schon bei ihrer ersten Begegnung beschlossen, Aliza zu heiraten, und ihre Verbindung war bekannt für ihre Ausschließlichkeit und Treue. Im Gegensatz zu ihrem hitzigen Mann, der oft Anfällen von Depression oder Euphorie sowie Wutanfällen ausgesetzt war, wirkte Aliza stets beherrscht und berechnend; ihre großen, starren Augen hinter den dicken, getönten Gläsern zeigten selten Zweifel an der Richtigkeit der Berufung ihres Mannes, sogar während seiner Jahre im Untergrund, im Gefängnis und am politischen Rand. Trotz ihres chronischen Asthmas rauchte sie ununterbrochen und griff des Öfteren zum Asthmaspray in ihrer Handtasche. Falls Carter gehofft hatte, Aliza würde die Ansichten ihres Mannes mäßigen, hatte er sich getäuscht. Sie galt unter der israelischen Delegation als eiserne Ideologin[14].

Vor Begins Aufstieg zum Premierminister lebte das Paar drei Jahrzehnte lang in einer mietpreisgebundenen Drei-Zimmer-Erdgeschosswohnung im Norden von Tel Aviv, mit einem Einkommen von etwa 500 Dollar pro Monat. Während sie ihre drei Kinder großzogen, schlief das Ehepaar auf einer Klappcouch im Wohnzimmer[15].

Im Unterschied zu den Ehefrauen vorheriger Premierminister, die manchmal Macht für sich selbst beanspruchten, war Aliza bemüht, sich der Öffentlichkeit fernzuhalten[16]. Sie nähte ihre eigene Kleidung und kochte gerne[17]. Selbst nachdem ihr Mann Premierminister geworden war, bestand sie darauf, den öffentlichen Bus zu nehmen, der zwischen Jerusalem und Tel Aviv verkehrte[18]. Solche Sparsamkeit stand im krassen Gegensatz zu vielen hochrangigen Politkern, die im Luxus lebten und oft von Bestechungen und Gefälligkeiten profitierten[19]. Die Wahl, die Begin an die Macht brachte, war tatsächlich durch den Sturz Jitzchak Rabins, des vorherigen Premierministers, ausgelöst worden, dessen Frau beschuldigt wurde, ein illegales Bankkonto in den USA zu besitzen. Begins Gewissenhaftigkeit war hingegen legendär. Als er 1977 das erste Mal nach Washington reiste, um sich mit Carter zu treffen, besaß er nur zwei Anzüge, beide ein Jahrzehnt alt und ihm viel zu groß wegen des Gewichtsverlusts nach seinem Herzinfarkt. Sein Berater Jechiel Kadischai bestand darauf, dass er sich für die Reise neue Anzüge kaufte, doch als ein anderer seiner Berater ihm erzählte, was ein Anzug kosten würde, scheute Begin davor zurück. „Das kann ich mir nicht leisten!“, rief er. „Fragen Sie, ob ich ihn in Raten zahlen kann.“[20] Kadischai teilte ihm mit, das Geschäft wolle ihm die Anzüge schenken. „Auf gar keinen Fall!“, schrie Begin.

Er fuhr schließlich mit zwei neuen Anzügen nach Washington, die er auf Kredit gekauft hatte.

Rosalynn saß neben Mosche Dajan, auf der Seite, an der sich sein verbliebenes Auge befand, und sie verbrachte den Großteil des Abends im Gespräch mit ihm. Er hörte schlecht, und wenn er sich nicht zu einem Gesprächspartner beugen konnte, neigte er dazu, sich in sich selbst zurückzuziehen. Trotz Dajans Ruf, unverblümt und pessimistisch zu sein, fand Rosalynn ihn charmant, auch deswegen, weil er ihrem Mann schmeichelte. Er sagte, er habe sich seit 30 Jahren auf dieses Gipfeltreffen vorbereitet, da er seit der Gründung des Staates Israel an jeder Verhandlung beteiligt gewesen sei, doch in all der Zeit habe es keinen einzigen Fall gegeben, bei dem Länder des Nahen Ostens tatsächlich über Frieden verhandelten. Dieses Treffen hätte ohne Jimmy Carter nie stattgefunden, sagte er. Er erinnere sich, dass er vor Kurzem Rosalynn im Fernsehen habe sagen hören: „Jimmy ist ein Kämpfer, und Sie werden nicht erleben, dass er aufgibt." Dajan bot an: „Wenn Sie es wollen oder es brauchen können, bin ich bereit, das zu bezeugen!"[21] So eine Aussage wäre von unschätzbarem Wert für Carters Wiederwahlkampagne, vor allem bei amerikanischen Juden, die dem Baptisten aus dem tiefen Süden stets misstrauisch gegenübergestanden hatten. Rosalynn erwiderte, Jimmy sei stets bereit, schwierige Themen in Angriff zu nehmen und würde sich nie wegen der Folgen seiner Aktionen Sorgen machen, wie zum Beispiel, ob er wiedergewählt werden könne. „Oh, er wird wiedergewählt werden", versicherte ihr Dajan[22].

Dajan war nicht nur ein Held, er war ein Rätsel; seine Komplexität hielt ihn von ernsthaften emotionalen Beziehungen ab, selbst zu seinen Kindern. „Er war ein Mann, der für Labyrinthe gemacht war", fasst es seine ihm oft kritisch gegenüberstehende Tochter Jael zusammen[23]. Es war, als befände sich hinter seiner schwarzen Augenklappe keine leere Augenhöhle, sondern ein grausiges Geheimnis, das er mit niemandem teilen konnte. Der Aufstieg beim israelischen Militär wurde durch seine Beziehung zu David Ben-Gurion gefördert, dem Dajans „beinahe irrsinniger Wagemut" aufgefallen war, „ausgeglichen durch profundes und strategisches Urteilsvermögen"[24]. Dajan war ein Leitstern; seine arrogante Selbstsicherheit gab den Israelis ein Gefühl der Erleichterung. Sie waren zu der Überzeugung gelangt, dass er unschlagbar sei; nichts würde passieren, solange Dajan da war.

Sein ganzes Leben lang hatten Frauen sich ihm angeboten, angezogen durch seine Berühmtheit und Rätselhaftigkeit. Eine der Frauen, die sich in ihn verliebte, war die Frau eines Offiziers, mit dem Dajan seit der Kindheit befreundet war. Der Offizier entdeckte die Affäre und schrieb an Ben-Gurion, forderte ihn auf, sich öffentlich von seinem Protegé zu distanzieren. Ben-Gurion antwortete mit der Geschichte von Bathseba, der schönen Frau von Uriah dem Hethiter, einem Offizier von König David[25]. König David schwängerte sie und schickte dann, um seine Sünde zu kaschieren, ihren Ehemann an die Front, wo er getötet wurde. Die Botschaft schien zu lauten, dass manche Menschen so wichtig für die israelische Nation waren, dass solche Dinge übersehen werden mussten. Es steckte auch die leise Drohung darin, dem gehörnten Ehemann könnte etwas zustoßen, weil er eine solche Beschwerde vorgebracht hatte.

Von Geburt an schien Mosche Dajan dazu bestimmt, die lebende Verkörperung der israelischen Erfahrung zu werden. Seine Eltern waren nach Palästina eingewandert, als es noch zum Osmanischen Reich gehörte. Mosches Vater Schmuel, ein Hausierer mit Pferdekarren aus der Ukraine, traf 1908 ein, und seine Mutter Devorah, Tochter eines Holzhändlers aus Kiew, fünf Jahre später. Sie heirateten und waren an der Gründung des allerersten Kibbuz in ihrer neuen Heimat beteiligt. Es sollte ein kommunales Arbeiterparadies werden, in dem aller Besitz gemeinsam war, alle Arbeit geteilt wurde und sogar die Kinder kollektiv erzogen wurden, getrennt von ihren Eltern. Mosche war 1915 das erste Kind, das im Kibbuz geboren wurde[26], was zu dem symbolischen Gewicht beitrug, das sich um sein Leben anhäufen sollte.

Als Schmuel Dajan das Kibbuz-System nicht mehr zusagte[27], zog er mit seiner Familie in eine andere experimentelle ländliche Kooperative, genannt Moschaw – das bedeutet Siedlung –, erneut der Erste im Land, der Prototyp von Hunderten, die folgen sollten. Die Siedlung hieß Nahalal und lag in der Jesreel-Ebene, nahe bei Nazaret.

Obwohl Schmuel seinen Kindern beibrachte, Araber für träge Marodeure zu halten, die von Natur aus gewalttätig waren, hatte Mosche Umgang mit Jungen aus den arabischen Dörfern und Beduinenlagern und nahm ihre Sprache und Gebräuche auf. „Seit meiner Kindheit bin ich immer gut mit Arabern ausgekommen“[28], sollte er sich später brüsten. Im Alter von 14 Jahren wurde

Mosche in die verbotene jüdische Verteidigungsorganisation Hagana aufgenommen, gegründet, um Siedler in abgelegenen Gemeinden zu schützen. Er ging Streife auf den Feldern, vertrieb die arabischen Ziegen, die in das Siedlungsgebiet eingedrungen waren. Als er älter war, wurde die Beziehung zwischen den jüdischen Pionieren und den einheimischen Palästinensern zunehmend angespannt und gewalttätig. Arabische Terroristen warfen 1932 eine Bombe in die Hütte von Dajans Nachbarn und töteten einen achtjährigen Jungen, ein Vorbote dessen, was kommen sollte.

Zwei Jahre später machten die Siedler von Nahalal ein Stück Land urbar, das einem Araber vom Jewish National Fund abgekauft worden war. Ein Beduinenstamm hatte das Gelände als Weideland benutzt, und als die Juden eintrafen, um das Feld zu pflügen, versammelten sich Araber auf einem Hügel und schauten missmutig zu. Dann flogen Steine. Der Junge hinter dem Pflug wurde getroffen. Die Siedler setzten sich zur Wehr. Nachbarn beider Seiten stürzten sich ins Getümmel; Dajan säte trotzig weiter, während Steine über seinen Kopf flogen. Plötzlich, als er oben am Hang ankam, wurde er bewusstlos geschlagen. Man setzte ihn auf ein Pferd und brachte ihn in ein Krankenhaus in Jerusalem. Er kehrte mit einer Narbe am Kopf nach Nahalal zurück, jedoch ohne Bitterkeit gegen die enteigneten Araber. „Ich konnte sie verstehen – auch wenn ich nichts tun konnte, um sie zu befrieden", schreibt er[29]. „Sie hatten ihre Herden viele, viele Jahre lang auf anderer Leute Land weiden lassen und aus anderer Leute Brunnen getränkt. Aber der Boden war nie gepflügt und nie bestellt worden; sie hatten ihn als Weideland genutzt, weil niemand sonst ihn nutzte. Jetzt gehörte dieser Boden uns."

Der offene Aufruhr palästinensischer Araber gegen die jüdische Masseneinwanderung begann 1934. Mehrere Hundert Juden wurden getötet[30]. Als Reaktion darauf tötete, verwundete oder verhaftete die britische Verwaltung mehr als 10 Prozent der männlichen erwachsenen Araber in Palästina[31]. Mosche schloss sich der jüdischen Siedlerpolizei an, um gemeinsam mit der britischen Armee eine Ölpipeline zu bewachen, ein regelmäßiges Ziel arabischer

Saboteure. Diese Erfahrung lehrte ihn, wie wenig reguläre Truppen gegen Guerillakämpfer ausrichten konnten, die mit dem Gelände vertraut waren und sich unerkannt unter die örtliche Bevölkerung mischen konnten. „Es wurde mir schon damals klar, dass sie nur wirksam bekämpft werden können, wenn man die Initiative an sich reißt, ihre Ausgangsstellungen angreift oder ihnen einen Hinterhalt legt", schreibt er[32]. Das waren Taktiken, die er mit durchschlagender Wirkung einsetzen würde.

Bei Ausbruch des Zweiten Weltkriegs wurde Dajan in eine Einheit der britischen Armee aufgenommen, die eine Invasion in Syrien vorbereitete, zu der Zeit Mandatsgebiet von Vichy-Frankreich[33]. Dajan bekam den Auftrag, die Brücken auf der Küstenstraße nach Beirut zu besetzen, bevor die Franzosen sie in die Luft sprengen konnten. Seine Patrouille kam unter Maschinengewehrbeschuss, als sie eine Polizeistation einzunehmen versuchte, die sich als örtliches Hauptquartier der Vichy-Streitkräfte herausstellte. Dajan stürmte das Gebäude selbst und warf eine Handgranate durchs Fenster, was das Maschinengewehr zum Verstummen brachte. Dann besetzten er und seine Männer die Station. Als französische Verstärkung anrückte, stieg Dajan mit dem eroberten Maschinengewehr aufs Dach. Während er festzustellen versuchte, woher die Schüsse kamen, traf eine Gewehrkugel seinen Feldstecher, zerschmetterte das Okular und trieb ihm das Metallgehäuse in die linke Augenhöhle. Es dauerte weitere zwölf Stunden, bis alliierte Truppen die Polizeistation erreichten und Dajan ins Krankenhaus von Haifa gefahren werden konnte. Dajan ertrug die Schmerzen mit seinem charakteristischen Gleichmut. Ein arabischer Kundschafter namens Rashid hielt ihm während der ganzen Tortur die Hand[34].

„Wer wird denn einen einäugigen Mann noch einstellen?", fragte Dajan verzweifelt, als seine Frau verkündete, sie sei mit ihrem zweiten Kind schwanger. „Ich kann meine Familie nicht ernähren."[35] Doch dank seines Rufs als Soldat wurde die Behinderung nebensächlich. Mit seinem runden, kahlen Kopf und der piratenhaften Augenklappe erkannte man ihn überall sofort. Er wurde zu einem Symbol Israels – arrogant, schroff, sichtbar verwundet, aber ungebrochen.

Während des Krieges von 1948 hatten 200 000 palästinensische Flüchtlinge Schutz im Gazastreifen gesucht, einem schmalen Küstengebiet von 40 Kilometern Länge und nur 14 Kilometern an der breitesten Stelle, das sich am südlichen Ende Israels entlang des Mittelmeers erstreckt. Gaza war die Verwaltungshauptstadt des alten ägyptischen Reiches und eine Zwischenstation auf der Karawanenroute nach Syrien. Die Philister – von den meisten Wissenschaftlern für die Vorfahren der heutigen Palästinenser gehalten* – eroberten das Gebiet im 12. Jahrhundert v. Chr. Gott schien ein besonderes Missfallen an dem Volk und dem Land zu haben, das sie erobert hatten. „Des Herrn Wort wird über euch kommen, du Kanaan, der Philister Land", warnt Jaweh im Alten Testament. „Ich will dich umbringen, dass niemand mehr da wohnen soll!"[36] Doch jedes Mal, wenn er wütend auf die Juden war, übergab er sie den Philistern. Trotz Gottes Parteilichkeit für die Israeliten hatten die Philister einen technologischen Vorteil. Sie hatten Eisen entdeckt, und die Israeliten befanden sich nach wie vor in der Bronzezeit.

Aber dann erhob sich unter den Juden ein Recke, der die Philister mit bloßen Händen einschüchtern konnte. Sein Name war Samson. Er war eine Art Monster. In der rabbinischen Literatur[37] wird über ihn berichtet, er sei so stark gewesen, dass er Berge zwischen seinen Händen zerreiben konnte. Er heiratete eine Philisterin, ermordete dann jedoch die Hochzeitsgäste, verbrannte ihre Felder und schlachtete eine Armee von 1000 Philistern mit der Kinnbacke eines Esels ab.

Samson pflegte die Huren von Gaza zu besuchen. Eines Tages verschlossen die Philister die Tore der Stadt und meinten, ihn nach seinem Gelage auf diese Weise gefangen zu haben, doch um Mitternacht riss er die massiven Tore heraus und trug sie auf sei-

* Auf Arabisch werden die Philister „urzeitliche Palästinenser" genannt *(flistri qadim)*

nen gewaltigen Schultern davon. Eine andere Philisterin namens Delila aus dem Tal Sorek überredete ihn, ihr das Geheimnis seiner Körperkräfte zu verraten. Er vertraute ihr an, er sei Nasiräer, eine Art jüdischer Mönch, dem auferlegt worden sei, niemals sein Haar abzuschneiden. „Wenn man mich schöre, so wiche meine Kraft von mir, dass ich schwach werde und wie alle anderen Menschen", gestand er[38]. Delila, die für 1100 Silberstücke vom Herrscher der Philister beauftragt worden war, das Geheimnis ihres Liebhabers herauszufinden, schnitt ihm sieben Haarlocken ab, während er schlief. Als er aufwachte, hatte der Geist des Herrn ihn verlassen, und er wurde ein gewöhnlicher Mensch. Die Philister stachen ihm die Augen aus und verwendeten ihn als Zugtier in einer Getreidemühle von Gaza.

Die Philister lobpriesen ihren eigenen Gott Dagon für diese wunderbare Wendung ihres Glücks. Um sie zu feiern, schleiften sie den blinden Samson in ein riesiges Stadion vor eine Zuschauermenge von 3000 Menschen. Samson betete zu Gott, ihm seine Stärke noch ein einziges Mal wiederzugeben, und brachte mit einer letzten Anstrengung die Säulen des Gebäudes zum Einsturz, wobei die gesamte Zuschauermenge getötet wurde. „So war die Zahl derer, die er bei seinem Tod tötete, größer als die, die er während seines Lebens getötet hatte", vermerkt die Bibel zustimmend[39].

Für die Palästinenser, die Mosche Dajans Zorn traf, war er eine Art moderner Samson, eine Rolle, die er bereitwillig übernahm. Auch er war ein berühmter Frauenheld, obwohl er nur ein Auge hatte. Körperlich war Dajan nicht imponierend; er war von mittlerer Größe und drahtigem Körperbau, doch in seinen Memoiren *Leben mit der Bibel* schrieb er in einem Bericht über seine Besessenheit von biblischer Archäologie: „Simsons Größe lag nicht nur in seinen gewaltigen Körperkräften begründet, sondern vor allem in seinem Freiheitsdurst, der ihn dazu brachte, gegen die Unterdrücker seines Volkes zu kämpfen."[40] Wie Samson bewies Dajan ein Maß an Unbarmherzigkeit, das in den Mythos seiner Unverwundbarkeit verwoben ist.

Nach dem Krieg von 1948 wurde Dajan zum kommandierenden General der südlichen Streitkräfte ernannt. „Am frühen Morgen machte ich mich auf den Weg zu meiner Kommandostelle“, schreibt er, „und wenn ich durchs Tal mit dem ‚Bach Sorek‘ gefahren war, die kalten Berge hinter mir hatte und den Küstenstreifen erreichte, meine ich immer, in einem anderen Land zu sein. Das Land des ewigen Frühlings. ... Es ist nicht verwunderlich, dass Simson gerne im Land der Philister war.“[41]

Nach dem Waffenstillstand, der Israels Unabhängigkeitskrieg beendete, behielt Ägypten die Kontrolle über den Gazastreifen. Eine einzige, von einem Traktor in den Sand gezogene Furche kennzeichnete die Grenze. Dajan stellte sich neben diese Furche und betrachtete die Lehmhütten der Flüchtlinge, viele mit Gewalt aus ihren früheren Häusern vertrieben. Die verwahrlosten, überfüllten Lager, in denen es von Schulkindern wimmelte, sahen für ihn aus wie Ameisenhaufen. „Es waren Tausende, die Jungen in Blau, die Mädchen in Schwarz, die wie ein Fluss, der sich in den Lagerstraßen verästelte, aus den Schulen quollen und sich schließlich in den Elendsquartieren verloren“, schreibt er[42]. Von Zeit zu Zeit schlichen sich Flüchtlinge nach Israel hinüber, um ihre verlassenen Felder abzuernten oder ihre Herden grasen zu lassen. Manche kamen, um sich zu rächen, legten Bomben oder griffen Israelis an. Nach offizieller israelischer Militärrichtlinie sollte jeder Araber erschossen werden, der sich in das jetzt von Israel beanspruchte Gebiet verirrte[43].

„Wir schießen mitten aus 200 000 hungrigen Arabern heraus, die über die Grenze kommen – wird das einer moralischen Prüfung standhalten?“, fragte sich Dayan[44]. „Die Araber kommen herüber, um das Korn einzusammeln, das sie in ihren verlassenen Dörfern zurückgelassen haben, und wir legen Minen für sie, und sie kehren ohne Arme oder Beine zurück.“ Vielleicht war das nicht moralisch, schloss er, „aber ich kenne keine andere Methode, die Grenze zu schützen. Wenn den arabischen Schafhirten und Schnittern erlaubt wird, die Grenze zu überqueren, wird der Staat Israel morgen keine Grenzen mehr haben.“

Dajans philosophische Ausflüchte überdeckten einen Hang zum Töten. Er veranlasste Vergeltungsangriffe als kollektive Bestrafung. Im Februar 1955, als sich ägyptische Geheimdienstkundschafter in Israel einschlichen, um militärische Einrichtungen auszukundschaften und dabei versehentlich einen israelischen Radfahrer töteten, schickte Dajan, inzwischen Generalstabschef, zwei Kompanien Fallschirmjäger nach Gaza, um einen ägyptischen Militärposten anzugreifen. Sie metzelten die Ägypter in ihren Unterkünften nieder. Ein Mannschaftswagen, der Verstärkung brachte, wurde mit Raketen beschossen und in Brand gesetzt; die Soldaten verbrannten bei lebendigem Leib. 40 Ägypter und acht Israelis wurden getötet. Es war der blutigste Zusammenstoß seit dem Krieg von 1948, der Nasser veranlasste, sich eine Antwort einfallen zu lassen. Im September schloss er ein beträchtliches Rüstungsgeschäft für sowjetische Waffen mit der Tschechoslowakei ab. Von nun an, sagte er, unter Beschwörung der uralten Tradition des Nahen Ostens, würde es um „Auge um Auge“[45] gehen.

Das kam Dajan gerade recht. Seine Strategie bestand darin, Nasser zu einem Gegenschlag zu provozieren, der Israel die Ausrede lieferte, einen Krieg vom Zaun zu brechen, ehe Ägypten die neuen sowjetischen Waffen einsetzen konnte[46]. Nach einer Reihe von Scharmützeln entlang der Grenze, darunter der ägyptische Mörserbeschuss eines Kibbuz, ließ Dajan die Armee auf den Gazastreifen los, nahm einen Marktplatz, Häuser und sogar ein Krankenhaus unter Beschuss. 58 Zivilisten, unter ihnen 33 Frauen und 13 Kinder, kamen ums Leben; auch vier ägyptische Soldaten wurden getötet[47].

Unter Druck durch die Vereinten Nationen wies Ben-Gurion Dajan an, die Streitkräfte von der Grenze abzuziehen und sie hinter die Waffenstillstandslinie zu verlegen. Dajan gehorchte widerwillig, teilte seinem Mentor aber bei einem unfreundlichen Treffen mit, ein Zeigen von Schwäche würde arabische Terroristen nur anspornen. Und tatsächlich übten die Ägypter Vergeltung durch Selbstmordschwadronen, unter anderem mit einem Angriff auf eine Synagoge bei Tel Aviv, bei dem fünf Kinder getötet wurden.

Obwohl Dajan der gewünschte Krieg versagt blieb, hatte sich der unvermeidliche moralische Kalkül des Terrors festgesetzt, während beide Seiten sich in Selbstgerechtigkeit hüllten und Blutvergießen ohne Unterschied oder Mitleid zuließen.

Eines der Opfer war Roi Rutenberg, ein Sicherheitsoffizier des Kibbuz Nahal Oz, das der Grenze zum Gazastreifen am nächsten lag. Dajan hatte Rutenberg während der Belagerung von Gaza kennengelernt und war von dem charmanten jungen Mann mit den strahlend blauen Augen beeindruckt gewesen. Nur ein paar Tage nach dieser Begegnung entdeckte Rutenberg ein paar Araber, die ihre Herden auf den vom Kibbuz requirierten Feldern weiden ließen. Er stieg aufs Pferd, um sie zu vertreiben, wurde jedoch erschossen und über die Grenze geschleift. Später wurde seine verstümmelte Leiche UN-Soldaten übergeben, die sie zur Bestattung in den Kibbuz zurückbrachten.

Dajan sprach an Rutenbergs Grab. Seine Grabrede wurde sowohl zu einer trotzigen Hymne auf den Staat Israel als auch zu einer freimütigen und unverblümten Klage über die Tragödie, die beide Seiten einschloss. „Roi wurde gestern ermordet“, sagte Dajan[48]. „Es war ein schöner Frühlingstag, und er achtete nicht auf die Männer, die an der Grenzfurche bereitstanden, um ihm das Leben zu nehmen. Wir wollen den Mörder heute nicht verfluchen. Was vermögen wir gegen den Hass, der uns von drüben entgegenschlägt? Es ist Hass von Menschen, die seit acht Jahren in Flüchtlingslagern leben und sehen, wie wir das Land und die Dörfer, in denen sie und ihre Väter gelebt haben, in Besitz nehmen. Die Verantwortung für Rois Ermordung sollten wir weniger bei den Arabern aus dem Gazastreifen als vielmehr bei uns selbst suchen, denn wir haben die Augen davor verschlossen, was unsere Bestimmung ist, und das Gewicht der Sendung unserer Generation nicht begriffen. Haben wir wirklich vergessen, dass diese junge Gruppe von Nahal Oz – wie seinerzeit Simson – die schweren ‚Tore von Gaza‘ auf den Schultern trägt, und dass hinter diesen Toren Hunderttausende hasserfüllter Menschen leben, die darum beten, dass wir geschwächt werden ...?

Wir sind die biblische Generation, die nach der Eroberung Kanaans durch Josua das Land besiedelte. Und dabei können wir auf Helm und Schwert nicht verzichten. Es besteht keine Lebenshoffnung für unsere Kinder, wenn wir nicht Unterstände graben. Ohne MG und Stacheldraht können wir kein Haus bauen, keinen Baum pflanzen, keine Straße pflastern und nicht nach Wasser bohren. Millionen von Juden, die hingeschlachtet wurden, weil sie keine Heimat hatten, die heute nur noch Asche sind, die Asche der Geschichte Israels, blicken uns an und gebieten uns, um unseres Volkes willen das Land zu besiedeln und zu sichern. Doch jenseits der Grenzfurche befindet sich ein Ozean des Hasses und der Rachsucht. Die Leute dort drüben warten nur auf den Tag, an dem Gleichgültigkeit unsere Bereitschaft untergräbt, auf den Tag, an dem wir vor den Botschaftern der Scheinheiligkeit kapitulieren, ihrem Drängen nachgeben und die Waffen aus der Hand legen ...

Für unsere Generation gilt es, gerüstet und allzeit bereit, stark und unerschütterlich zu sein. Wenn das Schwert unserem Griff entgleitet, ist unser Leben verwirkt. Roi Rutenberg, der blonde, schlanke junge Mann, verließ Tel Aviv, um sein Haus wie einen Schutzwall vor den Toren von Gaza zu errichten. Rois Augen waren blind von dem Licht in seinem Herzen – er sah die Mörder nicht. Rois Ohren waren taub von der Sehnsucht nach Frieden – er hörte die Mörder nicht. Und leider wurden die Tore von Gaza seinen Schultern zu schwer. Sie drückten ihn nieder.“

Am 26. Juli 1956, vier Jahre nachdem das ägyptische Militär den König gestürzt hatte, stand Präsident Gamal Abdel Nasser auf einem Platz in Alexandria, eine Viertelmillion Menschen zu seinen Füßen. Seine Rede wurde in ganz Ägypten und der arabischen Welt übertragen, zu den Millionen, die von Nassers Vision einer arabischen Einheit und Wiedergeburt gefesselt waren. Durch Verhandlungsgeschick hatte Nasser bereits die Briten dazu gebracht, ihre Besetzung von Ägypten aufzugeben, was bedeutete, sein Land würde bald frei sein von Fremdherrschaft, zum ersten Mal seit dem kurzen Intervall im 6. Jahrhundert v. Chr., als die Ägypter die persischen Besatzer niederwarfen.

Der stufenweise Abzug der 80 000 Mann am Kanal stationierten britischen Truppen[49] war ein großer Schlag für Israel gewesen, weil es auf diese als Barriere gegen die ägyptische Aggression gesetzt hatte. Nasser unternahm nun einen noch folgenreicheren Schritt. „Der Suezkanal wurde mit den Anstrengungen der Söhne Ägyptens gegraben – 120 000 Ägypter kamen dabei zu Tode“[50], ermahnte Nasser die Menge*. „Heute, o Bürger, geben wir bekannt, dass uns unser Eigentum zurückgegeben wurde. Wir erkennen unseren Ruhm und unsere Herrlichkeit.“ Von diesem Moment an, verkündete er, verstaatliche er den Suezkanal. „Und er wird von Ägyptern betrieben werden! Ägyptern! Ägyptern!“

Diese überwältigende Aktion katapultierte Nasser auf den Platz eines Helden der Entwicklungsländer, eines Anführers mit einer zahllosen Gefolgschaft. Während sich Großbritannien und Frankreich von ihrem Schock erholten, planten sie bereits insgeheim, wie sie die Kontrolle über den Kanal wiedererlangen könnten. Nicht nur Suez stand auf dem Spiel, sondern auch ihr Status als Großmacht. Obwohl Großbritannien bereits Indien verloren hatte und aus Ägypten abzog, herrschte es nach wie vor über 35 Kolonien, einschließlich der Hälfte von Afrika[51]. Frankreich besaß fast genauso viele – einschließlich, und am wichtigsten, Algerien, das gefährlich unter den Einfluss des charismatischen Nasser und seiner Vision eines arabischen Nationalismus geriet. Zusätzlich wurde das meiste für Großbritannien und Frankreich bestimmte Öl durch den Kanal befördert; eine Schließung konnte ihre Wirtschaft an den Rand des Zusammenbruchs bringen. Die Tatsache, dass ein Mann die westliche Macht im Zangengriff hatte, war eine welterschütternde Erkenntnis. Großbritannien und Frankreich waren plötzlich verletzlicher als ihre Kolonien; die Weltordnung schien komplett auf den Kopf gestellt zu sein.

* Die Suez Canal Company gab die Zahl der zu Tode gekommenen ägyptischen Arbeiter mit 1390 an. Neff, *Warrior at Suez*, S. 268.

Zwei Monate nach der Verstaatlichung des Kanals flog Dajan mit einer israelischen Delegation nach Paris zu einem Geheimtreffen mit französischen Regierungsbeamten, die den Israelis nahelegten, mit ihnen als Partner Nasser zu stürzen und die Kontrolle über den Kanal zu übernehmen. Die Franzosen waren der Überzeugung, falls Israel zustimmte, würde Großbritannien sich ihnen ebenfalls anschließen. Israel sollte bei diesem Plan einzig und allein den beiden Großmächten einen Vorwand liefern, in einen Krieg einzutreten, den sie offiziell nicht ausgelöst haben wollten. Die Rolle Israels dabei war, den Sinai zu erobern, was den Briten und Franzosen eine Ausrede verschaffen würde, den Kanal zu übernehmen – angeblich, um ihn zu schützen[52]. Die Franzosen nannten ihren Plan Operation Musketier, nach Alexander Dumas' berühmtem Roman *Die drei Musketiere*.

Ben-Gurion, der unbeugsame Premierminister, war klein und stämmig, mit durchdringenden schwarzen Augen und weißen Haarbüscheln, die ihm wie Taubenflügel vom Kopf abstanden. Er stand dem Plan misstrauisch gegenüber und beharrte darauf, dass die Briten sich schriftlich festlegten, nicht nur durch vage, über französische Mittelsmänner angebotene Zusicherungen. Am 21. Oktober, nur Tage bevor der Krieg beginnen sollte, kehrten Dajan und Ben-Gurion für weitere Gespräche nach Frankreich zurück. Auf dem Flug beobachtete Dajan, wie sich der Premierminister in einen Band von Procopius vertiefte, ein palästinensischer Historiker aus dem sechsten Jahrhundert. Aufgeregt rief Ben-Gurion seine Berater zu sich und deutete auf einen Abschnitt, in dem der Autor ein jüdisches Mini-Königreich im Gebiet des Roten Meeres erwähnt, genannt „Insel von Yotvat" – ein alter hebräischer Name für Tiran, eine der beiden kleinen Inseln im Golf von Akaba. Das würde eine Rechtfertigung für Ben-Gurions Behauptung sein, dass der Sinai nie zu Ägypten gehört hatte – er war einst Teil des historischen Israel gewesen und musste es wieder werden[53].

Die Israelis landeten auf einer obskuren Landebahn südwestlich von Paris, von wo aus sie in eine kleine Privatvilla in Sèvres gefahren wurden, am Rande der Hauptstadt. Dort trafen sie sich mit hohen französischen Regierungsbeamten sowie Premierminister Guy Mollet. Ben-Gurion, der zunächst gezögert hatte, sich in die Verschwörung hineinziehen zu lassen, schockierte seine französischen Amtskollegen mit einem Vorschlag, den er als umfassende Lösung des Nahostproblems bezeichnete. Er kam einer völlig neuen Landkarte der Region gleich, einer, auf der Israel sein Gebiet erheblich ausweiten und die lästigen palästinensischen Flüchtlinge loswerden würde, indem man sie über den Jordan schickte. Israel würde dann die West Bank annektieren, während der britisch beeinflusste Irak sich die Reste des jordanischen Königreichs einverleiben würde. Süd-Libanon würde ebenfalls in Israel aufgehen, und die vorwiegend muslimischen Teile würden Syrien übergeben werden. Was vom Libanon übrig blieb, würde ein christlicher Staat werden. Schließlich würde Israel auch die Sinai-Halbinsel übernehmen[54]. Auf diese Weise würden die drei Musketiere nicht nur den Kanal kontrollieren, sondern bis weit in die Zukunft die Vorherrschaft im Nahen Osten besitzen. Die Franzosen reagierten kühl auf Ben-Gurions Plan, weil er ihnen nur wenig mehr zu bieten hatte. Der Kanal war genug.

Am Abend traf der schnippische und herablassende britische Außenminister Selwyn Lloyd ein. Die Verachtung, die der britische Minister für Juden empfand, war deutlich zu spüren, aber Dajans Meinung nach wog Israels Aussicht auf ein Bündnis, selbst ein geheimes, mit zwei so mächtigen Nationen schwerer. Zuerst saßen Lloyd und seine Beamten in einem separaten Raum, wurden von den Franzosen informiert und übermittelten Vorschläge an die Israelis – alles in dem Bemühen, den Schein zu wahren, nicht unter einer Decke zu stecken. Lloyd schlug sogar vor, die Briten sollten während des Krieges sowohl israelische als auch ägyptische Truppen auf beiden Seiten des Kanals beschießen, um den Eindruck strikter Unparteilichkeit zu vermitteln[55]. Man kann sich die Reaktion der Israelis vorstellen.

Nach ein paar Stunden ließen die Briten sich dazu herab, sich mit den anderen Teilnehmern zusammenzusetzen. Lloyd räumte ein, die Ägypter hätten bereits einer internationalen Überwachung des Kanalbetriebs zugestimmt und sogar Garantien angeboten, ihn offen zu halten. Doch das sei nicht genug. Nasser müsse gestürzt werden. Um Großbritanniens kostbares Ansehen in der Welt jedoch zu bewahren, verlangte Lloyd von Israel, einen „echten kriegerischen Akt“[56] gegen Ägypten zu begehen, um der anglo-französischen Invasion moralische Rückendeckung zu geben.

Dajan legte einen Plan zu einem begrenzten Angriff auf die Sinai-Halbinsel vor, gefolgt von einem Fallschirmjäger-Absprung hinter den ägyptischen Linien, der als Versuch zur Eroberung des Kanals gedeutet werden würde[57]. Dann würden sich Briten und Franzosen treffen, vorgeben, über die Angelegenheit zu diskutieren und danach von beiden Seiten verlangen, ihre Truppen 16 Kilometer hinter das Kanalgebiet zurückzuziehen. Die Israelis würden so tun, als nähmen sie den Vorschlag an, während die Ägypter selbstverständlich jedes Ultimatum, sich aus ihrem eigenen Gebiet zurückzuziehen, ablehnen würden. Daraufhin würden die Briten und die Franzosen mit ihrer Bombardierung beginnen, die ägyptische Luftwaffe als Auftakt für einen größeren Krieg vernichten, gefolgt vom Sturz Nassers und der Einsetzung einer Marionettenregierung in Kairo. Mit ein paar Modifikationen stimmten alle drei Parteien Dajans Vorschlag zu. Der D-Day wurde auf den 29. Oktober um 5 Uhr nachmittags festgelegt.

An diesem Tag wurde abrupt eine Ausgangssperre für alle Araber verhängt, die innerhalb Israels lebten. Eine halbe Stunde vor Inkrafttreten der Ausgangssperre protestierte der Bürgermeister des Dorfes Kafr Qasim nahe Tel Aviv, viele seiner Mitbürger seien auf den Feldern oder arbeiteten in Nachbarstädten und hätten keine Möglichkeit, von der neuen Bestimmung zu erfahren. Die israelische Grenzpolizei weigerte sich, auf seine Bitte zu hören, und riegelte das Dorf ab. Alle Araber, die nach 5 Uhr nachmittags nach Hause kamen, wurden erschossen. Manche wurden ermordet, als sie auf Eseln oder Fahrrädern eintrafen, andere wurden gemeinsam exekutiert, als sie mit einem Bus aus den Olivenhainen zurückkamen[58]. Innerhalb einer Stunde wurden 49 Dorfbewohner umgebracht, viele von ihnen Frauen, darunter auch eine, die im achten Monat schwanger war. Etwa die Hälfte der Getöteten waren Kinder im Alter von acht bis 17 Jahren[59].

Der Krieg begann, als vier israelische P-51-Mustangs die Halbinsel Sinai, um nicht entdeckt zu werden, in einer Höhe von nur wenigen Metern überflogen und mit ihren Propellern und Tragflächen die Oberleitungen des ägyptischen Telefonnetzes durchtrennten[60]. Zwei Stunden später sprangen israelische Fallschirmjäger über der Wüste ab und nahmen Blockadestellungen ein. Nach einem vorgetäuschten Angriff gegen Jordanien raste eine Panzereinheit unter dem Kommando des eigensinnigen Ariel Scharon durch die Wüste und überrollte die nur schwach verteidigten ägyptischen Außenposten.

Am nächsten Tag verkündeten die Briten und Franzosen ihr vereinbartes Ultimatum und drohten mit bewaffneter Intervention innerhalb von zwölf Stunden. Wie erwartet, stimmte Israel den Bedingungen nominell zu, die Ägypter lehnten sie ab, woraufhin die israelischen Streitkräfte ihren Vormarsch über die Sinai-Halbinsel fortsetzten.

Nur zwei Straßen durchquerten die Halbinsel; die Hauptstraße, die zum Kanal führt, windet sich durch eine schmale Lücke in den wasserarmen südlichen Bergen, genannt Mitlapass. Scharon hatte von Dajan den Befehl, nicht zu versuchen, ihn einzunehmen, da die Fallschirmjäger bereits die ägyptischen Verteidiger umstellt hatten. Scharon tat es trotzdem, in der Annahme, der Pass wäre ebenso schlecht gesichert wie die Vorposten, die er auf seinem Weg überrollt hatte, also warum nicht? Doch als die Israelis den Pass halb überquert hatten, eröffneten die Ägypter, die sich in Schützenlöchern zu beiden Seiten eingegraben hatten, das Feuer und veranstalteten ein höllisches Spießrutenlaufen, wodurch die Angreifer in der Falle saßen. Israelische Verstärkung kletterte die Hänge hoch, stellte die ägyptischen Verteidiger im Nahkampf und eroberte jede Höhle oder Stellung einzeln. Schließlich nahmen die Israelis den Mitlapass unter Verlust von 38 Toten und 120 Verwundeten ein[61]. Aufseiten der Ägypter hatte es 150 Tote geben. Nach der Schlacht wurde der Pass aufgegeben; es war eine vollkommen sinnlose Aktion gewesen.

In diesem Krieg bildete Dajan sich eine feste Meinung über den Kampfgeist der ägyptischen Soldaten. „Im Stellungskrieg hatten sich die Ägypter bewährt“, stellte er fest[62]. „Allerdings zeigte sich deutlich, wie unverhältnismäßig hoch sie den Wert einer schwer befestigten Stellung einschätzten. Sobald wir sie aus ihren Schützengräben heraus oder sonst wie zu einer Änderung ihrer Pläne zwangen, wurden sie hilflos.“[63] Einige Anblicke hinterließen bei ihm einen bleibenden Eindruck. Am Morgen des 1. November marschierte er mit israelischen Truppen in das stark befestigte El Arish ein, wo am Tag zuvor heftige Kämpfe stattgefunden hatten. Die Ägypter waren während der Nacht abgezogen. Nicht ein einziger Sanitäter war geblieben, um die schwer verwundeten Männer zu betreuen, die sie zurückgelassen hatten. Auf dem Operationstisch lag ein toter ägyptischer Soldat. Sein Bein war amputiert worden. „Er war mitten während der Operation liegen gelassen worden, ohne dass ein Arzt oder Pfleger ihn verbunden hätte, und er verblutete“, bemerkte Dajan[64].

Einige ägyptische Scharfschützen waren zurückgeblieben; einer erschoss Dajans Funker, der direkt neben ihm stand. Als Dajan in einer Piper Club abflog, zog der Pilot die Maschine sehr hoch, um aus der Schusslinie zu kommen. Dajan sah unter sich, wie eine israelische Panzerbrigade auf den Kanal zuhielt und ägyptische Soldaten Hals über Kopf durch die Dünen flohen. „Die von ihren Offizieren verlassenen Soldaten warfen sofort alles ab, was sie in ihren Bewegungen behinderte – Waffen, Tornister, Uniform und sogar ihre schweren Militärstiefel“, schrieb er in sein Tagebuch. „Aus der Luft sahen diese Truppen wie eine endlose Pilgerprozession aus, die weiße Unterwäsche deutlich sichtbar vor dem Hintergrund des goldenen Sandes.“[65]

Währenddessen hielt eine gewaltige Marinestreitkraft auf die ägyptische Küste zu. Die Briten und Franzosen hatten an die 250 Kriegsschiffe, bemannt mit 80 000 Soldaten, und eine Gruppe von 80 Handelsschiffen sowie Hunderte Landefahrzeuge zusammengezogen[66]. Das angebliche Ziel der anglo-französischen Invasion bestand darin, Frieden zu erzwingen, doch Nasser hatte bereits einer von Amerika unterstützten Waffenstillstandsresolution der UN zugestimmt, und Israel schloss sich am 5. November an – am selben Tag, an dem es Sharm el-Sheikh einnahm, womit die Eroberung der Halbinsel abgeschlossen war. Aber die Armada segelte weiter, trotz der Abwesenheit von Streitkräften und angesichts der weltweiten Verurteilung dessen, was unweigerlich folgen musste.

Im Morgengrauen des nächsten Tages begann der Hauptakt mit einer Bombardierung der Strände um Port Said und Port Fuad von See aus, begleitet von einem Luftangriff. Die Truppen kamen an Land, während der Sand noch heiß war von der heftigen Kanonade[67]. Der Zweck dieser überwältigenden Zurschaustellung militärischer Stärke durch die anglo-französische Invasion bestand darin, die Ägypter zur sofortigen Kapitulation zu zwingen. Die Militärstrategen erwarteten, das Volk selbst würde Nasser stürzen. Stattdessen mussten die Invasoren gegen die gesamte Stadt Port Said kämpfen. Nasser hatte alle Ägypter aufgefordert, sich den Invasoren entgegenzustellen und die Bürger der Kanalzone mit Angriffswaffen und Granaten versorgt. Zwei Tage lang hielten die Einwohner der entlegenen Wüstenstadt ihren Amateur-Widerstand aufrecht, obwohl bei den heftigen Angriffen vieles von Port Said bis auf die Grundmauern niederbrannte, wobei 2700 Ägypter umkamen[68] und Zehntausende obdachlos wurden[69].

Die Sowjetunion war im selben Moment, als die Suezkrise ausbrach, damit beschäftigt, den Ungarnaufstand gewaltsam niederzuwerfen, und schlug wenig hilfreich ein Bündnis mit den USA gegen Frankreich, Großbritannien und Israel vor. Der sowjetische Ministerpräsident Nikolai Bulganin wies eiskalt darauf hin, dass sowohl die USA als auch die Sowjetunion „alle modernen Arten der Bewaffnung, einschließlich Atom- und Wasserstoffbomben“[70] besäßen, was ihnen erlaubte, der Region ihren Willen aufzuzwingen. Bulganin sandte gleichlautende Schreiben an die Franzosen, Engländer und Israelis und drohte damit implizit einen Atomkrieg an.

Präsident Dwight D. Eisenhower brachte den Krieg schließlich ohne das atomare Säbelrasseln der Sowjets zu einem Ende[71]. Er war erbost von dem, was er als Verrat seiner Verbündeten betrachtete, die ihn über ihr Komplott im Unklaren gelassen hatten. Die Tatsache, dass die Invasion ausgerechnet mit der letzten Woche seiner Wiederwahlkampagne zusammenfiel, verärgerte ihn umso mehr. Entschlossen, das Ergebnis umzukehren, nahm Eisenhower die schwache britische Wirtschaft ins Visier und blockierte den Zugang Großbritanniens zu Anleihen beim Internationalen Währungsfonds, die es dringend benötigte, um einen Zusammenbruch seiner Währung zu verhindern. Die Briten kapitulierten, nahmen das Waffenstillstandsabkommen an und zogen sich aus Ägypten zurück. Die Franzosen folgten bald.

Mit den Israelis war es schwieriger[72]. Von Beginn des Konfliktes an hatte die israelische Regierung den Vereinten Nationen und der Regierung Eisenhower ständig versichert, keine gebietsmäßige Ausweitung zu beabsichtigen; das einzige Ziel sei, die Bedrohung der Sicherheit Israels zu beseitigen. Kaum waren die Kämpfe jedoch beendet, verkündete ein jubelnder Ben-Gurion vor der Knesset: „Ägypten hat seine Souveränität über den Sinai verloren; er ist nun ein Bestandteil Israels geworden.“[73] Eisenhower fand im Kongress wenig Unterstützung für seine Drohung, Sanktionen zu verhängen und Hilfsgelder zu sperren, falls Israel nicht bedingungslos abzog, daher wandte er sich mit seinen Argumenten an das amerikanische Volk. „Wenn wir zustimmen, dass ein bewaffneter Angriff die Ziele des Angreifers legitimert, dann, befürchte ich, haben wir die Uhr der internationalen Ordnung zurückgedreht“, sagte der Präsident in einer landesweit übertragenen Fernsehansprache[74]. Ben-Gurion beugte sich schließlich dem Druck.

Der Krieg von 1956, im Westen Suezkrise und in Ägypten Dreimächteangriff genannt, gilt als Grabstein des europäischen Kolonialismus. Die unbeabsichtigten Folgen waren für die Aggressoren niederschmetternd. Sowohl die britische als auch die französische Regierung wurde innerhalb von Monaten nach ihrem unrühmlichen Abzug aus Ägypten gestürzt, als ihre Länder gezwungen waren, von der langjährigen Hauptrolle auf der Weltbühne abzutreten und sich unter den Chor zu mischen. Ohnehin wurde das ganze Konzept der Großmächte durch den Aufstieg der Supermächte – der Vereinigten Staaten und der Sowjetunion – zunichtegemacht, die beide größtes Interesse am Nahen Osten bekundeten. Großbritannien hatte sich der Invasion auch deshalb angeschlossen, weil man das Vordringen der Sowjets in der Region blockieren wollte[75], doch innerhalb der nächsten zwei Jahre schlossen sich Irak, Libyen und Syrien als sowjetische Vasallen Ägypten an. Frankreichs Kolonialreich, bereits angeschlagen durch revolutionäre Bewegungen in Algerien und Vietnam, kam 1960 offiziell zu einem Ende[76]; danach zog sich Frankreich aus dem Atlantischen Bündnis zurück und versank in alten Träumen unerreichbarer Größe. Amerika hatte, wie widerstrebend auch immer, das Nahost-Portfolio geerbt und war nun der einzige echte Friedensvermittler, falls Frieden je kommen sollte.

Nasser wurde nicht gestürzt; ja, er kam als noch eindrucksvollere Figur heraus, weil die ‚drei Musketiere' gezwungen waren, ihren Siegespreis aufzugeben. Andererseits hatte der ägyptische Präsident die Öllieferanten durch die Blockade des Kanals während der Krise verprellt. Innerhalb weniger Jahrzehnte passierte nur noch ein geringer Teil des nahöstlichen Öls den Suezkanal[77]; der größte Teil wurde um Afrika herum in Supertankern verschifft, die zu groß waren, durch den Kanal zu passen.

Ben-Gurion blieb bis 1963 an der Macht, wenngleich er gezwungen war, Abstand von seinen territorialen Ambitionen zu nehmen. Israel erreichte sein Ziel, den Golf von Akaba für den israelischen Schiffsverkehr zu öffnen, musste sich aber mit UN-Truppen entlang der israelisch-ägyptischen Grenze abfinden, um zukünftige Zusammenstöße zu verhindern. Die arabische Welt war jetzt in ihrem Verdacht bestätigt, dass Israel nicht als Heimat für verfolgte Juden geschaffen worden war, sondern als Basis für westliche Imperialisten, den Nahen Osten weiterhin im Würgegriff zu halten. Die Hauptlektion, die Israel durch das Sinai-Abenteuer gelernt hatte, war jedoch, dass es sich nicht auf europäische Bündnisse verlassen konnte. Jetzt spielten nur noch zwei Mächte eine Rolle, und da Ägypten und verschiedene andere arabische Staaten sich im Dunstkreis der Sowjets befanden, konnte es sich nur noch an Amerika wenden.

Als Trostpreis für das Fiasko boten die Franzosen an, Israel mit atomarer Technologie und Ressourcen zu beliefern. Der reumütige Premierminister Mollet gestand einem Berater: „Ich bin ihnen die Bombe schuldig."[78]

Begin genoss weibliche Gesellschaft, die ihm erlaubte, in häusliches Geplauder zu verfallen und Geschichten über seine acht Enkelkinder zu erzählen, wie er es an jenem Sabbatabend Rosalynn gegenüber tat[79]. Freizeitinteressen, über die Männer sonst gerne redeten, hatte er kaum; Sport interessierte ihn nicht, er ging nicht gerne in Kneipen und hatte nie im Leben eine Waffe abgefeuert, obwohl er in der polnischen Armee gedient hatte und Anführer einer terroristischen Bewegung gewesen war[80]. Ja, er war sogar zimperlich bei Blut. Jedes Mal, wenn er als Großvater einer Beschneidung beiwohnen musste, wandte er im entscheidenden Moment den Kopf ab[81]. Wie Sadat liebte er amerikanische Filme, vor allem Western, und war, bevor er sein Amt antrat, zweimal in der Woche mit Aliza ins Kino gegangen. Sentimentale Szenen konnten ihn zu Tränen rühren[82]. Zu Hause sahen die Begins sich Fernsehserien wie *Starsky & Hutch, Hawaii Fünf-Null, Kojak* und ihre Lieblingsserie *Dallas* an[83]. Der einzige Film, den die beiden sich bisher in Camp David angeschaut hatten, war *Eine entheiratete Frau*, aber Begin war noch vor dem Ende eingeschlafen[84].

Seine andere Seite war stahlhart. Er genoss den brutalen intellektuellen Kampf in der Knesset, bei dem ihn sein beeindruckendes Gedächtnis und sein scharfer Verstand zu einem gefürchteten Gegner machten. Am lebhaftesten wurde er jedoch, wenn er vor Menschenmengen sprach. Trotz seines altmodischen, blumigen

Hebräisch war er ein hypnotisierender und provokativer Redner. „Er ist berauscht von der Liebe der Massen", gestand einer seiner alten Kameraden und schob es auf die Isolation, die Begin während seiner Jahre im Untergrund erduldet hatte[85]. Im Rückblick auf Israels glanzvolle, imaginäre Vergangenheit jubelte ihm die begeisterte Menge zu und rief: „Begin, der König von Israel!"[86] Er verfügte über eine Art „magischen Einfluss"[87] auf seine Anhänger, bemerkte Aharon Barak, einer der in Camp David anwesenden israelischen Anwälte. „Er redete, und sie hörten ihm zu und brachen in Tränen aus." Begin schien etwas anderes als ein politischer Anführer zu sein; er besaß eine Art religiöser Autorität – „mehr ein Papst als ein Cäsar", glaubte Barak.

Begin war unerbittlich, wenn sein Gefühl für jüdische Ehre verletzt wurde. Das war der Fall, als Israel 1951 Reparationszahlungen von Deutschland forderte, um die Kosten für die Aufnahme einer halben Million Überlebender des Holocaust zu decken. Israel brauchte das Geld dringend. Das junge Land kämpfte damit, sowohl mit dem Andrang jüdischer Einwanderer als auch mit den Kosten des Krieges von 1948 fertigzuwerden. Begin war jedoch empört. „Sie sagen, Deutschland sei eine Nation und nicht das, was es wirklich ist: ein Rudel von Wölfen, das unser Volk als Beute verschlungen hat", donnerte er. „Wie werden wir dastehen, wenn die Schande ans Licht kommt, dass wir uns an die Mörder unserer Väter gewandt haben, um Geld für deren vergossenes Blut zu bekommen?"[88] Während die Angelegenheit in der Knesset erörtert wurde, brachte Begin den Mob dazu, Steine auf das Parlament zu werfen und die Wachen anzugreifen, die dessen Mitglieder schützten – seine eigenen Kollegen. Am nächsten Morgen erhob sich Begin in der Knesset und prahlte stolz mit seiner Aktion. Seine Rede an jenem Tag enthüllte die Leidenschaft und die Themen, die ihn durch seine gesamte politische Laufbahn begleiteten:

„Auf dem Zion-Platz, vor 15 000 Juden, sagte ich: ‚Geht, umstellt die Knesset, wie in den Tagen Roms.' Als der römische Prokurator ein Götzenbild im heiligen Tempel aufstellen wollte, kamen die Juden aus allen Teilen des Landes, umstellten das Gebäude und sagten: ‚Nur über unsere Leichen!' Und zur Knesset sage ich, es gibt Dinge im Leben, die schlimmer sind als der Tod. Dies ist eines davon. Für dies werden wir unsere Leben geben. Wir werden unsere Familien verlassen. Wir werden uns von unseren Kindern verabschieden, aber es wird keine Verhandlungen mit Deutschland geben. Ich weiß, ihr seid mächtig. Ihr habt Gefängnisse, Konzentrationslager, eine Armee, eine Polizeitruppe, Kriminalbeamte, Artillerie, Maschinengewehre. Das spielt keine Rolle. In dieser Angelegenheit wird all das wie Glas an einem Felsen zerschellen. Ich weiß, ihr werdet mich in ein Konzentrationslager verschleppen. Heute habt ihr Hunderte verhaftet. Vielleicht werdet ihr Tausende verhaften. Wir werden mit ihnen zusammensitzen. Wenn nötig, werden wir zusammen mit ihnen sterben, aber es wird keine Reparationszahlungen von Deutschland geben.“[89]

Keines der furchtbaren Ereignisse, die er vorhersagte, trat ein. Das Gesetz zur Verhandlung über Reparationszahlungen wurde mit großer Mehrheit angenommen; für seine Aktionen wurde Begin drei Monate lang aus dem Parlament ausgeschlossen. Das deutsche Geld half dabei, das Strom- und Telefonnetz in Israel auszubauen wie auch beim Straßen- und Wohnungsbau sowie der Gründung einer staatlichen Fluglinie[90]. Begins impliziter Vergleich der Regierung Ben-Gurions mit Rom und den Nazis war typisch für die infame Demagogie, der er sich bereitwillig unterordnete, und die lebenslangen Hassgefühle, die er damit hervorrief. Er stellte sich ausnahmslos vor solchen tragischen historischen Hintergründen dar, als gehöre ihm die jüdische Geschichte allein.

Nach dem Krieg von 1956 hielt Begin in ganz Israel Wahlreden gegen den Rückzug vom Sinai. „Vieles von dem Land bleibt noch in Besitz zu nehmen“, sagte er und zitierte damit das biblische Buch Josua[91]. Es ist interessant zu bedenken, was ein Nach-Holocaust-Jude wie Menachem Begin aus der biblischen Schilderung machte, da das Geschenk des Gelobten Landes mit der Kampagne ethnischer Säuberung verbunden ist, die Josua in Gang setzte.

Als die Israeliten in der biblischen Geschichte schließlich aus der Wildnis des Sinai kamen, lagern sie an den Ufern des Jordan. Moses steigt auf den Gipfel des Berges Nebo und Gott zeigt ihm das Gelobte Land, das sich vor ihm erstreckt, vom Jordantal bis zum Mittelmeer: „Das ist das Land, das ich Abraham, Isaak und Jakob versprochen habe mit dem Schwur: Deinen Nachkommen werde ich es geben", sagt Gott zu ihm. „Ich habe es dich mit deinen Augen schauen lassen. Hinüberziehen wirst du nicht."[92] Moses stirbt, 120 Jahre alt, nachdem er sein Volk an die Grenze geführt hat, hinter der das Land von Milch und Honig lockt.

Der Herr weist Josua, Moses Nachfolger an, die Israeliten ins Gelobte Land zu führen und sagt: „Jede Stätte, auf die eure Fußsohlen treten werden, habe ich euch gegeben."[93] Das Land ist jedoch nicht leer. Die Kanaaniter, Hethiter und viele andere Stämme haben das riesige Gebiet, das Gott den Israeliten geschenkt hat, bereits besetzt. „Ich habe dir geboten, dass du getrost und unverzagt seiest!", sagt Gott zu Josua. „Denn der Herr, dein Gott, ist mit dir in allem, was du tun wirst."[94]

Der Jordan hört so auf zu fließen, dass Josua und die israelische Horde ihn nach Kanaan durchqueren können, wo sie am Stadtrand von Jericho haltmachen. Vor dem Weitermarsch befiehlt der Herr Josua, alle Männer zu beschneiden; auf diese Weise würden sie von der „Schande Ägyptens"[95] gereinigt werden – mit anderen Worten, der Erinnerung an ihre Sklaverei. Der Herr rät Josua, Jericho zu umzingeln und es sieben Mal zu umkreisen; dann soll ein Priester in ein Widderhorn blasen, worauf die Stadtmauer einstürzen wird. „Und so geschah es", sagt die Bibel, „dass die Mauer umfiel, und das Volk stieg zur Stadt hinauf, ein jeder stracks vor sich hin. So eroberten sie die Stadt und vollstreckten den Bann an allem, was in der Stadt war, mit der Schärfe des Schwerts, an Mann und Weib, Jung und Alt, Rindern, Schafen und Eseln."[96] Nachdem sie alles Wertvolle geplündert hatten, brennen die Israeliten die Stadt nieder. Dann führt Josua seine Legion zu der Stadt Ai, wo alle Männer und Frauen – 12 000 laut Bibel – mit dem Schwert erschlagen und die Stadt niedergebrannt wird „zu einem Schutthaufen für immer, der noch heute daliegt“[97]. Nur der König von Ai wird verschont, damit er an einem Baum erhängt werden kann.

Gerüchte über die Massaker verbreiten sich. Der König von Jerusalem versammelt die Herrscher vom Hebron, Jarmut, Lachisch und Eglon zur gemeinsamen Verteidigung. Die Israeliten vernichten sogar diese große Armee, unterstützt von einem Hagelsturm, den der Herr auf die fliehenden Krieger fallen lässt und damit mehr von ihnen tötet als die Israeliten mit dem Schwert. Auf Josuas Bitten hält Gott die Sonne an, damit die Israeliten das Gemetzel bei Tageslicht beenden können.

Danach nehmen die Israeliten Makkeda ein, töten „alle, die darin waren“[98], dann Libna und töten wieder alle, die darin waren, und so weiter und so weiter. „So schlug Josua das ganze Land auf dem Gebirge und im Süden und im Hügelland und an den Abhängen mit all seinen Königen und vollstreckte den Bann an allem, was Odem hatte, wie der Herr, der Gott Israels, geboten hatte.“ Im 12. Kapitel des Buches Josua ist eine Liste aller Könige verzeichnet, die Josua erschlug: 31 an der Zahl.

Aber der Herr ist noch nicht fertig. Selbst als Josua „alt und hochbetagt“ ist, rügt der Herr ihn und benutzt den Ausspruch, den Begin zitiert hatte: „Vom Lande bleibt noch sehr viel einzunehmen“[99]. Er versorgt Josua mit einer langen Liste neuer Gebiete, darunter auch „der ganze Libanon“[100], um sie zwischen den Stämmen Israels aufzuteilen.

Als er dem Tode nahe ist, ruft Josua alle Ältesten zusammen und berichtet ihnen von den Worten Gottes: „Ich habe euch ein Land gegeben, um das ihr euch nicht gemüht habt, und Städte, die ihr nicht gebaut habt, um darin zu wohnen, und ihr esst von Weinbergen und Ölbäumen, die ihr nicht gepflanzt habt. So fürchtet nun den Herrn und dient ihm treulich und rechtschaffen.“[101]

Die Israeliten stimmen diesem Bund zu, und Josua stirbt mit 110 Jahren.

Für viele Gläubige ist der Bericht über die Vernichtung der Völker von Kanaan die verstörendste Geschichte in der Bibel. Für Begin ist Josua jedoch die ursprüngliche Inkarnation des kämpfenden Juden[102]. Josuas Mission bestand darin, einen Lebensraum für die Israeliten zu schaffen, genau wie es moderne Juden in der arabischen Welt anstrebten. Im Laufe der jüdischen Geschichte, gezeichnet von den Pogromen und den Todeslagern von Europa sowie der Semi-Knechtschaft in den Regionen des Islam, ist Josua ein einzigartiges und verstörendes Musterbeispiel. Begin war sicherlich nicht der einzige israelische Regierungschef, der glaubte, dass Blutvergießen ein notwendiges Ritual für die Vereinigung und spirituelle Wiederbelebung des jüdischen Volkes war und die Rache an den Arabern eine Möglichkeit, die Traumata der jüdischen Erfahrung in Europa und anderswo zu heilen. Selbst viele säkulare Juden, so wie Dajan, betrachteten Josua als ein Modell für den neuen jüdischen Mann nach dem Holocaust. „Schau dir diese Juden an“, meinte David Ben-Gurion zu seinem Biografen Michael Bar-Zohar, als er die Strategie der massiven israelischen Vergeltungsmaßnahmen auf arabische Angriffe erklärte, die Dajan durchführte[103].

„Sie kommen aus Ländern, in denen ihr Blut ungerächt blieb, wo es erlaubt war, sie zu misshandeln, zu foltern und zu schlagen. Sie haben sich daran gewöhnt, hilflose Opfer zu sein. Hier haben wir ihnen gezeigt, dass die Juden einen Staat und eine Armee haben, die nicht länger zulassen werden, dass man sie misshandelt. Wir müssen ihnen den Rücken stärken und zeigen, dass jene, die sie angreifen wollen, nicht ungestraft davonkommen, dass sie Bürger eines souveränen Staates sind, der für ihr Leben und ihre Sicherheit verantwortlich ist.“

In moderner Zeit haben Archäologen nahezu alle Städte ausgegraben, die das Alte Testament im Bericht von Josua erwähnt.

Weder Jericho noch Ai waren im Mittleren oder Späten Bronzezeitalter (1550–1200 v. Chr) bewohnt, in die Bibelgelehrte die Invasion der Israeliten datieren[104]. Jericho war keine befestigte Stadt, daher gab es keine Mauern zum Einstürzen. Ai war 1000 Jahre zuvor zerstört worden. Andere im Buch Josua erwähnte Städte waren zu der Zeit entweder nicht bewohnt oder wurden nicht zerstört. Die Geschichte war vermutlich von früheren kanaanitischen oder mesopotamischen Legenden voller ähnlicher Details hergeleitet worden[105]. Wenn man dem biblischen Bericht Glauben schenkt, herrschte das Reich Ägypten in der gesamten Zeit der angeblichen Invasion der Israeliten ungebrochen über Kanaan. Die bei Josua erwähnten Könige waren alle Vasallen des ägyptischen Staates, der Steuern einzog und Garnisonen sowie Verwaltungszentren in der Region unterhielt. Im Gegensatz zum Fehlen archäologischer Belege für den Auszug aus Ägypten und die israelitische Unterwerfung Kanaans gibt es einen reichen Schatz an Beweisen für die ägyptische Besatzung.

Die wahrscheinlichste Erklärung für den Ursprung der Israeliten ist: Sie waren selbst Kanaaniter[106]. Die allererste Erwähnung von Hebräern oder Israeliten in historischen Texten stammt aus dem Jahr 1207 v. Chr. und ist auf einer Stele zu finden, die jetzt im Ägyptischen Museum Kairo steht[107]. Die Stele preist die vielen Eroberungen von Pharao Merenptah einschließlich der von Kanaan. Israel wird nicht gerade als starke Macht betrachtet:

Kanaan ist mit allem Übel erbeutet
Askalon ist herbeigeführt
Gezer ist gepackt
Jenoam ist zunichte gemacht
Israel ist verwüstet, seine Saat ist nicht mehr
Hurru ist zur Witwe von Ta-meri (= das geliebte Land/Ägypten) geworden
Alle Länder sind insgesamt im Frieden.
Jeder, der ruhelos war, ist gebunden worden.

4 Nördlich des ägyptischen Mandats von Kanaan, in der heutigen Türkei, befand sich ein weiteres großes Reich, das der Hethiter. Die Ägypter und die Hethiter stießen in einer großen Schlacht aufeinander, an einem Ort namens Kadesh im westlichen Syrien, um 1259 v. Chr., um zu entscheiden, wer über das östliche Mittelmeergebiet herrschen würde – dasselbe Land, das der Herr angeblich Moses und Josua versprochen hatte. Die Ägypter wurden von Merenpthas Vorgänger Ramses II. angeführt, dem vielleicht mächtigsten Pharao von allen, aber der Hethiterkönig Mutwatallis brachte dessen Truppen zum Stillstand. Sie unterzeichneten dann den ältesten historisch bekannten schriftlichen Friedensvertrag und schworen „Frieden und Bruderschaft für alle Zeit". Eine Abschrift des Textes hängt über den Eingang zum Sicherheitsrat der Vereinten Nationen in New York.

5 Fünfter Tag

Die meisten Probleme, die in Camp David auf den Tisch kamen, waren unvorhergesehene Folgen des überwältigenden Sieges Israels im Sechs-Tage-Krieg von 1967. Im Vorfeld des Krieges waren viele Israelis zu der Meinung gelangt, das Israel-Experiment sei eine weitere historische Falle, in die sie getappt waren. Da war eine bange Ahnung, die zu einem Ansturm auf den Ausgang führte. Dann kam der Krieg, und Israel besiegte innerhalb von sechs Tagen drei arabische Armeen. Sofort erlebte das Land einen explosiven Zustrom jüdischer Einwanderer, vor allem aus Amerika. Die Heilige Schrift spricht von einem „Einsammeln der Verstreuten" im Lande Israel vor der Erlösung: „So spricht der Herr: Siehe, ich will die Kinder Israel aus den Heidenvölkern zurückholen, unter die sie gekommen sind, und sie von rundherum sammeln und in ihr Land führen. Und ich werde sie im Land, auf den Bergen Israels, zu einem einzigen Volk machen."[1] Da war ein Gefühl, dass ein Wunder geschehen und eine Prophezeiung erfüllt worden war. In der religiösen Welt wurden Kräfte in Gang gesetzt, die sich als schwer einzudämmen erweisen sollten, nachdem die Fundamentalisten zu Wort kamen. Ehemals säkulare Juden wurden zunehmend in die messianischen Kulte der Ultra-Orthodoxen hineingezogen, den Anführern der Siedlerbewegung. Die Einnahme der heiligen Stätten wurde als Auftakt zur Erlösung gesehen, der bald die Gründung eines theokratischen Königreichs Israel und die Herrschaft jüdischen Rechts (Halacha) folgen sollte. Auch für die Christen war der Krieg voller Vorzeichen und Omen. Es war, als hätte der Gott des Alten Testaments seine Hand ausgestreckt und die Waagschale erneut zugunsten seines erwählten Volkes geneigt, um das Ende aller Tage anzukündigen. Bestimmt würde der Messias bald kommen.

Viele Muslime kamen zum gegenteiligen Schluss. Der radikale Islam gab dem moralischen Verfall der modernen, säkularen arabischen Gesellschaft die Schuld an der vernichtenden Niederlage. Offensichtlich hatte sich Gott gegen sie gewandt. Das einzige Heilmittel war die Rückkehr zum reinen Islam aus der Zeit des Propheten, was eine Rückkehr zum islamischen Recht, Jihad und dem Stammeskodex Arabiens aus dem 17. Jahrhundert bedeutete. Vor allem der Verlust von Jerusalem befeuerte den Aufstieg des islamischen Extremismus und verschärfte den Hass auf den jüdischen Staat. Andere Muslime prangerten die Korruption und Rückständigkeit der arabischen Regierungen an, alle – bis auf den zersplitterten Libanon – in den Händen von Königen, Scheichs, Sultanen, Generälen, Diktatoren und auf Lebzeit gewählten Präsidenten, die Stimmen von Demokratie und Modernismus wirksam zum Schweigen gebracht.

Täuschung und Einbildung spielen bei jedem Konflikt eine Rolle, insbesondere im Nahen Osten. Die Art, wie der Sechs-Tage-Krieg in Gang gesetzt wurde, brachte ihn auf einen irrationalen Bahnverlauf, dem sich die Beteiligten offenbar nicht entziehen wollten oder unfähig dazu waren. Es begann mit Anwar al-Sadat, zu der Zeit ägyptischer Parlamentspräsident, der am 13. März 1967 einen Zwischenstopp in Moskau einlegte, nach einem Freundschaftsbesuch in Nordkorea. Sein Flug hatte eine Stunde Aufenthalt, daher ergriff er die Chance, mit dem sowjetischen Präsidenten Nikolai Podgorny und dem stellvertretenden Verteidigungsminister Wladimir Semjonow zu sprechen. Sie teilten ihm die alarmierende Nachricht mit, Israel habe zehn Brigaden an die syrische Grenze verlegt. Ägypten hatte kurz zuvor einen gegenseitigen Verteidigungspakt mit Syrien geschlossen. „Sie dürfen sich nicht überrumpeln lassen“, warnte der sowjetische Präsident in ernstem Ton. „Die kommenden Tage werden schicksalhaft sein.“[2]

Damit hatte er recht; drei Wochen später würde die Karte des Nahen Ostens neu gestaltet sein und Ägypten würde eine so rasche und demütigende Niederlage erleiden, dass es nur wenige Parallelen in der Geschichte gab. Aber er irrte sich in Bezug auf die israelischen Brigaden[3]. Den Aufmarsch in Richtung der syri-

Menachem Begin und Zbigniew Brzezinski
beim Schachspielen auf der Veranda in Camp David

schen Grenze gab es nicht. Diese Tatsache führte anschließend zu ausgiebigen Spekulationen darüber, ob die Sowjets Sadat lediglich belogen hatten, um vielleicht Nasser zu vernichten, oder fahrlässig Fehlinformationen aus Quellen wie Syrien oder Israel weitergaben, mit eigenen Absichten, oder sich schlicht geirrt hatten. Als die Israelis vom falschen Bericht über ihre Truppenbewegungen erfuhren, luden sie die Sowjets wiederholt ein, die syrische Grenzregion zu bereisen, um sich selbst davon zu überzeugen, dass es keine derartige Truppenkonzentration gab. Jedes Mal lehnten die Sowjets ab und behaupteten, die Tatsachen bereits zu kennen[4]. Nasser schickte einen General seines Vertrauens nach Syrien, um Luftaufnahmen in Augenschein zu nehmen; der General überprüfte die Grenze sogar persönlich aus einem Privatflugzeug. „Da ist nichts", berichtete er Nasser. „Keine Truppenkonzentration. Nichts."[5]

Trotzdem fühlte sich Nasser zu einer Machtdemonstration verpflichtet, schickte ägyptische Truppen auf den Sinai und verlangte, dass Teile der UN-Blauhelme von ihrem Posten abgelöst wurden[6]. Trotz der angriffslustigen Reden, die dem folgten, schien Nasser nur zu bluffen. Er erwartete nicht, dass alle UN-Truppen abgezogen wurden, obwohl das geschah. Ein Krieg mit Israel hätte für Ägypten zu keinem ungünstigeren Zeitpunkt kommen können; das Land war bereits durch einen Krieg im Jemen gebunden, in den fast die Hälfte der ägyptischen Armee verwickelt war[7]. Zusätzlich war ein Drittel der Flugzeuge nicht einsatzfähig, genau wie ein Fünftel seiner Panzer[8]. Darüber hinaus besaßen die Ägypter keinen wirklichen Schlachtplan und keine Strategie. Nassers Gesten gingen nicht so weit, tatsächlich auf den Abzug zu drücken. Dann, der ständigen Sticheleien anderer arabischer Regierungschefs wegen seiner schwachen früheren Reaktionen auf Israel müde, schloss er den Golf von Akaba für die israelische Schifffahrt. Die Israelis hatten schon lange davor gewarnt, dass sie dies als Kriegshandlung betrachten würden. „Wenn Krieg kommt, wird er total sein und die Zerstörung Israels zum Ziel haben", prahlte Nasser[9]. Er gelobte die „totale Vernichtung des Staates Israel für alle Zeiten"[10]. Rhetorik ließ Vernunft weit hinter sich, als die Logik des Krieges das Kommando übernahm. „Nasser ließ sich von seiner eigenen Ungeduld treiben", bemerkte Sadat[11].

Viele Ägypter sollten auf diesen Augenblick mit Wut und Scham zurückblicken. Sie lebten in einer Blase, die durch ein absurd selbstsicheres, selbstmächtiges Militärestablishment aufgeblasen worden war; unter einem Diktator, der nur den Jubelrufen seines Namens auf den Straßen lauschte und mit einer zahmen und ohnedies zensierten Presse. Ignoranz der Fähigkeiten und Absichten des Feindes führten zu dem überschwänglichen Gefühl, die Geschichte würde sich endlich den Arabern beugen. Ägypten, geplagt von seiner einstigen historischen Großmachtstellung, hatte in Nasser einen neuen Helden gefunden; gemeinsam würden sie die Araber vereinen und in eine erfolgreiche Zukunft führen. Israel zu vernichten würde nur ein erster Schritt sein.

Der Hochstimmung in Ägypten stand ein Gefühl wachsender Panik in Israel gegenüber. Krieg drohte auf zwei Seiten – im Osten mit Syrien und vermutlich Jordanien und im Süden mit Ägypten.

Andere arabische Armeen würden sich ins Getümmel stürzen, wenn sie glaubten, es gebe eine Chance auf den Sieg. Die ägyptische Luftwaffe, verstärkt durch neue MiG-Kampfjets, wagte einen Erkundungsflug über den israelischen Atomreaktor in Dimona. Den Israelis war außerdem bekannt, dass die ägyptische Armee in Jemen chemische Waffen eingesetzt hatte, und die Aussicht, mit Gasangriffen konfrontiert zu sein, ließ Erinnerungen an die Todeslager der Nazis aufleben und tiefsitzende seelische Verletzungen aufbrechen. Die Israelis besaßen eines der leistungsstärksten Militärs der Welt, aber das Gefühl von Unverwundbarkeit wechselte sich mit einem Gefühl der Schwäche und des Ausgeliefertseins ab, das nie fern war. Die Tage vor Ausbruch des Krieges waren belastet von Gerede über Vernichtung, eine ganz andere Diskussion als die Aussicht auf eine Niederlage. Premierminister Levi Eshkol stockte und stotterte bei einer Rede an die Nation, was ein Frösteln durchs Land gehen ließ. Der Militärstabschef Jitzchak Rabin erlitt eine Art Nervenzusammenbruch, besorgt darüber, das Land stünde am Rande einer Katastrophe, für die er verantwortlich gemacht werden würde. Die Israelis horteten Gegenmittel gegen Giftgas und hoben in den Stadtparks Gräben für Massengräber aus[12].

Nach wie vor war jedoch unklar, ob die ägyptische Aufrüstung ein echter Auftakt zum Krieg war oder ein Getrommel von Nasser, um Jubelschreie auf den arabischen Straßen auszulösen. Amerika drängte sowohl Ägypten als auch Israel, nicht zuerst loszuschlagen; Präsident Lyndon B. Johnson versprach den Israelis, die USA würden eine internationale Flotte durch die Straße von Tiran senden und den Golf von Akaba für israelische Schiffe wieder öffnen. Wie sich herausstellte, war Johnson nicht in der Lage, die Unterstützung anderer Länder für diese Aktion zu gewinnen, und die Israelis beschlossen, dass sie nicht auf den ägyptischen Angriff warten könnten. „Wir müssen jetzt und rasch zuschlagen“, argumentierte Ezer Weizman, Rabins stellvertretender Stabschef. „Wir müssen dem Feind einen massiven Schlag versetzen, denn wenn wir es nicht tun, werden sich ihm bald andere Streitkräfte anschließen."[13] Israel stellte ein Notfallkabinett auf, was Menachem Begin als Minister ohne Geschäftsbereich zum ersten Mal in seiner Laufbahn in die Regierung brachte. Dajan, der sein militärisches Genie im Krieg von 1956 gezeigt hatte, wurde vier Tage vor Beginn des Krieges zum Verteidigungsminister ernannt.

Dajan übernahm sofort die Planung und entschied, seine Streitkräfte ausschließlich an der ägyptischen Front zu konzentrieren, bevor sie sich anderen Gegnern zuwandte[14]. Gleichzeitig ließ er den Eindruck entstehen, Israel habe es nicht eilig, auf die ägyptischen Drohungen zu reagieren. Er war hinreichend davon überzeugt, dass Nasser den Notstand aufheben würde, den er über sein Land verhängt hatte. Am 5. Juni, direkt vor Kriegsausbruch, entschied sich Israel zu einer Lüge darüber, wer ihn angefangen hatte. Eine Nachricht, gegen die Dajan sich aussprach, wurde an Präsident Lyndon B. Johnson geschickt, mit der Behauptung, die Ägypter hätten auf israelische Siedlungen geschossen, und eine ägyptische Schwadron sei auf dem Weg nach Israel gesichtet worden[15]. Beide Behauptungen waren unwahr.

Dajan frühstückte in Ruhe mit seiner Frau, trank dann Kaffee mit seiner Geliebten, ging schließlich ins Büro und begann den Krieg[16]. Kurz nach 7 Uhr morgens startete die gesamte israelische Luftwaffe. „Der ganze Plan basierte auf totaler Überraschung", erinnerte sich Weizman. „All diese Maschinen, gestartet von verschiedenen Flugplätzen und mit unterschiedlicher Geschwindigkeit fliegend, würden sich wie geplant formieren und in exakt demselben Moment über neun ägyptischen Flugplätzen eintreffen

... Falls sich die Waagschale gegen uns senkte und es uns nicht gelänge, die ägyptische Luftwaffe zu vernichten, blieben uns nur noch vier Maschinen zur Verteidigung des israelischen Luftraums."[17] Innerhalb von 30 Minuten wurden mehr als 200 ägyptische Flugzeuge zerstört. Der Ausgang des Krieges war erfolgreich entschieden.

Israel wurde unterstützt durch hervorragende Geheimdienstinformationen – einer ihrer Spione war Nassers persönlicher Masseur[18] – und durch ägyptische Inkompetenz. Der Oberbefehlshaber der ägyptischen Armee, Feldmarschall Abd al-Hakim Amer, der Nasser zum Krieg angestachelt hatte, war auf dem Weg, einen Luftwaffenstützpunkt bei Suez zu inspizieren, begleitet von allen Befehlshabern, und hatte seinen Flugabwehrstellungen und Raketenbatterien befohlen, das Feuer einzustellen, aus Furcht, sie könnten sein Flugzeug treffen[19]. Der Himmel über Ägypten war weit offen.

Als Sadat an jenem Morgen aufwachte, erfuhr er aus dem Radio, dass der Krieg begonnen hatte. „Nun werden wir ihnen eine Lehre erteilen, die sie nie mehr vergessen", dachte er, während er sich rasierte und in Ruhe ankleidete[20]. Erst um 11 Uhr morgens traf er im Oberkommando ein. Als er Feldmarschall Amers Büro betrat, fand er ihn in der Mitte des Raumes stehend, mit wirrem Blick um sich schauend wie ein Tier, dem ein Schlag versetzt worden war. „Guten Morgen", sagte Sadat, aber Amer schien ihn nicht zu hören[21]. Andere Offiziere flüsterten, die ägyptische Luftwaffe sei vollkommen zerstört worden.

Als Nasser hereinkam, begann Amer plötzlich zu reden. Er platzte mit der Theorie heraus, es sei die amerikanische Luftwaffe gewesen, nicht die Israelis, die angegriffen hätte. Nasser schnaubte verächtlich über diese Beschuldigung, aber sie brachte ihn auf eine Idee. Kurz darauf rief er König Hussein von Jordanien an. Hussein war von Nasser eingeschüchtert. Wenige Tage zuvor hatte er sich formell dem Krieg angeschlossen, nachdem Nasser ihn damit belogen hatte, die Schlacht sei zu Ägyptens Vorteil. „Nehmen Sie rasch das größtmögliche Ausmaß an Land in Besitz, um dem Waffenstillstand der UN zuvorzukommen", hatte Nasser früher am Morgen geraten[22]. Die Israelis hatten König Hussein eindringlich gebeten, sich nicht am Krieg zu beteiligen, mit dem Versprechen, Jordanien in Ruhe zu lassen, aber er entschied sich erneut für die Araber. In Minutenschnelle verlor auch er seine Luftwaffe. Syrien hatte bereits die Hälfte seiner Flugzeuge verloren. Nun, in diesem hoffnungslosen Augenblick, fragte Nasser Hussein: „Sollen wir behaupten, dass die Vereinigten Staaten auf der Seite Israels kämpfen?"[23] Er ahnte nicht, dass dieses über eine ungeschützte

Leitung geführte Gespräch vom israelischen Geheimdienst aufgezeichnet wurde. „Sollen wir behaupten, es wären die Vereinigten Staaten und England oder nur die Vereinigten Staaten?"

„Die Vereinigten Staaten und England", erwiderte Hussein.

Als Radio Kairo die Lüge über die amerikanische Kriegsverwicklung verbreitete, brach der Großteil der arabischen Welt die diplomatischen Beziehungen mit den USA ab, Jordanien allerdings nicht. Nachdem Israel den Inhalt des Gesprächs mit Nasser veröffentlicht hatte, entschuldigte sich Hussein[24]. Währenddessen griffen aufgebrachte Menschenmengen amerikanische Botschaften in der gesamten Region an, und arabische Ölproduzenten sperrten Schiffslieferung an die USA und Großbritannien[25].

Sadat, unsicher, was er tun sollte, ging einfach nach Hause, blieb mehrere Tage dort und machte lange Spaziergänge. „Ich war wie betäubt und unfähig, mich in Zeit und Raum zurechtzufinden", gestand er[26]. Er war niedergeschlagen und verzweifelt, als er die Menschenmengen sah, denen weisgemacht wurde, dass sie den Krieg gewannen. Junge Männer fuhren auf Pritschenwagen durch die Stadt und führten den Chor der Jubelrufe an. „Ich wünschte mir einen Herzanfall wie jenen, den ich 1960 gehabt hatte", schreibt Sadat. „Ich wollte sterben, bevor diese guten und braven Leute aus dem Traum erwachten."

Jordanien hatte seinen schlecht geplanten Krieg durch Beschuss israelischer Stellungen in Jerusalem begonnen. Begin sprach sich leidenschaftlich für die sofortige Einnahme der Altstadt aus, deren Betreten den Juden seit 1948 verboten war. Dajan hatte die Aufmerksamkeit nicht vom Sinai ablenken wollen, doch die fast augenblickliche Eliminierung jeglicher Bedrohung aus der Luft machte es möglich, eine neue Front zu eröffnen. Er befahl General Uzi Narkiss, die Altstadt zu umzingeln, in der Hoffnung, sie würde ohne Kampf fallen.

In den frühen Morgenstunden des folgenden Tages traf Dajan eine weitere schicksalhafte Entscheidung. Jordanien beschoss israelische Siedlungen von Jenin aus, einer der wichtigsten Städte auf der West Bank. Dajan befahl, die Geschütze zum Schweigen zu bringen. Zu dem Zeitpunkt hatte es keine Erörterung darüber gegeben, das Gebiet zu erobern und zu besetzen, aber alle hatten es im Hinterkopf. Aus israelischer Sichtweise lag dem Krieg keine andere Absicht als die Ausschaltung der ägyptischen Bedrohung zugrunde, doch er eröffnete Möglichkeiten. Als Dajan in der Operationszentrale des militärischen Hauptquartiers saß, traf der Funkspruch eines Kommandeurs ein, seine Truppen hätten Jenin umstellt. Dajan sah die anderen Offiziere im Raum an, zu denen auch Weizman gehörte. „Ich weiß genau, was ihr wollt", sagte er. „Jenin einnehmen."

„Korrekt!"

„Dann macht das!"[27]

In diesem verwirrenden, unerklärlichen, beinahe gedankenlosen Augenblick wurde die Entscheidung getroffen, die West Bank einzunehmen. Innerhalb weniger Tage würden mehr als anderthalb Millionen staatenloser Palästinenser unter israelische Kontrolle fallen, und die moralische Bürde, eine Besatzungsmacht zu sein, würde auf die Schultern der Juden fallen[28].

Später am selben schicksalhaften Vormittag verkündete Dajan, er würde nach Jerusalem fahren. Weizman bot an, ihn mit einem Alouette-Hubschrauber hinzufliegen. Er flog niedrig, damit die israelischen Soldaten ihren leicht erkennbaren Kommandanten sehen konnten. Sie winkten ihm grüßend zu. Weizman setzte den Hubschrauber auf einem Parkplatz des Jerusalemer Konferenzzentrums ab. Überall um sie herum tobte der Krieg, und der Geruch von Kordit brannte in jeder Nase. Dajan wies General Narkiss an, ihnen einen Jeep zur Verfügung zu stellen und sie auf den Skopusberg zu fahren, der über der Altstadt aufragt. Obwohl nominell ein Teil des israelischen Territoriums, war der Skopusberg seit 1948 eine entmilitarisierte Enklave innerhalb Jordaniens gewesen. In jenem Krieg war die Stadt geteilt worden zwischen den neuen jüdischen Vierteln und dem größeren Teil, einschließlich der Altstadt, den Jordanien eingenommen und annektiert hatte. Nach 19 Jahren war nun die Aussicht auf die Wiedervereinigung der heiligen Stadt in Reichweite. „Was für ein göttlicher Anblick!", rief

Dajan[29], als sie die Hügelkuppe erreichten. Um ihn herum waren die Hügel von Golgatha, der Ölberg, der Berg Zion – Namen, die in den Köpfen der Gläubigen widerhallten –, und vor ihm lag die historische Altstadt hinter ihrer zinnenbewehrten Kalksteinmauer. Der Tempelberg mit dem herrlichen Felsendom befand sich zu seinen Füßen. Dajan staunte über die Atmosphäre ruhigen Gleichmuts in der Altstadt, während der Lärm des Krieges um sie toste.

Weizman entfernte sich von den anderen und betrat die alte Hebräische Universität, die seit fast 20 Jahren geschlossen war. Sein Onkel Mosche Weizmann war dort Chemieprofessor gewesen, und sein Labor war immer noch vorhanden. Die Uhr an der Wand war stehen geblieben. Professor Weizmanns Papiere lagen nach wie vor auf dem Schreibtisch, und an der Tafel war seine Handschrift zu sehen[30]. Es war, als sei die Zeit eingefroren, und ein anderes Leben könnte jetzt wieder beginnen.

Narkiss bat um Erlaubnis, die Altstadt sofort einzunehmen. „Unter keinen Umständen", erwiderte Dajan, der sich den internationalen Wutschrei vorstellen konnte, falls irgendwelche religiösen Stätten beschädigt wurden[31]. Doch am folgenden Tag brachten Gerüchte über einen UN-Waffenstillstand Begin dazu, Dajan anzurufen. „Wir dürfen keine Sekunde mehr warten", sagte er[32].

2000 Jahre lang hatten die Juden einander versprochen: „Nächstes Jahr in Jerusalem!" Jetzt stand dieser Traum kurz davor, Wirklichkeit zu werden. Ein israelischer Panzer sprengte die riesigen Tore der Altstadt, und Soldaten der 55. Fallschirmjägerbrigade rasten die Via Dolorosa zum Tempelberg hinunter. Sobald die Altstadt eingenommen war, betrat Dajan sie. Er befahl, die israelische Flagge einzuziehen, die auf dem Felsendom gehisst worden war. Dann schloss er sich den überglücklichen Soldaten an der Klagemauer an, einem Rest des Tempels, der von den Römern im Jahr 70 n. Chr. zerstört worden war. Viele Soldaten weinten oder beteten. Einem uralten Brauch folgend nahm Dajan ein kleines Notizbuch aus der Tasche, schrieb ein Gebet und steckte es in einen Spalt des uralten Mauerwerks. Das Gebet lautete: „Möge der Friede dem ganzen Haus Israel zuteil werden"[33].

„Wir sind zu unserer heiligsten Stätte zurückgekehrt und werden uns nie wieder von ihr trennen“, verkündete dieser offen säkulare Mann. „Unseren arabischen Nachbarn reicht Israel die Freundeshand.“[34] Der Krieg war so rasch, so umfassend, so mythisch, dass ihr Architekt es immer noch nicht alles fassen konnte. Es würde mindestens eine Generation dauern, bis die Araber eine weitere militärische Herausforderung für Israel starten konnten, prahlte Dajan, und wer sollte an ihm zweifeln[35]?

Danach, auf dem Hubschrauberflug zurück ins Generalhauptquartier, hüllte Dajan sich in seinen Mantel, legte sich ruhig in eine Ecke und dachte darüber nach, welche Zukunft er gerade für sein Land geschaffen hatte.

Geschichte ist gesättigt von Kriegen, Eroberungen und Kapitulationen, aber über ausgehandelte Abkommen zwischen zwei glühenden Widersachern wird erstaunlich selten berichtet. Im 15. Jahrhundert teilte Papst Alexander VI. die neu entdeckte Welt sorgfältig zwischen Spanien und Portugal auf. Er zog eine frische Linie über den Globus, die dazu gedacht war, die Kontinente von Nord- und Südamerika an Spanien zu binden und alles östlich davon – d. h. Afrika – an Portugal. Erst später wurde entdeckt, dass die Ausbuchtung Brasiliens im portugiesischen Einzugsbereich verblieb, weshalb die Brasilianer bis heute Portugiesisch sprechen.

Vor dem Beginn von Camp David stattete Hal Saunders, der stellvertretende Außenminister für die Angelegenheiten des Nahen Ostens, dem Historiker des Außenministeriums einen Besuch ab, um zu fragen, ob es in der Geschichte der amerikanischen Diplomatie irgendwelche Präzedenzfälle gebe[36]. Das einzige Beispiel, das der Historiker nennen konnte, war die Einladung Präsident Theodore Roosevelts an Emissäre der Krieg führenden Länder Russland und Japan nach Portsmouth, New Hampshire, im Jahr 1905, um ihre Differenzen beizulegen. Wie Carter hatte auch Roosevelt gehofft, die beiden Parteien würden es untereinander aushandeln können, doch das erwies sich als unmöglich. Seine unermüdliche und einfallsreiche Diplomatie führte zu einem Durchbruch, der schließlich den Krieg beendete. Roosevelt war der erste Amerikaner, der mit einem Friedensnobelpreis ausgezeichnet wurde.

In Camp David gab es am Samstag keine formellen Treffen, daher verbrachte das amerikanische Team den Tag mit dem Entwurf des amerikanischen Vorschlags. Der neue Ansatz entsprang zum Teil einem zufälligen Treffen, das Cyrus Vance einige Wochen vor den Gesprächen gehabt hatte. Zur gleichen Zeit, als die Carters Urlaub im Grand Teton Nationalpark machten, hatte Vance ein Haus auf Martha's Vineyard gemietet, neben dem eines alten Freundes, Roger Fisher, der an der Harvard Law School Verhandlungstaktik lehrte. Sie spielten eine Partie Tennis zusammen, und danach fragte Vance, ob Fisher irgendwelche Ideen hätte, wie man mit dem kommenden Gipfeltreffen umgehen sollte. Fisher hatte gehofft, danach gefragt zu werden.

Vance war bereits ein erfahrener Verhandlungsführer. Lyndon B. Johnson hatte ihn als seinen persönlichen Gesandten gewählt, um einen Disput zwischen Griechenland und der Türkei über die Teilung von Zypern beizulegen. Er war an frühen Friedensgesprächen am Ende des Vietnamkriegs beteiligt gewesen, wo er gezwungen war, einen Großteil der Zeit mit Erörterungen über die Form des Verhandlungstisches zu verbringen. Sowohl philosophisch wie auch moralisch stand Vance dem Präsidenten näher als irgendein anderer in der Regierung Carter; doch er war benachteiligt durch Carters zunehmenden Verdacht, Vance könne kein Abkommen schließen[37].

Fisher und Vance hatten beide im Zweiten Weltkrieg gekämpft und viele Freunde verloren. An der Harvard Law School stellte Fisher Ideen auf, wie Länder ihre Konflikte diplomatisch lösen konnten statt durch den ständigen Rückgriff auf Waffen. Als Vance ihn beim Cocktail fragte, ob er irgendwelche Vorschläge für das Gipfeltreffen hätte, griff Fisher nach dem Entwurf eines Buches, das er gerade geschrieben hatte, mit dem Titel *International Mediation*, *A Working Guide: Ideas* for *the Practitioner**. Immer noch in Tenniskleidung, setzte sich Vance auf Fishers Terrasse und blätterte den Entwurf durch.

Als Hauptidee nahm Vance etwas mit, das Fisher „Ein-Text-Verfahren“[38] nannte. Das Konzept war einfach: Der Vermittler in einem Disput entwirft ein Dokument und bittet dann jede Seite um ihre Reaktion. Punkte, die nicht angefochten werden, gelten als vereinbart. Die angefochtenen Punkte werden dann nacheinander in einer Weise abgearbeitet, durch die Differenzen kontinuierlich eingeschränkt werden. Wenn jede Seite schließlich der Formulierung zustimmt, gilt auch dieses Thema als abgehakt. Der Schlüssel dabei ist, dass der Vermittler das Dokument kontrolliert. Wann immer die streitenden Parteien in einer Sackgasse landen, schlägt der Vermittler eine andere Formulierung vor. Auf diese methodische Weise, glaubte Fisher, konnten Dispute, die sonst zu Blutvergießen, wirtschaftlichem Ruin und jahrhundertelanger Feindseligkeit führen würden, durch geduldige Verhandlungen abgeschmirgelt werden. Er suchte nach einer Heilmethode für Krieg.

Carter hatte seine eigenen Verhandlungsmethoden, die er zunächst während seiner Jahre im Schulvorstand von Sumter County entwickelt hatte, als er Arbeitskonflikte klären musste. Er umriss zunächst das, was er für eine faire Übereinkunft hielt, und versuchte dann, beide Seite dazu zu bringen, sich seinem Standpunkt zu beugen. Als er Gouverneur war, wurde das ländliche Hancock County, das durch eine Vorgeschichte rassistischer Gewalttaten belastet war, zum ersten County in Georgia, in dem Schwarze alle hohen Verwaltungsämter innehatten. Das heizte die Panik unter den weißen Bürgern an, die nach wie vor in der Stadt Sparta, dem Verwaltungssitz des County, die Mehrheit bildeten. Der weiße Bürgermeister bestellte Maschinenpistolen für die Poli-

* Viele der von Fisher in *International Mediation* entwickelten Ideen spiegeln sich in dem späteren Bestseller *Getting to YES: Negotiating Agreement Without Giving In* wider, das Fisher mit William Ury schrieb, in 2. Auflage mit Bruce Patton. Fisher gründete auch das Harvard Negotiation Project.

zeioffiziere der Stadt, was die von Schwarzen kontrollierte Verwaltung veranlasste, ebenfalls Maschinenpistolen zu bestellen. Zwischen den beiden Regierungsstellen kam es zu einem Rüstungswettlauf, der zu einer Art Bürgerkrieg führen konnte. Statt das County mit Staatspolizisten zu besetzen oder die Nationalgarde zu rufen, sah sich Carter die Beschwerden beider Seiten an und stellte dann eine Liste von Kompromissen auf. Er schickte Cloyd Hall, einen Sonderberater, um beide Seiten anzuhören und eine Präsentation vor der Gemeinde zu machen. Am 1. Oktober 1971 rief Hall ihn an und sagte: „Gouverneur, ich habe ein Geburtstagsgeschenk für Sie."[39] Es war eine Wagenladung Maschinenpistolen. Nun, in Camp David, hatten sowohl Vance als auch Carter die Chance, ihre Erfahrung auf den Prüfstand zu stellen.

Harold Saunders, der stellvertretende Außenminister, hatte die ganze Freitagnacht bis in den Morgen des Samstag damit verbracht, den ersten von schließlich 23 Entwürfen eines amerikanischen Vorschlags aufzusetzen. Carter hatte etwa zehn Punkte aufgelistet, die er „Notwendige Elemente des Abkommens" nannte[40]. Dazu gehörten:

- Ein Ende des Krieges
- Permanenter Frieden
- Ungehinderte Durchfahrt israelischer Schiffe durch den Suezkanal und den Golf von Akaba
- Sichere und anerkannte Grenzen
- Diplomatische Anerkennung und Austausch von Botschaftern
- Stufenweiser israelischer Abzug vom Sinai und Entmilitarisierung der Halbinsel
- Beendigung der Blockaden und des Boykotts
- Abschaffung der israelischen Militärregierung in den besetzten Gebieten
- Volle Autonomie für die Palästinenser
- Festlegung des endgültigen Status der West Bank und des Gazastreifens innerhalb von fünf Jahren, basierend auf der UN-Resolution 242

- Rückzug des israelischen Militärs auf festgelegte Sicherheitsstandorte
- Eine zügige und gerechte Regelung des Flüchtlingsproblems
- Festlegung des endgültigen Status von Jerusalem
- Beendigung der israelischen Besiedlung des Sinai
- Keine neuen israelischen Siedlungen oder Vergrößerung der bestehenden in den besetzten Gebieten, bis die Verhandlungen abgeschlossen sind
- Formelle Unterzeichnung eines Friedensvertrags zwischen Israel und Ägypten innerhalb von drei Monaten

All dies zu Papier zu bringen, brachte das amerikanische Team dazu, sich auf das zu konzentrieren, was wirklich wichtig war oder realistischerweise bei diesem Gipfeltreffen erreicht werden konnte. Als Carter sich am Nachmittag mit seinem Team traf, nahm er mehrere Veränderungen an dem Vorschlag vor. Er beschloss, vorerst die Forderung für eine Beendigung der israelischen Besiedlung wegzulassen, weil sich Begin ausschließlich auf dieses Thema konzentrieren würde. Er ergänzte die Klausel bezüglich „sicherer und anerkannter Grenzen" um den Zusatz, am Grenzverlauf könnten „geringfügige Änderungen" vorgenommen werden, die von der Waffenstillstandslinie von 1967 abwichen. Er strich auch eine Bestimmung, welche die Implementierung eines Vertrags zwischen Ägypten und Israel mit der Schaffung einer Selbstverwaltung auf der West Bank und im Gazastreifen verband. Unwillkürlich begann er an zwei getrennte Abkommen zu denken. Das würde dazu führen, was viele Kritiker für das Scheitern von Camp David halten – in Bezug darauf, einen umfassenden Frieden zu erreichen –, während andere glauben, es ermöglichte dem Gipfel, überhaupt etwas zu erreichen.

„Der Präsident hatte sehr offen geäußert, dass wir versuchen sollten, ein ägyptisch-israelisches Abkommen anzukurbeln und abzuschließen", notierte William Quandt, der Teil von Brzezinskis Stab beim Nationalen Sicherheitsrat war, in einem Memo jenes Tages[41]. „Sollte es Verzögerungen bei der Verhandlung über das

West Bank/Gaza-Abkommen geben, sei es das Problem von jemand anderem. [Carter] sagte, er hoffe, beide Abkommen könnten parallel getroffen werden, aber es war klar, dass das ägyptisch-israelische Vorrang hatte, und falls auf der West Bank zehn Jahre lang nichts passieren würde, dann sei ihm das ziemlich egal.

Der Gazastreifen wurde für gewöhnlich mit der West Bank zu einem Thema zusammengefasst, doch tatsächlich betrachtete jede Seite es als eigenständige Angelegenheit. Der Gazastreifen war räumlich getrennt von der West Bank, was den Entwurf für eine zukünftige palästinensische Einheit erschwerte; zudem befand sich hier die dichteste Konzentration arabischer Flüchtlinge im Nahen Osten[42]. Mitglieder der israelischen Delegation drängten Sadat insgeheim, Gaza wieder unter ägyptische Souveränität zu stellen[43], aber er wollte es nicht[44], und Begin war entsetzt, dass der Gazastreifen überhaupt auf den Tisch kam, da er darauf bestand, er sei Teil des historischen Landes Israel.

Die Israelis litten allmählich unter dem Eingesperrtsein. Begin nannte Camp David „ein Konzentrationslager *de luxe*“[45]. Sie witzelten darüber, einen Fluchttunnel zu graben. „Das alles erinnerte mich eine wenig an die U-Boot-Filme über den Zweiten Weltkrieg“, erinnerte sich Weizman. „Da saßen wir in der abgeschlossenen, klaustrophobischen Atmosphäre von Camp David mit Kapitän Jimmy Carter am Periskop.“[46] Er verglich den erwarteten amerikanischen Vorschlag mit Unterwasserbomben, die langsam auf die Israelis niedersanken, während sie gemeinsam die Luft anhielten und hofften, die Bomben würden sie nicht versenken.

An jenem Morgen setzte sich Weizman aufs Fahrrad, um seine eigenen Verhandlungen zu führen. Er war oft uneins mit seinem Premierminister, und seine Nähe zum ägyptischen Präsidenten wirkte für die anderen Delegierten unangemessen. Nach Sadats Besuch in Jerusalem war Weizman das einzige Mitglied des israelischen Kabinetts, das daraufhin freundschaftliche Beziehungen zu ihm aufnahm. Wenn Sadat etwas mit den Israelis besprechen wollte, bat er stets Weizman zu sich. Carter beobachtete, dass

Weizman von seiner eigenen Delegation als Gegner oder sogar als Feind betrachtet wurde[47].

Außenminister Muhammed Kamil machte gerade einen weiteren langen Spaziergang mit Sadat. Wie Begin beschwerte sich der ägyptische Präsident, dass Camp David ihn allmählich an ein Gefängnis erinnere. „Was die Dinge noch trübseliger macht, ist die Tatsache, dass die mit uns eingesperrten Kollegen ausgerechnet Begin und Dajan sind, mit denen wir verhandeln müssen!", sagte Kamil[48].

„Wir verhandeln mit den niedersten und gemeinsten unserer Feinde", stimmte Sadat zu, während er Kamil in forschem Schritt über die Waldwege führte. „Die Juden haben sogar ihren Propheten Moses gequält und Gott aufgebracht!" Er fügte hinzu: „Ich bemitleide den armen Carter bei seinen Verhandlungen mit Begin und dessen gestelzter Art."

In diesem Moment näherte sich Weizman auf dem Fahrrad. Kamil fürchtete sich vor ihm, da er glaubte, Sadats offensichtliche Zuneigung zu Weizman färbe sein Denken ein. Zweifellos hatte Sadat sich eingeredet, er benutze Weizman dazu, Informationen über die israelische Position zu erhalten, doch Kamil befürchtete, es sei umgekehrt und verschaffe dem liebenswürdigen, aber ehrgeizigen israelischen Verteidigungsminister uneingeschränkten Zugang zu den Gedankengängen des ägyptischen Präsidenten. Sadat hatte sich bereits schon einmal privat mit Weizman getroffen und seiner Delegation nichts über das Ergebnis berichtet. Kamil schreckte zusammen, als Weizman fragte, ob er später am Nachmittag noch mal vorbeikommen könne. „Natürlich", erwiderte Sadat, „es ist immer ein Vergnügen, mit Ihnen zu sprechen."

Ein paar Stunden später, als Weizman in der Hütte eintraf, wirkte Sadat ungeduldig und abgelenkt. Die ständigen Kämpfe mit seiner Delegation drückten auf seine Stimmung.

„Ich habe den Eindruck, dass vieles nicht aus praktischen, sondern aus psychologischen Gründen nicht in Gang kommt", bemerkte Weizman. „Natürlich", stimmte Sadat zu. „Ich bin sicher, das alles ist zu 90 Prozent ein psychologisches Problem."[49]

„Ich schlage vor, dass Sie mit Dajan reden“, sagte Weizman und brachte damit einen Namen ins Spiel, der starke Gefühle bei Sadat auslöste. „Er hat Sie wiederholt sagen gehört, dass Sie ihm nicht trauen, weil er ein Lügner ist.“

„Das ist richtig“, stimmte Sadat zu. „Er ist ein Lügner.“[50]

Weizman drängte ihn, seine persönlichen Gefühle für Dajan beiseitezulassen. „Er hat Einfluss auf Begin“, meinte er. Dann bohrte Weizman nach, um zu sehen, ob es irgendeinen Handlungsspielraum in Sadats Positionen gab. „Dass der Sinai zu Ihrem Land gehört, bestreiten wir nicht“, sagte er[51]. „Aber im Laufe von 30 Jahren ist viel geschehen. Sie müssen sich in die Mentalität unseres Volkes hineindenken. Einerseits ist ihm nie in den Sinn gekommen, dass ein arabischer Staatschef – und bestimmt nicht der Führer der größten und stärksten arabischen Nation – nach Jerusalem kommen würde. Doch sind die Israelis immer noch überzeugt, dass schon durch den kleinsten politisch-strategischen Fehler die Katastrophe über sie hereinbrechen kann.“ Deswegen müssten die Siedlungen bleiben.

„Wie kann ich mein Gesicht vor den anderen arabischen Staaten wahren, wenn ich diesen Preis für den Frieden bezahle?“, protestierte Sadat. Selbst wenn er so einem Abkommen zustimme, sagte er, würde das nur neue Probleme für die Zukunft aufwerfen. Er habe Begin bereits gesagt, dass er sich auf einen phasenweisen Rückzug von der Halbinsel eingestellt habe. „Ich habe ihm auch Dinge gesagt, die er bisher vielleicht nicht verstanden hat. Volle Anerkennung? Ja! Ein internationaler Schifffahrtsweg in der Straßen von Tiran? Ja!“

„Und die Militärflugplätze?“, fragte Weizman. „Sie müssen binnen zwei Jahren geräumt sein!“

Weizman bemerkte, dass Sadat keine vollen diplomatischen und wirtschaftlichen Beziehungen erwähnte, etwas, das ihm Sadat in vorherigen Gesprächen zwischen den beiden Männern persönlich zugesichert hatte. „Ich weiß, dass ich mit Ihnen darüber gesprochen habe“, räumte Sadat ein, „und ich kann Ihnen sagen, dass ich das auch will. Aber Begin hat in der Knesset gesagt: ‚Ich werde nichts hergeben, ohne als Gegenleistung etwas dafür zu bekommen.‘ Ich werde mich genauso verhalten.“

„Was wollen Sie denn hier eigentlich erreichen?“, fragte Weizman frustriert.

„Ich möchte ein Rahmenabkommen erreichen“, versicherte ihm Sadat.

Weizman verließ das Treffen mit dem Gefühl, dass Sadat nicht bereit war, überwältigende Zugeständnisse zu machen, aber er wollte ebensowenig einen Zusammenbruch der Gespräche riskieren. Der ägyptische Vorschlag war offensichtlich nicht Sadats letztes Wort. Vielleicht hatte er sich nur auf ein zu hohes Ross geschwungen und benötigte nun eine amerikanische Leiter, um wieder hinunterzukommen, folgerte Weizman. Auf dem Rückweg zu seiner Hütte summte er ein kleines Stück der israelischen Nationalhymne vor sich hin: „Noch ist die Hoffnung nicht verloren!“

Während Weizman und Sadat miteinander sprachen, saßen andere Mitglieder der ägyptischen Delegation herum, schlugen Zeit tot und plauderten über Filme, die sie sich angeschaut hatten. Sie achteten darauf, wer aus Begins Hütte kam, und spekulierten darüber, was sie gesagt haben mochten. Es gab wenig anderes zu tun, bis die Amerikaner ihr Dokument vorlegten. Untätigkeit war Teil ihres erzwungenen Eingesperrtseins. Schließlich kam der mysteriöse Tohami. Außer den Regierungschefs war Tohami der Einzige in Camp David, der eine eigene Hütte hatte, was seinen Status noch undurchschaubarer machte. Keiner wusste, was er den ganzen Tag hier in den Wäldern machte, aber sobald Tohami auftauchte, lebten die anderen Delegierten auf. „Er brauchte nur über die Schwelle des Bungalows zu treten, schon verschwand alle Müdigkeit, Niedergeschlagenheit und Besorgnis wie durch Magie, um durch Freude, Lebhaftigkeit und Scherze ersetzt zu werden“, erinnerte sich Kamil. „Und wir waren alle ganz Ohr!“[52]

Tohami deutete ihre Träume und erzählte wundersame Geschichten über seine Abenteuer: Zum Beispiel, wie er bei einem Besuch in einem anderen arabischen Staat vergiftet worden sei, sich dann in sein Zimmer zurückzog, die Tür verriegelte und drei Tage lang weder Essen noch Wasser anrührte, während er sich selbst mit einem Gegenmittel kurierte, das er stets bei sich trug. Mit großem Getue berichtete er, Dajan habe gerade zugestimmt, Jerusalem den Arabern zurückzugeben. Er wandte sich an Kamil und platzte heraus: „Jerusalem ist dir anvertraut worden, Bruder Muhammed; hüte dich davor, es aufzugeben!“[53] Alle erkannten, dass es eine Illusion war, aber es war nett, das zu hören.

Als Kamil sich besorgt darüber äußerte, dass von ihm erwartet wurde, sich mit seinem israelischen Amtskollegen Dajan zu treffen, meinte Tohami, er müsse nur die rechte Hand zur Faust ballen, Dajan mit festem Blick fixieren, dann plötzlich die Hand öffnen und „Tohami!“ rufen[54].

Tohamis Aufmerksamkeit wandte sich oft dem hageren, patrizierhaften Boutros Boutros-Ghali zu. Als eine Figur aus dem Ancien Régime[55] war Boutros-Ghali in Kairo in einer Villa mit 100 Zimmern geboren und an der Sorbonne ausgebildet worden, wo er ein rechtswissenschaftliches Diplom erwarb. Sein Großvater Boutros Ghali, nach dem er benannt worden war, war der erste – und einzige – koptische Premierminister Ägyptens. (Er wurde von einem muslimischen Fanatiker 1910 erschossen, nachdem er mit den Briten über eine Verlängerung ihrer Konzession für den Suezkanal verhandelt hatte, zu besseren Konditionen für die Ägypter[56].) Angesichts seiner Fähigkeiten und des Vertrauens, das Sadat in ihn setzte, hätte Boutros-Ghali als Außenminister berufen werden sollen statt Kamil[57]. Aber Boutros-Ghali war nicht nur Christ; er hatte seine politischen Schwierigkeiten auch noch dadurch verstärkt, dass er eine Jüdin heiratete. Er würde in Ägypten nie ein hohes Amt bekleiden. (Später wurde er Generalsekretär der Vereinten Nationen.)

Tohami war von der Idee besessen, Boutros-Ghali müsse zum Islam konvertieren – hier, in Camp David, wo es größere symbolische Bedeutung bekommen würde. Die anderen in der Hütte boten aus Spaß an, Wetten darüber abzuschließen, ob Boutros-Ghali das Licht des Islam erblicken würde. Später baten ihn jedoch einige insgeheim, weiter mit Tohami zu reden, um ihn von den Verhandlungen abzulenken. Boutros-Ghail stimmte zu. Er hatte auch islamisches Recht studiert und kannte sich in den Doktrinen und Lehren der wichtigsten muslimischen Gelehrten aus. Während des restlichen Gipfeltreffens verbrachten die beiden Männer viele Stunden auf Spaziergängen durch den herbstlichen Wald und diskutierten über die Feinheiten islamischer Gelehrsamkeit, wobei Tohami ihn weiterhin drängte, den wahren Glauben anzunehmen. „Ich hatte ein seltsames Gefühl dabei, aber es war wichtig, ihn von den anderen fernzuhalten", räumte Boutros-Ghali später ein. „Ich war der Lockvogel."[58]

Am Abend versammelte sich eine angespannte Zuschauergruppe auf der Veranda von Begins Hütte, um den israelischen Regierungschef beim Schachspiel mit Zbigniew Brzezinski zu beobachten. Es war eine hochbrisante Partie: zwei polnische Auswanderer, jeder mit dem Ruf rücksichtsloser strategischer Brillanz. Begin mochte in Brzezinski einen Nachkömmling jener polnischen Feudalherren sehen, die das Leben für die Juden in Brisk so schwer gemacht hatten[59]. Brzezinskis katholischer Vater war während des Aufstiegs der Nazipartei als polnischer Diplomat in Deutschland gewesen und danach in der Sowjetunion, während Stalins großer Säuberung, also war diese Assoziation wirklich verrückt.

Brzezinski war blond und athletisch und hatte spitze Augenbrauen, die den Eindruck unmittelbarer intellektueller Verachtung vermittelten[60]. Er war ein politischer Erfinder, brachte ständig frische Ideen in die Diskussion ein. Kein Hindernis schien für seinen agilen Geist unüberwindlich zu sein. Carter wusste es zu schätzen, dass Brzezinski, wenn alle Lösungen für ein Problem blockiert schienen, stets fünf oder sechs frische Alternativen anbieten konnte. Doch in Camp David trat Brzezinski – vielleicht wegen der Wolke des Verdachts, die israelischer Vorstellung nach über ihm hing – bei den Treffen weniger hervor als Vance. Den Israelis fiel auf, dass Brzezinski sich darüber ärgerte, in den Hintergrund gedrängt zu werden.

Obwohl Brzezinski für gewöhnlich die in mächtigen Persönlichkeiten fließenden politischen Strömungen sehr genau wahrnahm, war er einmal von Begin total überrascht worden. Bei einer seiner ersten Reisen nach Washington zu Gesprächen mit Carter lud der neue israelische Regierungschef Brzezinski zum Frühstück ins Blair House ein. Da er es für eine private Angelegenheit gehalten hatte, war Brzezinski überrascht, von Reportern und Fernsehkameras empfangen zu werden. Begin tauchte auf und hielt ein Dossier in der Hand. Er erklärte der Presse, die Mappe enthalte Informationen über Brzezinskis Vater Tadeusz, der Juden geholfen habe, aus Deutschland zu fliehen, während er dort Botschafter war[61]. Begins öffentliches Lob für seinen Vater rührte Brzezinski zu Tränen. Trotz dieses emotionalen Moments verurteilte Begin ihn insgeheim als *„ocher Israel"* – einen Hasser Israels[62]. Sie waren sehr unterschiedliche Männer, gespalten durch ihren gemeinsamen Hintergrund – „Polen unter sich!", witzelte Jechiel Kadischai[63].

Als die Partie begann, verkündete Begin, er spiele seit September 1940, als er von der sowjetischen Polizei wegen seiner zionistischen Aktivitäten verhaftet worden war, zum ersten Mal wieder Schach. An jenem schicksalhaften Tag habe er mit seinem Freund Dr. Israel Scheib Schach gespielt. Aliza habe die Beamten freundlich aufgefordert, mit ihnen Tee zu trinken. Sie dankten ihr, sagten aber, sie wären in Eile, obwohl sie Begin gestatteten, erst noch seine Schuhe zu putzen. Als er ging, sagte er zu Aliza: „Vergiss nicht, Scheib zu sagen, dass ich meine Niederlage bei dieser letzten Partie eingestehe. Er lag sowieso in Führung, als sie uns unterbrochen haben."[64]

Für einen Mann, der seit fast vier Jahrzehnten kein Schachbrett angerührt hatte, spielte Begin erstaunlich gut. Dajan verglich die Szene mit einem Kampf[65]. Bei der ersten Partie griff Brzezinski rücksichtslos an und verlor seine Königin. Begin war ebenfalls ein aggressiver Spieler, aber systematischer und bedachter. Brzezinski passte seine Strategie an und gewann die zweite Partie, fiel aber in der dritten zurück. Inzwischen hatte sich das

Schachspiel im ganzen Camp herumgesprochen. Irgendwann tauchte Begins Frau auf und wirkte erfreut. „Menachem liebt es, Schach zu spielen!", rief sie und bestätigte damit Brzezinskis wachsenden Verdacht[66].

Hamilton Jordan machte sich an einen der Israelis unter den Zuschauern heran. „Tun Sie mir einen Gefallen und sorgen Sie dafür, dass Begin gewinnt", bemerkte er. „Sonst wird Zbig unausstehlich."

Begin gewann drei zu eins[67]. Später entschied ein Anwalt aus der israelischen Delegation, dass Brzezinski absichtlich verloren hatte, als Teil einer größeren Strategie: „Er dachte, es würde Begin in so gute Laune versetzen, dass er die West Bank aufgibt", sagte Meir Rosenne. „Es versetzte ihn tatsächlich in gute Laune, und er wurde noch extremistischer denn je."[68]

An diesem Abend lagen Muhammad Kamil und Boutros Boutros-Ghali wieder auf ihren Betten und unterhielten sich bis spät in die Nacht über Kamils neueste Sorgen. Kamil rügte seinen Zimmerkameraden dafür, mit den Israelis gesprochen zu haben, vor allem mit dem geselligen Weizman. „Hatten wir uns nicht darauf geeinigt, nicht mit diesen Leuten zu reden?", schimpfte er[69]. Boutros-Ghali sagte, bei Verhandlungen gehe es um mehr als nur an einen Tisch zu sitzen. „Es ist auch ein Dialog fern vom Tisch." Er versuchte, den erregten Außenminister zu beruhigen. Aber Kamil war zu aufgewühlt, um vernünftig zu sein: Er fühle sich gedemütigt, weil er die Kontrolle über seine Delegation verloren habe. Außerdem verliere er die Kontrolle über sich selbst; seine Leidenschaft und seine Ängste gingen mit ihm durch. Was will Sadat wirklich?, fragte Kamil sich laut. Der ägyptische Präsident sei so verschlossen und unberechenbar, dass er alles sagen könnte! Die Zukunft der Nation stehe auf dem Spiel. Wer wisse schon, was er bereits zugesagt haben könnte, ohne seine Berater zu konsultieren? Aber Sadat habe sich in seiner Hütte verschanzt und komme nur selten heraus, nicht mal zu den Mahlzeiten. Amerikaner besuchten ihn – sogar Israelis! –, doch nur selten Mitglieder seiner eigenen Delegation. Er gehe nie ins Kino oder in den Billard-Raum, tauche nur zum Gebet im Theater auf oder zu seinem täglichen Spaziergang. Was sich an normalen Information aus einem so informellen Austausch auflesen ließe, sei auf unerträgliche Weise unverfügbar.

Kamil war insbesondere besorgt darüber, dass Sadat versuchte, das Vermächtnis seiner Reise nach Jerusalem zu bewahren. Ein Scheitern in Camp David würde es so aussehen lassen, als wäre jener Annäherungsversuch nichts mehr als ein historischer Patzer gewesen. Boutros-Ghali stimmte zu, Sadat könnte einen Handel abschließen, um sein Gesicht zu wahren. Sie müssten eine Möglichkeit finden, Sadat zu versichern, dass es noch andere Wege zum Frieden gebe, wenn die Gespräche abgebrochen wurden. Schließlich rief Kamil: „Ich kann nicht mehr. Meine Nerven sind kurz davor, zu explodieren.“

Sechster Tag

6

Begin erwachte am Sonntagmorgen voller Panik. Die Amerikaner wollten ihren Vorschlag später am Nachmittag vorlegen, und die Ägypter hatten natürlich bereits ihr kompromissloses Dokument unterbreitet. Bisher hatte Israel noch nicht entsprechend reagiert. Der Mann, der in dem Glauben nach Camp David gekommen war, er hätte am wenigsten zu verlieren, erkannte jetzt, dass er sich eine Falle gestellt hatte. Er hatte nichts Neues anzubieten. Er hatte keine Strategie. Das israelische Team war ohne Hintergrundmaterial oder einen Alternativvorschlag und praktisch ohne Vorbereitung angereist[1]. Überzeugt davon, dass die Konferenz kurz davor stand auseinanderzubrechen, wollte Begin jetzt etwas vorweisen, um zu zeigen, dass die Israelis zumindest Anstrengungen gemacht hatten.

Um 5 Uhr morgens weckte er Kadischai und diktierte ihm den improvisierten Entwurf eines israelischen Vorschlags. So sehr er sich auch bemühte, ihn in positive Begriffe zu fassen, blieb das Papier im Wesentlichen eine Zurückweisung von allem, was auf dem Tisch war: Nein zum Ende der Sinai-Siedlungen; Nein zum Abzug von den Sinai-Flugplätzen; Nein zu jeder Beschränkung der israelischen Siedlungen in Judäa und Samaria; und Nein, Nein, Nein zu jeder Teilung von Jerusalem. Das waren Grundsätze für ihn, nicht nur bloße Positionen; Kompromiss und Niederlage waren ein und dasselbe. Er wollte aufrichtig Frieden, aber das Haupthindernis stellte er selbst dar, mit seiner eigenen Geschichte.

Als Dajan, Weizman und Aharon Barak, Begins Hauptjurist, um halb acht an jenem Morgen bei ihm eintrafen, las Begin ihnen den Entwurf laut vor. Dajan schlug diplomatisch vor, sie sollten damit warten, bis die Amerikaner ihren eigenen Bericht vorlegten, bevor das Dokument jemand anderem gezeigt wurde[2]. Es gab keine Möglichkeit, den kompromisslosen Geist hinter dem israelischen Vorschlag zu verbergen.

Carter erkannte, dass sich die Delegierten in Camp David allmählich eingesperrt fühlten, daher schlug er am Morgen nach dem Gottesdienst einen Ausflug zum nahe gelegenen Gettysburg National Military Park vor. Er vereinbarte, dass es während des Ausflugs keine Verhandlungen geben sollte; es sollte nur eine Möglichkeit für die Delegierten sein, Luft zu holen und einen Szenenwechsel zu bekommen. Natürlich war die Wahl des Ausflugsziels kein Zufall.

Begin bestimmte vier seiner Delegierten dafür, zurückzubleiben und das israelische Dokument auszuarbeiten, das nun nicht mehr als Basis für eine Diskussion gedacht war. Es war eine Zusammenfassung von Begins nicht verhandelbaren Positionen. Begin beauftragte Barak, sich daranzusetzen, die Gründe für den Fehlschlag des Treffens aufzuschreiben, „und dann gehen wir nach Hause“[3]. Barak und die anderen packten ihre Sachen zusammen und riefen bei El Al – der staatlichen israelischen Fluglinie – an, um ihre Abreise vorzubereiten.

Die Predigt an diesem Morgen in der Hickory Lodge von Camp David bezog sich auf 1. Samuel 17,47, die Geschichte von David und Goliat. Goliat war der mächtige Krieger der Philister, ihr eigener Samson. Die Bibel beschreibt ihn als „sechs Ellen und eine Spanne“ groß – etwa 2,97 Meter. Goliat trug einen Schuppenpanzer und einen Helm aus Bronze, nahezu unverwundbar durch die Pfeile und Speere der Israeliten. David war ein Hirtenjunge, nur bewaffnet mit einer Steinschleuder und fünf glatten Steinen aus dem Fluss. Doch er schlug den Riesen im Einzelkampf, zog dann Goliats Schwert aus der Scheide und schlug ihm den Kopf ab, worauf die Armee der Philister in Angst und Schrecken floh. Chaplain Cecil Reed wollte damit ausdrücken, dass Gott, wenn er eine bestimmte Person für eine Aufgabe auswählt, sie auch dazu befähige, diese Aufgabe durchzuführen[4].

Die Geschichte von David und Goliat ist eine der wirkmächtigsten biblischen Geschichten im modernen Israel. Mosche Dajan schrieb, dass die symbolische Bedeutung des kleinen Israel in der riesigen arabischen Welt durch das David-Goliat-Duell perfekt ausgedrückt sei. David sprach zu Goliat: „Du kommst zu mir mit Schwert, Spieß und Schild; ich aber komme zu dir im Namen des Herrn Zebaoth, des Gottes des Heeres Israels, das du gehöhnt hast."[5] Für Dajan ist die Moral der Geschichte: „Die Araber kommen zu uns mit Schwert, Spieß und Schwert, während wir in Frieden mit ihnen leben möchten, Seite an Seite und gleichberechtigt. Wir kommen zu ihnen im Namen des Herrn, des Gottes Israels."[6]

Als langjähriger Sonntagsschullehrer zog Carter seine eigenen Lehren aus der Geschichte von David und Goliat. Selbst als David König wurde, waren die Israeliten nie in der Lage, ihren ewigen Feind entscheidend zu schlagen, auch nicht unter Davids Nachfolger Salomon, während Israels angeblich goldenem Zeitalter. Trotz der legendären Schlacht im Tal von Elah mussten die Israeliten und die Philister weiterhin ihre jeweilige Anwesenheit ertragen.

Obwohl für gewöhnlich angenommen wird, dass die Palästinenser dasselbe Volk wie die Philister sind, besagt eine gegensätzliche Theorie, sie wären in Wirklichkeit Juden. David Ben-Gurion, Israels erster Premierminister, und Jizchak Ben-Zvi, der zweite Präsident, waren angesehene Befürworter dieser Denkweise. Als die beiden Männer 1918 in New York lebten, verfassten sie gemeinsam ein Buch mit dem Titel *Eretz Israel in Vergangenheit und Gegenwart*. Sie schrieben, obwohl die jüdische Gemeinschaft in ihrer Geschichte katastrophale Diasporaphasen durchgemacht habe, gebe es ein Muster ununterbrochener jüdischer Besiedlung von Judäa und Samaria. Sie erklärten, die jetzigen Bewohner Palästinas seien keine arabischen Migranten, sondern die Nachfahren jüdischer Bauern, die zwangsweise zum Christentum und dem Islam bekehrt worden waren. Insbesondere Ben-Zvi war besessen von der historischen Vermischung der Juden mit anderen Völkern und dem, was er für den allmählichen Verlust ihrer jüdischen Identität hielt. Er pflegte in arabische Dörfer zu wandern, zu seinen „lange vergessenen Brüdern"[7], und war verblüfft über die Ähnlichkeit arabischer Ortsnamen mit hebräischen und die Gleichartigkeit religiöser Praktiken. Ben-Gurion und er hatten die Hoffnung, dass die Enthüllung ihres gemeinsamen ethnischen Ursprungs es den beiden Völkern leichter machen würde, sich zu vereinen. Archäologische Funde und genetische Untersuchungen würden schließlich ihre Theorie bestätigen*. Die Israeliten und die palästinensischen Araber gingen beide aus der kanaanitischen Kultur hervor. Die Geschichte von David und Goliat nimmt praktisch spätere wissenschaftliche Funde voraus. In einem talmudischen Bericht erinnert David Goliat daran, dass ihre Mütter Schwester waren, also wären sie tatsächlich Vettern ersten Grades[8]. Die Vermischung der Stämme in historischen Zeiten war zweifellos sowohl eine Tatsache als auch eine Fantasie.

Carter hoffte, dass Gettysburg die beiden Regierungschef an die schicksalhaften Konsequenzen eines Scheiterns von Camp David erinnern würde. Der Amerikanische Bürgerkrieg war ebenfalls ein brudermörderischer Kampf um Land und Souveränität. Der tiefe Süden, in dem Jimmy und Rosalynn Carter aufgewachsen waren, wurde immer noch von der Bitterkeit der Niederlage und der wirtschaftlichen Not überschattet, die Krieg hinterlässt.

* Eine bemerkenswerte Studie von Antonio Arnaiz-Vilena et al., *„The Origin of Palestinians and Their Genetic Relatedness with Other Mediterranean Popolations“*, Human Immunology 62 (2001), S. 889–900, erschien kurz nach dem 11. Sept. 2001. Sie verglich genetische Proben von palästinensischen Arabern in Gaza mit anderen mediterranen Völkern und fand heraus, dass die Bevölkerung von Gaza eng verwandt mit askenasischen Juden war. Beide waren Nachfahren der Kanaaniter. Der Artikel schlussfolgert, dass die „Rivalität“ zwischen Juden und Palästinensern auf „kulturellen und religiösen, aber keinen genetischen Unterschieden“ basiert. Die europäischen Autoren sprachen von den israelischen Siedlern als „Kolonisten“ und behaupteten, Israel haben den Krieg mit seinen Nachbarn begonnen, als es 1948 gegründet wurde. Obwohl die wissenschaftlichen Ergebnisse nicht infrage gestellt wurden, entließen die Herausgeber der Zeitschrift den Gast-Redakteur und zogen den Artikel von der Veröffentlichung zurück – löschten ihn aus Datenbanken – und wiesen Bibliotheken und Abonnenten an, die Seiten aus der Zeitschrift zu reißen. Siehe auch Israel Finkelstein und Neil Asher Silberman, *The Bible Unearthed*, S. 118.

Rosalynn Carter und Aliza Begin fuhren mit den drei Regierungschefs in der Präsidentenlimousine. Carter setzte sich bewusst zwischen Begin und Sadat, die aus gegenüber liegenden Fenstern auf das üppige Farmland von Pennsylvania schauten. Carter wusste, dass beide Zeit im Gefängnis verbracht hatten, und um die Spannung abzubauen, fragte er daher Sadat, ob er im Gefängnis viel gelesen habe. Sadat sagte, er habe in den ersten anderthalb Jahren überhaupt nichts zum Lesen gehabt, und als ihm schließlich erlaubt worden sei, Bücher zu bekommen, sei er so verzweifelt gewesen, dass er alles las, was ihm in die Hände fiel[9]. Bei dieser ersten Gefängniserfahrung, nach seiner Verhaftung wegen Kollaboration mit den Nazispionen, war er im Ausländergefängnis untergebracht, das von den Briten geführt wurde. Sadat forderte Bücher auf Englisch an, und der Wärter brachte ihm eine Sammlung von Kurzgeschichten wie auch ein willkürlich ausgewähltes Buch über die örtliche Verwaltung im ländlichen Großbritannien, das einen tiefen Eindruck auf den zukünftigen Präsidenten machte. Sadat wurde bald in ein anderes Gefängnis verlegt, wo der Bruder einer der Nazispione ihm Deutsch beibrachte. In einem anderen Gefängnis, einer umgebauten Villa, langweilte er sich so sehr, dass er in einem offenen Durchgang Kaninchen züchtete, was zu einer einträglichen Einnahmequelle wurde. Schon bald war die Villa mit Kaninchen überfüllt, bis sie schließlich alle an einer Infektionskrankheit starben.

Sein nächster Gefängnisaufenthalt fand während seines gemeinsamen Prozesses mit Muhammad Kamil wegen des politischen Attentatsversuchs statt. Sadat hatte sich immer danach gesehnt, Schauspieler zu werden, und da er sich nun wieder in Gefangenschaft befand, mit reichlich Zeit, schrieb er ein Stück, in dem er den Kalifen Harun al-Rashid spielte, dessen Heldentaten zur Grundlage von *Tausendundeine Nacht* wurden. Die Aufführung kam nicht gut an. „Das Publikum brüllte mich an, ‚hör auf mit dem Blödsinn'", gestand Sadat später. „Also hörte ich auf."[10]

Schließlich wurde er in das düstere Kairoer Zentralgefängnis verlegt und in Einzelhaft genommen, in Zelle 54. Sie war vollkommen kahl, bis auf eine Matte am Boden, eine schmutzige Decke und ganze Armeen von Ungeziefer an den Wänden. Abgeschnitten von der Außenwelt, ohne Radio oder Zeitung, überdachte er den Lauf seines Lebens. Eine seiner ersten Erkenntnisse bestand darin, unglücklich mit seiner Ehe zu sein, also beschloss er, sich scheiden zu lassen. Als er schließlich Zugang zu Lesematerial bekam, brachte er sich selbst Französisch bei.

Während dieser Zeit stieß er in der beliebten Zeitschrift *Reader's Digest* auf den Artikel eines amerikanischen Psychologen, was ihm half, mit „gewissen Nervenschwierigkeiten“[11], die ihn plagten, fertigzuwerden. Der Autor führte an, die Katastrophen, die einem Menschen zustießen, seien schicksalsbedingt und könnten nicht vermieden werden. Gott schicke Probleme ebenso wie gute Zeiten; es sei die göttliche Art, seine Geschöpfe zu lehren, die Rollen zu spielen, für die er sie erschaffen habe. Im Gegensatz zu dem strafenden Gott, den Sadat in der Religionsschule seines Dorfes zu fürchten gelernt hatte, lernte er aus dem Artikel in *Reader's Digest,* dass Gott gerecht und liebevoll sei. Manche Traumata mochten so tief sein, dass ein Mensch das Gefühl haben könnte, alle Zugänge zu ihm seien blockiert und das Leben selbst sei eine Gefängniszelle mit einer auf ewig versperrten Tür. Der Schlüssel, der die Gefängniszelle aufschließe, sei der Glaube.

Sadat fühlte sich befreit von dieser Neuigkeit. „Meine Beziehungen zum Universum erhielten neue Gestalt, und die Liebe wurde zur Quelle all meiner Taten und Gefühle“, schrieb er später. „Gewappnet mit dem Glauben und vollkommener Seelenruhe bin

ich seither selbst durch noch so aufregende Ereignisse niemals mehr erschüttert worden, ob nun im privaten oder im öffentlichen Leben.“[12] Er behauptete, er betrachte die letzten acht Monate im Gefängnis als die glücklichste Periode seines Lebens[13]. Doch als er schließlich Präsident wurde, ließ er das alte Gefängnis abreißen. Er bekam eine Spitzhacke und die Ehre, den ersten Schlag auszuführen. „Die Ziegel waren nass und leicht zu brechen“, erinnerte er sich. Unzählige Küchenschaben krochen aus dem von ihm geschlagenen Loch hervor. Nach dem ersten zeremoniellen Schlag konnte er nicht aufhören. „Ich hob meine Spitzhacke und schlug entschlossen auf die Mauer ein, so als ob ich das ganze Gefängnis allein zerstören müsste.“[14] Insgesamt verbrachte er fünf Jahre seines Lebens in verschiedenen Gefängnissen.

Begin sagte, für ihn sei das Gefängnis auch eine „Universität“ gewesen[15]. Als er mitten in seiner Schachpartie in Vilnius verhaftet wurde, raffte er ein paar Bücher für den, wie er annahm, längeren Aufenthalt zusammen. Er wählte die Bibel und eine englische Biografie von Disraeli[16]. Diese Bücher wurden ihm im gefürchteten Lukiškés-Gefängnis abgenommen, das über der Stadtmitte aufragte. Tausende Juden wurden dort eingekerkert; wenige würden es wieder verlassen. Zu Begins Zellenkameraden gehörten auch Generäle und hochrangige polnische Offiziere. Sie verbrachten die Zeit mit dem Erzählen von Witzen und vermieden offene Gespräche über Politik[17].

Begin wurde nächtelang verhört, und ihm wurde verboten, tagsüber zu schlafen. Nach mehreren Tagen solcher Verhöre hätten die Gefangenen alles unterschrieben, nur um wieder durchschlafen zu dürfen. Begin schien diese Verhöre, die sich zu Debatten ausweiteten, jedoch regelrecht zu genießen, und er zermürbte dabei seinen sowjetischen Vernehmungsoffizier, den er „Bürger-Richter“ zu nennen hatte, mit seiner juristischen Haarspalterei[18]. Begin erinnerte sich an eine dieser nächtlichen Diskussionen, bei der der Vernehmungsoffizier das Argument anbringen wollte, Zionismus sei eine andere Form des Imperialismus:

„Bürger-Richter, wir befürworten keine Kolonialregime“, sagte ich, „wir verlangen ein Kolonisierungsregime, und das sind zwei vollkommen unterschiedliche Konzepte.“

„Was ist der Unterschied? Versuchen Sie mich durch Wortspiele zu beeinflussen?“ „Nein, das ist kein Wortspiel. Ein Kolonialregime bedeutet die Herrschaft fremder Mächte über ein Land, das ihnen nicht gehört, und wir kehren in unser eigenes Land zurück ... Die Briten wollen ein Kolonialregime, während das, was wir wollen, in der Tat anti-kolonial ist.“ „Talmudismus! Kolonial, Kolonisierung, das ist ein und dasselbe. Sie wollen den arabischen Bauern nur ihr Land rauben!"

Obwohl Begin im Gefängnis nie eine mystische Verwandlung erlebte wie Sadat, wurde er zum demütigen Zeugen der Macht des Glaubens. Ein junger polnischer Korporal wurde in Begins Zelle einquartiert. Er war ungebildet, und allmählich nahm Begin ihn als Schüler an, unterrichtete ihn in Geschichte und Sprachen. Der Korporal war Atheist und erzählte gerne Geschichten über die Scheinheiligkeit katholischer Priester, die ihr Keuschheitsgelübde brachen. Eines Morgens sah Begin erstaunt, wie der Korporal zum Gebet auf die Knie sank. „Ich kann bezeugen, dass der wieder erstarkte Glaube dem Korporal bei fortgesetzter Gefangenschaft half, die Melancholie zu überwinden, die jeden Gefangenen überkommt", schreibt Begin. „Es ist eine Tatsache – und ich sah es mit eigenen Augen –, dass der Mensch in seinem Niedergang nichts hat, an das er sich klammern kann, nichts, um ihn zu trösten, bis auf den Glauben."[19]

Während Begin im Gefängnis war, bekam er ein Taschentuch von Aliza mit den eingestickten Buchstaben „OLA", eingeschmuggelt durch einen Freund[20]. Zuerst dachte Begin, es sei die falsche Schreibweise von Ala, ihrem Spitznamen, doch ein Zellengenosse erklärte ihm, gemeint sei das hebräische Wort *olah*, das für die Auswanderung nach Israel steht. Aliza ließ ihn wissen, wo er sie finden könnte, falls er je die Freiheit wiedersehen würde.

Schließlich wurde Begin ohne Gerichtsverfahren als „ein für die Gesellschaft gefährliches Element" verurteilt. Sein Vernehmungsoffizier wies ihn an, ein Geständnis zu unterschreiben, dass er „schuldig sei, der Vorsitzende der Betar-Organisation gewesen zu sein" – der jüdischen paramilitärischen Gruppe[21]. Begin sagte, er würde das Dokument unterschreiben, wenn der Bürger-Richter das Wort „schuldig" streiche. „Legen Sie schon wieder los? ... Sie sagten, Sie wären der Vorsitzende von Betar in Polen, und genau das habe ich geschrieben." „Ja, aber ich bin nicht schuldig." „Ah! Ah! Sie sind auf jeden Fall schuldig!"

Schließlich strich der Bürger-Richter das verletzende Wort, und Begin unterschrieb sein Geständnis. Als Begin in seine Zelle zurückgeführt wurde, rief ihm der Vernehmungsoffizier nach: „Ich will Sie nie wiedersehen!“[22]

Begin wurde nach Sibirien in einen Gulag geschickt, der in ihm Sehnsucht nach dem Elend des Lukiškés-Gefängnisses aufkommen ließ. Er blieb jedoch nur drei Monate dort. Später sollte er behaupten, er habe zwei Jahre in Gefangenschaft verbracht, doch insgesamt dauerte seine Gefängniserfahrung nur ein Jahr, von September 1940 bis September 1941[23]. Während er auf dem Weg nach Sibirien war, erklärte Deutschland der Sowjetunion den Krieg, und bald wurden alle polnischen Gefangenen entlassen, um gegen die Nazi-Verbündeten im Nahen Osten zu kämpfen. Die polnische Armee musterte Begin zunächst aus, weil er ein schwaches Herz und schlechte Augen hatte, gab aber seinem Einspruch nach. Seine überwiegend aus Juden bestehende Einheit wurde 1942 in den Nahen Osten verlegt. So wurde Begin wieder mit Aliza vereint. Er wurde nie zu Kampfhandlungen eingesetzt, übernahm aber bald nach seiner Ankunft in Palästina die Führung der Irgun, die durch frühere Betar-Mitglieder aufgestockt wurde. Die polnischer Armee stellte ihn für ein Jahr frei, und er meldete sich danach nie wieder zum Dienst.

Ohne seine Verhaftung wäre Begin vermutlich im Holocaust umgekommen, genau wie andere Mitglieder seiner Familie. Die Geschehnisse trugen ihn auf einer sehr mächtigen Flut mit. Andere Menschen mögen sich in der Woge der Geschichte hilflos fühlen, doch Begin hatte das Gefühl, vom Schicksal mitgetragen zu werden, genau wie Sadat.

In der Präsidentenlimousine schienen die beiden Männer es zu genießen, über ihre Zeit hinter Gittern zu sprechen. Als sie durch die Tore von Gettysburg fuhren, waren Sadat und Begin bester Stimmung.

Carter hatte seine Kenntnisse über die Geschichte von Gettysburg aufgefrischt. Ein paar Monate zuvor hatte er eine Einweisung durch den Historiker Shelby Foote erhalten, daher hatte der

Parkranger Carters Ausführungen wenig hinzuzusetzen. Durch diese grüne Hügellandschaft hatte Robert E. Lee, der General der Konföderierten, den Bruderkrieg in den Norden tragen wollen, nur um von der Potomac-Armee unter Major General Joseph Hooker aufgehalten zu werden. Mehr als 50 000 Männer fielen 1863 in den ersten drei Julitagen. Obwohl der Krieg noch zwei Jahre andauerte, wurde das Schicksal der Konföderierten bei Gettysburg entschieden.

Genau wie Carter, der die Schlacht in Annapolis studiert hatte, waren die anderen Militärangehörigen der Ausflugsgruppe durchaus vertraut mit den ehrwürdigen Namen der Orte, an denen die blutrünstige Schlacht stattgefunden hatte: Peach Orchard, Cemetery Ridge, Little Round Top. Sie betrachteten die Brustwehren und bewunderten die Mörser und Kanonen mit lebhaftem berufsmäßigen Interesse, machten Bemerkungen darüber, wie modern die Waffen aus jener Zeit wirkten, im Vergleich zu den medizinischen Kentnissen im Umgang mit den durch solche schrecklichen Vernichtungswaffen zugefügten Verwundungen[24].

„Sie sind mir ausgewichen, Mosche“, sagte Tohmani, während sie über das Schlachtfeld schlenderten. „Sind Sie wütend auf mich?“[25]

„Das bin ich“, erwiderte Dajan. Vor dem Gipfeltreffen hatte Tohami ein Interview gegeben, in dem er behauptete, Dajan habe Versprechen gebrochen, die er über den Sinai und Jerusalem gemacht habe. „Sind Sie der Antichrist?“, fragte Tohami[26].

Rosalynn fiel auf, dass Begin allein dastand, sogar von seiner Delegation isoliert. Vielleicht machte ihn der traurige Anblick des Schlachtfeldes nachdenklich. Er hatte nichts über die Pläne gesagt, die in diesem Moment gemacht wurden, Camp David zu verlassen.

Eines der Monumente auf der Cemetery Ridge markiert die „Hochwassermarke der Rebellion“. Hier wehrten die Iren der „69th Pennsilvania“ ein heftiges Artillerie-Trommelfeuer der Konföderierten ab, gefolgt von einem der katastrophalsten Infanterieangriffe der Militärgeschichte, bekannt als Pickets Charge. 12 500

Männer, viele davon Farmjungen aus Georgia, marschierten über einen Kilometer offenes Gelände, unter dem vernichtenden Beschuss der Yankees. Die Hälfte der Soldaten auf beiden Seiten fiel. Die Linie der Union geriet ins Wanken, doch Verstärkung schlug den Angriff der Südstaatler zurück. Es war ein rücksichtsloser, brutaler Kampf, bei dem Kanonen von Kartätschen abgelöst wurden, Musketenfeuer von Bajonetten, und schließlich hielten die Iren von der „69th" mit bloßen Fäusten die Stellung. Die geschlagenen Konföderierten zogen sich im Schutz von Regen und Dunkelheit nach Virginia zurück. Carter fügte stolz hinzu, dass die Rebellen selbst unter diesen Bedingungen ohne Panik und ungebrochen im Geiste gewesen seien[27].

Dajan hatte die Gedenkstätte schon zuvor besucht, war jedoch bewegt von Carters emotionaler Nacherzählung des Krieges, der die junge Nation zerrissen hatte. „Er schien jeden Hügel und Felsbrocken zu kennen, der ihnen als Deckung gedient hatte", schrieb Dajan. „Und als er die Geschichte erzählte, wie die abgerissenen, heruntergekommenen und barfüßigen Soldaten des Südens zusätzliche Motivation bekamen, Gettysburg zu erobern, als sie hörten, dass es dort große Lager mit Stiefeln gebe, schien er über seine eigene Familie zu sprechen."[28]

Tatsächlich hatte Carters Urgroßvater Littleberry Walker Carter mit den Konföderierten in Gettysburg gekämpft, zusammen mit seinen beiden Brüdern. Sie überlebten den Krieg und kehrten zu Fuß nach Hause zurück, durch geplünderte Städte, über verbrannte Felder, mit seelischen Verletzungen, wie sie die Region noch ein ganzes Jahrhundert lang plagen sollten. 30 Prozent der Männer des Südens in wehrfähigem Alter waren im Krieg gefallen. Ein Großteil der Zivilisation war vernichtet worden, und die Region wurde wieder zum Grenzgebiet. Die wahren Kosten solcher Verwüstung lassen sich nicht messen, doch der Friedhof in Gettysburg ist eine düstere Erinnerung – Reihe um Reihe schlichter Grabsteine. Carter bemerkte, dass Lincoln hier auf diesem Friedhof seine berühmte *Gettysburg Address* gehalten habe, als er zur Einweihung des Friedhofs für die Unions-Soldaten gekommen sei[29].

„Vor 87 Jahren gründeten unsere Väter auf diesem Kontinent eine neue Nation, in Freiheit gezeugt und dem Grundsatz geweiht, dass alle Menschen gleich geschaffen sind."

Alle wandten sich erstaunt zu Begin um. Seine Stimme war zunächst sehr leise, als rezitiere er die Rede für sich selbst.

„Nun stehen wir in einem großen Bürgerkrieg, der eine Probe dafür ist, ob diese oder jede andere so gezeugte Nation dauerhaft Bestand haben kann ..."

Begins Stimme war kräftiger geworden, und er fuhr in seinem hörbaren polnischen Akzent fort:

„Doch in einem höheren Sinne können wir diesen Boden nicht weihen, können wir ihn nicht segnen, können wir ihn nicht heiligen. Doch die tapferen Männer, Lebende wie Tote, die hier kämpften, haben ihn mehr geweiht, als dass unsere schwachen Kräfte dem etwas hinzufügen oder etwas davon wegnehmen könnten ..."

Carter erkannte, dass Begin Gettysburg auf andere Weise verstand als die Männer des Militärs. Für Begin war Gettysburg nicht nur der Ort einer bedeutenden Schlacht, sondern markierte den Punkt eines der großartigsten Momente präsidialer Führerschaft in der Geschichte, als die Macht des Wortes sich über das militärische Getöse erhob und eine verwüstete Nation zusammenfügte.

„Es ist vielmehr an uns, der großen Aufgabe geweiht zu werden, die noch vor uns liegt – auf dass uns die edlen Toten mit wachsender Hingabe erfüllen für die Sache, der sie das höchste Maß an Hingabe erwiesen haben – auf dass wir hier feierlich beschließen, dass diese Toten nicht umsonst gestorben sein sollen –

auf dass diese Nation, unter Gott, eine Wiedergeburt der Freiheit erleben soll – und auf dass die Regierung des Volkes, durch das Volk und für das Volk, nicht von der Erde verschwinden möge."

Rosalynn bebte vor Ergriffenheit. Vielleicht war es ein Wendepunkt, dachte sie; vielleicht wusste Begin wirklich zu schätzen, was Frieden war und was er für sein Land bedeuten konnte[30].

Später am Nachmittag, zurück in Camp David, traf sich Carter, begleitet von Mondale, Vance und Brzezinski, mit Begin, Weizman und Dajan. Die Zeit war gekommen, jedem Team das amerikanische Dokument zu präsentieren. „Darin tauchen Formulierungen auf, die sowohl für Sie als auch Sadat schwer zu akzeptieren sein dürften – nicht, weil sie Ihren Länder schaden, sondern weil sie sich stark von den Positionen unterscheiden, die Sie eingenommen haben, und von Statements, die Sie in der Vergangenheit abgegeben haben“, warnte Carter die Israelis[31]. Er hatte bewusst gewisse heikle Themen – Souveränität über die West Bank und den Gazastreifen, israelische Siedlungen und den Rückzug vom Sinai – für später gelassen, obwohl auch sie letztendlich angesprochen werden mussten.

Weizman bemerkte, wie Begins Gesicht immer bleicher wurde, während er langsam die verschiedenen Abschnitte des amerikanischen Papiers durchlas – „17 Seiten hochbrisanter Sprengstoff“, wie Weizman es bezeichnete[32]. Als er fertig war, richtete Begin schließlich den Blick auf Carter. „Wir würden Sie ebenfalls bitten, dass Sie die Übergabe dieses Dokuments an Präsident Sadat verschieben“, sagte er und berief sich auf Kissingers Vereinbarung von 1975, jeden Friedensvorschlag mit Israel zu koordinieren[33].

„Ich habe diesen Vorschlag nicht mit der Idee entworfen, dass beide Seiten ihn wesentlich verändern würden“, antwortete Carter gereizt. „Ich habe versucht, dabei im Hinterkopf zu behalten, was Israel möchte und braucht. Am wesentlichsten sind Ihre dauerhaften guten Beziehungen zu Ägypten, was eine adäquate Sicherheit für Israel sicherstellen würde.“

Begin monierte den Verweis auf die UN-Resolution 242 bezüglich der „Unzulässigkeit des Gebietserwerbs durch Krieg“. Er sagte, das sei inakzeptabel. „Die Formulierung trifft nur auf Angriffskriege zu“, sagte er. „Der Krieg von 1967 gibt Israel das Recht, Grenzregionen zu verändern.“

„Lehnen Sie die Resolution 242 des UN-Sicherheitsrates ab?“, fragte Carter mit erhobener Stimme. „Diese Formulierung zu streichen, würde bedeuten, dass wir keine Basis für Verhandlungen haben, weder jetzt noch in Zukunft. Was Sie sagen, überzeugt mich davon, dass Sadat recht hatte – was Sie wollen, ist Land!“

Das Treffen wurde auf den späteren Abend vertagt, um den Israelis die Möglichkeit zu geben, das Dokument sorgfältiger zu lesen. Carter schickte Sadat widerstrebend die Nachricht, er sei nicht in der Lage, den Ägyptern das Dokument vorzulegen, bevor die Israelis ihre Meinung geäußert hätten.

Nachdem die Amerikaner gegangen waren, bemerkte Begin: „Meine Herren, die Amerikaner haben einfach den ägyptischen Plan abgeschrieben.“[34] Er war so wütend, dass Weizman fürchtete, Begin könnte einen weiteren Herzinfarkt erleiden. Aber Begins Anordnung, nach Israel zurückzukehren, wurde beiseitegeschoben, zumindest für den Moment.

Carter und die Amerikaner kamen um halb zehn abends zu einer weiteren Sitzung. Begin eröffnete sie mit einem kurzen Lob für gewisse Abschnitte – „die Sache mit Jerusalem gefällt mir“ –, bestand nun jedoch darauf, dass alle Verweise auf die UN-Resolution 242 gestrichen wurden[35].

„Jetzt ist nicht der Moment, um den heißen Brei herumzureden“, sagte Carter wütend[36]. Wenn er gewusst hätte, dass die Israelis beabsichtigten, sich von der Resolution zu distanzieren, „hätte ich Sie weder nach Camp David eingeladen, noch dieses Treffen veranstaltet.“ „Das ist seit elf Jahren unsere Position“, erwiderte Begin. „Vielleicht liegt es daran, dass Sie seit elf Jahren keinen Frieden haben“, blaffte Carter. „Israel hat die 242 wiederholt gebilligt, aber jetzt sind Sie nicht bereit, die Formulierung anzuerkennen.“

„Ich bin bereit, sie anzuerkennen, aber nicht auf der Basis dessen, was in Ihrem Vorschlag folgt.“

Carter hielt das für „Geschwafel“. Er wies Begin darauf hin, dass die gesamte UN-Resolution aus einem einzigen Satz bestehe; es sei unmöglich, die anstößigen Klauseln zu entfernen und nur die zu bewahren, mit denen Israel einverstanden sei. Wenn eine der beiden Delegationen anfinge, bewährte Vereinbarung oder Resolutionen über Bord zu werfen, würde sich das Gipfeltreffen rückwärts bewegen. Außerdem sei der amerikanische Vorschlag flexibel; er würde zugestehen, dass über die endgültigen Grenzen verhandelt werden würde, um Israels legitime Sicherheitsbedenken zu berücksichtigen.

„Sadat will eine Vereinbarung mit Israel zu diesen Bedingungen, und sie sind eine Gefahr für Israel", beharrte Begin. „Wir sprechen hier über die bloße Existenz unserer Nation."

Begin drückte sich stets in dieser apokalyptischen Sprache aus, was Carters Meinung nach jedes vernünftige Gespräch torpedierte. Selbst die anderen Israelis schien Begins Pathos ungeduldig zu machen. „Machen wir weiter", drängte Weizman. Aber Begin unterwarf jeden einzelnen Punkt des amerikanischen Vorschlags derselben qualvollen, minuziösen Überprüfung.

„Hören Sie, wir versuchen dabei zu helfen, Ihrem Land Frieden zu bringen", sagte Carter frustriert. „Sie vermitteln uns das Gefühl, wir würden uns absichtlich besondere Mühe geben, so unfair wie möglich zu Israel zu sein."[37]

Stunden vergingen. Kaffee und etwas zu essen wurden hineingeschickt. Begin wischte eine Bestimmung beiseite, die für die Öffnung der internationalen Wasserwege sorgen sollte, und behauptete, Ägypten habe kein Recht, Suez überhaupt für den israelischen Schiffsverkehr zu sperren, als sei das kein Zugeständnis. Obwohl Carter die umstrittensten Fragen bezüglich der West Bank und des Gazastreifens zurückgestellt hatte, erhob Begin ständig Einspruch gegen jeden verbliebenen Verweis auf die Palästinenser; nach Carters Meinung war dem israelischen Regierungschef deren Notlage völlig gleichgültig. Begin lehnte den Verweis auf ihre „legitimen Rechte" ab und sagte, das sei eine Tautologie und wer wisse, wohin das führen würde.

Carter hatte das mit aufgenommen, was er als Begins eigenen Vorschlag für „volle Autonomie" für das palästinensische Volk betrachtete, doch selbst dafür machte Begin andere sprachliche Vorschläge. Ja, die Palästinenser würden Autonomie bekommen, aber die israelische Regierung würde deren Gesetzgebung genehmigen, eine Militärregierung einsetzen und ein Veto über alle vom palästinensischen Verwaltungsrat getroffenen Entscheidungen behalten.

„Sie wollen die West Bank zu einem Teil Israels machen“, folgerte Carter. „Kein Araber, der etwas auf sich hält, würde das akzeptieren. Das sieht nach einem Trick aus.“[38]

Es war sicherlich keine „volle Autonomie“.

„Autonomie bedeutet nicht Souveränität“, sagte Begin.

Stimmen hoben sich, auch die von Carter. Als Dajan zu Wort kam, sagte er, die Israelis würden einige ihrer Einwände zu dem Vorschlag überdenken. „Wir sind nicht auf politische Kontrolle aus“, sagte er. „Falls das auf Sie so wirkt, werden wir es uns erneut ansehen.“ Er machte sich offen über Begins Vorschlag lustig, die Formulierung „Jerusalem, die Hauptstadt Israels“ in den Text einzufügen, da Sadat so ein Dokument nie unterzeichnen würde. Carter erkannte allmählich, dass er Verbündete im israelischen Team hatte. Dajan und Weizman sprachen hin und wieder auf Hebräisch mit Begin und drängten ihn anscheinend, aufgeschlossener für Carters Vorschlag zu sein.

Es war fast 3 Uhr morgens, als Begin erneut auf die Formulierung von Resolution 242 zurückkam, in der hervorgehoben wurde, eine gewaltsame Besetzung von Gebieten sei inakzeptabel. „Das akzeptieren wir nicht!“, verkündete er[39].

„Herr Premierminister“, erwiderte Carter sofort, „das ist nicht nur die Ansicht Sadats, es ist auch die amerikanische Ansicht, und Sie werden sie akzeptieren müssen.“ Weizman bemerkte, dass Carter die Lippen zusammenpresste und seine blauen Augen vor Wut blitzten. Er zerknüllte die vor ihm auf dem Tisch liegenden Papiere und warf seinen Bleistift hin. „Sie werden das akzeptieren müssen!“, wiederholte er.

„Herr Präsident“, sagte Begin knapp, „bitte keine Drohungen.“

Nachdem das Treffen in allgemeiner Verbitterung endete, bat Carter Dajan, ihn zu seiner Hütte zu begleiten. Er machte seinem Ärger Luft über das, was er als Begins Blockadepolitik betrachtete, und bat um Dajans Hilfe.

Sie setzten sich zusammen auf die Veranda von Carters Hütte und sprachen leise, um Rosalynn nicht zu wecken. Dajan sagte,

Carter würde Begin missverstehen. Er wolle wirklich Frieden, doch das Problem der Sinai-Siedlungen stehe im Weg. Für Begin sei es eine Sache des Prinzips, dass es Juden erlaubt sein sollte, überall zu leben. Am Vorabend von Camp David habe Begin seiner eigenen Delegation geschworen, sich niemals aus den Siedlungen auf dem Sinai zurückzuziehen, und wenn man ihn dazu drängte, würde er abreisen[40]. Angesichts dessen, meinte Dajan, könnte Carter vorschlagen, dass Sadat den Israelis erlaube, dort weiterhin zu leben, zumindest vorübergehend, genau wie in Kairo oder Alexandria. Wenn Sadat zustimmte, könnte das Begin zufriedenstellen.

Bevor Dajan sich verabschiedete, ging Carter in die Hütte und kam mit einer Tüte Erdnüsse heraus. Die seien aus Georgia, sagte er stolz. Sie seien in Salzwasser eingeweicht worden, ungeschält, was der Grund für ihren speziellen Geschmack sei. Dajan war gerührt über diese simple Geste[41].

Es war fast Tagesanbruch, aber immer noch dunkel, und Dajan war ein wenig desorientiert, als er sich auf den Weg zu seiner Hütte machte. Nach dem Verlust des linken Auges im Kampf war seine größte Furcht, auch das Augenlicht des anderen zu verlieren; und jetzt, obwohl er es zu verbergen suchte, wurde er wirklich blind. Als er losging, prallte er direkt gegen einen Baum[42]. Carter rannte zu ihm. Blut strömte aus Dajans Nase. Carter führte ihn auf den Hauptweg.

Als Carter schließlich ins Bett kam, fragte Rosalynn: „Was ist passiert?“[43] Es war fast 4 Uhr morgens. „Begin machte ein großes Trara um jedes Wort“, sagte er müde. „Ich erzähle dir morgen früh davon.“ Wenn Dajan oder Weizman Premierminister wären, gäbe es inzwischen einen Friedensvertrag, glaubte Carter, doch er bekomme allmählich Zweifel an Begins Zurechnungsfähigkeit. Kurz bevor er einschlief, fügte er hinzu, Begin sei ein Psychopath[44].

Siebter Tag

7

Dajans Kollegen machten sich Sorgen um ihn[1]. Er hatte offensichtlich schon Schmerzen gehabt, bevor er gegen den Baum lief. Der berühmte Krieger war 63 Jahre alt und bei schlechter Gesundheit. Er ging nur ungern zum Arzt, daher litt er vermutlich bereits an dem Krebs, der erst sieben Monate später diagnostiziert wurde. Nach außen hin blieb er stoisch, doch er stöhnte im Schlaf. Außerdem hatte er sich nie ganz von einem Unfall erholt, der ihm zehn Jahre zuvor zugestoßen war, während eines Erdrutschs in einer prähistorischen Grabhöhle nahe Tel Aviv, wobei er sich Rippen und mehrere Wirbel angebrochen hatte.

In Israel ist Archäologie eine nationale Leidenschaft, aber Dajan war ein Fanatiker. Da er eher weltlich eingestellt war und die theologischen Belege für die Existenz Israels nicht überzeugten, wurden die im Boden vergrabenen Beweise für Israels vergangene Existenz zu einer Art religiösem Ersatz. Er ging dem mit dem Eifer des inbrünstig Gläubigen nach[2]. Sein Haus im militärischen Vorort von Zahala wurde zu einem archäologischen Garten, angefüllt mit unschätzbaren Artefakten, die er in Ausgrabungsstätten überall im Land entdeckt – oder geraubt – hatte. Regelmäßig brach er in geschützte Stätten ein und benutzte sogar die Armee, um seine Schätze abzutransportieren. Sein Hobby wurde zu einer nationalen Blamage. Man betrachtete ihn mehr als Grabräuber denn als begeisterten Hobby-Archäologen. Zusätzlich zu den Käufen von Antiquitätenhändlern ließ sich Dajan Stücke von Dieben und Schmugglern besorgen. Die Leute waren schockiert, wenn sie ihn mit einer Schaufel in ihrem Garten fanden, auf der Suche nach möglichen Ausgrabungsstätten. Jeden freien Moment verbrachte er allein in seinem Atelier und klebte Tonscherben für seine Sammlung zusammen. Das waren seine glücklichsten Momente.

Als der Sechs-Tage-Krieg endete, übernahm Dajan die Aufsicht über die heiligen Stätten in Jerusalem. Für einen Mann, der den

Tod von mehr Arabern verschuldete als möglicherweise jeder andere Israeli, erwies sich Dajan als erstaunlich progressiver und freigiebiger Verwalter. Am ersten Samstag nach Kriegsende traf er sich mit muslimischen Würdenträgern, zu denen auch der Mufti von Jerusalem gehörte, in der al-Aqsa-Moschee. Respektvoll zog er die Schuhe aus und nahm auf dem Teppich Platz. Die Muslime empfingen Dajan voller Beklommenheit. Sie wussten, dass sich viele Juden nach dem Augenblick gesehnt hatten, an dem die Moscheen auf dem Tempelberg abgerissen und an ihrer Stelle der Tempel erneut errichtet werden konnte; und sollte diese Zeit je kommen, dann sicherlich im Nachgang ihres blitzartigen Sieges. Stattdessen teilte Dajan ihnen mit, dass die Juden nun zwar Zugang zum Tempelberg hätten, doch es würde keine andere Änderung geben. Er bat die Würdenträger, ihre Freitagsgottesdienste wieder aufzunehmen.

Er ließ alle Barrikaden und Schutzmauern gegen Heckenschützen abreißen, die Jerusalem geteilt hatten, und statt die arabischen Gemeinden auf der West Bank abzuriegeln, ordnete er freien und ungehinderten Verkehr in beide Richtungen an, ohne Kontrollstellen oder Passierscheine. Trotz der Proteste jüdischer Behörden und düsterer Prognosen der Polizei war es ein bemerkenswert friedlicher Übergang. „In der Stadt herrscht eine festliche Atmosphäre“, schrieb Teddy Kollek, der Bürgermeister von Jerusalem, Dajan am Tag nach dem Abriss der Barrieren. „Hut ab! Du hattest recht; die Araber strömen auf den Zionplatz, und die Juden drängen sich in den Basaren.“[3] Ein zufriedener Dajan bemerkte: „Der Polizei blieb nicht viel anderes zu tun, als zu versuchen, das Verkehrschaos zu ordnen.“[4]

Noch dramatischer: Dajan führte eine Politik der „offenen Brücken“ ein, damit sich die Bewohner der West Bank frei über den Jordan bewegen konnten. Auf diese Weise wurde es arabischen Bürgern möglich, die Universitäten zu besuchen oder sich mit Freunden und Familienmitgliedern zu treffen. Dajan hoffte, die offenen Brücken würden einen engeren Kontakt zwischen Israelis und Arabern herstellen. Arabern war gestattet, in Israel zu arbeiten, was auf der West Bank und im Gazastreifen zu einem wirtschaftlichen Aufschwung führte. Doch Dajans Erwartungen, dass die Bewegungsfreiheit der Menschen in den besetzten Gebieten zu einer friedlichen Koexistenz zwischen Israelis und Palästinensern führen würde, erwies sich als illusorisch. Die arabischen Länder revanchierten sich nicht damit, israelischen Bürgern freien Zugang zu erlauben, und die Besatzung verstärkte nur den palästinensischen Radikalismus, was zu Terrorakten und brutalen israelischen Vergeltungsmaßnahmen führte.

Es war Dajans Entscheidung gewesen, die West Bank einzunehmen, aber dadurch schuf er ein beständiges politisches Problem, dem sein Idealismus nicht gewachsen war. Seine Politik der Ausbreitung jüdischer Siedlungen in den besetzten Gebieten stand dem Frieden im Weg. Vielleicht war das immer sein Ziel gewesen. Im September 1967, direkt nach Kriegsende, verkündete er, eines seiner Hauptziele sei, die Möglichkeit einer zukünftigen arabischen Mehrheit in den besetzten Gebieten zu verhindern, und das zu einer Zeit, als dort noch kein einziger Jude lebte[5].

Sadat zeigte keine Geduld mit Dajans Kompromiss. Er teilte Carter mit, es komme nicht infrage, dass Israelis in den Sinai-Siedlungen verblieben, selbst wenn das Land an Ägypten zurückgegeben wurde. Carter fragte, ob er Juden aus anderen Nationen, einschließlich Israels, gestatten würde, in ägyptischen Städten wie Kairo oder Alexandria zu leben.

„Natürlich." Dann sei es unlogisch, erklärte Carter, dass er ihnen verbot, auf dem Sinai zu leben. „Manche Dinge im Nahen Osten sind nicht logisch", informierte ihn Sadat[6].

Während sie miteinander sprachen, traf der revidierte amerikanische Vorschlag mit den eingearbeiteten israelischen Änderungen endlich ein. Sadat überflog ihn und verlangte erstaunlich wenige Veränderungen, außer einer: Er wollte, dass ägyptische und jordanische Streitkräfte Zugang zur West Bank und zum Gazastreifen bekamen, damit es nicht so aussah, als stimmte er der ausschließlich israelischen Militärbesatzung zu. Carter schlug vor,

Sadat solle das Dokument ergänzen, um diplomatische Anerkennung und einen Austausch von Botschaftern mit aufzunehmen, als Geste des guten Willens, aber Sadat brachte mit erstickter Stimme hervor, das könne er erst tun, wenn Begin nicht mehr im Amt sei.

Dann sprach Carter Jerusalem an. Er wusste, wie wichtig die Stadt für die Ägypter war, doch das war ein Problem, das Carter vom Tisch haben wollte – um Sadats willen. Jeder Kompromiss würde Gegenstand für Angriffe Radikaler auf beiden Seiten sein; es war zu gefährlich für Sadat, das Problem allein lösen zu wollen. Carter riet ihm zu warten und König Hussein und andere mit einzubeziehen, damit er die Verantwortung nicht allein tragen müsse. Sadat hörte ihm zu, antwortete jedoch nicht.

„Sadat ist klüger als ich", erzählte Carter Rosalynn beim Lunch[7]. Er berichtete, Sadat habe ihm innerhalb der ersten 15 Minuten ihres Treffens an diesem Morgen vier Dinge über Begin mitgeteilt:

1. Er will oder gedenkt nicht, irgendetwas zu unterschreiben, während er hier ist
2. Camp David wird ihn bloßstellen
3. Er will Land
4. Camp David ist eine Falle für ihn

„Ich glaube, er hat in allen vier Dingen recht", sagte Carter.

Während Jimmy und Rosalynn beim Lunch saßen, traf sich die besorgte ägyptische Delegation endlich allein mit Sadat. Den ganzen Morgen über hatten die Ägypter ihre israelischen Kollegen dabei beobachtet, wie sie zur Holly Lodge hinüberliefen oder radelten, wo die Amerikaner eilig die israelischen Einwände in einen neuen Entwurf einarbeiteten. Die Israelis übergaben ein paar Seiten, dann eilten sie zurück in ihre Hütte. Bald danach sprang ein Amerikaner aufs Fahrrad und brachte den Israelis ein paar Seiten. Der Grad an Misstrauen innerhalb der ägyptischen Delegation war naturgemäß sehr hoch, und sie nahmen die unausgewogene

Beziehung zwischen den drei Parteien äußerst übel – zwei gegen einen, ihrer Meinung nach.

Aber die Ägypter verhandelten nicht nur mit den Amerikanern und den Israelis; ihr wahres Problem war ihr eigener Präsident. Bisher war Sadat das einzige Mitglied ihres Teams, das den amerikanischen Vorschlag gesehen hatte. Er legte ihn schließlich vor und bat Boutros-Ghali, das Dokument laut vorzulesen, bevor er die Debatte eröffnete. Den frustrierten Delegierten wurde augenblicklich klar, dass er ihren Bemerkungen keine Aufmerksamkeit schenkte. Wann immer Sadat abgelenkt war, starrte er in den Raum und fummelte an seiner Pfeife herum. Er stimmte bereitwillig zu, als Kamil vorschlug, der Delegation zu erlauben, sich zurückzuziehen und über den Vorschlag unter sich zu diskutieren.

Kamil glaubte, das amerikanische Dokument sei vollständig von israelischen Ideen kontaminiert. Das Recht der Palästinenser auf Selbstbestimmung und die Rückkehr der Flüchtlinge war unglaublich vage formuliert worden. Es gab keine Forderung nach einem israelischen Rückzug vom Sinai und der West Bank. Das Dokument schien nur auf die israelischen Sicherheitsbedürfnisse einzugehen, auf Kosten aller anderen Fragen.

Als sie zu Sadat zurückkehrten, um ihn über ihre Reaktionen zu informieren, hatte sich seine Stimmung radikal verändert. Es war, als sei ein Sturm durch die Hütte gefahren. Er wütete gegen Begins Unnachgiebigkeit und beschwerte sich, dass der amerikanische Vorschlag eine schrittweise Rückgabe des Sinai an die Ägypter forderte, statt alles auf einmal zurückzugeben. Die Delegierten jubelten; sie empfanden das alle genauso. Dann verkündete Sadat, er werde sich von den Gesprächen zurückziehen und Camp David am nächsten Morgen verlassen.

Was? Abreisen? Boutros-Ghali merkte vorsichtig an, eine Abreise aus Camp David mit nichts in der Hand würde Sadats Regierung in Gefahr bringen. Sadat blaffte ihn an: „Sie verstehen überhaupt nichts von Politik!“[8] Dann wies er alle hinaus, damit er seinen Mittagsschlaf halten konnte.

Der verstörte Kamil ging zusammen mit Tohami hinüber zum Speisesaal. Was sollten sie jetzt tun? Reisten sie wirklich ab, oder spielte Sadat nur wieder Theater? Unterwegs begegneten die beiden Präsident Carter auf dem Fahrrad. Er begrüßte sie und gab der Hoffnung Ausdruck, sie würden in der Lage sein, innerhalb der nächsten paar Tage zu einer Einigung zu kommen. „Es tut mir leid, aber ich kann Ihren Optimismus nicht teilen, Herr Präsident", erwiderte Kamil. „Die israelische Haltung ist so verstockt und unnachgiebig wie immer. Und das uns unterbreitete US-Projekt bleibt weit hinter dem Minimum dessen zurück, was wir akzeptieren können."

Carter erklärte, der Text sei Gegenstand für Verhandlungen; der Punkt sei, ein für beide Seiten annehmbares Abkommen zu erreichen.

„Unser Problem ist, dass wir nicht berechtigt sind, irgendwelche Zugeständnisse in Bezug auf die besetzten arabischen Gebiete zu machen", sagte Kamil. „Bei Sicherheitsabkommen und Friedensbeziehungen können wir sehr flexibel sein. Es ist jedoch offensichtlich, dass die Israelis nicht *dahinter* her sind." Er bat Carter, Sadat nicht weiter unter Druck zu setzen. Die anderen arabischen Staaten würden keinen Pakt anerkennen, der territoriale Zugeständnisse einschloss. „Wenn Sie wollen, dass diese Konferenz Erfolg hat, muss eine Einigung über den israelischen Rückzug von der West Bank, dem Gazastreifen und dem arabischen Jerusalem erreicht werden. Das wird die anderen Parteien veranlassen, sich dem Friedensprozess anzuschließen."

„Es kommt mir so vor, als wären Sie nicht im Stande, mein Ziel zu erkennen", erwiderte Carter eisig. „Ich halte es für unfair, von Präsident Sadat zu verlangen, die gesamte Verantwortung für den arabisch-israelischen Konflikt zu tragen." Er teilte ihnen mit, dass er vorhabe, ebenfalls um die Unterstützung der Könige von Jordanien und Saudi-Arabien zu bitten.

„Da haben wir es wieder!", rief Kamil. „Weder König Hussein noch König Khalid werden zustimmen, sich den Gesprächen anzuschließen, solange sie nicht auf dem Rückzug Israels von der West Bank und aus Jerusalem basieren."

Carter machte mit seinen Fahrrad kehrt und fuhr davon, woraufhin Kamil sich noch frustrierter und von den Verhandlungen isolierter fühlte.

Kamil ging direkt zu Sadat und berichtete von dem Gespräch mit Carter. Er fand den ägyptischen Präsidenten allein vor, gelangweilt und einsam. Nachdem die Führung der Verhandlungen nun bei den Amerikanern lag, hatten weder Sadat noch Begin viel mehr zu tun als ängstlich auf den nächsten Entwurf zu warten. Beide Regierungschefs versanken in einer Art nervöser Passivität, während Carter sich ununterbrochen antrieb.

Während Kamil seinen Bericht erstattete, klingelte das Telefon in Sadats Hütte. König Hussein war am Apparat. Sadat teilte dem jordanischen Monarchen mit, er sei wegen Begins entschiedenem Widerstand gegen neue Ideen nicht optimistisch über das Erreichen eines Abkommens[9]. Er bat Hussein, sich dem Gipfeltreffen anzuschließen, doch der König lehnte mit der Begründung ab, das könne er nicht tun, bevor Israel den völligen Rückzug von der West Bank garantiere. Das entsprach genau der Warnung, die Kamil Carter gegeben hatte. Sadat stand in dieser Sache allein. Er würde den Preis bezahlen müssen.

Als Kamil in seine Hütte zurückkehrte, versuchte Boutros-Ghali erneut, ihn zu beruhigen. Kamil sagte, er fühle sich von den Amerikanern betrogen, die offensichtlich angesichts des israelischen Drucks eingeknickt seien. Es sei eine Falle, glaubte er; bei jedem Schritt würden die Ägypter nicht mit den Israelis verhandeln, sondern mit deren amerikanischen Partnern. Der großartige Plan der Ägypter für Camp David habe darin bestanden, eine tiefere Allianz mit den Amerikanern zu schaffen, unabhängig vom Resultat der Gespräche mit Israel. Jetzt setze Sadat die Beziehung Ägyptens zu den USA aufs Spiel, und es gebe nichts, was Kamil dagegen tun könne. Sadat verhandele hinter ihrem Rücken.

Boutros-Ghali wies ihn darauf hin, dass sie nur hier seien, um Sadat zu unterstützen. „Wir müssen *al-Rayyis* unseren Rat anbieten", sagte er und benützte den ägyptischen Ausdruck für Oberhaupt, „doch die endgültige Entscheidung liegt bei ihm."

„Aber *al-Rayyis* ist besessen!", rief Kamil[10].

Nach dem Lunch wurde das Wetter kühler; ein leichter Regen fiel, passend zur gedrückten Stimmung der Delegierten. Weizman war erschöpft, wie alle anderen, und ergriff die Gelegenheit, zu einem Mittagsschlaf in seine Hütte zurückzukehren. Er zog sich aus und ließ sich aufs Bett fallen. Plötzlich wurde er von Carters Stimme geweckt: „Mr. Weizman!"[11]

Weizman war verblüfft, den Präsidenten im Türrahmen stehen zu sehen. Entsetzt sprang er aus dem Bett und zog seine Hose an. „Ich möchte mich gerne mit Ihnen unterhalten", erklärte Carter mit verlegenem Lächeln und starrte in die Luft, während Weizman sich anzog. Dann machten die beiden Männer einen Spaziergang.

Weizman war schon früher beeindruckt gewesen von Carters präziser Denkweise. Nie äußerte er auch nur eine überflüssige Silbe, und er klang, als wären seine Gedanken von einem Computer programmiert worden. „So denkt ein Ingenieur", rief sich Weizman ins Gedächtnis. „In Quadraten und Rechtecken."

Carter machte klar, dass die Gespräche an einem entscheidenden Punkt angelangt wären. Die Amerikaner hatten ihren Vorschlag gemacht. Beide Seiten hatten ihn abgelehnt. Irgendjemand würde nachgeben müssen. Weizman hatte keinen Zweifel daran, wer dieser Jemand sein würde.

Inzwischen waren die Amerikaner dahintergekommen, welche Rollen die beiden israelischen Hauptberater in ihrer Delegation spielten. Weizman war hier, um den Kontakt zu den Arabern aufrechtzuhalten, vor allem zu Sadat, der jedes Mal aufstrahlte, wenn der israelische Verteidigungsminister den Raum betrat. Sein Charme und seine Überschwänglichkeit standen in angenehmem Gegensatz zu dem mürrischen Begin. Im Vergleich dazu war Dajan ein stumpfes Instrument. Von Natur aus düster und pessimistisch, war er andererseits ein kreativer Denker und derjenige, der es noch am ehesten fertigbrachte, Begin zu Zugeständnissen zu bewegen. Carter bat ihn zu sich. Dajan erklärte sich bereit, nach dem Abendessen zu kommen, aber er wolle jemanden mitbringen[12].

Der Mann, der ihn begleitete, war Aharon Barak, ein israelischer Anwalt, der gerade an den Obersten Gerichtshof Israels berufen worden war. Barak sprach in überraschender Offenheit mit Carter. Er erklärte, die Sinai-Frage sei für Begin vor allem deswegen wichtig, weil er befürchte, die Räumung der Siedlungen auf dem Sinai würde einen Präzedenzfall für die West Bank und die Golanhöhen schaffen. Für Carter war das eine Erleuchtung. Er erfuhr auch, dass Begin bei Amtsantritt versprochen hatte, sich in einer der Sinai-Siedlungen zur Ruhe zu setzen, daher sei das Thema ebenfalls eine Frage der Ehre für ihn[13]. Und Ehre war der innere Kern von Begins Persönlichkeit.

Carter machte seiner Frustration über einige der letzten israelischen Reaktionen auf den amerikanischen Vorschlag Luft, und ein überraschter Dajan wies ihn darauf hin, die Veränderungen seien gar nicht so dramatisch, wie er sich vorstellte. Barak und Dajan räumten ebenfalls ein, dass Begin den amerikanischen Vorschlag nicht vollständig ablehnte. Zu jeder Frage gebe es drei mögliche Vorgehensweisen. Eine sei, dass Begin der Sache einfach zustimmte; eine weitere, dass er zustimmte, sie aber der Knesset oder dem Kabinett zur Bestätigung vorlegen würde; und schließlich, dass er mit diesem Punkt nicht einverstanden sei und die Ablehnung empfahl, die Sache aber trotzdem der Regierung für eine endgültige Entscheidung übergeben würde. Das sei das wahrscheinlichste Schicksal der Sinai-Frage.

Carter erkannte verärgert, dass er wegen seiner Erschöpfung die Wichtigkeit einiger dieser Fragen zu hoch eingeschätzt hatte. Auf dem Weg zum Frieden gab es so viele echte Hindernisse; er brauchte sicherlich keine neuen dazuzuerfinden. Jedenfalls hatte er dem Gespräch mit Dajan und Barak entnommen, dass Begin niemand war, der Nein zum Frieden sagen würde. Offensichtlich hatte die israelische Delegation ihn unerbittlich bearbeitet. Carter ging kurz nach Mitternacht ins Bett, erschöpft, aber zum ersten Mal in sieben Tagen hoffnungsvoll.

Achter Tag

8

Carter wachte wie üblich früh auf und machte eine lange Fahrradtour um das schlafende Camp. Die Hoffnung, mit der er am Abend zuvor ins Bett gegangen war, kam ihm im frostigen Morgenlicht beinahe unerreichbar vor. Er hatte drei bis vier Tage für das Gipfeltreffen veranschlagt; jetzt ging es in die zweite Woche, ohne dass er einen echten Fortschritt vorweisen konnte. Er wurde mit seinen Grenzen als Vermittler konfrontiert. Vor allem war er übermäßig ambitioniert. Er wollte das gesamte Problem des Nahen Ostens lösen. Das war naiv. Jetzt war er sich nicht einmal mehr sicher, auch nur einen winzigen Teil des Konflikts lösen zu können. Seine ursprüngliche Vision – dass Sadat und Begin ihre eigene Lösung für die Probleme finden konnten – war fehlgeschlagen. Ihr Hass und ihr Misstrauen gegeneinander schien 3000 Jahre alt zu sein. Der amerikanische Vorschlag war ebenfalls ein Misserfolg. Beide Seiten benutzten ihn, um sich gegenseitig anzugreifen und verlangten, dass ohne ersichtlichen Grund unausführbare Formulierungen in den Text eingefügt wurden, nur um die andere Seite zu verstimmen. Carter besaß die Gewissheit eines Ingenieurs, dass sich jedes Problem lösen lässt, wenn man es mit Überzeugung, Intelligenz und Beharrlichkeit angeht. Diese Eigenschaften besaß er im Übermaß, aber er erkannte allmählich, dass menschliche Probleme ihre eigene irrationale Logik haben; sie sind empfänglicher für das Fingerspitzengefühl eines Zauberers oder Psychiaters als für das eines Ingenieurs.

Aufgrund seines Ehrgeizes hatte Carter schlechte Arbeit darin geleistet, Prioritäten zu setzen. Alles lag auf dem Tisch, aber was war das Wichtigste? Sollte er die strittigen Punkte in verschiedene Kategorien aufteilen und zum Beispiel den Gazastreifen und die West Bank beiseitelassen? Carters Unfähigkeit zu delegieren forderte allmählich ebenfalls ihren Tribut. Während sich die anderen ausruhten, ins Kino gingen oder Ping-Pong spielten, hatte Carter das Gefühl, seine Anwesenheit sei unentbehrlich. Aber er rieb sich auf, bekam nachts nur ein paar Stunden Schlaf, und die Erschöpfung vernebelte ihm den Kopf.

Seine Ungeduld war ebenfalls ein Problem. Wenn Carter seiner Rastlosigkeit freien Lauf ließ, war das Projekt mit Sicherheit zum Scheitern verurteilt, doch in zwei Monaten stand eine Zwischenwahl an, und Carter sollte eigentlich durchs Land reisen und Wahlkampf machen. In der Wirtschaft herrschte nach wie vor Ebbe, der Leitzins stand bei 20 Prozent, Energiepreise hatten den Höchststand erreicht, und der Schah von Iran stand kurz davor, durch einen radikalen Kleriker vom Pfauenthron gestoßen zu werden. Raffgierige politische Gegner in Carters eigener Partei wetzten schon ihre Messer. Wie lange konnte der Präsident der Vereinigten Staaten seinem Büro fern bleiben? Oder, was das betraf, der Präsident von Ägypten oder der Premierminister von Israel? Wenn es Sadat und Begin nicht gelang, zu einer Vereinbarung zu kommen, mit der sie leben konnten, könnte Carters impulsive Entscheidung, ein Gipfeltreffen abzuhalten, sie alle zu Fall bringen. Er musste sich eine neue Strategie einfallen lassen. Und zwar sofort. Er durfte diese Männer hier nicht einmal mehr ein paar Stunden festhalten, wenn er ihnen keinen neuen Weg zum Frieden bieten konnte.

Als er auf dem Rückweg von seiner Radtour bei Sadats Hütte vorbeikam, wurde Carter an die Gefahr erinnert, in die er ihn gebracht hatte. Ein Treffen für den späteren Vormittag war vereinbart, bei dem Sadat die ägyptische Antwort auf den amerikanischen Vorschlag übergeben würde, doch als Carter vorbeifuhr, sah er, dass Sadat auf der Veranda seiner Hütte in eine hitzige Diskussion mit seinen Top-Beratern verwickelt war. Ein sehr beunruhigender Anblick! Mit banger Vorahnung kehrte Carter zur Aspen Lodge zurück.

Als Sadat schließlich am späten Vormittag zu dem Treffen kam, war er bleich und aufgewühlt. Er hatte ein Papier in der Hand, doch es war nicht der amerikanische Vorschlag. Instinktiv spürte

Carter, dass Sadat gekommen war, um ihm mitzuteilen, die Verhandlungen seien beendet. Um Zeit zu gewinnen, schlug Carter vor, sich an den Swimmingpool zu setzen, in der Hoffnung, eine andere Umgebung würde die Stimmung heben. Er wollte nicht, dass Sadat die Worte sagte, die ihm auf der Zunge lagen oder vielleicht sogar für ihn auf dem Papier notiert worden waren, das er so besorgt umklammert hielt.

Carter fühlte sich Sadat näher als irgendeinem anderen Regierungsoberhaupt – ja, er kam ihm fast wie ein Bruder vor. Diese Beziehung stand auf dem Spiel. Er konnte den Druck, unter dem Sadat stand, nur erahnen. Statt über den Vorschlag zu sprechen, malte Carter ihm das Bild eines befriedeten Ägyptens aus. Momentan hatte Sadat fünf Armeedivisionen gegen Israel in Stellung, was Ägypten daran hinderte, seine natürliche Rolle als Führer der arabischen Welt und des wichtigsten Landes auf dem afrikanischen Kontinent zu erfüllen. Sobald Carter und Sadat den israelisch-ägyptischen Disput beigelegt hätten, könnten sie sich anderen Problemen widmen, von denen die Region bedrängt wurde – im Jemen, in Afghanistan, Libyen, Äthiopien.

Sadat träumte von so einer Partnerschaft. Er war stolz auf seinen Scharfsinn in der Weltpolitik, doch an diesem Morgen wollte er den Köder nicht schlucken. Israel habe nicht die Absicht, ein Friedensabkommen zu unterzeichnen, sagte er; und während sie versuchten, Begin zu beschwichtigen, brächten die Amerikaner und die Ägypter Vorschläge ein, welche die arabischen Welt verstimmen und Ägypten und Amerika unweigerlich in verschiedene Lager drängen würden.

Dankbarerweise las Sadat nicht vor, was auf dem Papier in seiner Hand stand, wirkte aber nach wie vor verstimmt und unsicher, als er ging. Allmählich lernten beide an den Gesprächen beteiligten Parteien, dass genau wie der Krieg auch das Schließen von Frieden unvorhergesehene Gefahren in sich birgt. Das Wichtigste, was die Ägypter sich von dem Gipfeltreffen erhofften, war eine engere Beziehung zu den USA, gestützt auf die Freundschaft von Sadat und Carter, doch während sie versuchten, das zu erreichen, sabotierten sie möglicherweise versehentlich die Grundlage für eine solche Beziehung.

Ohne Wissen der Amerikaner hatte Begin seine Delegation angewiesen, eine Erklärung aufzusetzen, dass die Gespräche am Ende seien, aber in einer Weise formuliert, die darauf hindeutete, die Israels hätten nicht selbst den Stöpsel gezogen, und mit der Aussage, sie wären „jederzeit, an jedem Ort bereit, mit Verhandlungen fortzufahren“[1]. Weizman und Dajan erkannten, dass, egal welche Terminologie sie verwendeten, Carters Initiative und vielleicht seine Präsidentschaft zerstört wäre, wenn sie Camp David jetzt verließen. Was würde das für Israels Beziehung zu den USA bedeuten? Wie lange konnte Israel ohne die politische, militärische und wirtschaftliche Unterstützung Amerikas durchhalten? „Dieses Unternehmen wird damit enden, dass wir das Feld räumen“, warnte Weizman seine israelischen Kollegen. „Aber Sadat wird bleiben – und das ist das Schlimmste.“[2]

Begin war unnachgiebig. Er hatte das Gipfeltreffen aufgegeben. „Ich werde Carter heute um ein Treffen bitten“, teilte er seinen Delegierten mit. „Ich werde ihm unsere Ansichten darlegen und ihm sagen, was wir dem israelischen Volk und der Weltöffentlichkeit mitzuteilen gedenken.“[3]

Dajan verließ das Treffen der israelischen Delegation. Er hatte alle Hoffnung verloren. Auf dem Weg zu seiner Hütte traf er Sam Lewis, den scharfsinnigen amerikanischen Botschafter in Israel. „Diese Treffen und Verhandlungen sind sinnlos“, teilte er Lewis kurz angebunden mit[4]. Er sagte, er würde sofort nach Israel abreisen. Von allen Mitgliedern der israelischen Delegation war Dajan der kreativste gewesen. Jetzt lief er vor den Verhandlungen davon. Derjenige, der am meisten investiert zu haben schien, um eine Vereinbarung zu erreichen, hatte aufgegeben.

Weizman folgte Dajan in seine Hütte. Der Außenminister hockte auf dem Boden und packte seinen Koffer.

„Mosche“, drängte Weizman. „Sei nicht voreilig. Ich glaube immer noch daran.“[5]

Vance eilte ebenfalls in die Hütte des Israeli und bat ihn um

Geduld. Dajan riet ihm, die großen Fragen aufzugeben – wie die Sinai-Siedlungen – und ein begrenztes Problem zu finden, über das sie sich einigen konnten, um das Gesicht zu wahren. Vance lehnte das ab. Der ganze Sinn von Camp David liege darin, die Hauptprobleme zu lösen, die dem Frieden im Weg stünden, statt eine symbolische Geste zu produzieren, die die Situation im Wesentlichen unverändert ließe. Dajan zuckte mit den Schultern. Er sagte, er habe sein Bestes getan. Die Geschichte würde zeigen, dass dieses zwischen ihnen geführte Gespräch die letzte Chance gewesen sei, etwas zu retten, sagte er zu Vance, und das sei fehlgeschlagen[6].

Weizman kam der Aufforderung des Präsidenten nach und fand Carter über eine riesige Karte des Sinai gebeugt vor. Das Weiße Haus hatte eine Karte der Halbinsel angefordert, die eine Größe von 4,50 Meter auf 6,70 Meter hatte – die exakten Abmessungen des Billard-Raums von Camp David[7]. Carter hatte sie auf dem Boden ausgebreitet und eine ganze Weile auf den Knien verbracht, um jeden Wadi und jede Oase in der Region zu begutachten. Er teilte Weizman mit, er habe beschlossen, den amerikanischen Vorschlag in zwei Teile aufzugliedern: der eine sei der große Wurf, von dem er hoffte, er würde den Nahost-Konflikt lösen; der andere würde sich speziell mit den Sinai-Siedlungen befassen, um einen separaten Friedensvertrag zwischen Israel und Ägypten zu schließen. Von Anfang an hatten die Israelis gehofft, die beiden Fragen voneinander zu trennen; der Trick für Carter bestand darin, sie auf eine Weise zu verbinden, die für Sadat annehmbar war.

Carter griff nach seinem gelben Schreibblock und verbrachte 30 Minuten damit, einen Vorschlag für die Lösung des Sinai-Disputs zu entwerfen. Dann ging er hinüber zu Sadats Hütte. Sadat las das sechsseitige Dokument in Carters präziser und gut lesbarer Handschrift durch. Es trug den Titel „Rahmen für eine Schlichtung im Sinai.“

„Um Frieden zwischen ihnen zu schaffen, stimmen Israel und Ägypten zu, in gutem Glauben miteinander zu verhandeln, mit dem Ziel, innerhalb von drei Monaten nach Unterzeichnung dieser

Rahmenvereinbarung einen Friedensvertrag miteinander zu schließen“, begann der Entwurf[8]. „Sie gründen sich in allen ihren Teilen auf die Resolution 242 des Sicherheitsrates.“ Alle ausstehenden Frage zum Sinai, einschließlich der „vollen Ausübung der ägyptischen Souveränität bis zu international anerkannten Grenzen zwischen Ägypten und dem Mandatsgebiet Palästina“, wie auch die Benutzung der Flugplätze und die Stationierung von Streitkräften „werden durch Verhandlungen zwischen den Parteien vereinbart“. Die Mehrdeutigkeit des Dokuments war offensichtlich – die Rahmenvereinbarung besagte nur, dass über die Probleme verhandelt werden würde –, aber Carter wollte eine explizite Erklärung beider Parteien, dass es, nachdem sie diese Streitfragen bereinigt hatten, Frieden zwischen den beiden Ländern geben würde.

Innerhalb von weniger als 20 Minuten nahm Sadat zwei kleine Veränderungen am Text vor, beide zum Vorteil der israelischen Position. „Ist in Ordnung“, sagte er zu Carter[9].

Der Abend kam, und mit ihm der Regen. Carter stapfte durch den Schlamm zu Begins Hütte, in der sich die Israelis versammelt hatten. Carter hatte nicht vor, ihnen den Sinai-Entwurf schon zu zeigen, teilweise, um die Dinge zu verlangsamen, legte aber Wert darauf, jedem Delegationsmitglied die Hand zu schütteln, und versprach, ihnen würde am nächsten Tag ein wichtiger neuer amerikanischer Entwurf überreicht werden. Dann unterbreitete er ihnen eine geniale und unkonventionelle Idee. „Ich schlage vor, dass sich ein israelischer und ein ägyptischer Delegierter mit mir

für die Abfassung des Entwurfs zusammensetzen.“[10] Aufgrund der persönlichen Feindseligkeiten, die bisher die Gespräche vergiftet hatten, schloss Carter Begin und Sadat effektiv aus dem Verlauf aus. Carter selbst blieb jedoch dabei. Das hatte es noch nie gegeben. Selbst wenn sich in Camp David Mitglieder der Delegationen trafen, dann mit ihren jeweiligen Kollegen von der Gegenseite – Vance traf sich mit Kamil oder Dajan –, aber die Vorstellung, der Präsident der Vereinigten Staaten würde mit jemand anderem als einem Regierungschef verhandeln, war schwer zu begreifen.

Carter hatte bereits eine Idee, mit welchem Israeli er zusammenarbeiten wollte: Aharon Barak, der nur als Jurist dabei war und nicht einmal zu Begins Regierung gehörte. Was den Premierminister selbst anging, so schlug Carter vor, das Treffen zu verschieben, um das Begin für diesen Abend gebeten hatte.

Begin nahm sofort Anstoß daran. „Entschuldigen Sie, Herr Präsident“, sagte er. „Ich habe Sie gebeten, sich heute Abend für eine sehr wichtige Unterredung mit mir zu treffen, vielleicht die wichtigste, die ich je in meinem Leben geführt habe.“[11]

Carter hatte vorgehabt, mit der israelischen Delegation zu Abend zu essen, doch Begin stand auf und verkündete: „Ich werde mich für mein Treffen mit dem Präsidenten rasieren. Die anderen können gehen und sich einen Film anschauen.“

„In dem Fall“, sagte Carter, „muss ich ebenfalls gehen und mich rasieren.“

Hassan el-Tohami verfolgte Boutros Boutros-Ghali weiterhin. Er gestand, er habe die ganze Nacht „in Kommunikation“ verbracht[12]. „Mit wem?“, fragte Boutros-Ghali. „Oben“, sagte Tohami und deutete zum Himmel. Erneut drängte er seinen Delegations-Kollegen, sich dem Islam zuzuwenden.

„Eine so ernste Entscheidung erfordert viele Überlegungen“, erwiderte Boutros-Ghali. Sadat war amüsiert, von Tohamis missionarischen Bemühungen zu erfahren. „Unterschätze Boutros nicht, Hassan“, sagte er. „Du wirst eher zum Christentum konvertieren, bevor er zum Islam konvertiert!“

Tohami übte weiterhin einen Zauber auf Sadat aus, den sich die anderen Delegierten nicht erklären konnten. Während der hitzigen Diskussion auf seiner Veranda an diesem Morgen platzte Sadat heraus: „Es wäre wirklich toll, wenn wir diese Idee von einer Quadratmeile verwirklichen könnten!“[13] Als Muhammad Kamil fragte, was damit gemeint sei, sprang Tohami ein, um seinen Plan zu erläutern. Israel würde sich aus einer Quadratmeile Jerusalems zurückziehen und eine arabische oder islamische Flagge über dem Gebiet hissen. Als Tohami geendet hatte, wandte er sich an Sadat.

„Da ist eines, was ich von dir erbitte, *Rayyis*, nämlich dass du dein Versprechen erfüllst, mich zum Generalgouverneur von Jerusalem zu ernennen“, sagte er. Er habe die Fantasievorstellung, auf einem weißen Ross in Jerusalem einzureiten. „Das ist mein Lebenstraum, und ich bete zu Gott, dass du ihn für mich verwirklichen wirst, bevor ich sterbe!“ Kamil zuckte zusammen. Sich Tohami als Herrscher über Jerusalem vorzustellen!

Zu Anfang der Konferenz schien es einen Konsens aller Seiten zu geben, Jerusalem solle ungeteilt bleiben, mit ungehindertem Zugang zu den heiligen Stätten und vollkommener Freiheit der Religionsausübung. Eine unabhängige Behörde würde die Stadt selbst verwalten[14]. Das entsprach weitgehend dem, was die Vereinten Nationen für Jerusalem im Sinn gehabt hatten, als sie 1947 Israel und Palästina aufteilten. Doch je mehr die Ägypter und die Israelis über Jerusalem sprachen, desto weniger stimmten sie überein. Dieses eine gemeinsame Problem beilegen zu können, wurde durch die widerstreitenden religiösen Ansprüche auf die Stadt zu einer explosiven Frage. Die Amerikaner und die Israelis wollten die Angelegenheit bis zum Ende des Gipfeltreffens verschieben[15], aber sie weigerte sich zu verschwinden, aufgrund von Tohamis emphatischem Agieren und seines unerklärlichen Einflusses auf Sadat.

In den wachsenden Kreisen islamischer Radikaler spielte Jerusalem eine starke emotionale Rolle. Sadats Reise dorthin hatte einen Ruck durch die gesamte muslimische Welt gehen lassen. Jerusalem war ein Symbol der Palästinenserbewegung[16]; Bilder des goldenen Felsendoms galten überall als Erinnerung an den Anspruch, den die Araber auf die Stadt hatten. Jerusalem war ebenfalls zu einer Art Meilenstein für den Status des Islam in der Geschichte geworden. Die Herrschaft über die religiösen Stätten hatte sich zwischen Heiden und Juden abgewechselt, gefolgt von den Römern, den Kreuzfahrern, den Osmanen, den Briten und den Arabern. Jede dieser Mächte hatte den Kult der Heiligkeit dieser Stadt gefördert und ausgenutzt. Im Alten Testament wird wiederholt behauptet, Jerusalem sei der Ort, an dem Gott lebe und wo seine Macht am wirkungsvollsten sei. Dieses Versprechen hat seit Jahrhunderten Pilger in die Stadt gelockt. Muslime sind ebenfalls davon überzeugt, dass jedem, der in Jerusalem betet – oder in *Al-Quds*, dem Heiligen Ort, wie die Stadt auf Arabisch genannt wird –, alle Sünden vergeben werden und er unschuldig wie ein neugeborenes Kind wird. Jede der drei Religionen glaubt, Jerusalem werde der Schauplatz des Letzten Gerichts sein. Evangelikale Christen und Juden sagen, der Messias werde auf dem Ölberg erscheinen und die Altstadt durch das goldene Tor betreten. Im Islam besteht der Glaube, dass an jenem letzten Tag die Kaaba – der heiligste Ort in Mekka – spirituell nach Jerusalem versetzt wird und die Toten auferstehen und einander jubelnd auf den Straßen der Stadt begrüßen. Weil solche Legenden als buchstäbliche Wahrheit genommen werden, kann der Kampf um Jerusalem nie enden.

Diese gefährlichen Strömungen erzeugten eine Sprengladung, die die Jerusalem-Frage auf dem Gipfeltreffen fast unantastbar machte. Wahrer, umfassender Frieden im Nahen Osten, wie ihn sich Sadat und Carter vorstellten, würde den radikalen islamistischen Trend unterhöhlen; andererseits würde ein komplettes Scheitern die Neinsager beschwichtigen und Sadat erlauben, in die arabische Umarmung zurückzukehren. Die echte Gefahr lag im mittleren Bereich des Kompromisses.

Sadat wusste, dass er hochexplosive Zutaten vermischte, doch dieselben grundverschiedenen Elemente waren Teil seiner Persönlichkeit. Er hatte sich immer von islamistischer Politik angezogen gefühlt[17] und sich in seinen jugendlichen Revolutionszeiten mehrfach mit Hassan al-Banna getroffen, dem Gründer der Muslimbruderschaft, einer Geheimorganisation, die dazu gegründet worden war, das politische Klima der gesamten arabischen Region zu formen und in Zukunft noch radikalere Ableger hervorzubringen. Schließlich diente Sadat als Verbindungsglied zwischen den Brüdern und Nassers zukünftiger Militärjunta, den Freien Offizieren. Sadat sorgte auch für einen inoffiziellen Kanal zwischen Banna und dem Palast durch den Privatarzt des Königs.

Nach der demütigenden Niederlage der ägyptischen und anderer arabischer Armeen im Unabhängigkeitskrieg von 1948 schossen die Mitgliedszahlen in der geheimen Muslimbruderschaft in die Höhe. Ägypten hatte zu der Zeit eine Bevölkerung von 18 Millionen[18], und bis zu einer Million davon war in der Bruderschaft. Einige von Sadats Mitverschwörern beim Militär[19] schlossen sich ebenfalls den Brüdern an, leisteten den Treueschwur auf einem Koran und einem Revolver. Der terroristische Arm der Organisation, genannt der Geheimapparat, legte Bomben in Theatern, schikanierte Juden, wandte sich gegen die Regierung und verübte Attentate auf prominente Beamte. Der König fühlte sich durch die Muslimbrüder derart bedroht, dass der Palast Banna 1949 umbringen ließ[20]. Doch die Bruderschaft überlebte den Tod ihres Gründers.

Als Nasser nach der Revolution von 1952 die Macht ergriff, versuchte er, mit der Bruderschaft zusammenzuarbeiten und ernannte deren Chefpropagandisten Sayyid Qutb zum Berater des Revolutionären Kommandorates. Doch die Bruderschaft und die Freien Offiziere verband praktisch nichts. Nassers Traum war, die Araber zu vereinen, mit Ägypten im Zentrum einer säkularen sozialistischen Republik. Die Brüder hatten ein ähnliches, aber völlig unvereinbares Ziel: eine muslimische Theokratie auferstehen zu lassen, ein sogenanntes Kalifat, das seit dem Zusammenbruch des Osmanischen Reichs geschlummert hatte. Die Spannungen zwischen diesen gegenteiligen utopischen Idealen sollten Ägypten für die kommenden Jahrzehnte in Aufruhr versetzen. Nasser führte eine endlose Kampagne gegen die Bruderschaft, warf ihre Anführer ins Gefängnis und ließ Qutb 1966, nach Aufdeckung eines Verschwörungsplans gegen die Regierung, schließlich hinrichten.

Als Nasser 1970 starb, baute Sadat auf die Islamisten als Verbündete und rechnete damit, dass sie sich mit ihm gegen Nasserismus und Kommunismus stellen würden. Er führte einen Dialog mit gefangenen Bruderschaftsanführern, der damit endete, dass der neue Präsident den Brüdern gestattete, in die Gesellschaft zurückzukehren, solange sie der Gewalt abschworen. Sadat erkannte nicht, dass ein Generationsriss durch die Islamisten gegangen war.

Radikale neue Gruppen, die weit über die ägyptischen Grenzen hinausreichten, hatten sich bereits gebildet. Er hatte den Islamisten Freiheit geschenkt, doch sie beobachteten ihn und warteten.

Um 8 Uhr abends erschien ein frisch rasierter Begin in Carters Hütte. „Dies ist das bedeutungsvollste Gespräch, das ich je im Leben geführt habe, bis auf jenes, bei dem ich mit Jabotinsky über die Zukunft Israels diskutiert habe", sagte Begin in Anspielung auf seinen politischen Mentor[21]. Dann fuhr er damit fort, alles aus dem amerikanischen Vorschlag abzulehnen.

Das erste Thema auf Begins Agenda war die UN-Resolution 242. Ja, Israel habe sie unterzeichnet, räumte er ein, doch er sei nicht gewillt, sie in das „Rahmenabkommen für Frieden" aufzunehmen. Zur Unterstützung seiner Sache zog der Premierminister eine Reihe alter Zeitungsausschnitte aus diversen Ländern über die Resolution heraus, in denen die enthüllende Formulierung „Unzulässigkeit des Gebietserwerbs durch Krieg" ausgelassen war. Carter kamen die vergilbten Ausschnitte seltsam irrelevant vor, doch Begin beharrte darauf, Israel würde unter keinen Umständen ein Dokument unterzeichnen, das diese Formulierung enthalte.

Dann sprach Begin eine Stunde lang leidenschaftlich über den Sinai. Er bezog sich auf ein Gespräch mit einem ägyptischen General, der ihm erzählt habe, die ägyptische Armee bräuchte nur sieben Stunden, um den Suezkanal zu überqueren und die israelische Grenze zu erreichen. „Sieben Stunden!", rief Begin aus[22]. „Wenn wir den Sinai räumen, wird kein einziger israelischer Soldat, kein einziger israelischer Panzer mehr zwischen der ägyptischen Armee auf dieser Seite des Suezkanals und auf der anderen stehen, um sie aufzuhalten. Und in sieben Stunden kann sie an unserer südlichen Grenze sein und die Zivilbevölkerung unseres Landes bedrohen." Das sei umso mehr ein Grund dafür, dass die israelischen Siedlungen bleiben müssten. „Herr Präsident, verlangen wir einen Quadratkilometer des Sinai?", fragte er. „Haben wir keinen Friedensplan vorgelegt, demgemäß die gesamte Halbinsel an Ägypten geht?“[23] Nach dem israelischen Vorschlag müssten diese 13 Siedlungen jedoch bleiben; nichts stünde sonst einem hypothetischen Blitzkrieg-Angriff der ägyptischen Streitkräfte im Weg. Begin schwor, er würde abtreten, bevor er zustimmte, sich von dort zurückzuziehen. „Ich werde nicht vor Sadats Ultimaten oder Drohungen kapitulieren.“

Begin wandte sich der West Bank – „Judäa und Samaria“ – und dem Gazastreifen zu. Das seien Teile von Großisrael, beharrte Begin, „das Land unserer Vorväter, das wir während des Exils nie vergessen haben, als wir eine verfolgte Minderheit waren, gedemütigt, ermordet, unser Blut vergossen, bei lebendigem Leibe verbrannt ...“[24] Israel sei absolut berechtigt, seine Souveränität über die Gebiete zu verkünden, doch Begin sei entschlossen, eine andere Lösung zu finden. „Wir haben unsere Hirne zermartert und unsere Herzen zerbrochen, aber wir haben einen Weg gefunden“, sagte er. „Lassen wir die Frage der Souveränität offen. Und wenden wir uns den menschlichen Wesen zu. Den Menschen auf beiden Seiten. Geben wir den palästinensischen Arabern Autonomie und den palästinensischen Juden Sicherheit, und wir werden in menschlicher Würde zusammenleben.“

Mit „Autonomie“ meinte Begin, dass den Palästinensern nominale Befugnis erteilt werden würde, sich selbst zu verwalten, wobei Israel ein Veto und die militärische Kontrolle über die Bezirke behalten würde. Da Israel das Land in Judäa, Samaria und dem Gazastreifen nicht formell annektieren würde, argumentierte Begin, sei die ganze Frage von „Gebietserwerb“ irrelevant.

Carter brachte den Vorschlag für eine arabische Flagge auf dem Tempelberg vor. Die Saudis drängten ebenfalls auf die symbolische Geste[25]. „Niemals!“, rief Begin[26]. „Was wird passieren, wenn der Messias kommt? Schließlich war vorgesehen, dass wir dort den Tempel bauen, und einer arabischen Flagge zuzustimmen, würde bedeuten, unseren Glauben aufzugeben.“ Er zitierte aus dem 137. Psalm, Verse 5–6: „Vergesse ich dich, Jerusalem, so verdorre meine Rechte. Meine Zunge soll an meinem Gaumen kleben, wenn ich deiner nicht gedenke, wenn ich nicht lasse Jerusalem meine höchste Freude sein.“ Diese Sätze zitiert jeder jüdische Mann bei seiner Hochzeit, wenn er ein Glas zerbricht, im Gedenken an die Qualen, welche die Stadt seit den glorreichen Tagen König Davids erlitten hat. König David hatte die Stadt vor 3000 Jahren als ewige Hauptstadt der jüdischen Nation gegründet. (Begin unterließ es, das Ende des Psalms zu zitieren, ein Loblied auf Rache und beständigen Hass: „Wohl dem, der deine jungen Kinder nimmt und sie am Felsen zerschmettert!“) Jerusalem sei schlicht unverhandelbar.

Schließlich griff Begin in die Tasche und zog die Erklärung heraus, die er vorbereitete hatte. Carter wappnete sich. Es gab keine Möglichkeit, Begin hinzuhalten, wie er es mit Sadat getan hatte. Die Stellungnahme war durch höfliche Bezeugungen der Dankbarkeit für Carters Initiative abgemildert, verkündete aber im Wesentlichen, das Gipfeltreffen sei beendet. Als er mit dem Vorlesen fertig war, fügte Begin hinzu, er hätte sich aufrichtig gewünscht, Carters Vorschlag unterzeichnen zu können, doch er müsse den Willen des israelischen Volkes vertreten.

Inzwischen war Carter wirklich wütend. Anderthalb Stunden lang hatte er Begins monotone, provokative Lektion erdulden müssen. Er wies darauf hin, dass bei Meinungsumfragen in Israel wiederholt eine beachtliche Mehrheit für Frieden stimmte, selbst wenn es ein Ende der Siedlungen und die Aufgabe großer Teile der unter israelischer Kontrolle stehenden West Bank bedeutete[27]. Carter sagte, er vertrete die Meinung des israelischen Volkes besser als Begin.

Das Treffen wurde so unangenehm und persönlich, dass Carter schließlich aufstand, um Begin zum Gehen zu veranlassen. Er warf dem Premierminister vor, auf unvernünftige Weise von der Siedlungsfrage besessen zu sein. Sei Israel wirklich bereit, Frieden mit seinem einzigen ernst zu nehmenden Feind aufzugeben, einschließlich des ungehinderten Zugangs zum Suezkanal und zur Straße von Tiran, freien Handels und voller diplomatischer Anerkennung durch Ägypten, einem Ende des Wirtschaftsboykotts, arabischer Billigung eines ungeteilten Jerusalems, permanenter

Sicherheit für Israel und der Zustimmung der gesamten Welt – nur um ein paar illegale Siedler auf ägyptischem Land zu behalten?

Begin reagierte mit der rätselhaften Aussage, Israel wolle keine Gebiete auf der West Bank und dem Sinai „für die ersten fünf Jahre“[28]. Carter hatte keine Ahnung, was er damit meinte. Später erklärte Begins Team, damit habe er gemeint, er würde zustimmen, die Zukunft der West Bank nach fünf Jahren zu „entscheiden“, statt sie nur zu „erwägen“, wie er vorher gesagt hatte.

Es war spät, und beide Männer waren müde und verärgert. Das Treffen endete ergebnislos. Beide hatten Dinge gesagt, die sie bedauerten, aber nicht bereit waren zurückzunehmen. War das Gipfeltreffen beendet? Als Begin im Dunkeln zu seiner Hütte zurückging, war nicht klar, was der nächste Tag bringen würde.

Neunter Tag

9

Es ist erstaunlich, dass in einer so eng verknüpften Region wie dem Nahen Osten kulturelle Ignoranz und politische Fehleinschätzung derart perverse Rollen gespielt haben. Durch ihren 1948 erfolgten Angriff auf das neue Land Israel gaben die Araber die Chance auf, eine Einheit für Palästina zu schaffen. Mit seiner Politik der Vertreibung der einheimischen Bevölkerung destabilisierte Israel seine Nachbarn und schuf ein Reservoir zukünftiger Terroristen, das ständig durch neue Kriege und Bevölkerungstransfers aufgefüllt wurde. Der 1956 von Israel geführte Stellvertreterkrieg für die europäischen imperialen Mächte schürte die Paranoia der Araber und gab Ägypten einen plausiblen Grund für seine Feindseligkeit. Der Sechs-Tage-Krieg von 1967 war durch Aktionen und die Rhetorik Nassers ausgelöst worden, die zwangsläufig eine aggressive Reaktion Israels erfordern würde, wobei Nasser blind für die Folgen war. Israel behauptete, seine Grenzen seien nicht verteidigungsfähig, fertigte aber trotzdem Ägypten, zusammen mit Jordanien und Syrien, zügig ab, nahm die West Bank, den Gazastreifen, die Golanhöhen und den Sinai ein und bereitete die Bühne für den nächsten Konflikt vor.

Direkt nach dem Sechs-Tage-Krieg erwog Israel, sich hinter seine früheren internationalen Grenzen im Sinai und den Golanhöhen zurückzuziehen, im Austausch für die Entmilitarisierung dieser Gebiete. Israel wollte Sharm el-Sheik behalten, um seinen Zugang zur Straße von Tiran zu sichern. Die West Bank gehörte allerdings nicht zu dem Angebot[1]. Bei einem Gipfeltreffen in Khartum reagierten die arabischen Führer darauf mit einer einstimmigen Erklärung für keinen Frieden, keine Verhandlungen und keine Anerkennung des Staates Israel[2]. Abba Eban, der eloquente israelische Außenminister, bemerkte, es sei „der erste Krieg in der Geschichte, bei dem der Sieger auf Frieden klagte und der Verlierer bedingungslose Kapitulation verlangte“[3]. Jedenfalls legte Israel sein Angebot nie formell vor, da seine Feinde so gründlich vernichtet waren und keine echte Bedrohung mehr darstellten[4].

Ägypten und Israel standen sich nun in verschanzten Stellungen am Suezkanal gegenüber. Obwohl es auf der Strichliste des Blutvergießens zwischen Ägypten und Israel nicht oft erwähnt wird[5], forderten die ständigen, zwei Jahre nach 1968 anhaltenden Artillerieduelle, genannt der Abnutzungskrieg[6], einen Tribut auf beiden Seiten – Israel erlitt etwa 3500 Verluste und die Ägypter vermutlich 10 000. Ungeduldig mit dem Stand der Dinge[7] startete Israel im Januar 1970 eine Reihe von Bombenangriffen bis tief in ägyptisches Gebiet, mit dem Ziel, den Krieg in die ägyptische Bevölkerung zu tragen und sie zu veranlassen, sich gegen Nasser zu erheben – dieselbe irrtümliche Strategie, die 1956 von den Franzosen und Briten angewandt worden war, mit demselben Ergebnis: Die Ägypter scharten sich um ihren Präsidenten. Dann wandte sich Nasser an die Sowjets um Hilfe; sie versorgten ihn mit Waffen, Truppen, Ausbildern, sowjetischen Piloten und einem modernen Raketensystem, was die Bühne für den folgenden Krieg bereitete. Die Nixon-Regierung handelte ein nominelles Ende der Feindseligkeiten aus, doch Israel glaubte weiterhin, der einzige Weg zum Frieden sei nur durch totale militärische Dominanz zu erreichen. Zu dieser Illusion der Israelis trug auch die Unterstützung der Amerikaner bei, die implizit die Taktik des Versuchs ermutigten, die Ägypter in die Unterwerfung zu bomben – obwohl diese Strategie sich in Vietnam bis dahin als wertlos erwiesen hatte.

Im Oktober 1971 flog Sadat nach Moskau, um weitere Waffenlieferungen zu fordern. Er hatte 1971 bereits zum Jahr der Entscheidung erklärt. „Wir werden nicht zulassen, dass 1971 vergeht, ohne diese Angelegenheit zu entscheiden, ob durch Frieden oder Krieg – selbst wenn das bedeutet, eine Million Leben zu opfern", hatte Sadat in jenem Sommer großartig verkündet[8]. Doch seine schicksalhafte Zusicherung basierte auf dem Versprechen der Sowjetunion, Ägypten mit zusätzlichen modernen Waffen zu beliefern, und seine sehr öffentliche Erklärung brachte ihn in eine Zwickmühle, als ihn der Kalender zwang, Farbe zu bekennen.

Die Sowjets hatten Ägypten bereits mit hochentwickelten Flugabwehrraketenbatterien und anderen Waffen versorgt. Das Land war überschwemmt von sowjetischen politischen Beratern, Geheimagenten, Beamten im Auslandsdienst und mehr als 5000 sowjetischen Soldaten. Ihre alles beherrschende Anwesenheit erinnerte die Ägypter allmählich an die Tage der britischen Besatzung. Den Sowjets war ebenfalls unwohl dabei. Es war das erste Mal, dass sie ihre Truppen in einem nicht kommunistischen Land der Gefahr aussetzten[9]. Das machte das Weiße Haus nervös[10], vor allem, nachdem die israelische Luftwaffe vier von russischen Piloten geflogene Maschinen abgeschossen hatte.

Sadat hatte das Gefühl, die sowjetische Militärhilfe sei dazu gedacht, Ägypten gerade weit genug hinter Israel zu halten, damit es nicht versucht war, die Waffen tatsächlich einzusetzen. Trotz seiner wiederholten Bitten an die Sowjets, die bereits gemachten Zusagen zu erfüllen, schienen die versprochenen Waffen nie einzutreffen, und Sadat wurde in den Augen seiner Landsleute zunehmend nutzlos. Im Herbst kehrte er aus Moskau mit der Garantie für raketenbestückte Flugzeuge zurück, gemeinsam mit sowjetischen Experten, um die ägyptischen Besatzungen bei der Verwendung der Raketen anzuleiten. Sadat wollte die neuen Waffen unbedingt vor Ende des Jahres an Ort und Stelle haben, doch zwei Monate später hatte er immer noch nichts für die von Moskau getroffenen Versprechungen vorzuweisen. Das Jahr der Entscheidung endete, und das Jahr der Verhöhnung begann.

Die Sowjets befanden sich mitten in einer viel wichtigeren geheimen Verhandlung – Détente mit den Vereinigten Staaten –, und der Rüstungswettlauf im Nahen Osten bereitete beiden Supermächten Sorgen. Auf dem Globus gab es keinen geeigneteren Ort, eine katastrophale Konfrontation zwischen ihnen in Gang zu setzen. Beide hatten wesentliche Interessen in der Region zu wahren, von denen sie glaubten, sie müssten um jeden Preis verteidigt werden, aber das fortgesetzte Geplänkel zwischen ihren Verbündeten und die zunehmende Perfektion und Zerstörungskraft der für Kriegsteilnehmer erhältlichen Waffen bedeutete, dass das Schicksal der USA und der UdSSR nicht vollkommen in ihren Händen lag.

Im Mai 1972 besuchte Nixon die Sowjetunion, und die erste Entspannungserklärung wurde herausgegeben; darin wurde eine Entschärfung der militärischen Lage im Nahen Osten verlangt. Sadat war außer sich. Er dachte, jetzt würde er seine Waffen nie mehr bekommen. Er bestellte den sowjetischen Botschafter ein. „Ich habe mich entschieden, auf die Dienste sämtlicher sowjetischer Militärexperten zu verzichten", teilte er dem verblüfften Botschafter mit. „Sie sollen binnen einer Woche ab heute in die Sowjetunion zurückkehren."[11]

Diese anscheinend überstürzte Aktion erwies sich als das brillanteste Manöver in Sadats politischer Laufbahn. Mit einem einzigen Streich stellte er die diplomatische Struktur des Nahen Ostens und die strategische Balance der Supermächte auf den Kopf[12]. Es war einer der größten amerikanischen Siege im Kalten Krieg, und doch kam er vollkommen unerwartet. Indem er Ägypten aus der sowjetischen Umarmung befreite, war Sadat in der Lage, seine Wirtschaft vom sozialistischen Modell wegzulenken, das deren Entwicklung gebremst hatte. Darüber hinaus begannen die gezüchtigten Sowjets ihre Waffenlieferungen zu beschleunigen, in der Hoffnung, Sadats Gunst wiederzuerlangen[13]. Die USA fanden sich mit einem neuen Verbündeten auf dem Schoß wieder – und neuen Verantwortungen. Camp David wäre nie möglich geworden, wenn Sadat sein Land nicht in die amerikanische Einflusszone gestoßen hätte.

Ein zusätzlicher Vorteil, soweit es Sadat betraf, bestand darin, dass alle Parteien seinen Grund für die Ausweisung der Sowjets falsch interpretierten. Israel, die Sowjets und der Westen kamen zu dem Schluss, Sadat habe das sowjetische Militär hinausgeworfen, weil er sich dagegen entschieden hatte, Krieg zu führen. In Wirklichkeit erkannte er, dass er keinen Krieg führen konnte, solange die Sowjets ihre bremsende Hand erhoben.

„Warum hat er uns diesen Gefallen getan?", fragte Kissinger seine Mitarbeiter. „Warum hat er nicht erst mal alle möglichen

Zugeständnisse verlangt?“[14] Um die Verwirrung noch zu verstärken, bekamen die Amerikaner im September eine Note aus Kairo, in der erklärt wurde, dass Ägypten wegen seiner Maßnahme keine besondere Berücksichtigung durch die USA anstrebe. Während er die amerikanische Voreingenommenheit für Israel bedauerte, drückte der Brief eine Bereitschaft aus, den Suezkanal wieder zu eröffnen, der seit dem Krieg von 1967 geschlossen war, und keine Vorbedingungen für Gespräche mit den USA zu stellen. „Das war alles, wie ich erkennen sollte, klassischer Sadat“, erinnerte sich Kissinger später. „Seine Verhandlungstaktik bestand nie darin, um Einzelheiten zu feilschen, sondern eine Atmosphäre zu schaffen, die Unstimmigkeit psychologisch schwierig machte.“[15] Sadat erkannte, dass Einvernehmen auf breiterer Ebene wichtiger war als komplizierte Formulierungen in einem Vertrag, der dazu bestimmt war, ignoriert oder abgestritten zu werden. „Ich kann nicht behaupten, dass ich Sadats Einsichten damals vollkommen verstand“, räumte Kissinger ein. „Große Männer sind so selten, dass man sich erst an sie gewöhnen muss.“

Erik Brik wurde 1936 in der litauischen Stadt Kaunas geboren. Sein Vater war Anwalt und Vorsitzender des örtlichen zionistischen Büros; seine Mutter war Lehrerin. Im Juni 1941, demselben Monat, in dem die Nazis Begins Heimatstadt Brisk besetzten, marschierten sie auch in Kaunas ein. „Ich kann mich noch erinnern, wie Juden von Maschinengewehren niedergemäht wurden“, erzählte er später dem israelischen Journalisten Ari Shavit. „Ich weiß noch, wie die Juden meiner Heimatstadt in Massen von den Nazis ermordet wurden.“[16] Er war fünf Jahre alt.

Die Nazis brauchten nicht die ganze Arbeit allein zu erledigen. Das war noch in der Frühzeit des Projekts der Massenausrottung[17], und in Kaunas, einem Zentrum jüdischer Kultur und Bildung, fanden die Nazis heraus, dass sie beiseitestehen und es den Bürger der Stadt überlassen konnten, ihre früheren Nachbarn zu Tode zu prügeln. Tausende Juden wurden erschossen oder erschlagen, während sich die Menschen sammelten, um zuzuschauen oder beim Abschlachten selbst Hand anzulegen. Ähnliche Mordorgien fanden in anderen litauischen Städten und in der Ukraine statt. Aber die tiefsten Abgründe der Verdorbenheit waren noch nicht erreicht.

Die nächsten drei Jahre verbrachte die Familie Brik im Ghetto von Kauen. Erik war eines der 1,6 Millionen jüdischen Kinder in den von den Nazis besetzten Gebieten. Bis zum Ende des Krieges würden mehr als eine Million dieser Kinder tot sein[18]. In den Endmonaten beschlossen die Nazis, alle jüdischen Kinder zu beseitigen, da sie „unnütze Esser“[19] waren, die keine Arbeitsleistung erbrachten. Deutsche Soldaten gingen im Ghetto von Haus zu Haus und trieben alle unter Zwölfjährigen zusammen. Eriks Mutter versteckte ihren achtjährigen Sohn, doch nachdem das Abschlachten vorbei war, musste er erhöhte Schuhe und einen Hut tragen, um als Jugendlicher durchzugehen. Schließlich gelang es Eriks Vater, seinen Sohn in einem Sack per Pferdekarren aus dem Ghetto zu schmuggeln. Seine Mutter konnte kurz darauf fliehen. Sechs Monate verbrachten sie hinter einer doppelten Wand im Bauernhaus einer Familie, die ihnen Unterschlupf gewährte, und konnten nur bei Nacht herauskommen. Während sie tagsüber im Dunkeln hinter der Wand saßen, wurde Erik zum einzigen Schüler seiner Mutter, und sie unterrichtete ihn in Mathematik, Latein und Geschichte.

Eriks Vater arbeitete bis zum Kriegsende weiter im Ghetto, bis er schließlich mit seiner Frau und seinem Sohn wiedervereint wurde. Wie viele Überlebende machte sich die Familie Brik auf den langen Treck durch das zerstörte Europa, wurde unterwegs von russischen Soldaten ausgeraubt und von Antisemiten in Polen und Ungarn drangsaliert, bis sie die amerikanische Zone in Österreich erreichte, wo sie auf Soldaten aus der jüdischen Brigade trafen. Es war wie ein Traum. Die Soldaten sprachen Hebräisch, eine Sprache, die Erik noch nicht beherrschte.

Schließlich gingen sie an Bord eines Schiffes nach Haifa. Dort wartete Eriks Tante auf sie. Sie brachte ihnen israelische Kleidung – Khakihemden, Hosen und Sandalen. „Als ich meine alten Kleider auszog, legte ich die Vergangenheit ab, die Diaspora, das Ghetto", sagte er. „Ich war ein neuer Mensch. Ein Israeli."[20]

Er nahm auch einen neuen Namen an: Aharon Barak.

Barak lernte rasch Hebräisch und fügte sich in die israelische Gesellschaft ein. Er wurde das jüngste Mitglied der juristischen Fakultät an der Hebräischen Universität; mit 31 Jahren war er Dekan und wurde drei Jahre später israelischer Generalstaatsanwalt. Er hatte den Ruf, integer und zäh zu sein; er war derjenige, der die Frau von Premierminister Jitzchak Rabin anklagte, was die Tür für Begins späteren Wahlerfolg über Rabins Nachfolger Schimon Peres öffnete. Barak machte der offiziellen Toleranz für politische Korruption ein Ende, die das Land bis zu jener Zeit geprägt hatte.

Selbst in hoher Position vermittelte Barak nach wie vor den Eindruck eines Professors, dessen Kopf mit abstrusen juristischen Theoremen beschäftigt war. Seine Finger waren mit Tinte befleckt, seine Hose passte nicht immer zu seinem Jackett, und sein Haar wurde durch Vernachlässigung struppig. Er schien ein Mann zu sein, der nie in den Spiegel schaute. Während Kabinettssitzungen pflegte er Zettel vollzukritzeln und gelegentlich zu seufzen[21]. Direkt vor Camp David war er ans Oberste Gericht berufen worden, als jüngster Richter in der Geschichte des Landes. Begin hatte extra ein Gesuch an das Gericht richten müssen, damit Barak sich der Delegation anschließen konnte.

In diesem neuen Stadium der Camp-David-Verhandlungen wurde Barak mit Osama el-Baz zusammengespannt, einem Staatsanwalts-Kollegen – er war zum Bezirksstaatsanwalt von Kairo ernannt worden, nachdem er als einer der Besten seines Jahrgangs das Jurastudium an der Kairoer Universität abgeschlossen hatte. Schlank, beinahe elfenhaft, mit blasser Haut und rauer Stimme, konnte man Baz leicht für einen Jugendlichen halten, doch sein Intellekt war kaum zu übersehen. Als eines von neun Kindern stammte Baz aus einer angesehenen Akademikerfamilie. Sein Vater war ein bekannter Islamgelehrter. Farouk, einer seiner Brüder, hatte als Geologe an der Apollo-Mondlandung mitgearbeitet.

Osama hatte sechs Jahre an der Harvard Law School studiert und zwei höhere Abschlüsse gemacht. Dort hatte er bei Henry Kissinger und Roger Fisher[22] studiert – dem Mann, der Cy Vance bei der Vorbereitung auf Camp David geholfen hatte.

Carter betrachtete Baz als den extremsten der ägyptischen Delegierten[23]. Er war Vorsitzender der Harvard Society of Arab Students gewesen und hatte Sadats dogmatische Rede für Jerusalem verfasst[24]. Trotz seines Rufs als Eiferer hatte Baz während seines Studiums in den USA eine jüdische Freundin gehabt[25]; ja, er hatte sogar Mitglieder der israelischen Delegation gebeten, eine Menora mit nach Camp David zu bringen, um sie ihr zu schicken.

Sadat hatte Baz zu Vizepräsident Mubaraks oberstem Politoffizier ernannt, mit der Anweisung, „dem zukünftigen Präsidenten“ beizubringen, was er in Harvard gelernt habe[26]. Als Mubaraks rechte Hand war Baz einer der einflussreichsten Figuren der ägyptischen Regierung[27], doch die von anderen hoch geschätzten Vergünstigungen seiner Stellung interessierten ihn nie. Er behielt eine trotzige Schlichtheit bei, fuhr mit dem Bus zur Arbeit und aß die einfachste ägyptische Kost – *ful* und *falafel* – in ganz gewöhnlichen Restaurants. Er hatte einen Horror vor gesellschaftlichen Ereignissen und neigte dazu, sich hinter seiner Arbeit zu verstecken. Selbst in Camp David saß er schweigend beim Essen, argwöhnisch und abgesondert, und stocherte in den Speisen; doch bei Konferenzen erwachte er zum Leben, oft mit schneidenden Kommentaren, die sowohl seine unnachgiebige Ideologie als auch seine Beherrschung der Materie enthüllten. Sadat vertraute Baz mehr als allen anderen seiner Delegierten. Gelegentlich brachte er Baz mit zu Sitzungen, angeblich als Dolmetscher und Protokollant. Sie hatten einen Code vereinbart: wenn bei einer Sitzung etwas vorgebracht wurde, mit dem Baz nicht einverstanden war, hob er kaum merklich den Kopf und blickte dann wieder auf seine Notizen. Nach diesem Zeichen würde Sadat den Vorschlag zurückstellen[28].

Carters Experiment mit den beiden Verhandlungs-Stellvertretern begann am Mittwoch um 8 Uhr morgens. Ohne Sadat oder Begin im Raum herrschte eine andere Atmosphäre, wenn auch eine, durch welche die beiden Delegierten in eine sehr unangenehme Lage gerieten. Sie waren die beiden talentiertesten Juristen in Camp David, aber statt ein Plädoyer in einem Gerichtssaal zu halten, verhandelten sie mit dem Präsidenten der Vereinigten Staaten über die Zukunft ihrer Länder.

Elf Stunden saßen Baz und Barak an diesem Tag mit Carter und Vance zusammen. Carter griff als Erstes die Sache mit Resolution 242 auf, gegen die die Israelis wegen der Formulierung „Unzulässigkeit des Gebietserwerbs durch Krieg" im Prolog protestiert hatten. Um zu vermeiden, durch den Rückzug der Israelis vom Sinai einen Präzedenzfall für die West Bank zu schaffen, hatte Barak sich eine geniale Formulierung einfallen lassen. Israel würde zustimmen, dass Resolution 242 auf die West Bank angewendet wurde, doch sobald das Autonomieabkommen getroffen war und die Palästinenser die politische Kontrolle übernommen hätten, würde das Gebiet formell nicht mehr als „besetzt" gelten. Daher erübrige sich die Frage des Rückzugs. Carter meinte darauf, Barak könnte Richter vom Obersten Gerichtshof der Vereinigten Staaten sein[29]. Dann schlug Carter vor, die strittige Formulierung aus dem Haupttext der Vereinbarung zu streichen und stattdessen anzumerken, beide Parteien würden der Resolution 242 „in all ihren Teilen" zustimmen[30]. Der gesamte Text der Resolution würde in einen Anhang gesteckt werden. Barak stimmte diesem Strategem zu, aber Baz zögerte. Resolution 242 sei ein zentraler Punkt der ägyptischen Plattform, und das Ausmaß, in dem sie offenbar herabgestuft werden sollte, um Begin entgegenzukommen, bedeute, dass es auf Kosten der ägyptischen Prioritäten geschehe. Carter bot entwaffnend an, Baz könne in dem Teil des Textes jede Formulierung streichen, die ihm nicht gefalle. Baz deutete auf den Satz: „Sie haben beide ebenfalls erklärt, dass es keinen Krieg zwischen ihnen mehr geben soll."[31] Er argumentierte, ein weiterer Krieg könnte notwendig werden, wenn Israel sich nicht vom Sinai zurückzöge. Als Barak keinen Einwand erhob, wurde die erste konkrete Vereinbarung des Gipfeltreffens von Camp David Realität.

Ein weiteres kleines, aber hartnäckiges Problem wurde gelöst, als beschlossen wurde, den Ausdruck „West Bank“ in der amerikanischen und ägyptischen Version der Vereinbarung zu benutzen und „Judäa und Samaria“ im israelischen Text. Was jedoch die Frage der Sinai-Siedlungen betraf, sagte Barak, darüber könne er nicht einmal diskutieren, weil Begin so starke Gefühle dazu habe. Begin hatte noch an diesem Tag Brzezinski geschworen: „Mein rechtes Auge wird ausfallen, meine rechte Hand wird abfallen, bevor ich jemals zustimme, eine einzige jüdische Siedlung aufzugeben.“[32]

In dem Fall, sagte Baz, werde sich Ägypten nicht zu offenen Grenzen und voller diplomatischer Anerkennung verpflichten.

Inzwischen war es Abend geworden. Die Männer diskutierten gerade über das Problem der Flüchtlinge, als Baz geltend machte, Israel könne nicht mitbestimmen, welche Palästinenser auf die West Bank zurückkehrten. Carter legte seinen Stift ab und starrte Baz an. In solchen Momenten brüllte Carter nicht, aber seine blauen Augen funkelten und sein Zorn war deutlich zu erkennen. Er sagte, er habe mit Sadat bereits über genau diese Frage gesprochen. Habe Sadat nun einen Rückzieher gemacht?

Baz gab schließlich zu, er habe eigentlich nicht mit Sadat über die Angelegenheit gesprochen; es sei tatsächlich seine Idee, aber er glaube, Sadat würde ihm zustimmen.

„Eine Einigung mit Ihnen zu erreichen, ist unmöglich geworden“, sagte Carter. „Ich möchte mit Präsident Sadat sprechen.“[33] Er stand auf, was für Baz das Zeichen war, zu gehen.

Aharon Barak war etwas erschüttert über das Aufblitzen der Wut des Präsidenten. „Wenn er wütend wird, ist er wirklich wütend!“, erinnerte sich Barak[34]. Andererseits schien das grundlegende Rahmenabkommen Form anzunehmen. „Jetzt glaube ich an Israels aufrichtigen Wunsch nach Frieden“, sagte Carter zu ihm.

Barak kehrte in die Hütte der Israelis zurück und berichtete den anderen, was geschehen war. Trotz allen Fortschritts laufe das

Gipfeltreffen auf ein einziges Problem hinaus: die Sinai-Siedlungen. Weizman hatte früher am Tag mit Sadat gesprochen, um zu sehen, ob es irgendeine Möglichkeit gab, seinen Widerstand zu erweichen. „Ich gebe keinen Quadratzentimeter meines Landes auf!“, hatte Sadat verkündet[35].

Später machte sich Carter auf die Suche nach Begin und fand ihn im Projektionsraum beim Anschauen eines Films. Der Präsident beschrieb das Sinai-Abkommen, das Vance und Brzezinski Dajan und Weizman vorlegen würden. Erneut sagte Begin, er würde nichts unterzeichnen, in dem die Beseitigung der Siedlungen verlangt wurde, und Carter erwiderte, ohne das würde es kein Abkommen geben. Der Erfolg des Gipfeltreffens hänge an diesem Streitpunkt.

„Kommt nicht in Frage“, sagte Begin[36].

Sadat schaute Fernsehen, als Osama el-Baz zu ihm kam, um von seinem katastrophalen Zusammenstoß mit Carter über das Problem der zurückkehrenden palästinensischen Flüchtlinge zu berichten. „Sie haben recht“, erwiderte Sadat. „Es ist unmöglich für mich, so einem Punkt zuzustimmen. Aber Sie kennen meine Strategie, Osama. Wir wollen Carter für unsere Seite gewinnen. Ich weiß, er ist ein schwacher Mann, aber lassen Sie uns geduldig sein.“[37]

„Er hat nicht das Recht, in Ihrem Namen zu sprechen“, beschwerte sich Baz. „Ich bin derjenige, der Sie vertritt.“

„Wir müssen damit zurechtkommen“, sagte Sadat. „Was wird Carter jetzt tun?“

„Er wird Sie anrufen.“

„Ich will jetzt nicht mit ihm reden. Ich möchte nachdenken.“ Sadat bat Baz, beim Verlassen der Hütte das Licht auszuschalten, damit Sadat so tun könne, als sei er zu Bett gegangen. „Geben Sie Bescheid, dass ich schlafe und von niemandem gestört werden möchte.“

Als Carter erfuhr, dass Sadat nicht zu erreichen war, wurde er misstrauisch. Er wusste, dass der ägyptische Präsident eine

Nachteule war, und es sah ihm gar nicht ähnlich, um halb zehn ins Bett zu gehen.

Als Rosalynn von einem Tag in Washington zurückkehrte, fand sie Jimmy lesend im Bett vor. Er erzählte ihr, es sei ein recht guter Tag gewesen; mit den Israelis seien die Dinge besser gelaufen als erwartet, aber miserabel mit den Ägyptern. Als sie einschliefen, war er immer noch optimistisch gestimmt.

Mitten in der Nacht wachte Carter plötzlich mit einer entsetzlichen Vorahnung auf. Mit den Ägyptern passierten verdächtige Dinge, glaubte er. Ihm fiel der hitzige Streit ein, den er am Tag zuvor auf Sadats Veranda beobachtet hatte. Das seltsame Verhalten von Baz während des heutigen Treffens. Das gelöschte Licht in Sadats Hütte vor seiner normalen Schlafenszeit. All diese Momente drängten sich zu einer beunruhigenden Verschwörung zusammen und hinderten ihn daran, wieder einzuschlafen.

Rosalynn bewegte sich und merkte beim Wachwerden, dass Jimmy aufgestanden war. Es war 4 Uhr morgens, und er war sichtbar aufgeregt. „Ich weiß nicht genau warum, aber ich habe ein ungutes Gefühl wegen Sadats Sicherheit“, gab er zu[38]. Er weckte Brzezinski, der im Pyjama herüberkam, zusammen mit dem Leiter des Geheimdiensteinsatzkommandos. „Zbig, ich mache mir große Sorgen um Sadats Leben“, sagte Carter[39].

Zehnter Tag 10

Um 8 Uhr morgens schauten Jimmy und Rosalynn aus dem Fenster der Aspen Lodge und sahen Sadat zu seinem morgendlichen Gesundheitsspaziergang aufbrechen. Ungeheuer erleichtert eilte Carter hinaus, um sich ihm anzuschließen.

Sadat behielt einen strammen, militärischen Schritt bei, während sie über die Waldwege marschierten. Carter war in mitteilsamer Stimmung, wobei er Sadat allerdings nichts von seinen Befürchtungen der vergangenen Nacht erzählte. Sadat vertraute ihm an, er sehe Carter seit dem Ausflug nach Gettysburg in einem anderen Licht – als jemanden, der die Verwüstungen des Krieges verstehen könne, nicht nur den Schaden an materiellen Dingen, sondern auch am Geiste der besiegten Menschen. Sie sprachen darüber, wie lange Amerika brauchte, um die seelischen Verletzungen des Vietnamkrieges zu überwinden. Sadat fragte sich, ob die Menschen im Nahen Osten sich je erholen würden, selbst wenn sie in Camp David Frieden schlossen[1].

Carter kehrte in die Aspen Lodge zurück und ging direkt in sein Arbeitszimmer. Er wollte an dem neuesten amerikanischen Entwurf arbeiten, bevor Aharon Barak eintraf. Rosalynn brach an diesem Morgen wieder zu einem Mittagessen in Washington auf und schaute vorher noch bei Jimmy hinein, um zu sehen, in welcher Stimmung er war. Als er sie sah, schob er seinen Stuhl zurück. „Komm her", sagte er. Rosalynn setzte sich auf seinen Schoß. „Ich glaube, es kommt jetzt alles zusammen", sagte er gut gelaunt[2].

Vom Beginn der Konferenz an hatte Weizman auf ein Treffen von Sadat und Dajan gedrängt. Er glaubte, die beiden könnten die psychologischen Hindernisse überwinden, die ein Abkommen blockierten. Carter hielt es ebenfalls für wichtig, dass Sadat und Dajan miteinander sprachen, weil der israelische Außenminister das kreativste Mitglied des Teams war und auch am vertrautesten mit der West Bank. Und doch hatten beide Männer Widerstand geleistet. Sadat verabscheute und fürchtete Dajan, weil er der Architekt des Sechs-Tage-Krieges war[3]. Kein Araber konnte Dajan anschauen, ohne erneut die Flut von Scham zu durchleben, die der überwältigenden Niederlage gefolgt war. Darüber hinaus stieß sich Dajans schroffes und unversöhnliches Auftreten an den ägyptischen Gewohnheiten von Förmlichkeit und der indirekten Art und Weise, in der schwierige Gespräche mit gesellschaftlichen Höflichkeiten überzuckert wurden.

Seinerseits verdankte Dajan Sadat die Zerstörung seiner Legende. Er war Verteidigungsminister gewesen, als Sadat 1973 die ägyptische Armee über den Suezkanal schickte und damit das Gefühl der Unverwundbarkeit erschütterte, in das Israel sich gehüllt hatte. Es war Israels Pearl Harbour. Dajan war Israels größter Held gewesen, doch ihm wurde die meiste Schuld zugeschoben. Vor dem Krieg war er eine Figur auf den Titelblättern von Zeitschriften rund um die Welt gewesen, angehimmelt von Frauen und umworben von Staatsmännern, aber nach 1973 wurde er selbst von Menschen gemieden, die er nie respektiert hatte – alles wegen Sadat.

Ein Treffen der beiden Männer würde starke widersprüchliche Gefühle wachrufen, selbst wenn sie dasselbe Ziel anstrebten, vielleicht leidenschaftlicher als alle anderen in Camp David. Unter Druck stimmte Sadat schließlich zu, mit Dajan zu reden, „um Carters willen“[4]. Diese Redewendung sollte zum Insiderwitz der ägyptischen Delegation werden, denn als das Gipfeltreffen gerade kurz davor zu stehen schien, einen Weg zum Frieden zu finden, sollte das Treffen, das keiner der beiden Männer wollte, alles zusammenbrechen lassen.

Die Illusion, die zu Israels größtem militärischen Rückschlag führte und zum Ursprung für Dajans Blamage wurde, war die Bar-Lew-Linie[5]. Sie war eine der größten Befestigungsanlagen in der Militärgeschichte. Erbaut nach dem Krieg von 1967, erstreckte sie sich 160 Kilometer am Ostufer des Suezkanals entlang und bestand aus steilen, über 20 Meter hohen Schutzwällen aus Sand und Lehm, die den ägyptischen Truppen auf dem Westufer des Kanals zugewandt waren wie eine berghohe, von Menschen erbaute Bruchlinie. Innerhalb der Schutzwälle befanden sich 36 israelische Vorposten, erbaut aus Stahlbeton, dazu gedacht, direkten Treffern von Artilleriegeschossen oder Bomben von mehr als 450 Kilo standzuhalten. Jedes Fort war mit Maschinengewehrstellungen, Luftabwehrgeschützen und Mörsern ausgerüstet. In den Kellern der mehrstöckigen Forts waren große Behälter mit Öl gelagert, das auf das Wasser des Kanals gesprüht und in Brand gesetzt werden konnte. In den Zwischenräumen zwischen den Befestigungsanlagen befanden sich 300 Feuerstellungen für Panzer. Eine zweite Verteidigungslinie zog sich sechs bis acht Kilometer dahinter entlang, wozu Luftstützpunkte, Kommandobunker, Fernkampfartillerie-Stellungen und Flugabwehrraketenbasen gehörten. All diese Stellungen waren durch mehrfache Stacheldrahtzäunen gesichert und übersät von Minenfeldern und Sprengfallen. Die Israelis betrachteten diese gewaltige Barrikade als ihre erste Verteidigungslinie, doch für die Ägypter stellte die Bar-Lew-Linie den Versuch dar, die gesamte Sinai-Halbinsel zu annektieren.

Dajan, damals Verteidigungsminister, nahm den amerikanischen Diplomaten Nicholas Veliotes 1973 mit auf eine Besichtigungstour der Befestigungsanlage. Sie standen auf dem berghohen Schutzwall und schauten über den Kanal, 200 Meter breit, zum ägyptischen Feldlager. Wie gewöhnlich spielten die ägyptischen Soldaten Fußball, angelten oder schwammen im Kanal. Veliotes fragte, was passieren würde, wenn die ägyptischen Streitkräfte ohne Warnung angriffen. „Die ägyptische Armee von heute ist wie ein rostiges Schiff, das im Hafen ankert und sich nicht bewegen kann!“, sagte Dajan wegwerfend[6]. Damit gab er die allgemeine Meinung des israelischen Oberkommandos wieder. Frieden schien nicht länger notwendig oder auch nur wünschenswert. Dajan entwarf bereits Pläne, den Staat Israel noch stärker auszuweiten, vom Jordan bis zum Kanal und bewehrt mit neuen israelischen Siedlungen. „Es gibt kein Palästina mehr“, erzählte er dem Magazin *Time* im Juli. „Erledigt.“[7]

Die Euphorie des Sieges von 1967 hatte Israel blind für die Möglichkeit gemacht, die Araber könnten immer noch fähig sein, ihnen echten Schaden zuzufügen. Ein israelischer Kommandant nach dem anderen veröffentlichte seine Memoiren und trat im Fernsehen auf, um die brillanten Taktiken im letzten Krieg zu beschreiben und endlose israelische Dominanz vorherzusagen. Ein Angriff der Araber sei undenkbar, meinten sie alle. Das sei Selbstmord.

Aber so sehr der Sechs-Tage-Krieg auch einen Höhepunkt in der israelischen Erfahrung darstellte, er war auch ein Wendepunkt für die ägyptische Gesellschaft. Die Niederlage wirkte sich als Ansporn zur Modernisierung aus, vor allem im Militär. Vor dem Krieg behandelte die arabische Welt Israel, als existiere es nicht. Zollbeamte rissen Seiten aus importierten Büchern, auf denen Israel erwähnt wurde, wie im Französischwörterbuch von Larousse und in der *Encyclopaedia Britannica*[8]. Nach dem Krieg war der ägyptische Präsident besessen davon, Kenntnisse über den Feind zu erlangen. Nasser bekam Mitschnitte von den brusttrommelnden israelischen Generälen im Fernsehen und schaute sie sich immer wieder an, um das Geheimnis ihres Erfolgs zu enträtseln[9]. Offensichtlich war Überraschung der Schlüssel; wer als Erster zuschlug, verschaffte sich einen entscheidenden Vorteil. Ein weiterer Grund für den israelischen Sieg war ihre überlegene Ausrüstung, also überredete Nasser die Sowjets, die ägyptischen Streitkräfte mit besseren Waffen aufzurüsten. Doch das waren nicht die einzigen Vorteile der Israelis; ihre Soldaten waren einfach fähiger und stärker motiviert als die ägyptischen. Daraus schloss Nasser, dass eine Umwandlung der Streitkräfte nötig war. Universitätsabgänger wurden ins Offizierscorps aufgenommen und ermutigt, Hebräisch zu lernen. Sowjetische Berater bildeten die ägyptischen Soldaten aus. Selbst durch all diese Veränderungen hatte Nasser wenig Hoffnung, einen Sieg zu erlangen.

Als Sadat 1970 an die Macht kam, erhielt er ein vorläufiges

Angebot von Mosche Dajan zu einer Interimslösung: Beide Seiten würden sich hinter Artilleriereichweite zurückziehen und den Ägyptern erlauben, den Betrieb des Kanals wieder aufzunehmen. Sadat antwortete ein paar Monate später mit der wesentlich ehrgeizigeren Initiative, einen Waffenstillstand zu erklären und durch die Vereinten Nationen ein Friedensabkommen mit Israel zu schließen[10]. Sein Preis war die Rückgabe der Sinai-Halbinsel unter ägyptische Souveränität. Israel könnte eine Sicherheitsanwesenheit an Schlüsselpunkten wie Sharm el-Sheik aufrechterhalten. Den Palästinensern würde entweder ein eigener Staat oder die Angliederung an das Königreich Jordanien zugesichert werden. In einem geheimen Annäherungsversuch an die USA vertraute Sadats Gesandter Kissinger an, es gebe eine Frist für den Beginn von Friedensverhandlungen: September 1973, kurz vor den israelischen Wahlen. Bis dahin müsse Israel einen Teilrückzug aus dem Sinai vollzogen haben, als eine Sicherheitshinterlegung für einen zukünftigen Friedensvertrag[11]. Premierministerin Golda Meir lehnte den Vorschlag ab. Sie drängte Kissinger, Sadats Friedensinitiative hinauszuzögern und den politischen Stillstand bis nach den Wahlen aufrechtzuerhalten[12]. Als Gegenleistung nötigte ihr Kissinger das schicksalhafte Versprechen ab, Israel würde keinen weiteren Krieg beginnen.

Nach dem Scheitern seiner Initiative verkündete Sadat, „das Stadium der totalen Konfrontation“[13] stehe kurz bevor. „Alles in diesem Land wird jetzt ernsthaft für die Fortführung der Schlacht mobilisiert – die nun unvermeidlich ist“, sagte er *Newsweek* im April 1973. „Die Zeit für einen Schock ist gekommen.“[14] Niemand glaubte ihm. In Ägypten war er zur Witzfigur geworden. Die selbstzufriedenen Israelis ignorierten die Truppenverstärkung entlang des Kanals in jenem Herbst, da sie es für ein weiteres sinnloses Manöver eines kraftlosen ägyptischen Führers hielten. Schließlich würde Ägypten ohne die Sowjets allein kämpfen müssen oder zusammen mit einem anderen geschwächten arabischen Land. Man nahm an, die Araber würden keinen Krieg beginnen, weil sie sowieso verlieren würden. Diese Annahme klang so vernünftig, dass die Israelis taub für jedes andere Argument waren. Menachem Begin sprach warnend von der Notwendigkeit, dem Aufmarsch einer großen Anzahl von Panzern nahe des Kanals etwas entgegenzusetzen[15], aber er blieb eine einsame Stimme. Der Kanal selbst sei die größte Panzerfalle, die je erfunden worden war, behaupteten die israelischen Verteidigungsspezialisten, von der respekteinflößenden Bar-Lew-Linie ganz zu schweigen. Doch noch während die Experten sich dies einredeten, reduzierte Israel allmählich seine Kanalverteidigung. Etwa ein Drittel der Forts[16] wurde mit Sand gefüllt und als Befestigungsattrappe stehen gelassen, und in den verbliebenen wurde die Anzahl der Soldaten verringert.

Dajan hatte gedroht, er würde im Falle eines Krieges „nicht ausschließen, den Nil zu erreichen"[17]. Er hatte Krieg immer als Möglichkeit betrachtet, Israels Grenzen auszuweiten, und als der geheime September-Termin näher rückte, begann er kühn von „einem neuen Israel mit weit gesteckten Grenzen, nicht wie 1948" zu sprechen[18]. Er setzte sich für weitere Siedlungen auf der Sinai-Halbinsel und den Golanhöhen ein, um Israels Besitznahme zu konsolidieren. Er kündigte den Bau eines israelischen Hafens im Norden des Sinai an, in ägyptischen Hoheitsgewässern. All das bestätigte nach Sadats Auffassung, dass die Israelis niemals bereitwillig ägyptisches Gebiet aufgeben würden[19]. Krieg blieb als einziges Mittel.

Ägyptische Militärstrategen hatten Jahre damit verbracht, die vor ihnen liegende Herausforderung zu studieren. Als Erstes mussten sie ihre Truppen über den Kanal bringen. Diese Zielsetzung wurde in unterschiedliche Aufgabenbereiche unterteilt, wie zum Beispiel Lastwagen im Rückwärtsgang an das Wasserhindernis zu fahren und dann so abrupt zu bremsen, dass durch den Schwung Pontonsegmente von der Ladefläche ins Wasser geschleudert wurden. Zweimal pro Tag arbeiteten Mannschaften daran, die Laster auf genau diese Weise zu entladen; währenddessen trainierten andere Mannschaften, die schwimmenden Segmente zu einer Brücke zu verbolzen. Sobald die erste Angriffswelle auf der anderen Seite war, würden israelische Panzer darauf warten, die Infanterie in Empfang zu nehmen[20]; um sich durch diese gepanzerte Barriere zu sprengen, würden ägyptische Mannschaften die neuen sowjetischen tragbaren Sagger-Panzerabwehrraketen einsetzen, mit denen sie täglich in einem Simulator trainierten. Endlose Wiederholungen machten diese Kampfhandlungen zur zweiten Natur, selbst bei Soldaten, die bezweifelten, ob sie je eingesetzt würden*.

Doch die größte Herausforderung für die Angreifer war die respekteinflößende Bar-Lew-Linie. Die Sowjets hatten ihnen versichert, nur eine Atombombe könne die Befestigungsanlage zerstören[21]. Weder konventionelle Bomben noch Artillerie könnten Breschen durch den Schutzwall schlagen; der Sand würde einfach zusammensacken und das Loch auffüllen. Schließlich kamen ägyptische Ingenieure auf eine geniale Lösung: Sie entdeckten, dass Hochdruck-Feuerwehrschläuche, verbunden mit von Turbinen angetriebenen deutschen Pumpen, in der Lage waren, mehr als 1000 Liter Wasser pro Minute auszuwerfen und den Sand mit Salzwasser aus dem Kanal wegzuspülen. Nachbildungen des Schutzwalls wurden gebaut und Tag und Nacht mit Wasser beschossen, bis die Mannschaften innerhalb von fünf Stunden einen 60 Meter breiten Korridor durch den Sandwall brechen konnten[22]. Danach würden die Infanterie und die Panzer hindurchströmen. Sadat nannte diesen Plan Operation Badr, im Gedenken an die Belagerung von Mekka durch den Propheten Mohammed 624 n. Chr., bei der ihn, wie der Koran sagt, 3000 „heranstürmende“ Engel unterstützten[23].

Zum Zeitablauf der Invasion wurden viele Überlegungen angestellt – zum Beispiel sollte Ebbe herrschen und die Sonne den Verteidigern in die Augen scheinen. Syrien plante einen gleichzeitigen

* Bei einer israelischen Umfrage unter 8000 während des Krieges gefangen genommenen Ägyptern gab nur einer an, er habe schon drei Tage vor der Schlacht gewusst, dass ein Krieg direkt bevorstehe. 95 Prozent der Soldaten gaben an, sie hätten erst am Tag der Invasion davon erfahren. Herzog, *The War of Atonement,* S. 39.

Angriff, aber es bestand die Möglichkeit, dass im Spätherbst auf den Golanhöhen Schnee fiel. Der Oktober war die optimale Zeit, mit langen Nächten und beständigem Wetter. Wie sich herausstellte, würden die Israelis zudem mitten in ihren Parlamentswahlen stecken, und die Amerikaner waren hypnotisiert vom Watergate-Skandal. In jenem Jahr fand ebenfalls im Oktober der Ramadan statt, der Fastenmonat der Muslime, was für die Israelis eine Invasion weniger wahrscheinlich machen würde, für die Ägypter jedoch nur die religiöse Bedeutung des Ereignisses hervorhob. Ein Datum sprang den Militärstrategen regelrecht ins Auge: Jom Kippur, der Tag der Versöhnung, der in jenem Jahr auf den 6. Oktober fiel[24]. In Israel würde das öffentliche Leben mehr oder weniger zum Erliegen kommen – keine Busse, kein Radio, kein Fernsehen. Das bedeutete, dass es schwierig sein würde, die Reservisten einzuberufen. Der Mond würde an jenem Tag von Sonnenuntergang bis Mitternacht scheinen.

Am 4. Oktober wurden die restlichen in Ägypten und auch Syrien verbliebenen sowjetischen Familien evakuiert – ein weiteres deutliches Zeichen, dass ein Krieg unmittelbar bevorstand. Am nächsten Tag entdeckte die israelische Luftaufklärung am Westufer des Kanals fünf ägyptische Infanteriedivisionen, die in voller Stärke aufmarschiert waren, dazu mobile Ponton-Einheiten mit Brückengerät und weitere 56 Geschützbatterien, doch selbst angesichts all dessen weigerte sich das israelischen Kabinett nach wie vor zu glauben, dass die Araber tatsächlich angreifen würden. Vielleicht hatte Dajan immer noch die in Unterwäsche fliehenden Soldaten von 1956 im Kopf, was ihn blind machte gegen den Schlag, der kommen sollte. Doch er war nicht der Einzige. Die israelische Militärführung war größtenteils der Ansicht, die Wahrscheinlichkeit eines Kriegsausbruchs sei die „allerniedrigste"[25].

In der Nacht vor der Invasion schwammen ägyptische Kampfschwimmer durch den Kanal, um die Ölleitungen zu sabotieren, dazu gedacht, alle Angriffsfahrzeuge in Brand zu setzen, die den Kanal zu überqueren versuchten[26]. Syrien hatte bereits Raketenbatterien in Reichweite der Golanhöhen verlegt. Am selben Abend schickte Israel eine Nachricht an Kissinger mit der Versicherung, ein Krieg sei unwahrscheinlich[27].

Dann, in den Morgenstunden des 6. Oktobers, informierte der israelische Geheimdienst das Oberkommando darüber, er habe Nachricht von einem gut positionierten und vertrauenswürdigen Spion erhalten – gemeint war Nassers Schwiegersohn und Sadats Vertrauter Ashraf Marwin[28] –, dass die ägyptischen Streitkräfte um 6 Uhr am selben Abend mit der Invasion beginnen würden. Vor Sonnenaufgang fand ein Treffen in Dajans Büro statt. Er war immer noch gegen eine Generalmobilmachung oder einen präventiven Luftangriff. Eingedenk Israels geheimer Zusage an Kissinger, keinen Krieg zu beginnen, führte er an, sollte Israels reguläre Armee in der Lage sein, einen Erstschlag aufzufangen und rasch zu einem massiven Gegenschlag auszuholen; später am Morgen überstimmte Golda Meir ihn jedoch und ordnete die Mobilisierung von 100 000 Soldaten an. Trotzdem würde es mindestens 24 Stunden dauern, bis sie die ägyptische Front erreichten[29].

Die Ägypter waren verwundert über die mangelnde Reaktion auf der israelischen Seite; seit Sadat im Frühjahr öffentlich erklärt hatte, was passieren würde, waren die ägyptischen Intentionen nicht zu übersehen gewesen. Und doch war am Tag des Kriegsanbruchs die Bar-Lew-Linie nur mit 436 israelischen Soldaten, 3 Panzern und 70 Artilleriegeschützen besetzt, mit zusätzlichen 8000 Mann und 277 Panzern in der Nachhut[30]. Sie standen 100 000 ägyptischen Soldaten und 1550 Panzern auf dem Westufer gegenüber.

Um 14.05 Uhr eröffnete die ägyptische Artillerie – an die 2000 Geschütze – das Feuer und ließ mehr als 10 000 Geschosse pro Minuten auf die israelischen Stellungen niedergehen. 15 Minuten später stürmten 8000 Infanteristen über das westliche Ufer und sprangen in Schlauchboote. Jedes der 750 Boote war nummeriert und hatte eine Farbmarkierung, um Verwirrung zu vermeiden[31]. Währenddessen griffen ägyptische Kampfjets im Tiefflug israelische Luftwaffenstützpunkte, Luftabwehrraketenbatterien, Kommandozentralen und Radarstationen an. Gleichzeitig griffen von

Osten 700 syrische Panzer die israelischen Stellungen auf den Golanhöhen an.

Als die ägyptischen Kommandoeinheiten das Ostufer des Kanals erreichten, erklommen sie die massive Barrikade der Bar-Lew-Linie mit Strickleitern und hissten die ägyptische Fahne auf der Befestigungsanlage. Wasserpumpen spülten den Sand weg. Innerhalb weniger Stunden waren 60 Breschen durch die Linie geschlagen worden. Fünf Infanteriedivisionen überquerten den Kanal in einer unablässigen Flut[32] – auf Brücken, Booten und manche Soldaten sogar schwimmend. „Mein Gott“, berichtete ein israelischer Funker in der zweiten Verteidigungslinie, „es ist, als kämen die Chinesen herüber“[33].

Die israelische Luftwaffe, die nur langsam vom Boden hoch kam, traf zwei Stunden später ein, wurde aber von wärmesuchenden SA-6-Raketen unter Beschuss genommen, die zwölf Phantom-Kampfjets vom Himmel holten, bevor die mattgesetzten Israelis abdrehten. Israelische Panzergeschwader – so vernichtend in den vorherigen Kriegen – rollten aus ihren Nachhutstellungen auf den Kanal zu, um die überlebenden Verteidiger zu entsetzen. Ägyptische Kommandotruppen warteten mit Sagger-Lenkraketen auf sie. Die israelischen Panzer wurden vernichtet. Um halb elf waren acht Brücken geschlagen, und bis Mitternacht hatten die ersten 500 ägyptischen Panzer zum Ostufer übergesetzt. In Kairo verteilten Fundamentalisten Flugblätter mit der Behauptung, die anstürmenden Engel würden erneut mit den Muslimen kämpfen. Sadat musste seine Landsleute daran erinnern, dass der erste

General, der den Kanal überquert hatte, kein Muslim war, sondern ein Kopte[34].

Die Araber hatten jetzt bessere Waffen, aber die Soldaten selbst waren auch anders. Dajan erkannte: Sie waren besser ausgebildet und diszipliniert, und sie liefen nicht davon[35]. Darüber hinaus hatten sie den entscheidenden Vorteil des Erstschlags. Am Abend trat Dajan jedoch vor die Fernsehkameras, um seine Mitbürger zu beruhigen, er habe die Lage unter Kontrolle. „Auf den Golanhöhen mag zwar eine Anzahl von Panzern durch unsere

Linien gedrungen sein"[36], räumte er ein, aber das sei nichts, worüber man sich Sorgen machen müsse. Was den Kanal angehe, sagte Dajan, würde der Angriff der Ägypter „mit einem sehr, sehr gefährlichen Abenteuer für sie enden." Doch in Wahrheit, wie er sehr wohl wusste, kämpften die Israelis an zwei Fronten und verloren an beiden. Innerhalb von 24 Stunden hatten die Araber 200 israelische Panzer und 35 Flugzeuge zerstört, und Hunderte Soldaten waren gefallen[37].

Aus seiner Selbstzufriedenheit wachgerüttelt, durchlief Dajan eine Persönlichkeitsveränderung. Er war gezwungen einzugestehen, dass die Araber ihm ebenbürtig waren; und wenn das stimmte, dann stand die bloße Existenz Israels auf dem Spiel. Israel konnte seine Verluste nicht an denen der Ägypter und Syrer messen, die über eine gemeinsame Streitmacht von mehr als einer Million Soldaten verfügten. Israels Gesamtbevölkerung betrug nur drei Millionen[38].

Die Mission der arabischen Armeen bestand darin, die 1967 verloren gegangenen Gebiete zurückzuerobern. Die Syrer strebten an, die Golanhöhen einzunehmen und ihre Stellungen vier oder fünf Tage lang zu halten – lange genug für die ägyptischen Streitkräfte, um die Bergpässe im Sinai zu erobern[39]. Sadat hoffte, der Schock des Angriffs würde mehr diplomatische Flexibilität auf allen Seiten erlauben, was unmöglich war, solange die Araber sich durch Demütigung bewegungsunfähig fühlten und die Israelis durch den Status quo beruhigt. Aber die israelische Führung glaubte nicht, dass die Araber einen Krieg für begrenze Ziele führen würden; noch hallte die Rhetorik arabischer Führer aus der Vergangenheit in den Köpfen der Israelis zu laut nach – von der Karte ausradiert, ins Meer getrieben zu werden –, und daher bekamen sie Panik. Wieder einmal war es nicht der Krieg, den sie fürchteten, sondern die Vernichtung.

Am Morgen des zweiten Tages drängte Dajan die Luftwaffe, sich darauf zu konzentrieren, den syrischen Vormarsch im Norden zu stoppen, wo Israel am anfälligsten war, doch den israelischen Kampfjets gelang es nicht, die Batterien der Luftabwehrraketen auszuschalten, und sieben Maschinen wurden abgeschossen[40]. Dajan warnte Golda Meir, dass sich eine Katastrophe anbahne; es sei notwendig, die israelischen Streitkräfte von den Golanhöhen abzuziehen, sich im Sinai hinter den Bergpässen zu verschanzen und dann „bis zur letzten Kugel durchzuhalten“[41]. Die Premierministerin und das Kabinett waren schockiert über seine Vorhersage, doch als am dritten Tag die israelischen Gegenangriffe im Sinai begannen, erwies sich das israelische Oberkommando als desorientiert, verängstigt und uneinig darüber, wie dem ägyptischen Vorstoß entgegenzutreten sei. Am Ende des Tages hatten die Israelis 49 Kampfjets und 500 Panzer verloren[42]. Die Lage schien noch schlimmer zu sein, als Dajan sie beschrieben hatte.

Dajan sagte, er habe vor, noch am selben Abend im israelischen Fernsehen zu sprechen, der Öffentlichkeit das Ausmaß der Verluste bis zu diesem Tag offenzulegen und sie über die bedrohliche Lage zu informieren, aber Meir bat ihn, es nicht zu tun[43]. Sie saßen die Nacht über zusammengedrängt in der riesigen unterirdischen Kommandozentrale. Wenn der befürchtete Albtraum wahr wurde und die riesige arabische Armee die israelische Verteidigung durchbrach, würde die letzte Verteidigungslinie ins Spiel kommen: Atomwaffen. Israel hatte nie zugegeben, über solche Waffen zu verfügen, doch war allgemein bekannt, dass es ein kleines Arsenal besaß – vielleicht nicht mehr als 25 Bomben[44] –, das in einem solchen Fall eingesetzt werden konnte. Dajan hatte dieser apokalyptischen Strategie den passenden Titel „Samson-Option“ gegeben.

Was in jener Nacht geschah, ist nach wie vor unklar. Die Israelis mochten beschlossen haben, im Fall eines totalen militärischen Zusammenbruchs mehrere Atombomben zu zünden[45]. Es gab auch die Möglichkeit, die Drohung einer nuklearen Reaktion als Möglichkeit zu benutzen, Washington zu überreden, die israelischen Streitkräfte aufzurüsten. William Quandt, später in Camp David dabei, war zu der Zeit führendes Stabsmitglied des Nationalen Sicherheitsrates; er erinnert sich, einen Bericht darüber gesehen zu haben, Israel habe seine ballistischen Raketenbatterien in Jericho aktiviert, vermutlich für Atomwaffen, nahm er an, wegen ihrer schlechten Treffsicherheit[46].

Meir bot an, nach Washington zu fliegen, um die USA um sofortige Waffenlieferungen zu bitten, aber Henry Kissinger lehnte den Vorschlag schockiert ab. Dass Meir erwägen konnte, Israel zu einem so kritischen Zeitpunkt führerlos zu lassen, zeigt sowohl den Grad an Israels Verzweiflung als auch die komplette Abhängigkeit von den USA. Es weist ebenfalls auf die Kluft zwischen der amerikanischen und der israelischen Einschätzung der Gefahr hin, der sich Israel tatsächlich gegenübersah. Kissinger bezweifelte keinen Moment, dass die Israelis schließlich die Oberhand gewinnen würden, doch er wollte die Araber nicht erneut total gedemütigt sehen und auf jeden Fall eine Konfrontation der Supermächte vermeiden. Totaler Sieg ließ wenig Raum für Friedensverhandlungen, wie der vorige Krieg bewiesen hatte. Er stimmte den Waffenlieferungen für die israelischen Streitkräfte bereitwillig zu, hoffte aber, damit das Ausmaß des israelischen Triumphs manipulieren zu können. Er hielt es für den besten Kurs, Israel „ein bisschen, aber nicht zu viel bluten“[47] zu lassen. Währenddessen begannen die Sowjets, Syrien und Ägypten mit Waffen zu beliefern. Die Einmischung der Supermächte erhöhte das Risiko gefährlich.

Bis zum 11. Oktober hatte Israel an der syrischen Front die Oberhand gewonnen und Dajan drohte, seine Truppen nach Damaskus zu schicken[48]. In der Hoffnung, seinem syrischen Verbündeten Erleichterung zu verschaffen, setzte Sadat eine Streitmacht von 1500 Panzern gegen eine vergleichbare israelische Streitmacht im Sinai ein. Es wurde eine der größten Panzerschlachten in der Geschichte, und eine, die Israel entscheidend gewann, unterstützt durch Panzerabwehrraketen, die von Hubschaubern abgefeuert wurden. Die Ägypter hatten sich aus der Reichweite ihres Raketenschirms gewagt und verloren an einem einzigen Tag 250 Panzer[49].

Unmittelbar nach diesem Sieg setzten die Israelis zum Gegenangriff an, geführt von Generalmajor Ariel Scharon, gegen eine viel größere ägyptische Streitmacht nahe dem südlichen Teil des Suezkanals, an einem Ort namens Chinesische Farm, weil die landwirtschaftlichen Maschinen Beschriftungen trugen, die von den Soldaten für Chinesisch gehalten wurden (in Wahrheit war es Japanisch). Das Ziel war, durch die ägyptische Linie zu brechen und den Kanal zu überqueren – eine brillante und völlig unerwartete Strategie, wodurch die ägyptischen Streitkräfte am Ostufer gestrandet wären.

Der israelische Angriff begann am Morgen des 15. Oktober, stieß anfänglich auf wenig Widerstand, entwickelte sich aber bald zur blutigsten Auseinandersetzung dieses Krieges; beide Seiten zerfleischten sich drei Tage und Nächte lang entsetzlich mit Panzern, Infanterie und Luftunterstützung. Schließlich, in der Morgendämmerung des 18. Oktober, gelang es den Israelis, eine Pontonbrücke über den Kanal zu errichten, und die Truppen strömten hinüber. Der Krieg nahm eine entscheidende Wendung.

Dajan flog zur Chinesischen Farm, um sich anzusehen, was von dem Gemetzel übrig geblieben war. Arabische und israelische Soldaten lagen Seite an Seite, ihre Waffen und Ausrüstungen über das ganze Schlachtfeld verstreut. Da standen Hunderte ausgebrannter und zerschossener Fahrzeuge, immer noch rauchend, und zerstörte israelische und ägyptische Panzer, die nur wenige Meter voneinander entfernt erstarrt waren. „Ich bin kein Neuling, was Krieg oder Schlachtszenen betrifft", erinnerte sich Dajan, „aber ich habe nie einen solchen Anblick gesehen, weder in Aktion noch auf Bildern oder in den abwegigsten Spielfilmen. Vor mir lag ein riesiges Schlachtfeld, das sich bis zum Horizont erstreckte."[50]

Sadat hörte auf zu essen und ernährte sich nur noch von Fruchtsäften. Er sah, wie ihm seine Chancen entglitten, den Sinai zurückzuerobern. Er wurde bleich und hager und hatte Blut im Urin[51]. Soeben hatte er erfahren, dass er in den ersten fünf Minuten des Krieges seinen jüngeren Bruder Atif verloren hatte, als dessen Kampfjet über dem Kanal abgeschossen wurde. Jehan Sadat hatte sich erst nach vier Tagen getraut, ihm die Nachricht zu überbringen. Sie hatte ihren Mann zuvor nur einmal weinen sehen, als seine Mutter gestorben war. „Alle, die für unser Land gestorben sind, die sich geopfert haben, sind meine Söhne", sagte er zu ihr. „Und jetzt sogar mein eigener Bruder."[52]

Am 17. Oktober kam ein neues und auffallend modernes Element der Kriegsführung ins Spiel. Arabische Ölproduzenten trafen sich in Kuwait und kündigten eine sofortige Verminderung der Produktion um 5 Prozent an, mit monatlich derselben Reduzierung, bis Israel aus allen besetzten Gebieten abzog. Darüber hinaus verhängten sie ein Embargo über sämtliche Öllieferungen an die Vereinigten Staaten[53]. Drei Tage später flog Kissinger in die Sowjetunion.

In Moskau bemühte er sich, die Agenda auf eine geplante Waffenruhe zu begrenzen, die vom UN-Sicherheitsrat am frühen Morgen des 22. Oktober verabschiedet und von Ägypten sofort angenommen worden war. Nixon hatte einen impulsiven Brief an den sowjetischen Staatschef Leonid Breschnew geschickt, in dem er den alten Gedanken wiederbelebte, dass die Supermächte dem Nahen Osten einfach Frieden aufzwangen. Da der Watergate-Skandal in vollem Gange war, sehnte sich Nixon nach einem Triumph in der Außenpolitik, der seine Kritiker widerlegen würde, und Frieden im Nahen Osten war der größte vorstellbare Preis. Breschnew war begeistert, aber Kissinger wollte den Sowjets auf keinen Fall die Möglichkeit eröffnen, ihren schwindenden Einfluss in der Region zurückzugewinnen.

Danach flog Kissinger nach Israel. Während eines angespannten und emotionalen Essens mit Meir und ihrem Kabinett fiel Kissinger der psychologische Schaden auf, den der Krieg den Israelis zugefügt hatte, was sich dank ihrer vorherigen Selbstzufriedenheit umso bemerkbarer machte. Kissingers mitfühlender Blick fiel auf die melancholische Gestalt von Mosche Dajan[54]. Sie kannten sich seit fast 20 Jahren. Kein anderer Israeli hatte ihn mit seinem einfallsreichen und wendigen Intellekt mehr beeindruckt. Obwohl Dajan für sein militärisches Genie und seine Strafaktionen gegen die Araber berühmt war, hob er sich trotzdem durch sein Mitgefühl für deren Notlage von seinen Kollegen ab. Nach Kissingers Meinung war dieser israelische Staatsmann am besten geeignet, sein Land zum Frieden zu führen, und doch behandelten ihn die Israelis jetzt beinahe wie einen Verräter. 3000 israelische Soldaten waren bereits in diesem Krieg gefallen[55]. Bei Demonstrationen wurden Schilder mit seinem ikonenhaften Gesicht, aber der Aufschrift „Mörder" hochgehalten[56].

Die Israelis wollten Rache, als würde das ihren Ruf als unbezwingbare Nation wiederherstellen[57]. Doch die Überquerung des Suezkanals durch ägyptische Truppen hatte diese Illusion zerstört. Sadat hatte den Spieß umgedreht, und der Zorn, den die Israelis empfanden, machte es ihnen unmöglich, sich zurückzuhalten. Meir beschwerte sich, der Waffenstillstand komme zu früh; sie forderte drei weitere Kampftage, um die ägyptische Dritte Armee, die auf dem Ostufer im Sinai am Südende des Kanals gestrandet war, einzukesseln und zu vernichten. Kissinger wollte das nicht sanktionieren, fügte aber hinzu: „Sie werden keine stürmischen Proteste aus Washington hören, wenn irgendwas ... in der Nacht passiert, während ich zurückfliege. In Washington tut sich bis morgen Mittag nichts."[58]

Während Kissinger auf dem Rückflug nach Washington war, schickte Breschnew eine alarmierende Note ans Weiße Haus und ließ Nixons Vorschlag eines aufgezwungenen Friedens durch die amerikanischen und sowjetischen Streitkräfte wieder aufleben; sollte das nicht geschehen, warnte er, würde die Sowjetunion eigenmächtig handeln. Drei sowjetische Luftlandedivisionen seien in Alarmbereitschaft versetzt, und ein Flottenverband sei bereits auf dem Weg nach Ägypten, um die Dritte Armee zu befreien[59]. Nixon – im Belagerungszustand, verzweifelt, schwer alkoholisiert – war völlig von Watergate in Anspruch genommen. Kissinger befürchtete, die Sowjets versuchten, diesen chaotischen Moment in der amerikanischen Politik auszunutzen. Wenn sie in der Rolle als Retter der Araber in den Nahen Osten zurückkehrten, würden sie in der Lage sein, die Ölproduzenten zu beeinflussen und die Weltwirtschaft zu bedrohen. Um dieses Szenario abzublocken, war Kissinger bereit, die Supermächte bis an den Rand eines Atomkriegs zu steuern[60].

Für die Bedrohungslage gibt es in den USA fünf Stufen des Verteidigungsbereitschaftszustands („Defense Readiness Conditions“, kurz DEFCON). Der niedrigste, DEFCON 5, steht für Friedenszeit; der höchste, DEFCON 1, für uneingeschränkten thermonuklearen Krieg. Kissinger beschloss, eine eindringliche und unmissverständliche Warnung an die Sowjets zu schicken und hob – ohne den Präsidenten einzubeziehen – zusammen mit den Mitgliedern des Nationalen Sicherheitsrats die Bedrohungslage auf DEFCON 3 an – die höchste Stufe seit der Kubakrise. Er setzte ebenfalls die 82. Luftlandedivision in Alarmbereitschaft – Einsatzkräfte, die in Transportmaschinen verladen wurden und auf der Startbahn den Befehl erwarteten, nach Israel zu fliegen[61]. Dann lehnte er sich zurück und erwartete, dass die Sowjets den Einsatz abbrechen würden, doch der Flottenverband setzte die Fahrt nach Ägypten fort.

Mit einer vollkommen unerwarteten Umkehr im Spiel der Kräfte rettete Sadat die Supermächte vor dem Zusammenprall, auf den sie zusteuerten. Er bat den Sicherheitsrat der Vereinten Nationen um die Bereitstellung einer internationalen Schutztruppe – von der die USA und die UdSSR ausgeschlossen waren –, um die Einhaltung des Waffenstillstands zu überwachen. Ohne einen bereitwilligen Vasallen zogen sich die Sowjets schließlich zurück, aber Israel weigerte sich nach wie vor, seine Hände von der Gurgel der Dritten Armee zu nehmen, die in der Sinai-Wüste verkümmerte, ohne Wasser, Nahrung oder auch nur medizinische Versorgung.

Und noch einmal rettete Sadat die Situation. Er verkündete plötzlich, er sei zu direkten Gesprächen mit Israel bereit, an der 101-Kilometer-Marke auf der Straße von Suez nach Kairo – das erste Mal, dass sich seit der Gründung des Staates Israel ein arabisches Land zu so einem Treffen bereit erklärte. Im Gegenzug stimmte Israel endlich zu, einen einzelnen Konvoi mit nicht-militärischen Versorgungsgütern zur Dritten Armee passieren zu lassen.

Kissinger empfand inzwischen tiefe Bewunderung für Sadat,

ohne ihn je kennengelernt zu haben. Bis zum Ausbruch des Krieges hatte er den ägyptischen Präsidenten als „einen Hanswurst, eine Opernfigur“[62] betrachtet, aber Sadat hatte ihn immer wieder überrascht, nicht nur mit seinem Weitblick und Mut, sondern auch mit seinen geschickten Schachzügen im komplexen Spiel internationalen Schachs, in dem Kissinger ein anerkannter Meister war. Wenige Staatsmänner auf der Weltbühne spielten auf einem Niveau, das ihn zu interessieren vermochte, doch nun erkannte er in Sadat ein instinktives Genie für den verwegenen Zug, der die Geschichte ändern konnte.

Kissinger hatte bisher kein arabisches Land besucht, landete jedoch am 6. November in Kairo, um einen Waffenstillstand zwischen Israel und Ägypten auszuhandeln. Sadat führte den Amerikaner als Erstes in sein Büro und zeigte ihm einige Lagekarten zur vorgesehenen Truppenentflechtung. „Wir könnten ihn den Kissinger-Plan nennen“, meinte Sadat bescheiden[63]. Er schlug vor, die Israelis sollten sich bis zur Hälfte der Sinai-Halbinsel zurückziehen. Kissinger meinte, einseitiger Rückzug gehöre nicht zum israelischen diplomatischen Vokabular. Sadat zog an seiner Pfeife, seine Augen wurden schmal und sein Blick unscharf. Kissinger fuhr fort zu erklären, der Schlüssel liege darin, Vertrauen aufzubauen, damit die Israelis dem Ergebnis trauen konnten. Das Problem sei hauptsächlich psychologischer, nicht diplomatischer Natur, sagte er. Die beste Vorgehensweise sei, die Dritte Armee dort zu lassen, wo sie war – in der Falle –, aber mit einer ständigen Versorgungsquelle, während die USA daran arbeiteten, die Truppen zu entflechten.

Kissinger verlangte von Sadat, einem Amerikaner zu trauen, dem er noch nie begegnet war, einem mit keinerlei Erfahrung in der Nahost-Diplomatie, während seine eigene Armee wochenlang oder sogar monatelang abgeschnitten in der Wüste ausharren musste. Wenn irgendetwas schiefging – wenn Kissinger nicht liefern konnte, wenn die Dritte Armee unter dem Druck zusammenbrach –, würde Sadat vernichtet und Ägypten erneut gedemütigt sein. Sadat stimmte einfach zu und überraschte Kissinger einmal mehr.

Es sollte von Kissingers Seite heroischen persönlichen Einsatzes von Diplomatie bedürfen – mit Pendeln zwischen Israel und Ägypten Mitte Januar 1974 –, um schließlich die Einigung zu erreichen, die er versprochen hatte, was den Rückzug beider Seiten vom Kanal erforderte sowie ein Ausdünnen ihre Militärkräfte entlang der Front. Das Grundrezept für eine Friedensverhandlung zwischen Ägypten und Israel erforderte einen kühnen arabischen Staatschef, der zum Reden bereit war, einen vorsichtigen israelischen Regierungschef, der trotzdem vertrauensbereit war, und einen unermüdlichen amerikanischen Diplomaten, der sie zwang, den Frieden zu schließen, den sie allein nicht erreichen konnten. Aber echter Frieden war noch nicht in Sicht.

Carters Appell zeigte Wirkung. Sadat schickte Tohami mit einer Einladung zu Dajan, ihn um 3 Uhr nachmittags in seiner Hütte zum Tee zu besuchen. Als Carter von dem Treffen erfuhr, bat er Dajan, nicht über die Probleme zu diskutieren. Er befürchtete, beide Männer würden noch unbeugsamer in ihren Standpunkten werden und die Konferenz käme erneut zum Stillstand. Das einzige Ziel des Treffens sollte der Abbau von Spannungen zwischen ihnen sein. Dajan versprach, nur von „Kamelen und Dattelpalmen"[64] zu sprechen.

Sadat empfing Dajan mit einem höflichen Lächeln. Während sein Diener ihnen mit Honig gesüßten Pfefferminztee servierte, warf Sadat den Israelis vor, das Gipfeltreffen zu zerstören, weil sie sich hartnäckig weigerten, die Sinai-Siedlungen aufzugeben, deren wichtigste Dajans Lieblingsprojekt war[65] – eine geplante neue Stadt im nördlichen Sinai mit Hochhäusern und Kinos und einer prognostizierten Einwohnerschaft von einer Viertelmillion innerhalb von 20 Jahren. Der erste Spatenstich war schon getan und momentan waren bereits die Bulldozer am Werk. „Haben Sie etwa geglaubt, dass wir uns mit deren Existenz abfinden?", fragte Sadat unwirsch[66].

Dajan vergaß alles, was er Carter versprochen hatte. Er erinnerte an Nassers Ablehnung des israelischen Angebots, den

Sinai nach dem Krieg von 1967 zurückzugeben, im Austausch zu Frieden. „Was war Ihre Antwort?", fragte er. „Was durch Gewalt genommen wurde, sagten Sie, könne nur durch Gewalt wiedererlangt werden." Er fügte hinzu: „Haben Sie etwa geglaubt, wir würden mit verschränkten Armen dasitzen, während Sie verkünden, Sie wären nicht bereit, sich mit Israels Existenz auszusöhnen?"

„Wenn Sie Frieden mit uns wollen, muss der Tisch leer geräumt sein", sagte Sadat. Er sei bereit, vollständigen Frieden mit Israel zu schließen, trotz des Widerstands der arabischen Staaten, „aber Sie müssen all Ihre Landsleute vom Sinai entfernen, die Streitkräfte und die Zivilisten, die Militärlager abbauen und die Siedlungen entfernen."

„Sollte jemand Ihnen erzähl haben, dass irgendeine israelische Regierung die Sinai-Siedlungen aufgeben könnte", sagte Dajan und spielte eindeutig auf Tohami an, „hat derjenige Sie getäuscht"[67]. Die Siedlungen bildeten einen Sicherheitsgürtel, um das jüdische Heimatland zu schützen, nicht nur gegen die Ägypter, sondern auch gegen die palästinensischen Partisanen, die Israel aus den Flüchtlingslagern im Gazastreifen infiltrierten. Wenn die Ägypter mit den Bedingungen nicht einverstanden wären, sagte Dajan herrisch, „werden wir den Sinai weiter besetzen und Öl abpumpen."

Sadat explodierte. „Richten Sie das Begin von mir aus!", brüllte er. „Siedlungen, nie!"[68]

Direkt nach diesem katastrophalen Treffen brachte Carter den Entwurf eines neuen amerikanischen Vorschlags vorbei. Sadat warf einen Blick darauf und sagte, er würde nur verhandeln, *wenn* die Siedlungen abgebaut würden, nicht *falls*. Alle vorherige Flexibilität war durch seinen Zorn auf Dajan verflogen.

In diesem Augenblick hatte Carter keine Ahnung, wie er den Riss zwischen beiden Seiten überbrücken sollte. Er ging zu Dajan und bat ihn um Rat. Der halsstarrige Dajan meinte, die beste Annäherung sei, eine Liste der Differenzen aufzustellen, die auf beiden Seiten verblieben, um zu zeigen, dass zehn Tage Arbeit nicht völlig umsonst gewesen wären. Dajan selbst hatte jede Hoffnung auf weiteren Fortschritt aufgegeben.

Die ägyptische Delegation fragte sich ebenfalls, wo Sadat jetzt stand. Kamil ging zu ihm und fand Sadat im Pyjama auf dem Sofa liegend beim Fernsehen vor. „Hallo, Muhammad, setz dich doch", sagte er, ohne aufzustehen[69]. Er sah sich die Sendung weiter an. Nach einer Weile kamen andere Mitglieder der Delegation wie Tohami und Boutros-Ghali herein. Sie sprachen über Angelegenheiten, die nichts mit Camp David zu tun hatten, und Kamils Gedanken glitten ab, als er plötzlich Sadat rufen hörte: „Was kann ich tun? Mein Außenminister denkt, ich sei ein Idiot!" Dann befahl er allen, seine Hütte zu verlassen.

Kamil wollte gehen, wandte sich dann aber an Sadat. „Wie kannst du dir erlauben, mir vor all diesen Leuten vorzuwerfen, ich hielte dich für einen Idioten? Würde ich für dich arbeiten, wenn ich das dächte?" Daraufhin verkündete er, dass er vorhabe zurückzutreten, sobald sie wieder in Kairo seien.

„Warte, Muhammad", sagte Sadat. „Komm und setz dich." Kamil blieb stehen. „Was ist los mit dir, Muhammad?", fragte Sadat. „Weißt du denn nicht, was ich durchmache? Wenn du keine Nachsicht mit mir hast, wer dann?"

„Ich fühle, was du fühlst, aber das ist kein Grund, mich so vor allen anderen zu behandeln – das würde ich mir nicht mal von meinem eigenen Vater gefallen lassen!"

„Es tut mir wirklich leid, daran ist nur dieses verfluchte Gefängnis schuld, in dem wir stecken", sagte Sadat. „Warum willst du dich nicht setzen?"

„Es ist Mitternacht, und mir ist nach einem Spaziergang", sagte Kamil, immer noch wütend.

Rosalynn hatte den Tag in Washington verbracht. Als sie am Morgen aufgebrochen war, lag Erfolg in der Luft. Während des gesamten Mittagessens für eine örtliche Gemeinschaftsstiftung im Weißen Haus hatte sie ein Lächeln unterdrücken müssen. Jede Gefühlsregung würde einen Hinweis darauf geben, wie die Gespräche verliefen, also behielt sie ihre unbewegte Miene so gut wie möglich bei. Als sie am Nachmittag nach Camp David zurückkehrte, war sie erstaunt, Carter, Brzezinski und Hamilton Jordan im Swimmingpool zu sehen. Die Männer lachten auf eine Weise, die Rosalynn seltsam vorkam. Sie wusste sofort, dass etwas nicht stimmte.

Die Gespräche seien vorbei, erzählten sie ihr. „Ihr macht Witze", sagte sie verzweifelt. „Ich weiß, ihr macht Witze." „Nein", sagte Carter. „Wir haben versagt. Jetzt versuchen wir uns auszudenken, wie man dieses Versagen der Öffentlichkeit am besten darlegen könnte."[70]

Carter wies Vizepräsident Mondale an, seinen Terminkalender frei zu machen, um ihm zu helfen, den politischen Schaden zu bewältigen[71]. Vance kam später auf einen Martini in der Hütte der Carters vorbei. Er tröstete Carter damit, dass er alles erreicht habe, was er hatte erwarten können, aber die Gefühle auf beiden Seiten seien zu tief verwurzelt, um einen wesentlichen Durchbruch zu schaffen. Am Abend setzte Carter sich hin und stellte, wie Dajan ihm geraten hatte, eine Liste der Punkte auf, die beide Seiten trennten. Es war herzzerreißend, zu sehen, wie unbedeutend die Unterschiede wirklich waren, wenn man sie an den dauerhaften Vorteilen von Frieden maß[72].

Elfter Tag

11

Während der letzten 24 Stunden hatte Ezer Weizman im Kinoraum von Camp David gesessen und sich einen Film nach dem anderen angeschaut[1]. *Patton* mit George C. Scott sah er sich fünf Mal an[2]. Er war zu aufgewühlt zum Schlafen – oder vielleicht zu verängstigt, sich der Wahrheit zu stellen. Israels Zukunft stand an einem Scheideweg; auf der einen Seite der Frieden, auf der anderen Seite endlose Aussichten auf Krieg. Weizman hatte einmal geglaubt, Krieg sei die einzige Möglichkeit für das Überleben Israels. Dann wurde 1970, in der blutigen Pattsituation, die dem Ende des Krieges von 1967 folgte, sein Sohn Schaul von einem Schuss zwischen den Augen getroffen, abgegeben von einem ägyptischen Scharfschützen am Ufer des Suezkanals. Schaul überlebte irgendwie, blieb jedoch dauerhaft behindert. Er war einst so strahlend und vielversprechend gewesen, doch die Kugel in seinem Gehirn hatte die Zukunft pulverisiert, die er hätte haben können[3]. Nachdem er aus dem Krankenhaus kam, waren seine Gedanken wirr und seine Emotionen gerieten außer Kontrolle. Er wurde zum starken Trinker. Jedes Mal, wenn Weizman seinen Sohn anschaute, wurde er an die menschlichen Kosten des Konflikts erinnert. Diese Erfahrung hatte ihn allmählich in eine Taube verwandelt[4]. So viele andere Söhne und Töchter starben ebenfalls oder erlitten entsetzliche Verwundungen – wofür? Wenn Frieden wirklich erreichbar war, war es dann nicht unmoralisch, zu versagen? Die Einigung, die so quälend nah zu liegen schien, entglitt ihnen immer mehr, und das war zum großen Teil Weizmans Schuld.

Wohlhabend, unbesonnen, eitel und unverschämt – Weizman war eine Art israelischer Prinz, einerseits wegen seiner Verwandtschaft mit Chaim Weizmann, dem ersten israelischen Präsidenten, und andererseits wegen seiner Rolle bei der Gründung der legendären israelischen Luftwaffe. Dajan und er wetteiferten ständig um den informellen Titel des beliebtesten Mannes in Israel, bis

Dajan in Ungnade fiel. Weizman blickte immer noch zu Dajan auf, seinem ehemaligen Schwager (sie hatten Schwestern geheiratet). Dajan wiederum hatte nie einen Hehl aus seiner Verachtung für den jüngeren Mann gemacht, den er für einen Playboy und Tunichtgut hielt, der es nicht geschafft hatte, das Leben ernst zu nehmen[5].

Weizman erstaunte 1969 seine Familie und Freunde, als er sich Begins kleiner Cherut-Partei anschloss. Er nannte sie Menachem Begins Skulpturengarten, weil die Partei voll mit bedingungslosen Getreuen aus ihrer Zeit im Untergrund war. Ein Wahlverlust nach dem anderen unterstrich die Bedeutungslosigkeit ihrer kleinen Gruppierung an den Rändern der israelischen Politik. Man bezahlte einen Preis dafür, einer Partei der Geächteten anzugehören. Es gab keine Vergünstigungen, keine Vetternwirtschaft, nur zweifelnde Blicke von Außenseitern und vernichtende Kommentare in den Zeitungen. Begin war begeistert, einen so beliebten und renommierten General eingefangen zu haben. Er hatte sich immer zu hohen Militärs hingezogen gefühlt, und Weizman verlieh der Partei die Legitimierung, die sie dringend brauchte.

Der Kontrast zwischen den beiden Männern war extrem und nicht zu Begins Vorteil. Mit 1,88 Meter überragte der kräftige und gut aussehende Weizman den um einen Kopf kleineren Begin, der aber wegen seiner körperlichen Schwächen noch kleiner wirkte. Weizman verkörperte die angesagte und säkulare politische Klasse, von der die israelische Politik dominiert wurde, während der asketische Begin immer etwas von der lebensfernen Art eines Jeschiwa-Jungen an sich hatte. Beide waren als extreme Kriegstreiber bekannt, doch während diese Eigenschaft in Weizman als wohlverdiente Lektion seiner militärischen Laufbahn respektiert wurde, betrachtete man es bei Begin allgemein als eine Widerspieglung von Rassismus und seiner faschistischen Politik, wie es manche nannten. Begin, der polnische Anwalt, war steif und enthaltsam[6], doch Weizman stellte seine Sabra-Ungezwungenheit offen zur Schau, erschien zu morgendlichen Mitarbeiterbesprechungen oft im T-Shirt mit einem Bier in der Hand. Der genervte Begin nannte ihn „meinen charmanten ungezogenen Jungen“[7].

Kurz nachdem Weizman in die Cherut eingetreten war, beschloss er, die Partei zu übernehmen, hatte jedoch stark unterschätzt, wie sehr es sich dabei um eine Ein-Mann-Show handelte. Begin bootete ihn aus. Der zur Einsicht gekommene Weizman kehrte 1977 zurück, und diesmal wurde ihm die Planung der politischen Strategie übertragen. Da Begins Partei in acht Wahlen ohne Erfolg geblieben war, vereinte Weizman die Cherut zu einer Koalition mit Oppositionsgruppen aus dem Likud, dem Block, der zukünftig die israelische Politik bestimmen sollte. Während des Wahlkampfs spielte Weizman die radikale Vergangenheit Begins herunter; stattdessen präsentierte er ihn als Großvater, Patrioten und unbestechlichen Staatsdiener mit einer kleinen Drei-Zimmer-Wohnung in Tel Aviv – ein aufschlussreicher Gegensatz zu den in Saus und Braus lebenden Gaunern, die nach der Meinung vieler Israelis Politik verkörperten. Dieser neue Menachem Begin fand aufgeschlossene Anhänger bei jüngeren, unzufriedenen Wählern und bei sephardischen Juden, die sich mit seinem Außenseiterstatus identifizierten. Die Plakate zeigten einen kahlköpfigen, lächelnden Mann mit einer neuen modischen Brille über dem Slogan „Familienvater und Demokrat“[8].

Begin setzte sich im Wahlkampf gegen den Rückzug aus dem Sinai ein und behauptete, das israelisch-ägyptische Entflechtungsabkommen, das Kissinger entworfen hatte, sei ein schlechtes Geschäft, da es Israels Sicherheit gefährde. „Solche Rückzüge könnten nur den Feind an unsere Türschwelle bringen“, warnte er[9]. Seine Politik war einfach: „Das Westjordanland, die Golanhöhen, der Gazastreifen und der Sinai gehören uns.“[10]

Bei jener Wahl war jedoch auch noch etwas anderes am Werk. Vor dem Jom-Kippur-Krieg von 1973 war der Holocaust ein Thema, über das im israelischen Alltagsleben selten gesprochen wurde[11]. Man fand es beschämend, dass Juden so widerstandslos in den Tod gegangen waren – wie Schafe zur Schlachtbank, wurde oft bemerkt –, als würde ihre Unterwürfigkeit den neuen jüdischen Staat vergiften. Zur Überwindung genau dieser Passivität war der Staat Israel geschaffen worden. Von seiner Gründung an war das Land von kühnen Pionieren und muskulösen Sabras* geführt worden, unbefleckt durch die Belastung des Genozids. Europäische Juden wie Begin, die den Holocaust in sich trugen, wurden auf Abstand gehalten – getrennt durch eine Erfahrung, die gebürtige Israelis als ihnen fremd betrachten wollten. Israelis waren anders. Israelis waren stark, nicht schwach; aggressiv, nicht passiv. Ihre Hände waren schwielig, und sie hatten Dreck unter den Fingernägeln. Sie konnten ein Maschinengewehr zerlegen und einen Düsenjäger fliegen. Juden waren jedoch gehetzt, kompliziert, neurotisch. Sie waren nicht immer gutes „Menschenmaterial"[12], um einen Ausdruck zu benutzen, auf den sich Dajan und andere manchmal beriefen – nicht die Art von Menschen, die man brauchte, um eine kraftstrotzende neue Gesellschaft aufzubauen.

Der Jom-Kippur-Krieg veränderte das. Das Gefühl der Gefahr, das Israelis in den ersten Tagen des Konflikts verspürten, setzte die furchterregende Erkenntnis frei, die sie in ihrer Vorstellung immer belauert hatte, aber von ihnen nicht wahrgenommen werden wollte: Es könnte auch ihnen passieren. Nur weil sie Israelis waren, hatten sie die Möglichkeit der Auslöschung nicht überwunden, die das jüdische Volk umgab. In diesem Augenblick des Zorns und der Verletzlichkeit klang Menachem Begins Stimme vernünftiger. Sein Überleben von Holocaust und Gulag versprach, auch das jüdische Volk würde diese Bedrohung überleben. Ohne besonders gläubig zu sein, war er unter den Gläubigen mehr zu Hause als die meisten israelischen Politiker, und das verband ihn auch mit der kulturellen Tradition, die nach Ansicht vieler verloren gegangen war. Seine seelischen Verletzungen wurden nun als adelnd und nicht als verkrüppelnd betrachtet; seine Heftigkeit und Unnachgiebigkeit erschienen als angemessene Reaktion auf die Gefahren, mit denen sich Israel konfrontiert sah. Weizman gelang es, Begins Image abzumildern, aber die Israelis wussten, dass sich unter der Oberfläche des freundlichen polnischen Großvaters

* Sabra: historische Bezeichung für in Palästina geborene Juden, auch: *Tzabarim.*

mit den altmodischen Manieren ein Mann befand, der vor nichts haltmachen würde, um das jüdische Volk zu retten. Sein Zorn war ein Schild gegen die Katastrophe.

Noch ein weiterer Faktor spielte eine Rolle bei Begins Wahl. Die Amerikaner hatte gerade Jimmy Carter zum Präsidenten gewählt, einen Mann, der in Israel kaum bekannt war. Er redete in besorgniserregender Weise über Israel. Als er vom Errichten „sicherer und anerkannter Grenzen“[13] sprach, weckte das die Besorgnis, die viele Israelis darüber empfanden, überhaupt Grenzen festzulegen. Die endgültige Größe und Form des Landes war immer noch im Fluss und Gegenstand erbitterter Auseinandersetzungen über die genaue Beschaffenheit des Staates. Dass ein Naivling aus Georgia es zu einer Angelegenheit von öffentlichem Interesse machte, war verstörend, vor allem, als er zwei Monate vor den israelischen Wahlen erwähnte, es müsse „eine Heimat geschaffen werden für die palästinensischen Flüchtlinge, die so viele, viele Jahre lang gelitten haben“[14]. Kein amerikanischer Präsident hatte sich je für die Palästinenser eingesetzt.

Mitten im Wahlkampf erlitt Begin einen Herzinfarkt. Als er mehrere Wochen später das Krankenhaus verließ und seinen Wahlkampf wieder aufnahm, bleich und hager, bestand Weizmans größte Sorge darin, wie man die Wähler überzeugen konnte, Begin sei gesund genug und im Vollbesitz seiner geistigen Kräfte, um die Pflichten seines Amtes zu erfüllen. Die Gelegenheit dazu ergab sich zwei Tage vor der Wahl in Form einer Debatte mit dem im Wahlkampf favorisierten Kandidaten Schimon Peres, einem der Protegés von Ben-Gurion, der fast seit der Gründung des Staates der Regierung angehört hatte. Peres war kultiviert, geistreich und äußerst sachkundig – ein respekteinflößender Gegner, aber einer, der bereit schien, das Amt als etwas zu übernehmen, das ihm zustand. Er wurde von einer Motorradeskorte der Polizei zur Debatte begleitet; Begin traf unangekündigt in seinem kleinen Auto ein, nur in Begleitung seiner engsten Familie und eines einzigen Mitarbeiters. Peres hatte das lässige Aussehen eines typischen Sabra-Politikers gewählt – Jackett, offenes Hemd, keine Krawatte –, wohingegen Begin in den für ihn typischen dunklen Anzug gekleidet war und staatsmännischer wirkte. Zu Begins dürftiger Garderobe war eine entscheidende Ergänzung hinzugekommen: ein blaues Hemd, das fürs Fernsehen als geeigneter galt und ihn auch weniger bleich aussehen ließ. Alle anderen Hemden in seinem Kleiderschrank waren weiß[15]. Obwohl die Debatte als unentschieden galt, half die Tatsache, dass Begin sich behaupten konnte, vielen Wählern bei der Entscheidung.

Begins Wahlsieg schockierte die Israelis, die einfach nicht geglaubt hatten, er könne jemals gewinnen. Seine Wahl wurde als „die Wende" bezeichnet, ein Votum gegen Jahrzehnte israelischer Politikgeschichte. „Heute Abend hat die Geschichte des israelischen Volkes und der zionistischen Bewegung eine Wende genommen, wie wir es seit 65 Jahren nicht mehr erlebt haben, seit dem 17. zionistischen Kongress, auf dem Jabotinsky beantragte, das Ziel des Zionismus müsse die Gründung eines jüdischen Staates in unserer Zeit sein", sagte Begin[16]. Dann setzte er eine schwarze Seidenjarmulke auf und las aus den Psalmen. Später fasste ein verblüffter Peres das Resultat so zusammen: „Die Juden haben die Israelis geschlagen."[17]

Weizman hatte einen brillanten Sieg eingefädelt. Obwohl er das Lob für Begins Wahl genoss, unterstützte Weizman anschließende Spekulationen, er könne ihn wegen dessen schlechter Gesundheit und der Depressionen ersetzen. Gelegentlich hatte er Begin respektlos als den *manoach* bezeichnet – „den Verstorbenen"[18]. Seit Sadats Reise nach Jerusalem war Weizman über Begins harte Linie zunehmend enttäuscht. Viele Israelis stimmten ihm zu, was Weizman beliebter machte als den Premierminister. Sechs Monate vor Camp David hatte Weizman ohne Absprache mit Begin sogar vorgeschlagen, eine Regierung der nationalen „Friedenskoalition" zu bilden – ein ungeschickter Schachzug, den Begin ohne Weiteres abblockte. Jetzt, hier in Camp David, kam es Weizman so vor, als würde das bittere Ergebnis seines Erfolgs, Begin zum Wahlsieg verholfen zu haben, das Ende jeder echten Chance auf Frieden kennzeichnen.

11

Carter wachte am elften Morgen mit der Gewissheit auf, die Situation sei hoffnungslos. Er konnte sich absolut nicht erlauben, dem Weißen Haus noch länger fernzubleiben. Er bat die Ägypter und Israelis, ihre abschließenden Positionsdokumente vorzubereiten, und wies seine Berater an, eine Rede aufzusetzen, die er am Montag vor dem Kongress halten würde, um zu erklären, warum das Gipfeltreffen gescheitert war.

Während Carter mit seinem Verteidigungsminister Harold Brown arbeitete, platzte Vance plötzlich in die Hütte des Präsidenten, völlig bleich im Gesicht. Carter hatte ihn nie so aufgewühlt gesehen. Als Erstes kam ihm in den Sinn, die Sowjets hätten Ägypten angegriffen[19].

„Sadat reist ab", sagte Vance. „Seine Begleiter und er haben bereits gepackt. Er hat mich gebeten, einen Hubschrauber für ihn anzufordern."[20]

Carters letztes bisschen Hoffnung bestand darin, dass die Delegationen zumindest in geordneter und würdevoller Art auseinandergingen. Stattdessen zersplitterte das Gipfeltreffen einfach!

Carter bat Brown und Vance, ihn allein zu lassen. Er trat ans Fenster seines kleinen Büros, in dem sie gearbeitet hatten, blickte hinaus auf die Catoctin Mountains und grübelte über die diplomatischen Auswirkungen nach. Es würde keine Möglichkeit geben, die Uneinigkeit zu vertuschen, die verbleibenden, hoffnungslosen Zerwürfnisse. Es wäre ein internationales und historisches Fiasko. Die Israelis würden ihm die Schuld am Scheitern geben. Amerikanische Verbindungen zur arabischen Welt – und den Ölproduzenten – würden gekappt werden. Die Sowjets wären zurück im Spiel. Und natürlich wäre seine politische Karriere zerstört. Er betete, bat Gott, Sadat an der Abreise zu hindern und irgendwie einen Weg zum Frieden zu öffnen[21]. Dann zog er T-Shirt und Jeans aus und kleidete sich in Anzug und Krawatte.

Er war so wütend wie noch nie. Die Wut stieg brennend in ihm auf. Sadat hatte ihn hintergangen. Bis zu diesem Moment hatte Carter geglaubt, sie stünden sich so nahe wie Brüder. In den letzten elf Tagen waren sie fast täglich zusammen spazieren gegangen, und Sadat hatte ihm nie etwas anvertraut, das darauf hätte deuten können, er würde ihn auf dieser Weise im Stich lassen.

Als er Sadat fand, war dieser in Reisekleidung; sein Gepäck wartete auf der Veranda vor der Hütte. „Ich höre, Sie reisen ab", sagte Carter ausdruckslos[22]. „Ja", erwiderte Sadat trotzig.

„Haben Sie wirklich bedacht, was das bedeutet?", fragte Carter, ohne auf eine Antwort zu warten. „Dann will ich es Ihnen sagen. Es bedeutet vor allem das Ende der Beziehung zwischen den USA und Ägypten. Es gibt keine Möglichkeit, wie wir dies je unseren Landsleuten erklären können. Es würde das Ende dieser Friedensbemühungen bedeuten, in die ich so viel investiert habe. Es würde vermutlich auch das Ende meiner Präsidentschaft bedeuten, weil diese ganzen Bemühungen diskreditiert werden würden. Und zu guter Letzt würde es auch das Ende von etwas bedeuten, das mir sehr kostbar ist: meine Freundschaft mit Ihnen. Warum tun Sie das?"

Sadat schluckte schwer. Carters kalte blaue Augen waren nur wenige Zentimeter von seinen entfernt. Er sagte, Begin habe nie beabsichtigt, Frieden zu schließen. „Wir verschwenden unsere Zeit mit diesem Mann!"[23]

Carter warf Sadat vor, er breche sein Versprechen, bis zum Ende des Gipfeltreffens zu bleiben. Er sagte, Sadat habe ihn hintergangen. Sadat habe ihn belogen. Die Verantwortung für das Scheitern der Konferenz würde allein Sadat zugeschoben werden. Danach wäre Ägypten abgeschnitten von Amerika und würde in den Orbit der Sowjets zurücktaumeln. Radikalere Elemente würden die Kontrolle übernehmen. Sadats Ansehen als Friedensstifter wäre ruiniert, und seine Reise nach Jerusalem würde als historische Sackgasse betrachtet werden. Seine Feinde in der arabischen Welt könnten damit auftrumpfen, sie hätten die ganze Zeit recht gehabt.

Sadat sagte, er wisse nicht, was er sonst tun könne. „Was Sie tun können, ist hier zu bleiben und mir die Entscheidung zu überlassen, wann es vorbei ist", sagte Carter streng[24]. Er versprach, wenn Sadat bleibe, würden die USA die ägyptische Position in Bezug auf die Siedlungen unterstützen[25].

Sadat gestand schließlich, was ihn zu dem Abreiseentschluss gebracht hatte. Dajan habe ihn überzeugt, dass Begin in Camp David niemals weiteren Änderungen zustimmen würde, daher sei es zwecklos, weiterzumachen[26]. Dajan habe ebenfalls gesagt, die Israelis würden sich zu einem zukünftigen Zeitpunkt mit den Ägyptern treffen und mit den Verhandlungen von Neuem beginnen. Sadat hatte sich ausgemalt, dass alle Zugeständnisse, die er in Camp David gemacht hatte, von den Israelis einkassiert würden, damit sie später sagen könnten: „Die Ägypter haben bereits all diesen Punkten zugestimmt. Jetzt werden wir das, was wir unterzeichnet haben, als Ausgangsbasis für alle zukünftigen Abkommen benutzen."[27] Er fühle sich in die Enge getrieben, sagte Sadat zu Carter; sein einziger Ausweg sei, nach Hause zu reisen.

Carter versprach, einen Brief zu schreiben, in dem Folgendes festgehalten wurde: wenn eine der beiden Parteien einen Teil der Vereinbarungen ablehnte, würde das ganze Abkommen null und nichtig werden.

Sadat schwieg lange Zeit; dann sagte er: „Wenn Sie mir dieses Statement geben, werde ich bis zum Ende an Ihrer Seite bleiben."[28]

Während Carters Konfrontation mit Sadat warteten die ägyptischen Delegierten besorgt in einer anderen Hütte. Sie wussten nicht, ob sie abreisen oder bleiben würden. Sie stritten sich darüber, ob Sadat einfach nur seinen Unmut zur Schau stellte, um einen ihnen unbekannten Kompromiss zu erreichen[29]. Wie sie wussten, war Sadat in der Lage, einen rein theatralischen Wutausbruch zu inszenieren. Sie waren alarmiert über den neuesten amerikanischen Entwurf, der vorschlug, die gesamte Sinai-Halbinsel zur entmilitarisierten Zone unter Überwachung durch UN-Blauhelme zu erklären; auf diese Weise würde sie nur dem Namen nach ägyptisch bleiben. Tohami war wütend darüber, dass in dem Entwurf nichts davon stand, Jerusalem an die arabische Welt zurückzugeben[30]. Sie befürchteten, Carter würde Sadat hinter verschlossenen Türen ein weiteres irreparables Zugeständnis abpressen, hatten aber auch die Sorge, Sadat könnte in seinem hitzköpfigen Zustand Ägyptens Beziehungen zu den USA Schaden zufügen. Nicht Gutes konnte dabei herauskommen.

Ein halbe Stunde später schickte Sadat nach seinen Delegierten. Er traf sich mit ihnen auf der Veranda seiner Hütte. Er war lebhaft und glücklich – vollkommen anders als der Mann, den sie kurz zuvor gesehen hatten. „Präsident Carter ist ein großartiger Mann", teilte er ihnen mit. „Er hat das Problem mit größter Leichtigkeit gelöst."[31] Er erklärte, Carter habe vorgeschlagen, jedes Abkommen, das man während des Gipfeltreffens erreichte, könnte von der Zustimmung der Volksversammlung in Ägypten und der Knesset in Israel abhängig gemacht werden. Wenn eine der beiden Volksvertretungen das Abkommen ablehnte, würden alle Verpflichtungen annulliert und wären bei keiner zukünftigen Schlichtung bindend. Dann fügte er hinzu: „Ich werde alles unterzeichnen, was Präsident Carter vorschlägt, ohne es zu lesen."

Die schockierten Delegierten schwiegen eine Weile. Dann meldete sich schließlich einer zu Wort. „Warum etwas unterzeichnen, ohne es zu lesen, *Rayyis?* Wenn es uns gefällt, unterzeichnen wir; ansonsten tun wir es nicht."

„Nein", sagte Sadat und erhob sich trotzig. „Ich werde es unterzeichnen, ohne es zu lesen." Dann zog er sich in seine Hütte zurück.

Kamil war verzweifelt. Der Präsident war für ihn ein Geheimnis. Wenn Sadat nur das Oberhaupt einer kleinen Familie wäre, dachte Kamil, könnte das Gericht ihm vielleicht die Geschäftsfähigkeit absprechen. Doch er war das Oberhaupt der gesamten ägyptischen Familie, und das Schicksal von 40 Millionen ruhte auf jeder Entscheidung, die seinem fiebrigen Gehirn entspringen mochte.

Während die Ägypter sich den Kopf darüber zerbrachen, was als Nächstes zu tun sei, tauchte Begin an ihrem Mittagstisch mit einer Einladung zu den israelischen Philharmonikern am nächsten Tag in Washington auf. Diese anscheinend simple Einladung versetzte die Ägypter in erneuten Alarm. Was konnte das nur bedeuten?, fragen sie sich. Wollte Begin damit andeuten, das Gipfeltreffen sei beendet? Warum sagte ihnen denn niemand etwas?

Nach dem Mittagessen machte Kamil einen Spaziergang mit Boutros-Ghali. Kamil schüttete ihm sein Herz aus. Er sprach von der besonderen Freundschaft, die ihn im Gefängnis mit Sadat verbunden hatte. Aus Loyalität habe er sich bereit erklärt, Außenminister zu werden, einen Posten, den er nicht angestrebt hatte, doch nun fühle er sich von einem Präsidenten kompromittiert, der Entscheidungen hinter seinem Rücken treffe. „Sadat stimmt morgens etwas zu, und eine Stunde später lehnt er das ab, dem er vorher zugestimmt hatte, und am Nachmittag stimmt er derselben Sache erneut zu!“[32] Kamil schien kurz vor dem Nervenzusammenbruch zu sein.

Sadats Masseur brachte eine Nachricht, dass der Präsident Kamil in seiner Hütte sehen wolle. Als er eintraf, telefonierte Sadat mit seiner Frau in Paris. Kamil hörte, wie Sadat ihr erzählte, es bestünde eine gute Möglichkeit, bald ein ehrenhaftes Abkommen zu erreichen. Wie konnte das sein? Dann sprach Sadat mit seinem Enkelsohn. „Sherif, du böser Junge!“, sagte er mehrmals, während er lachte und mit dem Kind scherzte[33]. Schließlich legte der Präsident auf und wandte sich seinem wartenden Außenminister zu. Triumphierend zog er eine handgeschriebene Notiz von Carter heraus und bat Kamil, sie laut vorzulesen.

Kamil las, dass Carter plante, die Konferenz am Sonntag zu beenden und dass jede Seite ihre abschließenden Kommentare einreichen solle. Carter selbst würde ein potenzielles „Rahmenabkommen für Frieden“ aufsetzen; währenddessen sollten sich beide Seiten nicht öffentlich äußern. Das war alles.

„Und, was meinst du dazu?“, fragte Sadat. „Dazu meinen?“, wiederholte Kamil. „Darin geht es nur um Verfahrensfragen, es ist vollkommen wertlos.“ Sadat riss ihm die Notiz aus der Hand. „Nein, es ist ein sehr wichtiges Dokument, und außerdem in Carters Handschrift“, sagte Sadat. „Ich werde es mitnehmen und in meinem Privatsafe einschließen, bis die Zeit reif ist.“

„Entschuldige mich", sagte Kamil voller Panik und eilte aus dem Raum.

Als er in seine Hütte kam, wollten alle wissen, was der Präsident gewollt hatte. „Nichts Wichtiges", sagte Kamil. Dann zog er ein paar Freunde beiseite, denen er vertraute. Sie gingen in den Wald, bis sie zum Stumpf eines gewaltigen Baumes kamen. Kamil sagte, er habe endgültig aufgegeben. Das wahre Problem von Camp David sei nicht Begins Unnachgiebigkeit oder Amerikas voreingenommene Haltung gegenüber Israel. Das Problem sei Sadat. Er sei Carter hörig, der vor den israelischen Forderungen vollkommen kapituliert habe. Kamil könne nicht länger an einem Abkommen mitwirken, auf das er keinerlei Einfluss nehmen könne. Er werde zurücktreten.

Seine Kollegen rieten ihm, es über Nacht noch mal zu bedenken und dann am nächsten Morgen zu Sadat zu gehen. Er könne den Präsidenten auf die Gefahren hinweisen, eine Vereinbarung zu unterzeichnen, die keines der Mindestziele erfüllte, auf welche die Delegierten sich geeinigt hatten. Falls Sadat ihm kein Gehör schenke, könne Kamil immer noch zurücktreten, in dem Wissen, dass er alles ihm Mögliche getan hatte.

„Ja, das werde ich tun", sagte Kamil.

Begin näherte sich dem Moment der Wahrheit. Carter hatte beschlossen, die Konferenz am Sonntag zu beenden, in zwei Tagen, und am Tag darauf würde der Präsident vor dem Kongress sprechen. Dort würde er berichten, dass das Gipfeltreffen wegen Begin gescheitert sei.

Die Israelis trafen sich zu einer Krisensitzung, um zu besprechen, wie sie das Gipfeltreffen für sich so vorteilhaft wie möglich beenden konnten. Weizman beschwor Begin, sich um einen Kompromiss zu bemühen. Es gab keine Möglichkeit, die Tatsache zu verschleiern, dass Israel sich dafür entschieden hatte, die Siedlungen auf dem Sinai zu behalten, statt Frieden mit Ägypten zu schließen. Dajan war ebenfalls der Meinung, Israel könne sich nicht leisten, die Ursache für das Scheitern der Gespräche zu sein. Es gehe nicht nur um den Frieden mit Ägypten; Israels Beziehung zu den USA stünden ebenfalls auf dem Spiel. Irgendwelche Zugeständnisse müssten gemacht werden. Aber Begin war nicht zu bewegen.

Vielleicht hatte er seine Versprechen im Sinn, nach dem Ausscheiden aus dem Amt seinen Ruhestand in einer der Sinai-Siedlungen zu verbringen, gegründet von seinen alten Kameraden aus der Betar[34]. Sein Engagement für die Siedlungen war nicht theologisch – der Sinai war nicht unbedingt Teil des Vertrags, den Gott mit den Juden geschlossen hatte, soweit es Begin anging. Mondale, den die Israelis als wesentlich verständnisvoller einschätzten als Carter, verbrachte Stunden mit Begin und appellierte an ihn und sein Bild von sich selbst als historische Figur, doch mit wenig Erfolg[35]. Für Begin war die Frage des Sinai existentiell. Die Halbinsel war der Puffer zwischen Israel und seinem historischen Feind. Ganz gleich, welches Dokument unterzeichnet wurde, es würde nie die 200 Kilometer Berge und Sand ersetzen, die sich zwischen Israel und Suez erstreckten. Der Sinai hatte im Jom-Kippur-Krieg den rettenden Abstand gebildet. Die Siedlungen waren die lebenswichtigen Außenposten, die den Vormarsch des Feindes verlangsamen würden. Die Geschichte war grausam gewesen, wann immer Juden ihr Vertrauen auf andere gesetzt hatten.

Die Krisensitzung der Israelis endete ohne Ergebnis. Danach sprach General Abraham Tamir, der israelische Militärberater in Camp David, Weizman mit dem Plan an, sich mit General Ariel Scharon in Verbindung zu setzen, dem Chefarchitekten des israelischen Siedlungsprogramms. Begin war ein großer Bewunderer des kühnen und rücksichtslosen Kriegers; darüber hinaus war Scharons polnische Großmutter bei Menachem Begins Geburt die Hebamme gewesen[36]. Keiner war militaristischer als Scharon. Wenn ausgerechnet er davon überzeugt werden könnte, dass Frieden mit Ägypten wichtiger sei als die Sinai-Siedlungen, könnte er Begin vielleicht beeinflussen. Es war eine Verzweiflungstat, aber Weizman stimmte zu. Ein paar Stunden später rief Begin seine Delegierten erneut zusammen. Tief bewegt erzählte er ihnen, Scharon habe ihn angerufen, um ihm zu sagen, falls die Siedlungen das letzte Hindernis für eine Friedensregelung seien, habe er „keine militärischen Einwände gegen ihre Räumung“[37]. Scharons Absegnung bedeutete, dass Begin nun die politische Deckung hatte, um Kompromisse zu schließen, doch zur Frustration der israelischen Delegierten entschied er sich dagegen.

„Die Räumung der Siedlungen ist unerlässlich, wenn wir Frieden wollen“, flehte Weizman. „Ich habe das gehört!“, bellte Begin ihn wütend an[38].

Mitten in dieser hitzigen Diskussion traf eine Nachricht ein: „Präsident Carter bittet darum, dass Dajan und Barak ihn zu einem weiteren Gespräch aufsuchen.“[39] Weizman ging mit. Carter wusste, dass diese Männer seine größte Hoffnung waren, Begin zu beeinflussen. Er richtete einen letzten Appell an sie[40]. Der Abstand zwischen den Israelis und den Ägyptern sei nicht groß, sagte er; könnten die Israelis sich nicht etwas einfallen lassen, um die Gespräche zu retten – auch wenn es nur etwas Symbolisches sei, wie eine jordanische Flagge auf dem Felsendom in Jerusalem? Ein paar symbolische Gesten könnten viel bewirken. Die Israelis könnten bestimmt eine Möglichkeit finden, das Abkommen so zu formulieren, dass Begin es annehmbar finden würde.

Es gebe eine Forderung Carters, die nicht verhandelbar sei: „Sie müssen einer Räumung der Sinai-Siedlungen zustimmen, um einen Friedensvertrag zu erlangen.“[41]

„So etwas können wir nicht vereinbaren“, sagte Dajan. „Das kann nicht ohne die Zustimmung des ganzen Kabinetts und der Knesset geschehen.“

Das war nicht dasselbe, als zu sagen, es könne überhaupt nicht geschehen.

Rosalynn verbrachte einen weiteren Tag in Washington, kaum fähig, sich auf irgendetwas zu konzentrieren bis auf die düsteren Aussichten für das Gipfeltreffen, von dem sie am Morgen aufgebrochen war. Als der Hubschrauber sie am Abend nach Camp David zurückbrachte, merkte sie, dass sich die Stimmung der Amerikaner erneut völlig gedreht hatte. „Wir sind näher dran, als wir es je waren“, versicherte ihr Vance[42]. Sadat habe sich bereit erklärt, es durchzustehen, und die Israelis wären besorgt, die USA und Ägypten würden eine Vereinbarung ohne sie abschließen, also zeigten sie schließlich etwas mehr Flexibilität. „Ich glaube, beide Seiten haben beschlossen, dass es passieren könnte“, teilte ihr Vance mit.

In Camp David schien es keine anderen Stimmungen zu geben als vollkommene Hoffnungslosigkeit oder überschwängliche Freude. Rosalynn fand Carter und Mondal, die in Sadats Hütte Pfefferminztee tranken und sich den Boxkampf zwischen Muhammad Ali und Leon Spinks um die Schwergewichtsmeisterschaft anschauten. Sadat war ein großer Bewunderer von Ali, und nach dem Kampf meldete Carter ein Gespräch mit Ali an, um ihm zu seinem Sieg zu gratulieren, aber Ali rief erst um halb zwei in der Nacht zurück, als Sadat bereits zu Bett gegangen war.

William Quandt, Brzezinskis Kollege vom Nationalen Sicherheitsrat, war in seiner Hütte mit dem Schreiben der Rede beschäftigt, die Carter am Montag halten würde, falls die Gespräche zusammenbrachen. Der Präsident würde den Fortschritt umreißen, den sie gemacht hatten, und die vielen Zugeständnisse anführen, die Sadat zu geben bereit gewesen war. Nur zwei Fragen blockierten die Vereinbarung, würde die Rede konstatieren: Begins Weigerung, die Siedlungen im Sinai aufzugeben, und seine Weigerung, die UN-Resolution 242 als Basis für die endgültigen Verhandlungen über den Status der West Bank und des Gazastreifens anzuerkennen. Carter würde dann direkt an das israelische Volk appellieren, seine Regierung abzulehnen[43]. Der politische Fallout würde unvorstellbar sein.

Währenddessen feierte die israelische Delegation ihren zweiten Sabbat in Camp David. Diesmal gab es keine Gäste. Der Ausflug zu den israelischen Philharmonikern war abgesagt worden. Die Delegierten waren emotional am Ende, außer Begin, der entschlossen schien, alle aufzuheitern. Er bestand darauf, dass sie Lieder aus dem Untergrund sangen[44], aber der Einzige, der die Texte konnte, war Jechiel Kadischai. Die beiden sangen ein Lied nach dem anderen, während die demoralisierten Delegierten darauf warteten, dass das Essen endlich vorbei war.

Muhammad Kamil ging zu Bett, konnte aber nicht einschlafen[45]. Er rauchte ununterbrochen, während ihm Ängste und Befürchtungen durch den Kopf gingen. Hier war er, Tausende Kilometer von zu Hause entfernt, eingesperrt in einem Wald auf einem Berggipfel in Maryland – tatsächlich war es ein Militärlager, wenn man die Bäume abholzte –, dazu gezwungen, Mitglied einer Delegation zu sein, die keinen Einfluss auf Sadats Entscheidungen hatte, aber trotzdem für das folgende Desaster verantwortlich gemacht werden würde. In der Kristallkugel seiner Einbildung würde das Abkommen, das die Amerikaner ihnen aufdrängten, in der arabischen Welt ein neues Zeitalter des Chaos auslösen. Ägypten würde von seinen Nachbarn ausgegrenzt werden, während Israel herrschen würde, unbehindert durch die Drohung arabischer Vergeltungsmaßnahmen. Er stellte sich Israel als Bestie vor, die nur drauf wartet, die verwirrten und geschwächten Araber zu verschlingen, ihre Schätze zu rauben und alle zu massakrieren, die ihm im Weg standen.

Was würde mit ihm passieren, wenn er zurücktrat? Ägypten war ein sehr freundliches Land, konnte aber grausam zu Menschen sein, die in Ungnade gefallen waren. Kamil war ein ehrgeiziger Mann. Er hatte bereits einen der höchstmöglichen Posten inne; es war nicht völlig ausgeschlossen, dass ihm eines Tages das Präsidentenamt offenstehen würde – wenn er Sadat bei seinem verzweifelten Bemühen unterstützte, seine Friedensinitiative zu

retten. Warum dann nicht einfach die Augen schließen und mitmachen, statt seine Karriere und wer weiß was sonst noch wegzuwerfen?

Als er schließlich einschlief, wurde er von Albträumen gequält. Die CIA und der Mossad, der israelische Auslandsgeheimdienst, nahmen ihn gefangen. Sie folterten und töteten ihn und ließen es wie einen Unfall aussehen. In einem anderen Traum war er in Camp David gestrandet, nachdem alle anderen abgereist waren, ohne seinen Pass, unfähig, zu beweisen, wer er war.

Und wer war er? Im Halbschlaf dachte er an seinen Vater, den Richter, der gestorben war, als Muhammad 19 Jahre alt war – ein Jurastudent im dritten Jahr, der zu der Zeit im Gefängnis saß. Die Worte seines Vaters stiegen vor ihm auf: „Verkaufe oder entehre dich nie, mein Sohn ... Du musst immer tapfer sein und sagen, was du empfindest, nur das tun, was dein Gewissen und die Ehre billigen."

In dieser Nacht beschloss Kamil, sich nie vorwerfen zu lassen, ein Feigling zu sein, der in dem Augenblick, als sich Ägypten seiner größten Katastrophe gegenüber sah, den Mund gehalten hatte. „Morgen", nahm er sich vor, „werde ich ruhig, bestimmt und in aller Aufrichtigkeit mit dem Präsidenten sprechen. Vielleicht wird er zur Vernunft kommen und auf den Pfad der Rechtschaffenheit zurückkehren. Sonst, nun ja, was sein wird, wird sein: Ich habe meine Pflicht getan, mein Gewissen erleichtert und den Ratschlägen meines Vaters gehorcht ... Ich vertraue auf Gott, der unfehlbar ist."

Zwölfter Tag

12

Am Morgen machte Carter einen weiteren Spaziergang mit Sadat, dann ging er hinüber zur Holly Lodge, in der die amerikanischen und israelischen Teams beratschlagten. Dajan sagte, er persönlich sei bereit, die Siedler nach 20 Jahren aus dem Sinai zurückzuholen, warnte jedoch, Begin würde niemals einem genauen Zeitpunkt für ihren Abzug zustimmen. Was die West Bank betraf, würde Dajan der Vereinbarung zustimmen, keine neuen Siedlungen zu bauen, aber dem Abbau der bestehenden nicht. Er bat Carter, sich an diesem Abend mit Begin zu treffen, am Ende des Sabbats, da sich der Premierminister ein wenig ausgeschlossen aus dem Verhandlungsprozess fühle[1]. Es stimmte, Carter wich ihm aus.

Um 9 Uhr kamen Brzezinski, Mondale und Vance zu Carter, um den neuesten Vorschlag durchzugehen. Rosalynn setzte sich dazu. Vance hatte sich am Abend zuvor mit den Israelis getroffen. Er berichtete, Begin sei verärgert über einige der aktuellen Veränderungen, und das amerikanische Team habe den größten Teil der Nacht damit zugebracht, einen neuen Entwurf in einer etwas anderen Terminologie zu verfassen. Der Vorgang war zu einem mühseligen Abschmirgeln der Differenzen durch eine zunehmend ausgetüfteltere Wortwahl geworden. Begin hatte immer noch ein Problem mit der Formulierung „legitime Rechte des palästinensischen Volkes“[2]. Gebe es so etwas wie illegitime Rechte?, argumentierte er. Außerdem seien die Juden ebenso Palästinenser. Begin zog die Formulierung „Araber der Bezirke von Judäa und Samaria vor“. Er wäre bereit, die Formulierung „people of Palestine“, zu akzeptieren, statt „Palestinian People“[3]. Das kleingeschriebene „p“ hob den Unterschied hervor, den er machen wollte: Sie waren arabische Einwohner des Landes Israel und kein Volk, das in seiner eigenen Nation lebte.

Manche Wörter waren in Camp David so aufgeladen, dass sie nicht benutzt werden konnten, ohne starke Reaktionen hervorzurufen, vor allem bei Begin. Als Carter den Autonomieplan des Premierministers als „Täuschungsmanöver“ bezeichnet hatte, war Begin wütend geworden und erwähnte es ständig, als sei es eine persönliche Beleidigung gewesen. Genauso hatte Begin an Brzezinskis Bemerkung Anstoß genommen, die Araber hielten Israel für ein kolonialistisches Unternehmen, als sei das Brzezinskis persönliche Meinung. Bei Treffen mit den Amerikanern wiederholte Begin dann sarkastisch: „Wir sind Kolonialisten, und wir versuchen, Täuschungsmanöver zu planen.“[4] Wenn natürlich jemand den Ausdruck „dieser Mann“ benutzte, war sofort klar, dass es eine Anspielung auf Sadats Unfähigkeit war, Begins Namen auszusprechen.

Kamil kam nicht zum Frühstück. Zwei Delegationsmitglieder gingen zu seiner Hütte, um nach ihm zu sehen, und fanden ihn immer noch schlafend vor. Er sagte, er habe die ganze Nacht lang geraucht, und ihm sei nicht nach Frühstück. Einer seiner jungen Assistenten bestand darauf, ihm ein Tablett mit Obst und Käsesandwiches zu bringen. Um elf machte sich Kamil schließlich zu Sadats Hütte auf. „Ich möchte mit dir sprechen, nicht als Außenminister, der mit dem Präsidenten der Republik spricht, sondern als Freund und jüngerer Bruder“, sagte er[5]. „Sag mir offen, was du zu sagen hast“, antwortete Sadat.

Kamil erwiderte, er habe Carters neuesten Entwurf des „Rahmenabkommens für Frieden“ gelesen. Es sei nicht das, was Sadat zu erreichen angestrebt habe, als er nach Jerusalem reiste. Es sei keinesfalls umfassend. „Das amerikanische Projekt führt zu einem separaten Frieden zwischen Ägypten und Israel, der völlig unabhängig davon wäre, was auf der West Bank und im Gazastreifen geschehen könnte“, sagte Kamil. Israel würde zwar Frieden mit Ägypten haben, wäre dann aber frei, seine Pläne zur Annexion der besetzten Gebiete zu verwirklichen. „Alles, was Israel braucht, sind ein paar Jahre, um das Land unter seine Kontrolle zu bringen“, warnte er. „Du weißt, wie übermächtig die israelische Propaganda ist.“ Er sagte, die Israelis würden den Vertrag dazu benutzen, ihre Besetzung zu rechtfertigen. Er flehte Sadat an, so ein „verderbliches Dokument“ nicht zu unterzeichnen, da es mit Sicherheit Ägyptens arabische Verbündete gegen sie aufbringen würde.

„Du weißt nichts über die Araber“, erwiderte Sadat. „Wenn sie sich selbst überlassen bleiben, werden sie die Probleme nie lösen, und die israelische Besetzung wird festgeschrieben werden. Israel wird schließlich die besetzen arabischen Gebiete verschlingen, ohne dass die Araber auch nur einen Finger rühren, um sie aufzuhalten, und sie werden sich mit Wutgeheul und leeren Sprüchen zufriedengeben, wie sie es von Anfang an getan haben.“

„Was du sagst, stimmt nicht vollkommen“, widersprach Kamil. Die Araber hätten im Krieg von 1973 hinter Sadat gestanden, erinnerte er ihn. „Nachdem jetzt die amerikanische Unfähigkeit und das Scheitern ihrer Suche nach einem gerechten und umfassenden Frieden offensichtlich ist – siehst du denn nicht, dass du zu den Arabern zurückkehren solltest?“ Kamil versicherte, die arabischen Nationen würden nur auf ein Zeichen von Sadat warten, woraufhin sich „die Differenzen auflösen würden wie eine Sommerwolke.“

Aber das Abkommen, das Carter vorschlug, würde den Palästinensern Autonomie geben, protestierte Sadat. Es annulliere die israelische Militärregierung auf der West Bank und im Gazastreifen. „Carter hat mir versichert, er verspüre die moralische Verpflichtung, etwas für die Palästinenser zu tun, und wird dazu in der Lage sein, wenn er wiedergewählt ist“, sagte Sadat. Darüber hinaus verkenne Kamil die Realität der ägyptischen Zwangslage. Die Wirtschaft sei in einem desolaten Zustand, und öffentliche Versorgungsunternehmen stünden kurz vor dem Zusammenbruch. Ägypten brauche Frieden, um seine gesamte Aufmerksamkeit und Ressourcen auf die Entwicklung zu richten. Ein durch endlose Konflikte geschwächtes Ägypten könne niemandem nützen.

„Wenn du der Ansicht bist, unsere inneren Umstände seien derart, dass wir gezwungen sind, zu einer sofortige Interimsvereinbarung zu kommen, dann verkünde das offen", sagte Kamil. Das wäre wenigstens eine Möglichkeit, Ägyptens Kapitulation zu erklären.

Oh, wie die sowjetischen und arabischen Schwarzmaler sich an so einem Statement weiden würden, meinte Sadat. „Ich weiß, was ich tue, und werde meine Initiative bis ans Ende durchziehen."

„Also gut", sagte Kamil. „Dann nimm bitte meinen Rücktritt an."

Sadat war nicht überrascht. Er bat Kamil, seine Entscheidung geheim zu halten, bis sie wieder in Ägypten waren. „Beruhige dich und entspann dich", riet ihm Sadat. „Alles wird am Ende gut werden."

„Wie geht es dem Präsidenten?", fragte Mondale Rosalynn, als er am Nachmittag kam, um sich mit Carter und Vance zu treffen[6]. Rosalynn sagte, im Moment scheine alles in Ordnung zu sein, aber man könne sich nicht darauf verlassen, dass es dabei bleibe. „Lieber Himmel, das ist nervenaufreibend", sagte Mondale. Er war zwischen Camp David und Washington gependelt und hatte nicht alle emotionalen Schwingungen mitbekommen.

Als das Treffen endete, sagte Jimmy dann auch niedergeschlagen zu Rosalynn, er sei skeptisch, ob beide Seiten den neuen Vorschlag annehmen würden. Das war zu viel für Rosalynn. Sie machte sich auf die Suche nach einem Tennispartner. Sie hatte das Gefühl, sie müsse sich übergeben, wenn sie noch einen Moment länger in der Hütte bleiben würde.

Sadat traf mit Baz ein, um die neuen Formulierungen zu den Siedlungen zu besprechen. Carter begann mit der Aufzählung, was Sadat zu verlieren drohte, wenn die Gipfelkonferenz scheiterte: die Möglichkeit, Israel dazu zu bringen, Resolution 242 in allen Teilen anzuerkennen; das Ende der israelischen Militärbesetzung; die Annahme des Grundsatzes zum Rückzug von der West Bank und dem Sinai; Autonomie für die Palästinenser innerhalb von fünf Jahren, nach denen es eine permanente Resolution für die Palästinenserfrage geben würde; und vollen Frieden mit Israel, einschließlich der wirtschaftlichen Vorteile und internationalen Zustimmung, die damit verbunden sei[7].

Sadat erklärte sich einverstanden, die im Entwurf sehr eingeschränkten Formulierungen zu Jerusalem zu akzeptieren, da Carter entschieden hatte, die Frage sei zu heiß, um sie in Camp David zu lösen. Im Gegenzug, versprach Carter, würde es einen Austausch von Zusatzvereinbarungen geben, in denen jede Seite ihre Position darlegte. Die USA würden erneut ihren langjährigen Grundsatz bestätigen, dass Ostjerusalem Teil der besetzen Gebiete auf der West Bank sei. Sadat legte fest, dass die Klagemauer immer ausschließlich jüdisch sein würde.

Es gab jedoch noch einen Knackpunkt. Im vorherigen Entwurf hatte gestanden, die Parteien würden über „den Zeitpunkt des Rückzugs“ verhandeln. Begin hatte verlangt, „den Zeitpunkt“ zu streichen, da er sich nicht auf einen Zeitpunkt für den Abzug der Israelis festlegen lassen wollten. Sadat beharrte darauf, er sei bereit, über den *Zeitpunkt* des Rückzugs zu verhandeln, aber nicht darüber, *ob* es einen Rückzug geben würde[8]. In dieser Angelegenheit ließ er sich nicht bewegen.

Vance brachte den neuen Entwurf zu den Israelis. Die Frage der UN-Resolution 242 war immer noch äußerst heikel. Dajan war der Ansicht, ein Rückzug aus Gebieten, die während des Krieges besetzt worden waren, treffe nur auf Staaten zu, und da die Palästinenser keinen besäßen, habe die Resolution keinen Platz in der Diskussion[9].

Über das Thema Palästinenser war kaum gesprochen worden. Die Frage war ausgeklammert worden, während sich die Diskussion auf den Sinai konzentrierte. Jetzt lief die Zeit davon. Carter blieben nur noch 24 Stunden.

Vance und Barak kamen auf die Idee, zwei unterschiedliche Verhandlungen über die West Bank und den Gazastreifen anzuregen: eine zwischen Israel und Jordanien und eine zweite zwischen Israel und den Palästinensern. Der Absatz würde festhalten, dass die Grundsätze von Resolution 242 auf „die Verhandlungen“[10] anzuwenden seien. Was das tatsächlich bedeutete, würde in der

Schwebe bleiben. Ägypten und die USA konnten angeben, es beziehe sich auf die Verhandlungen mit den Palästinensern, doch Israel konnte behaupten, damit wären nur die Verhandlungen mit Jordanien gemeint, wo die Grenzfrage kein Thema sein würde, da Begin die Vorstellung zurückwies, Jordanien habe einen berechtigten Anspruch auf die West Bank. Die Amerikaner schrieben den Entwurf entsprechend um, fügten allerdings erneut die Formulierung ein, die Verhandlungen sollten „die legitimen Rechte des palästinensischen Volkes“[11] thematisieren. Das würde man Begin nach wie vor verkaufen müssen. Für ihn stellten die Palästinenser ein beängstigendes Dilemma dar – und den schwärzesten Fleck seiner Terroristenlaufbahn.

Die meisten Tragödien verbleiben in einem kurzen Moment des Bewusstseins. Sie erzeugen seelische Qualen, sie füllen Schlagzeilen, aber die Geschichte ändert sich nicht. Selbst grausamste Kriege können sich im Nachhinein als unbedeutend erweisen, nur interessant für zukünftige Historiker. Die schwindende Erinnerung ist ein Grund dafür, dass das Leben weitergeht und Generationen nicht für immer bei den uralten Querelen verweilen. Doch es gibt andere Tragödien, die weit über den Tribut des Schlächters hinaus Folgen haben, wenn eine Geschichte endet und eine andere beginnt.

Deir Yasin war so ein Moment.

Bis zum 9. April 1948 war Deir Yasin ein palästinensisches Dorf mit mehreren Hundert Einwohnern, an einem mit Kiefern bewachsenen Berghang gelegen, nicht weit von Jerusalem entfernt. Nach dem UN-Teilungsplan, der fünf Monate zuvor beschlossen worden war, sollte Deir Yasin Teil der internationalen Zone von Jerusalem und seiner direkten Umgebung werden. Aber Jerusalem war der Hauptpreis, und weder die Araber noch die Juden waren bereit, sich ihn entgehen zu lassen.

Die Einwohner von Deir Yasin verdienten ihren Lebensunterhalt größtenteils mit dem Abbau des berühmten, honigfarbenen Jerusalemer Sandsteins. Sich ihrer Verletzlichkeit bewusst, schlossen sie einen Nichtangriffspakt mit einer Nachbargemeinde ultraorthodoxer Juden, Givat Shaul[12], und warfen die arabischen Kämpfer hinaus, die ihr Dorf als Stützpunkt benutzen wollten[13]. Doch nichts konnte sie davor schützen, dass Deir Yasin oberhalb einer strategischen Straße lag, die Jerusalem mit Tel Aviv verband. Nach Begins Ansicht – wie auch der von Ben-Gurion – stellte das kleine Dorf Deir Yasin eine strategische Bedrohung für den neuen jüdischen Staat und seinen Anspruch auf die Heilige Stadt dar.

Jerusalem selbst befand sich mitten in einem Krieg zwischen arabischen und jüdischen Einwohnern[14]. Arabische Mobs plünderten Läden und jagten Juden aus der Altstadt, während Begins Irgun arabische Militärposten und öffentliche Einrichtungen bombardierte. Araber töteten 52 Menschen auf der Ben-Yehuda-Straße, und die Irgun erschoss zehn britische Soldaten. Flüchtlinge von beiden Seiten strömten aus der Stadt, um sich in Sicherheit zu bringen. Jüdische Truppen vertrieben die Einwohner des palästinensischen Dorfes Qastel an der Straße von Jerusalem nach Jaffa, doch arabische Milizen eroberten es zurück, schlachteten 50 jüdische Gefangene ab und verstümmelten ihre Leichen. Der Angriff auf Deir Yasin ereignete sich am nächsten Morgen.

Ein Trupp von etwa 120 Mann, zwei Drittel aus der Irgun und der Rest von der Stern-Gang wurde losgeschickt, um die Araber aus dem Dorf zu vertreiben. Begin wies sie an, keine Gefangenen oder Frauen und Kinder zu töten. Um 4.30 Uhr morgens schickten die Angreifer einen Lautsprecherwagen, um die Dorfbewohner zu warnen, dass Deir Yasin eingenommen werden würde und sie um ihr Leben rennen sollten; der Wagen landete jedoch im Graben, und die Warnung wurde offenbar nicht gehört. Jedenfalls entdeckte ein Wachposten die Angreifer und schoss auf sie. Die Angreifer hatten damit gerechnet, dass die Dorfbewohner geflohen waren; stattdessen schossen diese mit Gewehren und Pistolen aus den Fenstern gegen den Ansturm von Maschinengewehrfeuer an. Aufgebracht über den unerwarteten Widerstand, rückten die Angreifer langsam von drei Seiten auf das Dorf vor, gingen von Haus zu

Haus, warfen Handgranaten durch Türen und Fenster und sprengten die Häuser. Dorfbewohner, die jetzt noch zu fliehen versuchten, wurden erschossen. Die Hagana, die offizielle jüdische Verteidigungsorganisation, verstärkte die Angreifer durch Mörser und Maschinengewehrfeuer[15]. Gegen Mittag war der Kampf vorbei, aber die Säuberung dauerte noch mehrere Stunden an. Ein Offizier der Hagana beschrieb das, was folgte, als ein „planloses Massaker" an den Überlebenden[16]. „Gruppen von Männern gingen plündernd und schießend, schießend und plündernd von Haus zu Haus. Man konnte die Schreie arabischer Frauen, arabischer Alter, arabischer Kinder aus den Häusern hören. Ich versuchte, die Kommandeure zu finden, aber es gelang mir nicht. Ich versuchte sie mit Schreien aufzuhalten, aber sie beachteten mich nicht. Ihre Augen waren glasig. Es war, als stünden sie unter Drogen, wären mental vergiftet, in Ekstase."

Erst als die ultraorthodoxen Juden aus dem benachbarten Givat Shaul, mit Schläfenlocken und in traditionellen Haredim-Gewändern, auftauchten und die Angreifer anbrüllten, sie *gazlanim* (Diebe) und *rozchim* (Mörder) nannten, hörte das Massaker auf. „Wir hatten eine Vereinbarung mit dem Dorf", riefen sie. „Es war ruhig. Warum ermordet ihr sie?"[17] Der Hagana-Geheimdienst behauptete, viele der Opfer seine beraubt worden und Männer der Irgun hätten einige arabische Mädchen vergewaltigt[18]. Etwa 200 Überlebende, alte Männer, Frauen und Kinder, wurden auf Lastwagen geladen und durch Jerusalem gekarrt, wo sie verhöhnt, angespuckt und mit Steinen beworfen wurden, bevor sie vor den Mauern der Altstadt abgesetzt wurden[19]. Andere, ungefähr 20 bis 25 Männer, wurden zum Steinbruch geführt und erschossen[20].

Unter den Angreifern belief sich der Tribut dieses schrecklichen Tages auf fünf Getötete (alle Irgun) und 31 Verletzte – mehr als ein Viertel des gesamten Trupps[21]. Die Anzahl der Opfer aus dem Dorf war schwerer zu ermitteln. Zeitnahe Berichte der Hagana, arabischer Funktionäre, der Irgun und Beamter der britischen Mandatsregierung sprechen von 254 Getöteten. Spätere Einschätzungen gehen von weniger als der Hälfte dieser Anzahl aus, etwa

100 bis 120. Wie der israelische Historiker Benny Morris feststellen sollte, hatten beide Seiten ein Interesse daran, reißerische Geschichten über vielfache Vergewaltigungen und Verstümmelungen zu verbreiten, zusammen mit den übertriebenen Opferzahlen[22]: Die Hagana wollte die Untergrundmilizen diskreditieren (obwohl sie den Angriff genehmigt und daran teilgenommen hatte); Irgun und Stern wollten die Araber terrorisieren und sie aus dem Land vertreiben; und die Araber und Briten wollten das Ansehen der Juden verunglimpfen. Was in diesem Fall allen Seiten über jede Erwartung hinaus gelang.

Ben-Gurion wies alle Schuld von sich und bezeichnete den Angriff auf Deir Yasin als das Werk von „Dissidenten“[23]. Begin frohlockte jedoch über die „großartige Eroberungstat“[24]. Er schrieb seinen Kommandeuren: „Sagt den Soldaten: Ihr habt mit eurem Angriff und eurer Eroberung Geschichte in Israel geschrieben. Setzt es auf dieselbe Weise bis zum Sieg fort. Wie in Deir Yasin und überall werden wir den Feind angreifen und vernichten. Gott, Gott, Du hast uns zur Eroberung erwählt.“

Später sollte er das Massaker mit der Behauptung verteidigen, einige Dorfbewohner hätten in Frauenkleidern fliehen wollen, unter denen sie irakische Militäruniformen trugen, wie sich dann herausstellte[25]. Einen Beweis dafür lieferte er nicht.

Deir Yasin war ein entscheidender Moment für den Zusammenbruch der palästinensischen Gesellschaft. Das Gemetzel verbreitete Panik unter den Palästinensern und führte zu dem Massenexodus, der bald darauf folgte. In den Monaten vor dem Angriff hatten 75 000 Araber ihre Dörfer verlassen; zwei Monate später waren 390 000 geflohen. Jüdischen Soldaten fiel der unheimliche Anblick brach liegenden Landes und leerer Bauernhäuser auf sowie die unbewachten Läden voller Waren, bevor die Plünderer kamen. Die Palästinenser hatten Geisterstädte hinterlassen, die gesprengt und niedergewalzt, von Juden besetzt oder – wie im Fall der malerischeren Dörfer – in Künstlerkolonien verwandelt wurden[26]. Die meisten palästinensischen Flüchtlinge flohen in benachbarte arabische Länder – und in einen Zustand der Gebrochenheit und Feindseligkeit, der seit Jahrzehnten anhält. Am Ende des Krieges, als die erzwungene Vertreibung zur Strategie des neuen jüdischen Staates geworden war, gab es mehr als 750 000 Flüchtlinge[27]. An die 400 palästinensische Dörfer und Städte waren evakuiert worden, die meisten zerstört durch jüdische Truppen[28]. Das Ziel war, jeden Beweis für die Anwesenheit der arabischen Bevölkerung zu vernichten und ihre Rückkehr unmöglich zu machen. Ortsnamen – für Straßen, Täler, Berge, Brunnen und Wadis – wurden hebräisiert, machten Aqir zu Ekron, Asdud zu Ashdod. Biblische Namen, manche von zweifelhafter Herkunft, wurden Orten aufgeprägt, dazu gedacht, die Kontinuität jüdischer Besiedlung zu beschwören[29]. Aus den Überresten des Dorfes Deir Yasin wurde eine israelische psychiatrische Klinik namens Kfar Scha'ul, mit Büros und Patientenzimmern in früheren palästinensischen Häusern.

Nach Sonnenuntergang spielten Begin und Brzezinski eine letzte Partie Schach[30]. Diesmal verlor Begin. Um halb neun kam er mit Barak und Dajan in Carters Hütte. Vance war ebenfalls anwesend. Carter hatte gesagt, es würde die letzte Sitzung sein. Wie bei Sadat listete Carter die Vorteile für Israel auf, sollte Camp David erfolgreich verlaufen: diplomatischer Austausch, wirtschaftliche Zusammenarbeit, das Ende des arabischen Boykotts, adäquate Sicherheit an allen Fronten, Pufferzonen mit UN-Beteiligung, eine starke Stimme für die Zukunft der West Bank, Verbesserung in Israels Beziehung zu den Palästinensern, garantierte Rechte für Israelis, auf der West Bank zu wohnen und zu arbeiten, freie Durchfahrt durch den Suezkanal und die Straße von Tiran, bessere Beziehungen zu den USA und umfassender Frieden mit dem einzigen arabischen Land, das eine echte Bedrohung für Israel darstellte[31].

Begin äußerte sofort Protest. Er sagte, er sei bereit, drei weitere Monate zu verhandeln, und erst, wenn die Gespräche in jeder anderen Hinsicht erfolgreich wären, würde er vor die Knesset treten und um Genehmigung für die Verlegung der Siedlungen ersuchen. Das würde Sadat nie akzeptieren, sagte Carter; er wolle eine Vereinbarung darüber, die Siedler jetzt zu entfernen – *bevor* die Verhandlungen abgeschlossen waren. „Ultimatum!“, schrie Begin. „Politischer Selbstmord!“[32]

So schmerzhaft die Diskussion auch für Begin war, seine Möglichkeiten verringerten sich. Keiner der vorteilhaften Punkte auf Carters Liste würde für Israel verfügbar sein, wenn keine Teminologie gefunden wurde, die Begin erlaubte, den Sinai aufzugeben. Seine gesamte Delegation hatte ihn wegen der Siedlungen unter Druck gesetzt. Scharon hatte angerufen und ihm seinen Segen gegeben. Nur eine Sache stand im Weg, und das war Begins persönliche Geschichte. Schließlich sagte er, er würde zustimmen, der Knesset innerhalb von zwei Wochen die folgende Frage vorzulegen: Wenn in allen anderen Sinai-Fragen Einvernehmen erreicht wird, sollen dann die Siedler abgezogen werden?[33] „Das ist alles, was ich tun kann“, flehte Begin[34]. „Was gedenken Sie, zu den Abgeordneten der Knesset zu sagen, Herr Begin?“, fragte Carter.

„Das habe ich noch nicht entschieden“, erwiderte Begin. „Vielleicht sage ich gar nichts.“ Er stimmte jedoch zu, seinen Parteimitgliedern zu erlauben, nach eigenem Gewissen abzustimmen. Carter wusste, dass die Abstimmung ohne Begins Opposition sicherlich positiv ausgehen würde. Es erwies sich als entscheidender Durchbruch.

Die Diskussion wurde bis spät in die Nacht fortgesetzt. Rosalynn schickte Cracker und Käse hinein. Schließlich kamen sie zu Paragraf 1(c) der vorgeschlagenen Resolution der Palästinenserfrage. Begin schien sich mit der Tatsache abgefunden zu haben, dass es zu einer Vereinbarung irgendeiner Art kommen würde, und ein paar der sprachlichen Hürden, die er errichtet hatte, fielen fort. Kurz bevor er zu Carter gekommen war, hatte er sich zum Beispiel mit der Formulierung „Anerkennung der legitimen Rechte des palästinensischen Volkes“ herumgeschlagen. Sie enthielt eine moralische Beurteilung, der kein israelischer Regierungschef je zugestimmt hatte. Nun wurde der unnachgiebigste Premierminister in der Geschichte des Landes aufgefordert einzugestehen, dass die Rechte der arabischen Einwohner Palästinas verletzt worden waren und thematisiert werden sollten.

„Welche Bedeutung hat denn letztlich der Begriff ‚legitime Rechte'?", hatte Begin laut vor seinen Delegierten überlegt und über die innewohnende Redundanz sinniert. „Wenn es Recht ist – heißt es, dass es legitim ist. Kann ein Recht aber illegitim sein?"[35] Bei Carter sperrte Begin sich nach wie vor, bis Barak eine weitere kleine Änderung vorschlug: ein „auch" vor die Formulierung über die legitimen Rechte der Palästinenser zu setzen. Das erlaubte Begin, sich selbst davon zu überzeugen, dass andere Rechte ebenso zählten wie Israels Sicherheitsansprüche auf der West Bank. „Durch solche Wortakrobatik", bemerkte Weizman, „gelang es Begin, sich mit der Wirklichkeit abzufinden"[36].

Im Gegenzug für die Anerkennung der Rechte der Palästinenser verlangte Begin jedoch beträchtliche Zugeständnisse[37]. An dieser Stelle besagte der Text, dass „die Ergebnisse der Verhandlungen" auf der UN-Resolution 242 basieren würden. Die Grundsätze der Resolution waren aufgeführt, einschließlich des Rückzugs aus den durch Krieg erworbenen Gebieten. Begin bestand darauf, dass die Formulierung dahingehend geändert wurde, dass nur noch „die Verhandlungen" auf 242 basieren sollten, nicht die „Ergebnisse" – mit dem Unterschied, dass das endgültige Abkommen nicht zwangsläufig die Grundsätze der Resolution widerspiegelte. Begin bat Carter ebenfalls, die Aufzählung der Grundsätze von 242 aus dem Text zu streichen und damit das Wort „Rückzug" aus dem entscheidenden Paragrafen zu beseitigen. Carter gab nach. Diese Entscheidungen würden das Rahmenabkommen für zukünftige Verhandlungen schwächen, aber es waren natürlich keine Palästinenser anwesend, um dagegen zu protestieren.

Mitternacht rückte näher. Alle waren übernächtigt und gereizt. Da Carter verfügt hatte, dass dies die letzte Sitzung in Camp David sei, drängten sie weiter, in die komplizierten Bereiche, für die noch keine Übereinkünfte gefunden worden waren. Carter bestand darauf, eine bestimmte Klausel in das Dokument aufzunehmen: „Nach der Unterzeichnung des Rahmenabkommens und während der Verhandlungen werden keine neuen israelischen Siedlungen in der Region errichtet, sofern nicht anderweitig vereinbart. Die Frage zukünftiger israelischer Siedlungen wird durch die verhandelnden Parteien entschieden und vereinbart."[38] Das war die fundamentale Verbindung zwischen den beiden Abkommen, die Carter zu schließen hoffte – dem ägyptisch-israelischen Friedensvertrag und der späteren umfassenden Beilegung des Palästinenserproblems. Begin protestierte heftig. Er sagte, er könne möglicherweise einer dreimonatigen Aussetzung des Siedlungsbaus zustimmen, aber Carter forderte nachdrücklich, das Einfrieren müsse in Kraft bleiben, solange die Verhandlungen fortgesetzt wurden.

Im Verlauf des Festklopfens der endgültigen Bedingungen für das Abkommen einigten sich beide Seiten darauf, verschiedene kontroverse Punkte in einem Austausch von Zusatzvereinbarungen abzuhandeln, in denen die Grundsätze der jeweiligen Regierung festgehalten wurden, ohne tatsächlich Teil des Haupttextes zu sein. Diese Zusatzvereinbarungen hatten keinen Rechtsstatus; sie dienten hauptsächlich dazu, unlösbaren Fragen auszuweichen, die einem Gesamtabkommen im Weg standen. Zum Beispiel entwarf Begin eine Zusatzvereinbarung, die seine Interpretation der Begriffe „Palästinenser" und „West Bank" enthielt. Carter hatte Sadat bereits eine Zusatzvereinbarung versprochen, in der die amerikanische Position zu Jerusalem neu formuliert wurde – ein scheinbar harmloser Änderungsvorschlag, der sich als weitere Zeitbombe erweisen sollte.

Vielleicht hätten sie bis zum Morgen warten sollen, um diese Fragen anzusprechen, wenn ihre Köpfe klarer waren. Gegen Ende der Marathonsitzung dachte Carter, Begin habe schließlich seiner Forderung zugestimmt, keine neuen Siedlungen auf der West Bank und im Gazastreifen zu errichten, solange die Verhandlungen mit den Palästinensern liefen, und würde dieses in einer Zusatzvereinbarung festhalten, die das endgültige Abkommen begleitete. Basierend auf diesem Verständnis, stimmten die Amerikaner zu, die entscheidenden Formulierungen für den Siedlungsstopp aus dem geplanten Abkommen zu streichen.

Fünf Männer saßen im Raum – Carter und Vance auf der einen Seite; Begin, Dajan und Barak auf der anderen. Die Erinnerungen daran, was in jener Nacht tatsächlich vereinbart wurde, sind widersprüchlich. Begin und seine israelischen Kollegen beharren darauf, dass der Premierminister nur einem dreimonatigen Einfrieren zugestimmt habe. Begin erzählte später Samuel Lewis, dem amerikanischen Botschafter in Israel, dass er gesagt habe, er würde Carters Vorschlag über Nacht erwägen und ihm am nächsten Morgen Bescheid geben[39]. Jedenfalls endete das Treffen schließlich kurz vor 1 Uhr morgens. Carter glaubte, er hätte ein Friedensabkommen zwischen Israel und Ägypten ausgehandelt, das mit einer umfassenden Lösung des Palästinenserproblems verbunden war; Begins angebliches Moratorium für die Besiedlung der besetzten West Bank würde den Israelis einen starken Impuls geben, den Disput zu Ende zu bringen[40]. Doch das sollte nicht geschehen.

13 Dreizehnter Tag

Um viertel nach sieben machte Rosalynn sich bereit, zu einem Empfang für die hispanische Gemeinde und ein Konzert des russischen Cellisten Mstislaw Rostopowitsch ins Weiße Haus zurückzukehren. Jimmy kam ins Bad, wo sie sich gerade anzog. „Ich glaube, wir haben alles, was wir wollen", sagte er. „Ich werde versuchen, Begin und Sadat heute zusammenzubringen. Sie haben sich seit Gettysburg nicht mehr gesehen."[1]

Die Nachricht überrascht sie. Sie hatte sich beinahe körperlich krank gefühlt, als Jimmy ihr am Tag zuvor erzählt hatte, dass ein Sinai-Abkommen außer Reichweite sei, und sie fühlte sich an diesem letzten Morgen immer noch nicht so gut. Das emotionale Bombardement war fast unerträglich, selbst wenn es gute Nachrichten gab. Als sie ging, erinnerte Carter sie: „Lächle nicht, weil sie sonst denken, wir bekämen ein Abkommen, und runzle nicht die Stirn, weil sie sonst denken, wir bekämen keinen Friedensvertrag."[2] Das war dasselbe Drahtseil, auf dem sie seit fast zwei Wochen balancierte.

Carter überbrachte Sadat die gute Nachricht auf ihrem Morgenspaziergang. „Ich habe einen Siedlungsstopp erreicht", sagte er[3]. Er versicherte Sadat, die Knesset würde dem Abzug der Siedler vom Sinai zustimmen, solange Begin nicht im Wege stand. „Na gut, dann lassen Sie uns unterzeichnen", sagte Sadat. Carter kehrte in seine Hütte zurück, um den endgültigen amerikanischen Entwurf zu verfassen.

Als Muhammad Kamil nach dem Frühstück aus dem Speisesaal kam, bemerkte er, dass nebenan im Konferenzraum ungewöhnlicher Betrieb herrschte. Ein Tisch mit drei Stühlen war vor den Flaggen der drei Nationen aufgestellt worden. Hermann Eilts, der amerikanische Botschafter in Ägypten, erzählte Kamil, am Nachmittag würde eine Unterzeichnungsfeier mit den drei Außenministern stattfinden. Kamil platzte heraus: „Ich habe ein Problem.“[4] „Welches denn?“, fragte Eilts. „Ich bin zurückgetreten.“

„Großer Gott, was ist passiert?“

„Sie können sicher erraten, was passiert ist, weil ich schon vor mehreren Monaten klargemacht habe, dass ich es tun würde, wenn wir kein annehmbares Abkommen erreichen“, sagte Kamil. „Das Problem ist nicht mein Rücktritt, sondern dass ich Sadat versprochen habe, ihn momentan noch nicht zu verkünden. Und ich bestehe darauf, nicht an der Unterzeichnungsfeier teilzunehmen. Ich weiß nicht, was ich tun soll!“

Eilts sagte, er würde darüber nachdenken, und versprach, es niemandem zu erzählen. Eine Stunde später rief er an und sagte, die Feier würde jetzt später am Tag in Washington stattfinden, nicht in Camp David. Dort würde Kamils Abwesenheit noch auffallender sein.

Sadat berief Kamil in seine Hütte, wo sich andere Mitglieder der Delegation versammelt hatten. Der Präsident begrüßte ihn herzlich und bedeutete ihm, sich neben ihn zu setzen. Trotz Sadats anscheinend guter Stimmung hing eine bedrückende Atmosphäre bevorstehender Katastrophen über den ägyptischen Delegierten. Nabil Elarabi, der Chefjurist des Außenministeriums, bemerkte, das Abkommen enthalte viele Verpflichtungen für Ägypten und keine schriftliche Zusage von Begin für den Rückzug von der West Bank. Er drängte Sadat, nicht zu unterzeichnen[5].

„Ich habe euch gehört“, sagte Sadat[6]. Er hatte Pfeife geraucht, was ihm immer den Anschein von Gelassenheit verlieh, wenn er sich hinter Tabakwolken zurückzog wie in ein fernes psychisches Versteck. Aber jetzt wurde er gereizt. „Ich möchte nicht, dass ihr eines Tages behauptet, ich hätte nicht zugehört“, fuhr er fort. „Alles, was ihr gesagt habt, ging ins eine Ohr hinein und aus dem anderen wieder hinaus. Wisst ihr, warum? Weil ihr alle Klempner seid. Ihr bringt nichts zustande. Ich bin Staatsmann. Ich kenne meine Ziele. Ich will Gebiete befreien. Wenn ich es nicht tue, werden noch eure Enkelkinder auf dem Sinai kämpfen, und es wird einen Krieg nach dem anderen geben.“

Einer der Delegierten merkte an, die Palästinenser würden über die vage Definition ihres Rechts auf Selbstbestimmung enttäuscht sein.

„Etwas anderes war nicht möglich“, sagte Sadat[7], „Präsident Carter hat mir anvertraut, dass diese Formulierung ‚mich den Job kosten‘ würde, wie er es ausdrückte.“

„Und das ist der Präsident des mächtigsten Staates der Welt?“, rief Kamil laut. „Ist das der Heilige, der behauptet, die Verteidigung von Menschenrechten, Prinzipien und Werten seien die Grundpfeiler seiner Politik? Ist er bereit, das Schicksal eines ganzen Volkes zu opfern, nur um für acht Jahre Präsident der Vereinigten Staaten zu bleiben statt für vier? Wenn dem so ist, dann ist er in der Tat eine unbedeutende und abscheuliche Kreatur.“

Erschrockenes Schweigen senkte sich über den Raum, dann lachte Sadat plötzlich. Er legte Kamil die Hand auf die Schulter. „Du bist kein Politiker, Muhammad!“, sagte er mit seiner dröhnenden Stimme. „Wenn das Politik ist, dann ist es für mich eine Ehre, kein Politiker zu sein!“, erwiderte Kamil verbittert. Daraufhin stand Sadat wütend auf, und die Delegierten verabschiedeten sich.

Im Camp verbreitete sich, es gebe ein Abkommen, doch nur wenige kannten die endgültigen Bedingungen. Als Weizman erfuhr, dass von Israel gefordert wurde, eine schmale Zone entlang seiner Grenzen zu entmilitarisieren, eilte er direkt zu Sadat, um zu sehen, ob der flexibler sein könnte.

„Wie viele Bataillone wollen Sie?“, fragte ihn Sadat[8]. Weizman schlug drei vor. „In Ordnung, Ezer“, erwiderte Sadat. „Weil Sie es sind – vier Bataillone. Seit dem Oktoberkrieg habe ich keine Minderwertigkeitskomplexe mehr.“

Alle drei Delegationen packten ihre Koffer; sie konnten es kaum erwarten, von hier fortzukommen. Carter ging bei Dajan vorbei, der grübelnd in seiner Hütte saß und sicher schien, dass die Gespräche immer noch scheitern würden. Dajan hatte sich in einen düsteren Fatalismus gehüllt, seinen Kollegen wohlbekannt, aber neu für Carter, der sich auf den einfallsreichen Geist des

Außenministers verlassen hatte. Jetzt sagte Dajan, die Knesset würde einem Abzug der Siedler vom Sinai niemals zustimmen, bevor ein Friedensvertrag mit Ägypten geschlossen sei. Carter glaubte das nicht. Vielleicht konnte Dajan, der in Camp David so hart für Frieden gearbeitet hatte, nicht akzeptieren, dass dieser Frieden direkt vor ihm lag. Oder vielleicht wusste dieser Mann des Krieges, dass der Preis für Frieden nicht voll bezahlt worden war.

Wieder wurde Ezer Weizman verlegen, als er den amerikanischen Präsidenten an der Tür seines Zimmers stehen sah. Sein Bett war nicht gemacht, seine Kleider lagen am Boden verstreut, dazwischen Flaschen und Zeitungen. Carter ließ sich von Weizman versprechen, für die Abstimmung der Knesset zum Abzug der Siedler aus dem Sinai zu werben, selbst wenn der Premierminister ihn nicht unterstützte. Weizman fand es reizvoll, in dieser Frage gegen Begin zu kämpfen. Es könnte ihm die Tür öffnen, das Amt des Premierministers zu übernehmen.

Carter wies seinen Stab an, die Unterzeichnungszeremonie für 15 Uhr im Außenministerium vorzubereiten, wo die drei Außenminister – Dajan, Kamil und Vance – die formellen Dokumente unterzeichnen würden. Er wusste nicht, dass Ägypten keinen Außenminister mehr hatte. Davon abgesehen, war sein Medienberater Gerald Rafshoon außer sich bei der Vorstellung, der Präsident solle im Augenblick seines größten Triumphs beiseitestehen. Die Unterzeichnung würde zur besten Sendezeit im Weißen Haus stattfinden, beharrte er, und die Regierungschefs würden selbst unterzeichnen[9]. Carter wirkte erstaunt, stimmte aber zu.

Gegen Mittag brachte Vance den Entwurf für die amerikanische Zusatzvereinbarung für Jerusalem, damit die Israelis sie lesen konnten, bevor sie Sadat übergeben wurde. Sie stützte sich auf frühere Stellungnahmen ehemaliger amerikanischer Botschafter bei den Vereinten Nationen bezüglich des bestehenden amerikanischen Grundsatzes, dass Ostjerusalem besetztes Gebiet war. Nach dem Sechs-Tage-Krieg hatte Israel einseitig Jerusalem zu seiner Hauptstadt erklärt – ein Vorgehen, das die US-Regierung

„nicht akzeptiert oder anerkennt“[10], wie Botschafter Arthur Goldberg damals vor der Generalversammlung verkündet hatte. Zwei Jahre später sagte Botschafter Charles Yost, die Vereinigten Staaten „bedauern und verurteilen“[11] die Aneignung und Beschlagnahmung von Land in den besetzten Gebieten, einschließlich Jerusalem. „Wir haben uns stets geweigert anzuerkennen, dass diese Maßnahmen von mehr als vorläufiger Natur sind und akzeptieren sie nicht als wirksam für den endgültigen Status von Jerusalem.“ Die Beschwerden seines Vorgängers wurden 1976 von Botschafter William Scranton in seiner Erklärung wieder aufgenommen: „Dauerhafte Umsiedlung der israelischen Zivilbevölkerung in besetzte Gebiete, einschließlich Ostjerusalems, ist illegal.“[12]

Die politische Linie Amerikas in dieser Angelegenheit war den Israelis bekannt. Für Carter war die Zusatzvereinbarung harmlos; er hätte sie nicht für nötig gehalten, wenn Sadat sie nicht verlangt hätte. Doch dieses Zusatzabkommen fachte die Flämmchen des Zweifels, die in der israelischen Delegation geglimmt hatten, zu einem Feuer des Zorns an. „Wir können unsere Koffer packen und nach Hause fahren, ohne ein weiteres Wort zu verlieren“, verkündete ein indignierter Begin[13]. Es ging nicht nur Begin so; der Furor ergriff alle in der Delegation. Jerusalem berührte einen Nerv, der bis dahin nicht voll freigelegt worden war.

Carter war wie vor den Kopf gestoßen durch diesen Zornausbruch. Er wies darauf hin, dass er nicht von den Israelis verlange, das Zusatzabkommen zu unterschreiben. Es werde erwartet, dass alle Seiten ihre eigene Positionserklärung zu Jerusalem vorlegten. Das besänftigte die Israelis nicht. Wenn die Amerikaner geplant hätten, eine solche Erklärung abzugeben, sagte Dajan, wären die Israelis nie nach Camp David gekommen[14]. Jerusalem sei der Sitz der israelischen Regierung, doch die Amerikaner weigerten sich nach wie vor, es als die Hauptstadt Israels anzuerkennen. Um diese Tatsache zu leugnen, müsste man die Bibel umschreiben und 3000 Jahre jüdischer Gebete ablehnen!

Begin ließ die Amerikaner wissen, er werde kein Dokument unterzeichnen, das irgendwelche Zusatzvereinbarungen zu Jerusalem enthalte. Er habe seine Delegation angewiesen, sich sofort vom Gipfeltreffen zurückzuziehen.

Und nun das, Stunden bevor Carter das Abkommen unterzeichnen sollte. Rafshoon hatte bereits die Fernsehsender informiert, sich darauf vorzubereiten, ihr Programm für eine Rede des Präsidenten zu unterbrechen. War es möglich, dass sich beide Seiten so nahe kommen konnten, nur um den Gipfel in letzter Minute durch einen äußerst öffentlichen Abzug einer wütenden israelischen Delegation platzen zu lassen? Wenn Carter die Zusatzvereinbarung zurücknahm, würde er Sadat verlieren. Wenn er es nicht tat, würde er Begin verlieren. Es gab keinen Ausweg.

Carters Sekretärin Susan Cough brachte ihm einen Stapel Fotos der drei Regierungschefs zum Unterschreiben[15]. Begin hatte um diese Souvenirs für seine Enkelkinder gebeten, von denen er ständig sprach. Clough hatte daran gedacht, in Israel anzurufen, um deren Namen zu erfahren. Carter konnte den Gedanken kaum ertragen, Begin erneut zu sehen, aber aus irgendeinem Grund fügte er bei der Unterschrift seinen üblichen „Best wishes“ noch „with love“ hinzu, sowie die Namen der Kinder. Er ging hinüber zu Begins Hütte mit dem Vorhaben, die Fotos nur abzugeben, mehr nicht. Die Gefühle von Wut, Frustration und Kummer waren fast überwältigend.

Für Carter, den Ingenieur, wurde die Frustration noch durch fehlende Logik verstärkt. Er hatte immer wieder darauf hingewiesen, wie viel beide Seiten durch Frieden gewinnen würden. Wenn er abends den neuesten Entwurf für das geplante Abkommen auf seinem gelben Block skizzierte, sprang ihm die einfache Mathematik regelrecht ins Gesicht. Es sei so offensichtlich, sagte er immer wieder zu beiden Seiten. Und doch wogen Emotionen in der Diskussion schwerer, und in dieser Hinsicht war Carter im Nachteil. Er verfügte nur über eine schmale emotionale Bandbreite. Obwohl er die starken Gefühle respektierte, die von den Israelis und den Ägyptern an den Tag gelegt wurden, war sein persönlicher Stil direkt und aufrichtig und eignete sich nicht recht zum Umgarnen. Er war kein Therapeut. Er war zu ungeduldig, um auf die endlosen

Litaneien von Beleidigungen und Verunglimpfungen einzugehen, ob realen oder eingebildeten, über die beide Seiten verfügten. Er hatte gedacht, Camp David würde ein Treffen von drei ernsthaften Männern sein, die sich vorgenommen hatten, ein Problem zu lösen, an dessen Lösung die ganze Welt Interesse hatte. Im Hinterkopf hatte er immer das Gefühl gehabt, Gott sei anwesend. Aber wenn Gott Frieden im Nahen Osten wollte, war das bisher nicht evident.

Jeder dieser drei Männer war an diesem Kreuzungspunkt im Leben angelangt. Ob es sich nun zum Guten wendete oder zum Schlechten, jeder würde durch die Entscheidungen, die er an diesem Tag getroffen hatte, in Erinnerung bleiben. Keiner konnte für ihn entscheiden, was er tun sollte. Die Geschichte würde schonungslos auf seine Handlungen blicken und seine Leistungen oder sein Scheitern aufaddieren. Die wahre Einsamkeit der Führerschaft findet sich in solchen Momenten, wenn große Gewinne und große Verluste vor einer Entscheidung stehen und es keine Möglichkeit gibt, die endgültigen Kosten im Voraus zu berechnen.

Der Premierminister saß auf der Veranda, umgeben von mehreren Mitarbeitern, offensichtlich verstört über das Scheitern der Gespräche. Als Carter näher trat, war Begin kühl und abweisend. Sein übliches Gepolter war verschwunden. Er brachte es kaum über sich, etwas zu äußern, außer knappe Höflichkeiten.

„Herr Premierminister, ich habe Ihnen die Fotos gebracht, um die Sie gebeten hatten“, sagte Carter[16]. „Vielen Dank, Herr Präsident.“ Carter überreichte Begin die Fotos, und der Premierminister bedankte sich erneut kühl. Dann bemerkte er, dass Carter das oberste Foto mit „Für Ayelet“ unterschrieben hatte.

Begin erstarrte. Er betrachtet das nächste. „Für Osnat.“ Seine Lippen zitterten, und Tränen traten ihm in die Augen. Einen Namen nach dem anderen sprach er laut aus und weinte laut. „Orit“. „Meirav“. „Michal“. Insgesamt waren es acht.

Carter wurde ebenfalls von Emotionen übermannt. „Ich hätte gerne behauptet, ‚Dies ist der Tag, an dem euer Großvater und ich dem Nahen Osten Frieden gebracht haben'", sagte er[17]. Nie war das Ausmaß des Scheiterns offensichtlicher gewesen.

Begin bat die anderen Israelis, sie allein zu lassen, dann zog er Carter mit in die Hütte und schloss die Tür hinter ihnen. Sobald sie allein waren, wurde Begin ruhig, nüchtern und sogar freundlich, ein anderer Mann, als ihn Carter bisher erlebt hatte, ohne das theatralische Getue, das ihm so vertraut geworden war. Und doch hatte sich die Botschaft nicht geändert. Begin sagte, die Jerusalem-Zusatzvereinbarung sei fatal. Er erzählte Carter die Geschichte eines jüdischen Weisen aus dem mittelalterlichen Deutschland namens Rabbi Amnon von Mainz[18]. Der Rabbi war so geachtet, dass der örtliche Bischof ihn wiederholt aufforderte, zum Christentum überzutreten. Wieder und wieder wies der Rabbi den Bischof ab, doch schließlich sagte er: „Gebt mir drei Tage Zeit, um die Sache zu bedenken." Als der Rabbi nach Hause zurückkehrte, plagten ihn Gewissensbisse. „Was habe ich getan? Was habe ich getan? Wie konnte ich dem Bischof erlauben, auch nur eine Sekunde zu denken, ich sei bereit zu konvertieren?" Nach drei Tagen, als Rabbi Amnon nicht wiederkam, schickte der Bischof seine Wächter, um ihn in den Palast zu schleifen. Der Bischof verlangte von Rabbi Amnon, ihm zu sagen, welche Bestrafung für sein Nichterscheinen angemessen wäre. Der Rabbi sagte, man solle ihm die Zunge dafür herausschneiden, den Bischof nicht sofort abgewiesen zu haben. „Nicht deine Zunge, sondern deine Beine, die dich nicht zur vereinbarten Zeit hergebracht haben", erwiderte der Bischof. Die Arme und Beine des Rabbis wurden amputiert, und Salz wurde in die Wunden gerieben. Dann wurde er in die Synagoge getragen. Es war Rosch ha-Schana. Der Rabbi wurde vor die Gemeinde hingelegt, wo er die Hymne „U-Netanneh Tokef Kesushat ha-Yom" intonierte („Lasst uns die gewaltige Heiligkeit dieses Tages erzählen"). Dann starb er.

„Ich bin nicht wie der Rabbi aus Mainz", sagte Begin zu Carter. „Ich brauche keine drei Tage, um die Sache zu bedenken. Ich sage Ihnen hier und jetzt, dass Jerusalem die ewige Hauptstadt des jüdischen Volkes ist, und selbst wenn man mir Hände und Füße abschneidet, werde ich meine Position nicht ändern!"[19] Die einzige Möglichkeit für einen Erfolg des Gipfeltreffens bestünde darin, dass Carter die Zusatzvereinbarung zurücknehme. Carter erwiderte, die Friedensverhandlungen hingen von dem Vertrauen ab, das beide Seiten in seine Integrität hätten. Er sagte, er sei eher bereit, die Gespräche scheitern zu lassen, als sein Versprechen Sadat gegenüber zu brechen.

Vielleicht hatte Begin nach einem Ausweg aus dem Abkommen gesucht; zumindest war es das, was Carter glaubte. Aber weil er die Möglichkeit für Frieden wegen einer Zusatzvereinbarung ablehnte, die für das Abkommen keine rechtliche Verbindlichkeit hatte, brachte Begin Israels Beziehungen zu den USA in Gefahr und zweifellos auch seine politische Zukunft. Ob es ein Bluff war oder ein Schrei aus tiefstem Herzen, Begin hatte damit alles aufs Spiel gesetzt. Entweder würde er das Abkommen unterzeichnen oder er würde mit leeren Händen von dannen ziehen. Und wie würde die Geschichte seine Entscheidung beurteilen?

Bevor er ging, fügte Carter noch hinzu, er habe mit Barak den Entwurf für die Zusatzvereinbarung umgeschrieben. Nun hieß es nur noch: „Die Position der Vereinigten Staaten bleibt, wie sie von Botschafter Goldberg in der Generalversammlung der Vereinten Nationen am 14. Juli 1967 und nachfolgend von Botschafter Yost im Sicherheitsrat der Vereinten Nationen am 1. Juli 1969 dargelegt wurde"[20] – ohne die tatsächlichen Aussagen dieser Botschafter zu zitieren. Nichts Wesentliches habe sich geändert, doch vielleicht könne der Premierminister es unvoreingenommen lesen und Carter wissen lassen, was er zu tun gedenke. Dann kehrte der Präsident in die Aspen Lodge zurück, verzweifelt und hoffnungslos. Innerhalb weniger Stunden würde die ganze Welt vom schrecklichen Scheitern – seinem Scheitern – in Camp David erfahren. Die Konsequenzen würden an die Front galoppieren, gepanzert und bereit für die unendlichen Schlachten, die zweifellos folgen würden.

Sadat und Baz erwarteten ihn, beide für die Unterzeichnung in

Washington gekleidet. Carter musste Sadat mitteilen, dass Begin nicht unterzeichnen würde.

In dem Moment klingelte das Telefon. „Ich werde die Zusatzvereinbarung akzeptieren, die Sie für Jerusalem entworfen haben", sagte Begin[21].

Carter hütete sich davor, seinen Gefühlen freien Lauf zu lassen, aber dies war doch sicherlich die letzte Hürde für das Abkommen gewesen.

Im East Room des Weißen Hauses saß Rosalynn neben Aliza Begin und lauschte Rostropowitsch, der die Cello-Sonate von Schostakowitsch spielte, begleitet von seiner Tochter Elena am Klavier. Während der darauffolgenden Ovationen stahl sich Rosalynn lange genug fort, um Jimmy anzurufen. „Soll ich zurückkommen?", fragte sie. „Ich möchte dort sein, wenn irgendetwas passiert."[22] Carter sagte, es verblieben noch ein paar „Hürden", doch wenn es eine Unterzeichnung gebe, würde sie im Weißen Haus stattfinden.

„Wenn sie zustimmen, solltest du sie ihre Namen sofort daruntersetzen lassen und ihnen nicht die Chance geben, zwischen Camp David und Washington ihre Meinung noch einmal zu ändern."

„Keine Bange", erwiderte Carter, „wir werden das Abkommen paraphieren lassen, bevor wir aufbrechen." Er versicherte ihr, es werde keine Feierlichkeiten geben, bevor sie „ihre Namen daruntersetzen". Rosalynn sagte, Aliza Begin sei begierig darauf, nach Camp David zurückzukehren. „Kommt noch nicht zurück", sagte Carter. „Halte sie hin, aber lass niemanden wissen warum."

Während Carter den Ablauf für die Unterzeichnungszeremonie entwarf, brachte Barak ihm die Zusatzvereinbarung von Begin über das Moratorium zur Besiedlung der West Bank. Es hielt fest, dass es während der drei Monate, die für die israelisch-ägyptischen Verhandlungen zum Friedensvertrag eingeplant waren, einen Baustopp für Siedlungen geben würde. Carter teilte Barak mit, das sei nicht das, worauf sie sich geeinigt hätten. Er las Barak den Entwurf vor, den sie letzte Nacht so mühselig ausgearbeitet hatten. Darin gab es zwei Abschnitte, von denen der eine mit Ägypten und Israel zu tun hatte und der andere die Rahmenvereinbarung zwischen den Israelis und den Palästinensern betraf, die innerhalb von fünf Jahren getroffen werden sollte. Der entscheidende Absatz über die Einschränkung der Besiedlung stand im zweiten Abschnitt. Er hatte nichts mit den Verhandlungen mit Ägypten zu tun. Barak bestätigte, Carters Notizen seien korrekt. „Gehen Sie und holen Sie den richtigen Text", sagte Carter[23]. „Vergessen Sie nicht, darin festzuhalten, dass während der Verhandlungen mit den Palästinensern keine neuen Siedlungen gebaut werden."[24] Er erklärte sich einverstanden, die Zusatzvereinbarung erst am nächsten Tag zu bekommen, nachdem das Rahmenabkommen bereits unterzeichnet war[25].

Vielleicht hätte Carter warten sollen, bis Barak die Vereinbarung vorlegte, die er erwartete. Vielleicht hätte er persönlich mit dem Text, den er haben wollte, zu Begin gehen und ihn sich von ihm unterschreiben lassen sollen. Wenn Begin zugesagt hätte – wie Carter glaubte –, während der Verhandlungen mit den Palästinensern keine neuen Siedlungen bauen zu lassen, würde das Bild möglicherweise vollkommen anders aussehen als heute, mit etwa 350 000 Siedlern auf der West Bank und 200 000 in Ostjerusalem[26]. Andererseits behaupten enge Vertraute Begins, er hätte eine solche Zusage niemals unterzeichnet[27]. Wenn Carter darauf bestanden hätte, die Vereinbarung vor der Unterzeichnung in die Hand zu bekommen, hätte es möglicherweise keinen Frieden zwischen Ägypten und Israel gegeben. Jedenfalls glaubte Carter, er hätte die Sache mit Barak geklärt, und fuhr damit fort, die Unterzeichnungszeremonie vorzubereiten, ohne den entscheidenden Text in der Hand zu haben.

Carter ging zu Sadats Hütte hinüber, um das endgültige Dokument mit ihm und Baz durchzugehen. Ein kräftiger Sturm kam auf, mit Donner und gelegentlichen Blitzen über den Bergen. Sadat war in düsterer und gedrückter Stimmung[28], und Baz ging es offensichtlich schlecht. Danach trafen sich Vance und Brzezinski mit Carter in der Aspen Lodge, um sicherzustellen, dass alle anderen Probleme endgültig beigelegt waren. Nach 23 Entwürfen des amerikanischen Vorschlags gab es nichts mehr hinzuzufügen. Um Viertel nach fünf wandte sich Vance an den Präsidenten und sagte: „Das wär's."[29] Carter lehnte sich zurück. Sie hatten es geschafft. Er hatte Frieden zwischen Israel und Ägypten geschlossen. Er hatte den Rahmen für eine Vereinbarung zwischen Israel und den Palästinensern geschaffen. Es war vollbracht.

Camp David war vorbei. Das Blatt wendete sich beinahe sofort. Taschen wurden gepackt. Fernsehauftritte mussten geplant werden. Es gab nicht genügend Helikopter, und das Gewitter wälzte sich jetzt schon über die Wipfel der Bäume heran. Jubelgefühle kamen nicht auf. Carter hatte in den 13 Tagen einige der unangenehmsten Momente seines Lebens erlebt[30]. Er musste mit den Sprechern des Kongresses telefonieren, aber zuerst rief er Rosalynn an, die noch im Weißen Haus war. „Wir kommen nach Hause!", rief er[31]. „Die Abkommen sind paraphiert, und wir unterzeichnen sie heute Abend im East Room!" Rosalynn brach in Tränen aus.

Ein paar Minuten später versammelte Begin seine Delegierten und sagte: „Kinder, wir haben ein Abkommen erreicht."[32]

Die Welt außerhalb von Camp David war nach wie vor komplett im Ungewissen über das, was hinter den Toren passiert war. Drei der prominentesten Regierungschefs der Welt waren für 13 Tage verschwunden, unhörbar, unsichtbar und fast ein wenig vergessen. Selbst die Reporter, die immer noch in der American Legion Hall in Thurmont ausharrten, hatten keine Ahnung, was passierte. Sie hatten ihre Artikel mit Berichten über die örtlichen Goldfischfarmen gefüllt.

Muhammad Kamil war beim Packen, als Vance ihn zu sich auf einen Drink einlud. Inzwischen hagelte es, und das Gewitter befand sich praktisch über dem Camp. Kamil wartete, bis der heftigste Teil vorübergezogen war, und stapfte dann mit einem Schirm durch den Regen. Das Wetter spiegelte seine Wut und seine Verwirrung wider.

„Präsident Sadat hat mir erzählt, dass Sie heute Nachmittag zurückgetreten sind, und es hat mir sehr leidgetan, das zu hören", sagte Vance, während er die Getränke servierte[33]. Kamil war nicht besänftigt. Er ließ seiner Wut freie Bahn. „Sie haben Ihr Projekt in Übereinstimmung mit dem entworfen, was Begin akzeptiert oder abgelehnt hat", sagte er verbittert. „Sie werden dieses Abkommen, das Sadat schwächen und ihn vielleicht sogar stürzen wird, noch bedauern. Es wird Auswirkungen auf Ihre Position in den moderaten arabischen Staaten haben, die Ihre Freunde sind, während alle anderen arabischen Völker es Ihnen verübeln werden. Was Ägypten angeht, es wird in der Region isoliert sein ... Es wird nur dazu führen, Begin freie Hand auf der West Bank und im Gazastreifen zu geben, mit Aussicht auf deren Annexion. Weit davon entfernt, eine Lösung für den arabisch-israelischen Disput zu bieten, wird das Abkommen nur Öl ins Feuer gießen."

Als das Gewitter nachließ, rief Carter Parteivorsitzende und Kabinettsmitglieder an, um sie wissen zu lassen, dass ein Abkommen erreicht worden war, und sie zu der Zeremonie an diesem Abend einzuladen. Der Stab des Weißen Hauses richtete den East Room für die Unterzeichnung her, und die Küche stellte Käse und Wein für den anschließenden Empfang bereit. Allmählich sickerte durch, dass ein Abkommen erreicht worden war. Als an diesem Sonntagabend der Helikopter des Präsidenten nach Washington zurückflog, schalteten die Bewohner der Einflugschneise alle Lichter in ihren Häusern und auf den Veranden an und boten damit einen leuchtenden Pfad, der noch heller wurde, als der Hubschrauber von den grellen, auf dem Südrasen postierten Fernsehscheinwerfern erfasst wurde[34]. Die ägyptischen und israelischen Botschafter hatten ihren Stab mitgebracht; beim Aussteigen der drei Regierungschefs winkten die Mitarbeiter mit Nationalfähnchen. Die Männer wirkten ein wenig verblüfft über den Trubel, der sie erwartete. Als Begin seine Frau Aliza entdeckte, rief er aus: „Mama, wir werden in die Geschichtsbücher eingehen!"[35]

Drei abgespannte Männer saßen Schulter an Schulter an dem kleinen Tisch im East Room, mit den Flaggen ihrer Nationen hinter sich. Sadat wirkte ernst und distanziert. Er suchte im Publikum nach Mitgliedern seiner Delegation, aber leere Stühle markierten die Plätze, auf denen viele von ihnen hätten sitzen sollen[36]. Selbst jene, die der Zeremonie beiwohnten, waren sichtlich besorgt[37], da sie fürchteten, ihre Teilnahme an dem Abkommen könnte sie das Leben kosten.

„Als wir in Camp David eintrafen, einigten wir uns als Erstes darauf, die Menschen der Welt zu bitten, für einen Erfolg unserer Verhandlungen zu beten", sagte Carter. „Diese Gebete sind über alle Erwartungen hinaus erhört worden."[38] Er beschrieb die beiden Dokumente, die von den Männern unterzeichnet werden würden. Das erste mit dem Titel „Rahmenabkommen für Frieden im Nahen Osten" behandele die West Bank und den Gazastreifen „und die Notwendigkeit, das Palästinenserproblem mit all seinen Aspekten zu lösen". Es sehe eine fünfjährige Übergangszeit vor, „während der die israelische Militärregierung abgezogen und eine Selbstverwaltungskörperschaft frei gewählt werden wird, mit voller Autonomie." Israelische Streitkräfte würden an noch festzulegenden Sicherheitsstandorten verbleiben. Am Ende der fünf Jahre würden die Palästinenser ihre Zukunft selbst bestimmen, durch Verhandlungen, in denen der endgültige Status der West Bank und des Gazastreifen beschlossen werden würde. „Diese Verhandlungen werden auf allen Bestimmungen und Grundsätzen der Resolution 242 des Sicherheitsrates der Vereinten Nationen basieren und dafür sorgen, dass Israel innerhalb sicherer und anerkannter Grenzen in Frieden leben kann", sagte Carter.

„Das zweite Dokument trägt den Titel ‚Rahmen für den Abschluss eines Friedensvertrags zwischen Ägypten und Israel'", fuhr er fort. „Es vereinbart die volle Ausübung der ägyptischen Souveränität über den Sinai. Es fordert den vollständigen Abzug der israelischen Streitkräfte aus dem Sinai, und nach einem vorläufigen Abzug – der sehr rasch erfolgen wird – werden normale,

Sadat, Carter und Begin unterzeichnen das
Camp-David-Abkommen im Weißen Haus, 17. September 1978

friedliche Beziehungen zwischen den beiden Ländern hergestellt, einschließlich der Aufnahme diplomatischer Beziehungen.

Gemeinsam mit Zusatzvereinbarungen, die der Öffentlichkeit morgen bekannt gegeben werden, bieten diese beiden Camp-David-Abkommen die Grundlage für Fortschritt und Frieden im gesamten Nahen Osten."

Carter fügte hinzu, die Knesset würde innerhalb der nächsten zwei Wochen über den Abbau von Siedlungen abstimmen, damit die endgültigen Friedensverhandlungen beginnen konnten.

Sadat lobte Carter für seinen Mut, dieses Gipfeltreffen durchzuführen. „Lieber Freund, wir kamen mit all unserem Wohlwollen und Vertrauen nach Camp David, und wir verließen Camp David vor ein paar Minuten mit einem erneuten Gefühl der Hoffnung und Inspiration", las er mit seiner sonoren Stimme ab. „Lassen Sie uns geloben, den Geist von Camp David zu einem neuen Kapitel in der Geschichte unserer Nationen zu machen."[39]

Begin sprach frei. „Die Camp-David-Konferenz sollte umbenannt werden“, sagte er. „Es war die Jimmy-Carter-Konferenz.“[40] Carter strahlte. „Und er hat gearbeitet“, fuhr Begin fort. „Ich glaube, er hat schwerer gearbeitet als unsere Vorväter in Ägypten beim Bau der Pyramiden.“ Mit einem benommenen Grinsen schaute er sich im Raum um. „Als ich hierher zur Camp-David-Konferenz kam, sagte ich, vielleicht würden aufgrund der Ergebnisse unserer Arbeit Menschen in allen Ecken der Welt eines Tages in der Lage sein, ‚*Habemus pacem*‘ zu sagen, im Geiste dieser Tage. Können wir das heute Abend sagen? Noch nicht. Wir müssen immer noch eine Strecke des Weges hinter uns bringen, bis mein Freund Präsident Sadat und ich einen Friedensvertrag unterzeichnen können. Wir haben einander versprochen, dass wir es innerhalb von drei Monaten tun werden.“ Begin wandte sich an Sadat. „Herr Präsident, lassen Sie uns heute Abend bei dieser Feier zu diesem großen historischen Ereignis versprechen, dass wir es früher tun werden.“ „Genau“, sagte Sadat und lächelte breit.

Direkt nach der Zeremonie sagte ein hocherfreuter Begin zu einem Freund: „Ich habe gerade das großartigste Dokument in der jüdischen Geschichte unterzeichnet!“[41]

Epilog

Während Carter damit beschäftigt war, Frieden im Nahen Osten zu schaffen, hatten sich viele vernachlässigte Probleme angehäuft. Der Schah von Iran war gestürzt und durch einen radikalen schiitischen Theokraten ersetzt worden. Die Inflation war außer Kontrolle geraten, und die Arbeitslosigkeit blieb hartnäckig hoch. Selbst Carters beeindruckende Leistungen – Normalisierung der Beziehungen zu China, Verbesserung der Menschenrechte, Einführung einer Energiepolitik, Verminderung des Bundesdefizits, Unterzeichnung des Panamakanal-Vertrags – wurden überschattet durch den anhaltenden Wirbel um den Camp-David-Verlauf.

Begin machte die Dinge noch schlimmer, indem er öffentlich Aspekte des Abkommens ablehnte und sich über den Druck beschwerte, unter den Carter Israel gesetzt habe. Der Premierminister „fing an, diesen von uns so mühsam erkämpften Frieden als eine banale, fast verächtliche Sache zu behandeln", bemerkte Weizman[1]. Zudem fand er es peinlich, wie Carter diskreditiert wurde. „Soweit mir bekannt ist, hat bisher kein amerikanischer Präsident Israel so stark unterstützt wie Jimmy Carter."[2]

Am Morgen nach der Unterzeichnungszeremonie im Weißen Haus schickte Begin Carter die geforderte Zusatzvereinbarung über den Siedlungs-Baustopp. Sie enthielt genau denselben Text, den Carter am Tag zuvor abgelehnt hatte. Begin begann sofort, vor jüdischem Publikum und im Fernsehen Stellungnahmen darüber abzugeben, dass Israel mit dem Bau neuer Siedlungen fortfahren würde. Er erzählte einem israelischen Reporter, die israelische Armee würde auf unbestimmte Zeit auf der West Bank und im Gazastreifen bleiben[3]. Am Montag nach der Unterzeichnungszeremonie musste Carter dem Kongress Bericht erstatten; Begin und Sadat würden als Zuhörer auf der Empore des Repräsentantenhauses sitzen. Kurz vorher stellte Carter Begin wegen seiner Stellungnahmen und der Zusatzvereinbarung zum Siedlungsstopp zur Rede. Begin blieb ausweichend. Carter teilte dem Kongress dann mit: „Israel hat zugestimmt, hat sich dazu verpflichtet, die legitimen Rechte des palästinensischen Volkes anzuerkennen. Nach der Unterzeichnung des Rahmenabkommens gestern Abend und während der Verhandlungen zur Einrichtung einer palästinensischen Selbstverwaltung werden keine neuen israelischen Siedlungen in dem Gebiet gebaut werden." Begin hatte nicht die Absicht, solchem Druck nachzugeben.

Bei seiner Rückkehr nach Israel wurde Begin am Flughafen von einer großen Menschenmenge begrüßt, allerdings trugen einige Mitglieder seiner Partei schwarze Schirme und brüllten „München!"[4], in Anspielung auf das Entgegenkommen der Briten gegenüber der deutschen Nazi-Regierung. Begin hielt seine Zusage ein, das Abkommen zur Abstimmung vor die Knesset zu bringen. Er versicherte dem Parlament, Israel würde selbst nach der fünfjährigen Übergangszeit sein Recht auf Souveränität über Judäa, Samaria und Gaza zur Geltung bringen – mit anderen Worten, die Autonomiegespräche würden ins Nichts laufen. Zur Aufgabe der Sinai-Siedlungen merkte er an, Israel habe nicht zulassen können, dass das Gipfeltreffen an dieser einen Sache scheiterte. „Der Staat Israel konnte angesichts dessen nicht standhalten", sagte er[5]. „Nicht in Amerika; nicht in Europa. Nicht vor den amerikanischen Juden. Nicht vor den Juden in anderen Ländern. Wir hätten dem nicht ins Auge blicken können. Alle Schuld wäre auf uns geschoben worden." Um 4 Uhr morgens, nach einer 17-stündigen Debatte, nahm die Knesset das Abkommen mit einer Zweidrittelmehrheit an; die Nein-Stimmen kamen hauptsächlich aus Begins Partei[6]. Direkt danach verkündete er Pläne, die israelischen Siedlungen auf der West Bank zu „verdichten". Carter war wütend. „Begin wollte zwei Dinge", fasste er zusammen: „den Frieden mit Ägypten – und die West Bank"[7]. Sadat drohte, sich von den Verhandlungen zurückzuziehen.

Einen Monat nach dem Gipfeltreffen in Camp David wurde

Sadat und Begin der Friedensnobelpreis verliehen*. „Sadat hat ihn verdient“, notierte Carter kurz angebunden in seinem Tagebuch[8]. Zu dem Zeitpunkt war dem Weißen Haus unter Carter klar geworden, dass Begin aktiv gegen Carters Wiederwahl arbeitete[9]. Darüber hinaus schien Begin keinerlei Interesse an einer baldigen Unterzeichnung zu haben. Je länger er es hinauszögerte, desto mehr Druckmittel hatte er. Er schätzte richtig ein, dass Carter und Sadat den Vertrag mehr brauchten als er.

Mitten während dieser äußerst angespannten Endphase wurde Carter von sehr schmerzhaften Hämorrhoiden geplagt[10]. Die Nachricht sickerte an die Presse durch, als er Termine absagen musste. Am Weihnachtstag 1978 erfuhr Carter, das ägyptische Volk betete darum, er möge von diesem Leiden geheilt werden – und am folgenden Tag war er geheilt. Vielleicht das erste Beispiel göttlicher Intervention seit Beginn des gesamten Friedensprozesses.

In einem letzten Verzweiflungsakt beschloss Carter, in jenem März in den Nahen Osten zu fliegen, um die beiden Seiten zu zwingen, ihre Differenzen beizulegen. Die Beamten des Außenministeriums waren befremdet über ihren Präsidenten[11], der sich kopfüber ins Unbekannte zu stürzen schien. Carter und Rosalynn flogen mit Brzezinski sowie dem Außenminister und dem Verteidigungsminister nach Kairo; genau genommen saß die gesamte Regierungselite für Außen- und Verteidigungspolitik in der Air Force One, zusammen mit Carters Hoffnungen, ein historisches Vermächtnis zu hinterlassen.

Sadat hieß sie willkommen und nahm sie auf eine Zugfahrt nach Alexandria mit. Sie waren überwältigt vom Empfang – „die größte und enthusiastischste Menschenmenge, die ich je gesehen habe“, sagte Carter zu Sadat[12]. Er war in Ägypten eindeutig belieb-

* Carter erhielt 2002 einen eigenen Friedensnobelpreis, für seinen Einsatz für Menschenrechte und soziale Entwicklung. Der Vorsitzende des Nobelpreiskomitees räumte dabei ein, Carter hätte eigentlich schon vorher zusammen mit Begin und Sadat geehrt werden sollen.

ter als in seinem eigenen Land. „Vielleicht sollten wir nach Kairo ziehen", meinte Rosalynn[13].

Carter traf an einem Samstagabend direkt nach dem Sabbat in Israel ein, genau wie Sadat bei seiner historischen Jerusalem-Reise nur fünf Monate zuvor. Damals hatte Frieden wie eine einfache Sache gewirkt, aber inzwischen hatte sich die Erde mehrfach gedreht. Carter ging direkt zu einem privaten Treffen mit Begin, der ihm brüsk mitteilte, es gebe keine Möglichkeit, die Verhandlungen bald zum Abschluss zu bringen. Carter empfand es als persönlichen Angriff, eine weitere Möglichkeit, sein Prestige zu untergraben und seine Chancen auf die Wiederwahl zu vermindern. Er erhob sich und fragte, ob es nötig sei, dass er noch länger bleibe. In den nächsten 45 Minuten brach sich die Bitterkeit Bahn, die sich zwischen den beiden Männern aufgestaut hatte. Carter sagte, er bezweifle, ob Begin überhaupt Frieden wolle, weil er alles dafür tue, ihn „mit offensichtlichem Genuss"[14] zu behindern. Begin schob sein Gesicht nahe an Carters heran und sagte, er wolle Frieden mehr als alles auf der Welt; jedoch hänge „das Schicksal der Nation in der Schwebe"[15].

Es war fast Mitternacht, als Carter ging, überzeugt davon, dass Begin alles in seiner Macht Stehende tun würde, um den Friedensvertrag zu blockieren und zu vermeiden, das Versprechen erfüllen zu müssen, das er in Camp David hinsichtlich der vollen Autonomie der Palästinenser auf der West Bank gegeben hatte. Erneut war Carter verblüfft über Begins mangelndes Mitgefühl für die Notlage der Flüchtlinge[16].

Am nächsten Tag besuchte Begin mit Carter Yad Vashem, die Holocaust-Gedenkstätte, und führte ihn dann auf dem Herzlberg zu den Gräbern von Theodor Herzl und Wladimir Jabotinsky. Es war eine Reise zu Begins Wurzeln. Sein Leben hatte ihn die Lektion gelehrt, dass Juden ihre Sicherheit niemandem anvertrauen können. „Nicht nur die Nazis und ihre Freunde betrachteten die Juden als Ungeziefer, das vernichtet werden musste", schreibt er in seinen Memoiren[17]. „Die ganze Welt, die sich als ‚aufgeklärt' bezeichnete, begann sich an die Vorstellung zu gewöhnen, dass der Jude vielleicht kein menschliches Wesen sei ... Die Welt bedauert die Hingeschlachteten nicht. Sie respektiert nur jene, die kämpfen." Das war sein Credo. Herzl hatte die Vision eines jüdischen Staates heraufbeschworen, aber Jabotinsky hatte die Vision erweitert und die Probleme vorhergesagt, die der Staat mit seinen arabischen Einwohnern und Nachbarn haben würde. Begin betrachtete sich als den natürlichen Erben dieser beiden Vordenker, als den Mann, der ihre Visionen verwirklichen und daraus einen unbezwingbaren jüdischen Staat machen würde.

Nach der geführten Besichtigungstour ging Carter allein zum Gottesdienst in eine baptistische Kirche. Er dachte darüber nach, dass Jerusalem mehr Kriege gesehen hatte als jede andere Stadt der Welt, und betete darum, die Stadt möge nie mehr einen weiteren erleben[18].

Am Montag hielt Carter eine Rede vor der Knesset. Die Menschen in Israel seien bereit für den Frieden, sagte er, doch ihre Führer hätten nicht gezeigt, dass sie den Mut hätten, die Chance dafür zu ergreifen. Als Begin sich zum Sprechen erhob, schallten ihm Pfiffe und Buhrufe entgegen – in der israelischen Demokratie geht es lautstark zu. Er schien den Tumult zu genießen, grinste erfreut über jedes Schimpfwort, das ihm an den Kopf geworfen wurde, und warf Carter bedeutungsvolle Blicke zu, um sicherzugehen, dass er anerkannte, wogegen Begin sich zu behaupten hatte. Carter fühlte sich Begin tatsächlich näher. Seine eigene Präsidentschaft war auch nicht einfach.

Nach der Knesset-Sitzung teilte Begin den Amerikanern mit, die Gespräche seien beendet[19]. Er schlug vor, ein gemeinsames Kommuniqué mit dem üblichen Inhalt herauszugeben – Fortschritte gemacht, einige Fragen ungelöst. Er zog sogar den bereits vorbereiteten Text heraus.

Carter kehrte ins King-David-Hotel zurück – dasselbe, das Begin während der britischen Mandatsregierung in die Luft gesprengt hatte –, völlig erschöpft und angewidert. Er ordnete an, die Air Force One zum sofortigen Abflug bereit zu machen. Er wollte keine weitere Nacht in Israel verbringen, aber es war schon spät, und es würde einige Zeit dauern, sämtliches Gepäck des Präsidenten-Trosses einzusammeln. Widerstrebend erklärte er sich daher bereit, bis zum Morgen zu bleiben. Währenddessen zog die Presse, die mit Carter gereist war, ihre eigenen Schlüsse[20]. Walter Gonkite, der Moderator von CBS, verkündete, der Friedensvertrag sei gescheitert. NBC und ABC schlossen sich dem an.

Am Abend kamen Weizman und Dajan zu Vance und teilten ihm mit, sie seien beide bereit zurückzutreten, wenn Begin den Friedensvertrag weiterhin blockiere. Einer der Knackpunkte war, dass die Israelis sich weigerten, das ägyptische Öl aufzugeben. Dajan war auf eine Formulierung gekommen, nach der Ägypten grundsätzlich zusicherte, Israel mit Öl zu versorgen und die USA Israels Erdölbedarf für 15 Jahre garantierten. Er drängte Carter, einen letzten Versucht zu unternehmen[21].

Am nächsten Morgen lud Carter Begin zum Frühstück ein. Der Premierminister kam ohne seine Frau, die mit Rosalynn frühstückte. Die beiden Männer standen einen Augenblick am Fenster und schauten auf die Altstadt von Jerusalem. Das in diesen Straßen vergossene Blut hatte die Stadt viele Male rot gefärbt.

Da war immer noch die Sache der Palästinenser, das einzig verbliebene ernsthafte Problem. Carter erklärte sich bereit, alle Bezüge auf Gaza fallen zu lassen, und Begin versprach, die Forderung des Präsidenten nach der Verbesserung der Atmosphäre auf der West Bank „wohlwollend“[22] zu behandeln. Ohne sich zu irgendwelchen bestimmten Aktionen zu verpflichten, sagte Begin, er würde den Palästinensern bis zu einem gewissen Grad friedliche politische Aktivitäten zugestehen. Beide Männer akzeptierten diese Vereinbarung.

Als die Begins und die Carters nach dem Frühstück zur Lobby hinabfuhren, blieb der Fahrstuhl stecken, knapp zwei Meter über dem Erdgeschoss. Hunderte Reporter und Diplomaten warteten in der Lobby, um das Ergebnis des Frühstückstreffens zu erfahren. Nach 20 Minuten vergeblicher Versuche, den Aufzug wieder in Gang zu setzen, wurde die Tür aufgestemmt, und die beiden Paare mussten über eine Leiter hinunterklettern, „mit freiem Blick auf unsere Hinterteile", wie sich Carter später erinnerte[23]. „So bekamen wir unser Friedensabkommen."

Am 26. März 1979, an einem windigen, sonnigen Tag, flatterten in Washington die Flaggen von drei Nationen hinter einem leeren Tisch. Das ganze öffentliche Washington hatte sich auf dem Rasen versammelt. Während die Gäste warteten, äußerte Begin im Oval Office eine letzte Bitte. Als Geste der Freundschaft für Frau Begin, sagte er, bitte er Carter, die Schuld von 3 Milliarden Dollar an Hilfsgeldern zu erlassen, welche die USA Israel zukommen ließen. „Als eine Geste für Frau Begin"[24], wiederholte er mehrfach. Carter blicke Brzezinski, der bei dem Treffen anwesend war, verblüfft an, dann lachte er einfach laut los.

Um 14 Uhr nahmen Carter, Begin und Sadat ihre Plätze ein und unterzeichneten den formellen Friedensvertrag. Von der anderen Straßenseite schallten die Slogans palästinensischer Demonstranten herüber. „Während der letzten 30 Jahre haben Ägypten und Israel einander bekriegt", sagte Carter in seiner Eröffnungsansprache. „Aber in den letzten 16 Monaten haben sich beide Nationen befriedet. Heute feiern wir einen Sieg – nicht den einer blutigen Militärkampagne, sondern einer inspirierenden Friedenskampagne." Es gebe immer noch ungeklärte Differenzen, räumte er ein. „Lassen wir die Geschichte verzeichnen, dass tiefer und uralter Antagonismus ohne Blutvergießen und ohne erschütternde Verschwendung kostbaren Menschenlebens beigelegt werden kann." Sadat lobte Carter als „den besten Kameraden und Partner auf dem Weg zum Frieden". Alle drei Männer zitierten Jesaja: „Und sie werden ihre Schwerter zu Pflugscharen und ihre Spieße zu Sicheln machen".

„Ich habe einen Friedensvertrag mit unserem großen Nachbarn geschlossen, mit Ägypten", sagte Begin. „Das Herz ist voll und fließt über. Gott gab mit die Stärke auszuharren, die Gräuel des Nazismus und der stalinistischen Konzentrationslager sowie andere Gefahren zu überleben, zu erdulden, in meiner Pflicht nicht wankend zu werden oder davor zurückzuweichen, die

Schmähung durch Fremde oder, was noch schmerzlicher ist, durch mein eigenes Volk und selbst enge Freunde hinzunehmen ..." Er starrte ins Leere, als überfluteten ihn die Erinnerungen aus seinem kompromisslosen Leben. „Daher ist es der richtige Ort und die richtige Zeit, das Lied und Gebet zur Danksagung ins Gedächtnis zu rufen, das ich als Kind gelernt habe, im Heim eines Vaters und einer Mutter, die es nicht mehr gibt, weil sie zu den sechs Millionen Menschen gehörten – Männer, Frauen und Kindern –, die den Namen des Herren heiligten mit dem heiligen Blut, das die Flüsse Europas vom Rhein bis zur Donau, vom Bug bis zur Wolga rot färbte, weil niemand, niemand zur ihrer Rettung kam, obwohl sie schrien ‚Rette uns, rette uns' – *de profundis* – aus der Tiefe der Gruben und der Agonie. Das ist das Stufen-Lied, geschrieben vor 2500 Jahren, als unsere Vorväter aus ihrem ersten Exil nach Jerusalem und Zion zurückkehrten."

Hier setzte Begin eine schwarze Kippa auf und las auf Hebräisch den Psalm 136 vor:

Wenn der Herr die Gefangenen Zions erlösen wird, so werden wir sein wie die Träumenden. Dann wird unser Mund voll Lachens und unsere Zunge voll Rühmens sein. Da wird man sagen unter den Heiden: „Der Herr hat Großen an ihnen getan." Der Herr hat Großes an uns getan, des sind wir fröhlich.

Herr, wende unser Gefängnis, wie du Wasser gegen Mittag trocknest. Die mit Tränen säen, werden mit Freuden ernten. Sie gehen hin und weinen und tragen edlen Samen und kommen mit Freuden und bringen ihre Garben.

Die Zeremonie dauerte nur ein paar Minuten. Nach der Unterzeichnung ging Sadat hinüber und begrüßte Ezer Weizman und seinen Sohn Schaul, dessen Verwundung durch einen ägyptischen Scharfschützen deutlich sichtbar war. Sadat umarmte den jungen Mann herzlich, während Weizman Schauls Hand hielt. Für Weizman war es das Ende des Krieges.

Mosche Dajan saß neben Vance und dessen Frau Gay beim

späteren Galadiner. Leontyne Price sang, und die israelischen Violinisten Itzchak Perlman und Pinchas Zuckerman traten auf. Dajan konnte solche Zeremonien nicht ausstehen. Die Müdigkeit seiner letzten großen Kampagne überrollte ihn, zusätzlich zu der nach wie vor unentdeckten Krankheit. „Sie sehen müde und gelangweilt aus“, meinte Gay[25]. Dajan ergriff die Gelegenheit, sich zu verabschieden und in sein Hotel zurückzukehren.

Auf dem Weg rief er sich die lange Debatte ins Gedächtnis, die nur ein paar Tage zuvor in der Knesset stattgefunden hatte, um zu entscheiden, ob man dem von Carter vorgelegten Friedensvertrag zustimmen sollte. Dajan war der letzte Redner in der Debatte. Typisch für ihn, mied er die hochtrabende Rhetorik, von der Gespräche über Frieden meist infiziert sind. Der Vertrag, sagte er, sei nicht die Erfüllung von Jesajas Vision der zu Pflugscharen geschlagenen Schwertern. Es sei ein militärischer Vertrag, der Klauseln für den Bau von Luftstützpunkten und Garantien für Israels Sicherheit enthielte. Es sei auch ein politischer Vertrag, dazu gedacht, Beziehungen zwischen zwei Nachbarländern zu knüpfen, die lange gegeneinander Krieg geführt hatten. Es sei ein ehrlicher Vertrag, weil er die Differenzen zwischen ihnen nicht überdecke. Und es sei ein realistischer Vertrag, weil er Ägypten erlaube, sich mit der Vorstellung von Israels Existenz auszusöhnen.

Zwei Monate später trafen sich Begin und Sadat erneut in der Stadt El Arish, der Verwaltungshauptstadt des Sinai, wo die Israelis die Halbinsel formell wieder unter ägyptische Kontrolle stellten. Die Nationalhymnen wurden gespielt und ein Horn ertönte, als die israelische Fahne eingezogen und an deren Stelle die ägyptische gehisst wurde.

Eine Bus-Karawane traf aus beiden Richtungen ein und zog lange Staubfahnen hinter sich her. Begin hatte verwundete Soldaten von beiden Seiten eingeladen, sich als Akt der Versöhnung in dieser Wüstenoase zu treffen. Die Veteranen, insgesamt etwa 150, stiegen unter schmerzlicher Zurschaustellung des grausamen Kriegstributs aus. Blind, lahm, entstellt, wurden sie humpelnd oder mit Unterstützung an der Ehrengarde und den Militärkapellen vorbeigeführt. Sie saßen sich an entgegengesetzten Seiten der Halle gegenüber, in der Erfrischungen serviert wurden. Eine unbehagliche Stille herrschte, eine Pattsituation. Der Stress war so groß, dass manche der Invaliden Helfer baten, sie aus dem Raum zu bringen. Begins Redenschreiber Yehuda Avner saß neben einem blinden Veteranen, der seinen acht oder neun Jahre alten Sohn mitgebracht hatte. *„Kachi oti eilehm“*[26], bat er das Kind: Bring mich zu ihnen. Der Junge hatte Angst vor den verwundeten Männern auf der anderen Seite der Halle, aber er führte seinen blinden Vater in die Mitte des Raumes. Ein ägyptischer Veteran im Rollstuhl rollte heran und ergriff die Hand des Israeli. Ein paar Männer applaudierten, dann brach lauter Applaus aus, während die anderen aufeinander zukamen und sich umarmten.

Unter Rufen von *Schalom! Salaam!* betraten Sadat und Begin den Raum, begrüßten jeden der entstellten Veteranen, fragten sie danach, wo sie gekämpft und wo sie verwundet worden waren. Avner bemerkte das Kind des blinden Soldaten, das Gesicht erfüllt von Furcht und Verwirrung. Solange der Junge denken konnte, hatte er seinen blinden Vater geführt, erblindet durch eben diesen Feind. „Hab keine Angst, mein Sohn“, sagte sein Vater. „Diese Araber sind gut“[27].

Als die beiden Regierungschefs zu dem unbequemen Militärflugzeug zurückkehrten, das sie nach El Arish gebracht hatte, bemerkt Begin – immer penibel auf sein Äußeres bedacht –, dass seine Schuhe staubig vom Sand waren, also zog er ein Taschentuch heraus und wischte sie ab. Dann bot er Sadat das Taschentuch an, der höflich ablehnte[28].

Die ägyptische Regierung baute einen Paradeplatz zum Gedenken an den Krieg von 1973, nachdem das Land durch die Überquerung des Suezkanals seinen Stolz wiedererlangt hatte. Jedes Jahr am 6. Oktober, dem Jahrestag des Kriegsanfangs, staffierte Sadat sich prächtig aus und lud seine höchsten Beamten, ausländische Diplomaten und internationale Korrespondenten ein, an der Jahresfeier teilzunehmen. Im Jahr 1981 trug Sadat die Uniform eines Feldmarschalls, die nur ein paar Tage zuvor von seinem Schneider aus London geliefert worden war – Reithosen mit kniehohen schwarzen Stiefeln, Kappe mit Goldborten am Schirm und blaugraues Jackett, die grüne Schärpe der Gerechtigkeit über der Brust und den Orden „Stern von Sinai" am Hals. Er hatte beschlossen, auf seine kugelsichere Weste zu verzichten.

Der „Held der Überquerung", wie er sich gerne nennen ließ, saß in der ersten Reihe der großen, aus Marmor gebauten Zuschauertribüne neben Vizepräsident Mubarak. Tausende anderer Zuschauer hatten sich versammelt, unter ihnen der amerikanische und der israelische Botschafter und andere Würdenträger. Sadats Frau Jehan und ihre Enkelkinder saßen hoch oben in einer verglasten Loge. Es gab eine Musikkapelle und Feuerwerk. Das imposante Kamel Corps marschierte auf, wie auf einer antiken Postkarte. Fallschirmspringer führten Ziellandungen vor, nur ein paar Meter von der Tribüne entfernt. Panzer und Panzerwagen fuhren in geübter Präzision an den pflichtschuldigen Zuschauern vorbei. Während eine Kunstflugstaffel französischer Mirage-Düsenjäger über die Köpfe hinwegdonnerte und farbige Kondensstreifen hinter sich herzog, hielt einer der Truppentransporter aus der Parade abrupt an, und mehrere Soldaten sprangen ab, bewaffnet mit Automatikgewehren und Handgranaten. Einer von ihnen namens Khalid al-Islambouli rannte auf die Tribüne zu. Sofort stand Sadat auf und salutierte.

Vielleicht dachte er, der junge Leutnant und die anderen wollten ihm ihre Achtung bezeugen. Schließlich hatte er Frieden nach Ägypten gebracht. Acht Jahre lang war den Streitkräften der Kampfeinsatz erspart geblieben. Ägyptens Wirtschaft litt noch immer, wenn auch durch die 2,1 Milliarden Dollar angekurbelt, die seit Camp David jedes Jahr, größtenteils als Militärhilfe, von den USA zur Verfügung gestellt wurden. Die Annahme, die Ägypter – vor allem die Soldaten – würden dankbar sein, war durchaus berechtigt.

Oder vielleicht erkannte Sadat auch, dass ihn nun der Tod

ereilen würde. Der Vertrag mit Israel hatte die Furien innerhalb des radikalen Islam freigesetzt. Eine von Sadats ersten Amtshandlungen als Präsident war die Freilassung politischer Gefangener, die Nasser inhaftiert hatte, vor allem Mitglieder der Muslimbruderschaft. Sadat hatte geglaubt, dieser Gnadenakt, zusammen mit seiner unübersehbaren Frömmigkeit, würde ihn gegen die Radikalen immunisieren, doch die Muslimbrüder hatten ihm nie zugetraut, ihre Forderungen umzusetzen – namentlich die Einführung strikten islamischen Rechts und der obligatorischen Verschleierung der Frauen. Sadat reagierte mit einer Razzia gegen religiöse Studentengruppen. Während der Parlaments-Wahlkämpfe verbot er Diskussionen über den Friedensvertrag[29]; er machte sich zum Präsidenten auf Lebenszeit und zusätzlich zum Premierminister. Er verabschiedete ein Gesetz, das Frauen die Scheidung erlaubte und verbannte den *niqab* – die von islamistischen Fundamentalisten geforderte Gesichtsmaske für Frauen – von den Universitäten. Im Sommer 1981 ließ er 3000 Menschen ins Gefängnis sperren[30], einschließlich des obersten Führers der Muslimbrüder sowie viele politische Gegner, darunter alle, die das Camp-David-Abkommen öffentlich kritisiert hatten.

Sadat regierte sein Volk so autokratisch, wie es immer regiert worden war. Er erklärte Saad Eddin Ibrahim, einem führenden ägyptischen Intellektuellen, seine Kritiker würden den Koran, der dem Herrscher von Ägypten ein besonderes Ansehen gewähre, falsch verstehen. Als Gott danach gestrebt hatte, die Kinder Israels aus der ägyptischen Knechtschaft zu befreien, sprach er nicht mit dem ägyptischen Volk; stattdessen wies Gott Moses und Aaron an, beim Herrscher Fürsprache einzulegen. „Geht beide zu Pharao, denn er ist aufsässig geworden. Jedoch sprechet zu ihm in sanfter Stimme; vielleicht lässt er sich mahnen oder fürchtet sich.“[31] Wenn sogar Moses, einer der stärksten Propheten, angewiesen worden war, höflich mit Pharao zu sprechen, argumentierte Sadat, dann sollten ihn seine intellektuellen Kritiker doch sicherlich mit demselben Respekt behandeln[32].

Ägypten hatte sich jedoch gegen Sadat gewandt, und nicht nur die Radikalen und die Intellektuellen. Der Friede, den er seinem Volk geschenkt hatte, wurde nicht angenommen. Frieden brachte nicht die vollständige Lösung, die man im Krieg anstrebt. Die Verlockung von Unterwerfung und Wiedergutmachung übte immer noch ihren Zauber aus, trotz der 30 Jahre des Konflikts, der so viel Leid, Armut und Demütigung gebracht hatte. Wann immer Ägypten blutete, stachelten andere arabische Länder es zu noch größeren Opfergaben an, doch nachdem nun Frieden herrschte, verhängten die arabischen Nationen einen Wirtschaftsboykott und sperrten ihren Luftraum für ägyptische Flugzeuge[33]. Die Arabische Liga, die in Kairo gegründet worden war und dort ihren Hauptsitz hatte, schloss Ägypten aus und verlegte ihre Büros nach Tunis. Jedes arabische Land, bis auf Oman und Sudan, brach die diplomatischen Beziehungen ab. Die Isolation, die Muhammad Kamil vorausgesehen hatte, wurde Realität. Sadat schlug um sich gegen die „Feiglinge und Zwerge“[34] in der arabischen Welt, die ihn mieden. Ihre Kritik an seinem Frieden mit Israel war nicht mehr als „das Zischen von Schlangen“, sagte er. „Er sagte Dinge, die wahr sein mochten, aber nicht nötig waren“, erinnerte sich Carter später. „Ich versuchte ihn zu bewegen, den Mund zu halten.“[35]

Sadat reagierte auf den Furor wie gewöhnlich, indem er sich nach innen wandte und sich von gesellschaftlichen Kontakten zurückzog. Er hatte sich nie viel aus Essen gemacht, doch nun aß er nur noch Suppe und gekochtes Gemüse. Er sprach oft vom Tod. „Es war, als wäre er auf einer Art göttlicher Mission, von der niemand ihn zurückhalten konnte“, bemerkte Jehan Sadat.[36]

Sadats Attentäter reagierte auf den Salut mit dem Wurf einer Handgranate, die nicht explodierte, dann eröffneten er und die anderen Soldaten mit ihren Automatikwaffen das Feuer auf die Zuschauertribüne. Der erste Schuss traf Sadat in den Hals. Islambouli marschierte direkt auf die Tribüne, schoss auf Sadats Körper und leerte sein Magazin. Die ersten 30 Sekunden lang wirkten die Leibwächter des Präsidenten wie erstarrt. Sadats Privatsekretär Fawzi Abdel Hafez versuchte ihn mit einem Stuhl abzuschirmen, doch auch auf Hafez wurde geschossen, und er wurde mehr als

20 Mal getroffen (was er irgendwie überlebte)[37]. Als die Schießerei endete, waren Sadat und elf andere Menschen ermordet. Auch der koptische Bischof lag tot in seinem Ornat da. Der kubanische Botschafter war ebenfalls ermordet. 28 Menschen wurden verwundet. Der belgische Botschafter wurde von zwei Schüssen getroffen. Blut strömte über die Stufen der Zuschauertribüne. Einer der Attentäter wurde getötet, drei andere verletzt und dann festgenommen. „Ich habe den Pharao getötet!", brüstete sich Islambouli[38].

Osama el-Baz, der in Sadats Nähe gesessen hatte, als der Angriff begann, verschwand[39]. Mubarak weigerte sich, den Tod des Präsidenten zu verkünden, bevor sein engster Berater nicht gefunden war. Erst Stunden später wurde Baz auf den Straßen des Vororts Heliopolis entdeckt, viele Kilometer entfernt, im Schockzustand.

Der Angriff hätte der Auftakt zur Übernahme der ägyptischen Regierung durch die Verschwörer sein sollen, doch der Plan wurde durch die sofort einsetzende Schleppnetzfahndung vereitelt, die Mitglieder zahlloser, im islamistischen Untergrund stark verbreiteter radikaler Gruppen aushob. Ayman al-Zawahiri, ein zukünftiger Anführer von al-Kaida, wurde auf dem Weg zum Flugplatz geschnappt. Er hatte einen Bombenanschlag auf Sadats Beisetzung geplant[40], bei der viele ausländische Staatschefs anwesend sein würden, unter ihnen Jimmy Carter und Menachem Begin.

Sadats Beisetzung fand an einem Samstag statt, fünf Tage nach dem Attentat. Da strenggläubige Juden am Sabbat auf die Benutzung von Automobilen verzichten, entschied sich Begin, vom nahe gelegenen Country Club, in dem er untergekommen war, zu Fuß zu den Feierlichkeiten zu gehen. Israelische Sicherheitskräfte mit automatischen Waffen in Aktenkoffern umgaben ihn. Kairo war stark gesichert und nervös. Die Staatsoberhäupter von 80 Nationen kamen, um ihren Respekt zu erweisen; auffallend aber war das Fehlen arabischer Delegationen. Überall in der Stadt, in Hotellobbys und auf Balkonen, waren mit Sandsäcken verstärkte Geschützstellungen verteilt. Das Knattern tief fliegender Hubschrauber dröhnte durch die Straßen. An jeder größeren Straßenkreuzung waren Soldaten in Kampfuniform postiert[41]. Die hysterisch zur Schau gestellte Trauer, die Kairo nach Nassers Tod überwältigt hatte, fehlte jedoch. Stattdessen herrschte allgemeine Gleichgültigkeit.

Mosche Dajan war nicht gekommen, um sich von Sadat zu verabschieden. Er war aus dem Kabinett ausgeschieden, als er erkannte, dass Begin der Umsetzung der Autonomie für die Palästinenser auswich. Überzeugt davon, dass die israelische Okkupation die Charakterstärke Israels zerstörte, hatte Dajan seine eigene Partei gegründet, sich aber nur zwei Sitze in der Knesset sichern können. Inzwischen war der Krebs, der ihm bereits während Camp David zugesetzt haben mochte, entdeckt worden. Er spürte sofort, dass die Krankheit tödlich war. „Bis zum Alter von 64 hatte ich ein interessantes Leben", sagte er in gewohnter Leidenschaftslosigkeit[42]. Er starb sechs Tage nach Sadats Beisetzung.

Ezer Weizman fehlte ebenfalls[43]. Auch er hatte sich wegen der Verzögerung der Autonomiegespräche und der aggressiven Ausbreitung der Siedlungen auf der West Bank aus dem Kabinett verabschiedet. Nachdem er seinen Rücktritt eingereicht hatte, riss Weizman im Büro des Premierministers wütend ein Friedensposter von der Wand. „Keiner hier will Frieden", brüllte er[44]. Begin fühlte sich betrogen und weigerte sich, Weizman zu gestatten, als Teil der israelischen Delegation zur Beerdigung Sadats zu reisen, obwohl niemand aus Israel Sadat nähergestanden hatte.

Die Würdenträger versammelten sich auf demselben Paradeplatz, auf dem Sadat ermordet worden war. Das Blut war von der Zuschauertribüne gespült worden, aber die Einschusslöcher waren noch immer sichtbar. Carter kam zusammen mit der amerikanischen Delegation, zu der auch die ehemaligen Präsidenten Nixon und Ford gehörten. Er war nun selbst ein ehemaliger Präsident. Jede Chance auf Wiederwahl hatte sich durch den gescheiterten Versuch zerschlagen, die seit der iranischen Revolution von 1979 in der amerikanischen Botschaft festgehaltenen Geiseln zu befreien.

Carter und Begin sprachen nicht miteinander.

Das Denkmal für Sadat auf dem Paradeplatz, auf dem er gestorben war, trug die Grabinschrift aus dem Koran, die er vor seiner schicksalhaften Reise nach Jerusalem für sich ausgewählt hatte, falls durch die Juden ein Attentat auf ihn verübt werden sollte: „Und betrachte nicht diejenigen, die auf Allahs Wegen gefallen sind, als tot. Nein! Sie leben bei ihrem Herrn, und sie werden dort versorgt.“[45] Am Ende waren es seine eigenen Landsleute, die ihn getötet hatten.

Frei von der Sorge um eine ägyptische Reaktion erweiterte Begin die Siedlungen auf der West Bank aggressiv und ließ kurz nacheinander einen irakische Atomreaktor in der Nähe von Bagdad bombardieren und weitete israelisches Recht auf die Golanhöhen aus. Dann schickte er im Juni 1982 die israelische Armee in den Libanon, um die PLO zu entwurzeln. Libanon hatte 300 000 palästinensische Flüchtlinge aufgenommen, die das demografische Gleichgewicht in einem Land zum Kippen gebracht hatten, das einst von pro-westlichen christlichen Maroniten beherrscht worden war.

Begin räumte ein, es sei ein „Krieg der Wahl“[46], im Gegensatz zu allen vorherigen israelischen Auseinandersetzungen, doch er versprach, der Krieg würde Israel „40 Jahre Frieden“[47] bringen, sobald die Sache erledigt sei. Das Gesamtkonzept, entworfen von Ariel Scharon, bestand darin, die Palästinenser aus dem Libanon nach Jordanien zu vertreiben, was dieses Land dann praktisch in ein palästinensisches Heimatland verwandeln und Israel erlauben würde, die West Bank zu schlucken[48]. Begin sicherte Präsident Ronald Reagan zu, Israel würde nicht weiter als bis 40 Kilometer von der Grenze vordringen[49].

Sämtliche von der Regierung auferlegten Beschränkungen wurden beiseitegeschoben, sobald Scharon mit seiner Armee in den Libanon einmarschiert war. Die Israelis verbündeten sich mit dem christlichen Warlord Bachir Gemayel von der maronitischen Phalange-Partei *(Kata'ib)*, um die Palästinenser zu vertreiben, die syrischen Streitkräfte im Land zu besiegen und Gemayel zum Präsidenten des Libanon zu machen. Diese Ziele wurden von der israelischen Armee rasch erreicht. Jassir Arafat und die Anführer der PLO verließen Beirut per Schiff in Richtung Tunesien. Im August wurde Gemayel Präsident des Libanon. Einen Monat später riss ihn eine syrische Bombe in Stücke.

Ohne einen libanesischen Partner zum Aufräumen der verbliebenen PLO-Maschinerie marschierte die israelische Armee in West-Beirut ein. „Zwei Ziele schienen Scharons Armee besonders zu interessieren“[50], sollte Martin Friedman, damals als junger Korrespondent der *New York Times* in Beirut, später schreiben. Eines war das Archiv des alten Palästina – Bücher, Grundbücher, Fotos vom arabischen Leben und Karten, auf denen jedes arabische Dorf verzeichnet war, das vor der Gründung des Staates Israel existiert hatte. Friedman fielen die von den israelischen Soldaten in den Räumen des ehemaligen Archivs hinterlassenen Graffiti auf. „Palästinenser? Was ist das?“ und „Palästinenser, fickt euch ins Knie.“

Das andere Ziel waren die beiden palästinensischen Flüchtlingslager Sabra und Shatila. Scharon war überzeugt, dass sich dort nach wie vor militante Kämpfer versteckten. Seine Truppen riegelten die Lager ab und ließen dann die Phalangisten hinein, um Rache für den Tod ihres Anführers zu nehmen. Während der nächsten drei Tage töteten sie fast jeden in den Lagern. Die Israelis hatten vom Dach der kuwaitischen Botschaft, die sie besetzt hatten, klare Sicht auf das Gemetzel. Um die Phalangisten bei ihrer Arbeit zu unterstützen, stellten ihnen die Israelis nachts Leuchtfackeln zur Verfügung und ließen sie ihre Operation vom israelischen Kommandoposten auf der anderen Straßenseite überwachen. Als die Mörder schließlich abzogen, fanden Journalisten und Diplomaten unter den verstümmelten Leichen Babys und Kleinkinder, die in Stücke gerissen und in Mülltonnen geworfen worden waren, kastrierte Jungen und Menschen, die skalpiert und in deren Körper Kreuze geritzt worden waren[51]. Das Rote Kreuz schätzte die Anzahl der Toten auf 800 bis 1000[52]. Andere Quellen geben weit höhere Zahlen an, aber da die Phalangisten viele Leichen beseitigten, ist es unmöglich, eine genaue Anzahl zu ermitteln. Friedman entdeckte keinen Beweis dafür, dass sich unter den im Lager verstreuten Opfern PLO-Kämpfer befanden; sie waren verschwunden, bevor die Lager angegriffen wurden.

Die Vereinten Nationen verurteilten die Tat als Genozid. Beschämt und empört über das Massaker und den Pesthauch des Krieges, gingen 400 000 Israelis – mehr als 10 Prozent der Bevölkerung – auf die Straße und verlangten eine Abrechnung. Die offizielle Untersuchung, die schließlich eingeleitet wurde, erklärte Scharon zum persönlichen Verantwortlichen für die Gräueltaten, doch Begin weigerte sich, ihn zu entlassen. (Scharon trat als Verteidigungsminister zurück, blieb aber Minister ohne Geschäftsbereich.) Die Welt begann ein ernsthaftes Interesse an der Sache der Palästinenser zu zeigen, und Ägypten vereinte sich erneut mit den Arabern in Entrüstung.

Begin hatte gedacht, der Krieg würde nur 48 Stunden dauern, mit geringfügigen Verlusten, aber Krieg stellt seine eigenen Berechnungen an. Laut der libanesischen Regierung wurden während der israelischen Invasion mehr als 30 000 Libanesen getötet, größtenteils Zivilisten. In den engen, historischen Straßen von Beirut, wo die meisten Kämpfe stattfanden, war ein Viertel der Opfer unter 15 und ein Drittel waren Erwachsene über 50 Jahre – Kinder und Großeltern. Das israelische Verteidigungsministerium gibt an, dass 1217 israelische Soldaten bei dem Konflikt starben. Schlimmer noch als der Krieg war das Vermächtnis, das er hinterließ. Libanon war bereits ein dysfunktionales Land, doch seine brüchige Demokratie war erschüttert und der Bürgerkrieg neu entbrannt; er zerstörte eine Gesellschaft, die einst für ihre Künste, ihren Handel und unbekümmerten Materialismus berühmt war. Als die israelischen Streitkräfte 1985 schließlich mit dem einseitigen Abzug begannen, kehrte die syrische Armee, die hätte besiegt und vertrieben sein sollen, zurück und übernahm ihre Rolle als brutale Ordnungsmacht eines desolaten Landes. Die durch den Abzug der PLO im Südlibanon gelassene Lücke wurde von der Hisbollah eingenommen, dazu gegründet, gegen die israelische Besatzung vorzugehen. Israel schloss seinen Rückzug aus dem Libanon schließlich im Mai 2000 ab, 18 Jahre nach Kriegsbeginn.

Der Frieden hatte Begin freie Hand gegeben, doch er übertrieb. Der Krieg im Libanon und der Tod seiner geliebten Frau Aliza zerbrachen ihn. Er wurde gebrechlich und hörte auf, seine Haare zu färben[53]. Seine Stimmung alarmierte jeden, der ihn kannte. Vertraute schirmten ihn von Interviews und der Öffentlichkeit ab. Am 28. August 1983 sollte Begin den deutschen Kanzler Helmut Kohl empfangen. Eine weitere Sache, die Begin nicht ertragen konnte, war das Händeschütteln mit einem Deutschen[54]. Als Kadischai an jenem Morgen ins Büro des Premierministers kam, sagte Begin zu seinem alten Freund: „Heute werde ich von meinem Amt zurücktreten."[55] Er erklärte seinem Kabinett, er strebe nach „Vergebung, Absolution und Versöhnung. Ob sie mir erteilt werden, weiß ich nicht."

Danach fragte Begins Freund und Vizepremier Dan Meridor: „Menachem, warum hast du das getan?"[56] Begin führte seine körperlichen Schwächen an, den Mangel an Privatsphäre und die Demonstrationen, die Kriegsgegner rund um die Uhr auf der Straße vor seinem Haus abhielten. Er könne nicht schlafen wegen des Lärms. Die Demonstranten trugen ein Schild mit einer täglich ergänzten Liste der israelischen Gefallenen mit sich. Begin konnte sich nicht überwinden, daraufzuschauen. Die Polizei hatte angeboten, die Demonstranten von der Straße zu verjagen, aber er bestand auf ihrem Recht zur Demonstration.

Begin zog sich in seine Wohnung an der Zemachstraße in Jerusalem zurück und verschloss die Tür vor der Welt. In den nächsten neun Jahren verließ er selten das Haus, außer um das Grab seiner Frau zu besuchen. Er bekam einen Hautausschlag, der ihn davon abhielt, sich zu rasieren. Er trug auch tagsüber einen Pyjama oder eine Hose und einen Morgenmantel, wenn jemandem, was selten war, ein Besuch gestattet wurde. Morgens brachte Kadischai ihm die Zeitungen, wie er es immer getan hatte, und Begin verbrachte die Zeit damit, sie zu lesen oder Radio zu hören. Von seinem Fenster aus konnte er den Wald von Jerusalem sehen und dahinter Deir Yasin[57].

Im Jahr 1987, zum achten Jahrestag der Unterzeichnung des Camp-David-Friedensabkommens, waren Jimmy und Rosalynn Carter in Israel. Begin weigerte sich, sie zu empfangen. Carter wurde bei einem Empfang im Haus von Präsident Chaim Herzog geehrt, zusammen mit den Israelis, die in Camp David gewesen waren. Alle waren da, bis auf Begin. Als Carter Kadischai sah, bat er ihn erneut darum, mit seinem alten Friedenspartner sprechen zu können. „In Ordnung, ich rufe ihn für Sie an", sagte Kadischai[58]. Er wählte die Nummer und sagte zu Begin: „Präsident Carter ist hier und möchte dich sprechen."

„Bitte gib ihm das Telefon", sagte Begin. Carter sagte: „Hallo, Mr. Begin." „Hallo, Präsident Carter. Wie geht es Rosalynn?" „Ihr geht es gut."

Dann verabschiedete Begin sich abrupt. Er starb im Mai 1992.

Als Begin triumphierend aus Camp David zurückgekommen war, fragte ihn Jizchak Nawon, der israelische Präsident: „Wie haben Sie das geschafft, woran vorherige Premierminister gescheitert sind?"[59] Begin erwiderte: „Es lag alles an der Wahl des richtigen Zeitpunkts."

Eine der Lektionen von Camp David ist, dass der richtige Zeitpunkt wenig damit zu tun hatte. Ja, beide Seiten hatten Anreize, 1978 nach Frieden zu streben, aber diese Anreize waren ständig präsent, selbst während Israel und Ägypten in einem Krieg nach dem anderen aufeinanderstießen. Der Jom-Kippur-Krieg hatte Israel aus seiner selbstgefälligen Träumerei unangefochtener Dominanz wachgerüttelt und den Kontext verändert, doch Frieden war als Alternative zum Krieg schon von Beginn des Konflikts im Jahr 1948 an vorhanden gewesen. Es gab keine unlösbaren Probleme, die zwischen Ägypten und Israel standen. Ägypten entschied sich dafür, sich mit den Arabern zu verbünden, die den kleinen jüdischen Staat ablehnten, und setzte daher auf Krieg als eine endgültigere Lösung als friedvolle Verhandlungen. Die Araber verloren diese Wette, und Israel wuchs und wurde zu einer noch größeren Bedrohung. Jeder Krieg legte die Saat für den nächsten. Jede Niederlage machte die Araber entschlossener, trotziger. Frieden galt als verachtenswert. Ägypten musste sich entscheiden, ob es in seinem eigenen Interesse handeln sollte oder als Held für eine größere arabische Sache. Israel musste Gebiete opfern, die als Puffer gegen einen plötzlichen Angriff dienten, konnte aber auch die geplanten endgültigen Grenzen von Großisrael ausweiteten.

Der Disput zwischen den Israelis und den Palästinensern ist anders, und das ist der Grund, warum er ungelöst bleibt, obwohl Camp David dazu gedacht war, diesen Konflikt zu einem permanenten Ende zu bringen. Der Unabhängigkeitskrieg von 1948 erweiterte das Territorium, das der neue jüdische Staat beanspruchte, wozu fast 60 Prozent des für den totgeborenen Staat Palästina vorgesehenen Gebietes gehörten; der Rest wurde von Jordanien übernommen. Arabische Flüchtlinge strömten in die Nachbarländer, und Israel verriegelte die Tür hinter ihnen. Statt von anderen arabischen Gesellschaften geschluckt zu werden, wurden die Flüchtlinge zu einer destabilisierenden Präsenz und einer Quelle des Radikalismus und Terrors, der die ganze Welt plagte. Mit Ausnahme von Jordanien haben es die arabischen Staaten vermieden, die palästinensischen Flüchtlinge zu absorbieren, um den Konflikt am Leben zu halten. Die zahllosen Versuche, den Konflikt zu einem Ende zu bringen, sind wegen des auf beiden Seiten fehlenden politischen Mutes, die für Frieden erforderlichen Opfer hinzunehmen, gescheitert.

Isolation erlaubte es den Verhandlungsführern, kreativ zu arbeiten, Alternativen zu erkunden, sich auf eine einzige Aufgabe zu konzentrieren und Risiken einzugehen, die sie vor den Augen der Öffentlichkeit nicht gewagt hätten. Carter hatte geglaubt, durch die klösterliche Umgebung würde sich ein Vertrauen zwischen den beiden Regierungschefs entwickelte, das sie veranlasste, die kleinen Hindernisse beiseitezuschieben, um das größere Ziel zu erreichen. Darin hatte er sich geirrt. Die Enge von Camp David verstärkte die Feindseligkeit zwischen Begin und Sadat und wurde zur wiederholten Bedrohung, die Gespräche platzen zu lassen. Und doch hätte keiner der beiden Männer abreisen können, ohne einen schrecklichen politischen Preis zu zahlen. Sie saßen in der Falle. Als die Tage vergingen, wurde die Isolation ein stärkerer Anreiz, eine Übereinkunft zu erreichen, einfach nur, weil sie es nicht länger aushielten. Trotz der abgeschotteten Umgebung, in der sie arbeiteten, wusste jeder dieser drei Männer, dass das helle Licht der Geschichte auf sie leuchtete und dass das, was sie taten oder worin sie versagten, jede andere Maßnahme ihres außergewöhnlichen Lebens übertreffen würde.

Camp David war insofern ungewöhnlich, als es von den Regierungschefs der jeweiligen Länder durchgeführt wurde statt von ihren Untergebenen. Nichts war im Voraus vereinbart worden. Das Risiko, das diese Männer eingingen, spiegelte den Mut wider, den sie zu den Verhandlungen mitbrachten. Ihr persönliches Ansehen stand auf dem Spiel. Es gab keine Garantie für auch nur einen Teilerfolg; ja, es begann so auszusehen, als ob das drohende Scheitern der Gespräch die Dinge nur noch schlimmer machen würde. Aber es war entscheidend für den Erfolg des Gipfeltreffens, dass diese Männer die Autorität besaßen, ein Abkommen zu schließen. Jedes Zugeständnis war folgenreich. Das alarmierte den ägyptischen Außenminister Kamil, dem nichts mehr einfiel, womit er Sadat im Zaum halten konnte. „Dadurch, dass Carter die Delegation der Vereinigten Staaten nach Camp David führte, bestand die Konfrontation nicht mehr zwischen Sadat und Begin

allein, sondern bezog auch eine Art Konfrontation zwischen Sadat und dem Präsidenten der Vereinigten Staaten mit ein“, schreibt er[60]. „Der Erfolg oder das Scheitern der Konferenz addierte sich in den Augen der Welt zu Erfolg oder Scheitern für Carter auf.“ Er war besorgt, dass Sadat und Begin schließlich etwas zugestehen würden, das ihnen nicht gehörte – das Recht der Palästinenser –, um den amerikanischen Präsidenten zu beschwichtigen.

Ohne Carters unerschütterliches Engagement, den Konflikt zu einem Ende zu bringen, hätte es keinen Friedensvertrag gegeben. Carter wurde durch seinen Glauben beflügelt, Gott habe ihn auch deswegen ins Amt gesetzt, damit er dem Heiligen Land Frieden brächte. Ohne die Anwesenheit eines dritten vertrauenswürdigen Beteiligten konnten Ägypten und Israel einfach keinen Frieden schließen; und in Wahrheit gab es keinen anderen hinreichend mächtigen und unparteiischen Kandidaten als die Vereinigten Staaten, um diese Rolle auszufüllen. Und doch war bis zu Carter kein anderer amerikanischer Präsident bereit gewesen, sein Ansehen und vielleicht sein Amt aufs Spiel zu setzen, ein so fernes Ziel zu verfolgen.

Das amerikanische Team nahm die Idee eines einzigen Verhandlungstextes auf, der von Carter kontrolliert wurde. Das erlaubte ihm, auf die Gewinne zu schauen und allmählich die Uneinigkeitspunkte zu reduzieren. Carter hatte sich auch genau über Geschichte und Geografie der Region informiert. Seine Detailbesessenheit wurde bespöttelt[61] – er soll sogar genau kontrolliert haben, wer sich aus seinem Stab für den Tenniscourt des Weißen Hauses eintrug –, aber im Fall von Camp David erlaubte ihm diese Fähigkeit, Informationen aufzunehmen, über die Gefahren und Tricks hinauszuschauen, die bei solch brutalen Verhandlungen oft eingesetzt werden.

Carter kam jedoch unter dem Bann einer Illusion nach Camp David und betrachtete seine Rolle als die eines Vermittlers, einer Art Betreuers, der zwei Streitenden hilft, einander besser zu verstehen. Er hatte geglaubt, die Regierungschefs würden aneinander die ihnen innewohnende Güte entdecken und bereit sein, ihre Differenzen beizulegen. Diese Illusion zerbrach beim ersten Treffen der drei Männer innerhalb von Minuten. Carter verhaspelte sich, verblüfft über die offene Feindseligkeit. Unfähig, den Streit zu schlichten, musste er die Ägypter und die Israelis trennen. Sie konnten der Geschichte, die sie geschaffen hatte, nicht entfliehen, um sich gegenseitig in die Seele zu schauen. Nur Carter konnte das tun. Seine Rolle musste sich ändern, was bedeutete, dass auch er sich ändern musste. Er musste sich von dem christlich inspirierten Konzept der menschlichen Natur trennen und eine tragischere, alttestamentarische Ansicht von Verhalten akzeptieren. Er musste stärker sein, als sie es waren. Er würde sie zwingen müssen, den Frieden zu schließen, den sie beide wollten, aber nicht allein erreichen konnten.

Die Veränderung von Carters Rolle wurde am sechsten Tag offensichtlich, nach dem Ausflug nach Gettysburg, als Carter den ersten amerikanischen Entwurf für ein Abkommen vorlegte. Er machte recht energisch klar, dass es Begins Schuld wäre, wenn die Gespräche scheiterten. Desgleichen am elften Tag, als Sadat einen Hubschrauber angefordert hatte, um ihn und sein Team nach Washington zurückzubringen und Carter das Gewicht seines Amtes zum Tragen brachte, drohte, die Beziehungen zu Ägypten abzubrechen und ihre persönliche Freundschaft zu beenden. Carter machte beiden Männer klar, dass sie, wenn sie sich aus dem Verfahren zurückzogen, Probleme mit den Vereinigen Staaten bekommen würden – Probleme, die keiner der beiden Männer sich leisten konnte. Indem er eine aggressive Haltung als vollwertiger Partner in den Verhandlungen einnahm, erlaubte Carter beiden Seiten, den USA Zugeständnisse zu machen, die sie einander nicht machen konnten.

Carter hatte die Hilfe einer vereinten amerikanischen Delegation, die nie in Fraktionen zerfiel. Insbesondere Vance und Brzezinski fochten während ihrer Zeit in der Regierung Carter viele Revierkämpfe aus, doch in Camp David zeigte sich nichts davon. Die gesamte Delegation war fokussiert und unermüdlich, nach dem Vorbild ihres Leiters. Im Gegensatz dazu boten die ägyptischen und israelischen Delegationen unterschiedliche Beispiele der Gesellschaften, die sie vertraten. Sadat herrschte über ein Team, das machtlos war, sich aber hauptsächlich gegen ihn vereinte. Das israelische Team war gespalten, spiegelte das vielfältige und kontroverse politische System Israels wider, doch ihre Mitglieder waren mehrheitlich mehr für den Frieden als ihr Leiter. Begin mochte sie für eben diese Qualitäten ausgewählt haben. Sie halfen ihm, seine lebenslange Antipathie zu überwinden, um überhaupt irgendwelche Zugeständnisse zu machen.

Zweideutigkeit spielte in Camp David eine Doppelrolle. Sorgfältige Wortwahl war der Schlüssel für einen Friedensschluss zwischen Ägypten und Israel, aber vage Formulierungen über Verhandlungen mit den Palästinensern eröffneten Auswegklauseln, die Begin ausnützte. Carter verwendete erfolgreich konstruktive Zweideutigkeit, um Begins Horror vor der UN-Resolution 242 zu überwinden, indem er sie aus dem Haupttext herausnahm und im Anhang unterbrachte, der trotzdem ein formeller Teil des Abkommens war. Ebenso brachte Carter in der Zusatzvereinbarung zu Jerusalem die Statements von zwei amerikanischen Botschaftern unter, ohne sie wörtlich zu zitieren. Als Carter nach Israel reiste, um zu versuchen, das Abkommen abzuschließen, deutete Begin an, er würde freigiebig im Umgang mit den palästinensischen Forderungen sein, weigerte sich aber, konkret zu werden. Die Israelis räumten ein, die Palästinenser hätten „legitime Rechte" und sollten „volle Autonomie" erhalten, weigerten sich aber, den Ausdruck „Selbstbestimmung" im Zusammenhang mit palästinensischen Rechten zu akzeptieren. Vance glaubte, dass man auf mehr nicht hoffen durfte[62]. Das Scheitern, eine eindeutigere Verbindung zwischen einem umfassenden Friedensvertrag, der die West Bank und Gaza umfasste, mit dem Separatfrieden zwischen Israel und Ägypten herzustellen, würde letztlich der Untergang für palästinensische Staatsambitionen sein. „Sadat hat Jerusalem, Palästina und das Recht des palästinensischen Volkes für eine Handvoll Sinaisand verkauft", kommentierte Jassir Arafat verbittert[63]. (Arafat boykottierte weiterhin die Autonomiegespräche und sorgte dafür, dass die Palästinenser nicht in der Lage sein würden, ihre Zukunft zu bestimmen, doch weder die Israelis noch die Amerikaner wollten sie dabeihaben[64].) Sadats Ambivalenz zum Thema Palästinenser machte es schwierig für Carter, sich energischer für ihre Sache einzusetzen, obwohl er es später bedauern sollte, dass die Palästinenserfrage von allen am Abkommen Beteiligten, einschließlich Ägyptens, fallen gelassen wurde[65].

Zu Anfang gab es kein festes Enddatum für die Gespräche in Camp David, aber natürlich erwartete niemand, dass sie sich dreizehn Tage lang hinziehen würden. Begin war besonders dagegen, Fristen zu setzen. Er war ein Meister darin, kleine Anliegen an die Oberfläche zu zerren und sich darüber auszulassen, während der Stundenzeiger seine langsamen Kreise zog. Am elften Tag, einem Freitag, entschied Carter, er könne keine weitere Zeit in das Gipfeltreffen investieren. Er bat Begin und Sadat, ihre endgültigen Vorschläge vorzubereiten, da das Gipfeltreffen am Sonntag enden würde, ganz gleich, wie das Ergebnis ausfiel. Diese Terminvorgabe zwang die Delegationen, sich darauf zu konzentrieren, zu einer endgültigen Vereinbarung zu kommen, aber bei dem Verhandlungsgedränge am Samstagabend wurde ein entscheidender Fehler gemacht. Entweder durch Missverständnis, Täuschung oder nach nochmaliger nüchterner Überlegung verfasste Begin nicht das Zusatzabkommen zum Siedlungs-Baustopp, auf das er sich eingelassen hatte, wie Carter glaubte. Als einziger Teilnehmer von Camp David schlug Aharon Barak vor, die Verhandlungsführer sollten bleiben, bis die Palästinenserfrage geklärt war und der umfassende Frieden, den Carter angestrebt hatte, erreicht worden war. Das hätte erfordert, dass die Israelis sich zum Abzug aus den besetzten Gebieten verpflichteten und freie Wahlen sowie eine autonome palästinensische Selbstverwaltung zugelassen hätten. Es erscheint unwahrscheinlich, dass Begin sich zu solchen Schritten verpflichtet hätte, ganz gleich, wie lange er auf diesem waldigen Hügel in Maryland eingesperrt worden wäre. Stattdessen spielte er auf Zeit.

Von den drei Männern glaubte vielleicht nur Carter wirklich von Anfang an, dass tatsächlich ein Friedensabkommen erreicht werden könnte. Sadat verhandelte hauptsächlich, um Israel als besten Freund Amerikas in der Region zu ersetzen[66]. Frieden war ein höchst wünschenswertes Ergebnis, doch wenn die Gespräche wegen israelischer Unnachgiebigkeit scheiterten, würde das Ägyptens Ansehen bei der mächtigsten Nation der Welt fördern. „Das wird mit Begins Sturz enden!“[67], sagte Sadat seiner Delegation voraus. Die Israelis wussten wirklich nicht, worauf sie sich einließen. Begin kam nach Camp David mit der Erwartung, die Gespräche würde zwei oder höchstens drei Tage dauern und mit nicht mehr als einem Versprechen für zukünftige Gespräche enden. Nicht einer aus der israelischen Delegation rechnete damit, dass sie schließlich die Sinai-Siedlungen aufgeben und sich völlig von der Halbinsel zurückziehen würden[68]. Begins Hauptziel war, nicht für das Scheitern verantwortlich gemacht zu werden[69]. Am Ende blieb ihm deswegen nichts anderes übrig, als den Erfolg des Gipfeltreffens zuzulassen.

Sadat bekam den Sinai zurück, einschließlich der Ölfelder, was ihm während des Krieges nicht gelungen war. Ägypten musste die Schmähungen seiner Nachbarn ertragen, doch das hielt nicht an. „Die Araber können Ägypten nicht isolieren", bemerkte Sadat hochmütig. „Sie können sich nur selbst isolieren."[70] Damit hatte er recht. Ab 1984 wurden die arabischen Botschaften in Kairo allmählich wieder eröffnet, obwohl Sadat nicht mehr erlebte, dass seine Prophezeiung wahr wurde. Begin wurde als der stärkere Verhandlungsführer in Camp David betrachtet, doch die Israelis hatte etwas Wertvolles und Greifbares – Land – aufgeben müssen, um etwas Vergängliches und Umkehrbares – Frieden – zu erhalten. Israel betrachtete Dinge als Sieg, die nicht Teil des Vertrages waren: Zum Beispiel gab es keine Erwähnung eines palästinensischen Staates oder Selbstbestimmung; es gab keine Erwähnung eines militärischen Abzugs Israels von der West Bank und aus Gaza; es gab keine Vereinbarung über Jerusalem. Begins erbitterte Taktiken in Camp David und darüber hinaus sorgten dafür, dass Israel weiter die West Bank besetzt halten konnte und der Siedlungsbau nie aufhörte. Es bedeutete auch, dass der umfassende Frieden, der in Camp David hätte erreicht werden können, Israel weiterhin versagt blieb. Die Palästinenser bekamen wenig, bis auf ein vages Versprechen, ihre „legitimen Rechte" anzuerkennen. Durch die Unterzeichnung des Vertrages mit Israel durchtrennte Ägypten seine Verbindung zur palästinensischen Sache. Ohne einen mächtigen arabischen Verteidiger wurde Palästina zu einem Maskottchen für die Islamisten und radikalen Fraktionen, die der Aussicht auf eine friedvolle und gerechte Reaktion auf das Elend eines allein gelassenen Volkes nur weiteren Schaden zufügen konnten.

Die ungelösten Fragen von Camp David sind nicht gelöst, aber der Erfolg des Gipfeltreffens lässt sich an seiner Dauerhaftigkeit messen. Seit der Friedensvertrag zwischen Israel und Ägypten 1979 unterzeichnet wurde, hat es keine einzige Verletzung der Bestimmungen des Abkommens gegeben. Es ist unmöglich, den Wert von Frieden zu ermessen, bis er durch Krieg beendet wird.

Danksagung und Anmerkungen zu den Quellen

Dieses Buch hat eine ungewöhnliche Entstehungsgeschichte. Gerald Rafshoon, Kommunikationsdirektor des Weißen Hauses während der Carter-Regierung, rief mich 2011 an und fragte, ob ich daran interessiert sei, ein Theaterstück über die dreizehn Tage von Camp David zu schreiben. Ich hatte in Georgia gelebt, als Carter dort Gouverneur war und als Präsident kandidierte; ich unterrichtete an der Amerikanischen Universität in Kairo, als Nasser starb und Sadat ins Amt kam; und ich hatte längere Zeit aus Israel berichtet. Natürlich reizte mich das Projekt. Rafshoon überzeugte die Arena Stage in Washington, D.C., das Projekt in Auftrag zu geben, woraufhin ich nach Plains fuhr, um die Carters zu interviewen und danach nach Ägypten und Israel, um mit noch lebenden Mitgliedern der Delegationen zu sprechen. Molly Smith, die Intendantin des Arena-Theaters, inszenierte *Camp David* im April 2014. Es war eine der lohnenswertesten Erfahrungen meines Lebens.

Wie sich herausstellte, war ich noch nicht fertig mit Camp David. Der Stoff war zu umfangreich, und es gab zu viele interessante Charaktere, um das alles nur in einem 90-minütigen Theaterstück abzuhandeln. Außer William B. Quandts wertvollem Bericht *Camp David: Peacemaking and Politics* gab es nur wenige Bücher, die sich ausschließlich einem der großen politischen Triumphe des 20. Jahrhunderts widmeten. Vielleicht wurde Carters bemerkenswerte Leistung weitgehend ignoriert, weil er so unbeliebt war, als er aus dem Amt schied. Und doch fällt es einem langjährigen Beobachter des Nahen Ostens schwer, sich vorzustellen, wie es ohne sie in der Region aussähe. Was nicht heißen soll, dass der Friedensvertrag beliebt war. Sowohl ägyptische als auch israelische Politiker beschweren sich regelmäßig über die Opfer, die ihre Länder bringen mussten, um den Vertrag zu erreichen. Carter erzählte mir sogar, Premierminister Benjamin Netanjahu habe ihn persönlich dafür verantwortlich gemacht, Israel gezwungen zu haben, den Sinai aufzugeben. Diese Klagen zeigen, wie schmerzlich die Kompromisse waren und sind, selbst heute noch. Die Palästinenser fühlen sich weiterhin betrogen, sowohl wegen des in ihrem Namen verhandelten Abkommens als auch durch die Tatsache, dass es nicht umgesetzt wurde.

Auf diesen Seiten habe ich mir die Freiheit genommen, bei dem zitierten Material in einigen Fällen die Schreibweisen zu vereinheitlichen und die gebräuchliche Transkription arabischer und hebräischer Namen zu verwenden.

Dieses Buch ist sowohl ein geschichtliches Werk, da es sich auf Texte aus der Vergangenheit stützt, als auch eine journalistische Arbeit, zu der die Kooperation einer Vielzahl von Personen aus drei verschiedenen Ländern nötig war. Die Carters liehen mir sehr großzügig ihre persönlichen Tagebücher aus Camp David. Die Jimmy-Carter-Bibliothek in Atlanta war stets eine wertvolle Quelle. Ich möchte mich besonders bei Jay Hakes, Jay Beck und Phil Wise für ihre Zeit und ihre aufmerksamen Beiträge bedanken. Jechiel Kadischai, Begins langjähriger Freund und Assistent, führte mich durch das Irgun-Museum in Tel Aviv, und Dan Pattir, Begins ehemaliger Pressesprecher, versorgte mich mit weiteren Erinnerungen. Aharon Baraks Details über das Gipfeltreffen waren besonders aufschlussreich, wie auch die von Meir Rosenne und Eljakim Rubinstein. Viele andere Quellen fügten geduldig ihre Gedanken und Erinnerungen bei. Iris Berlatzky und Rami Shetivi vom Menachem Begin Heritage Center in Jerusalem halfen mir enorm bei der Durchsicht ihres Materials und stellten Archivmaterial zur Verfügung. Leider gehört es zu den fortdauernden Tragödien der arabischen Welt, dass historisches Material dieser Art für Wissenschaftler weit weniger zugänglich ist; in Kairo erhielt ich jedoch großzügige Unterstützung durch Ahmed Aboul-Gheit, Nabil al-Arabi und Abdul Raouf al-Reedy.

Während der Recherchen für dieses Buch wurde ich bei mehreren Gelegenheiten darauf hingewiesen, dass ich gerade noch rechtzeitig an diese Quellen gekommen war, doch in anderen Fällen kam ich leider zu spät.

Jenen, die Teile dieses Buchs als Manuskript gelesen haben, schulde ich besonderen Dank: Yossi Alpher, Seth Anziska, Louise Fischer, Jay Hakes, Stephen Harrigan, Steven Hochman, William Quandt, Gerald Rafshoon, Ziz Rubinovitz und Harold Saunders. Das Buch ist dank ihrer wohlüberlegten Anmerkungen wesentlich besser geworden; sollten Fehler bei den Fakten oder in der Beurteilung verblieben sein, bin allein ich dafür verantwortlich.

Michal Baer und Paul Cuno-Booth besorgten die Übersetzungen aus dem Hebräischen und Arabischen. Meine Assistentin Lauren Wolf übernahm zusätzliche Recherchen und leistete wertvolle Hilfe beim Manuskript. Mein Agent Andrew Wylie war mir während des gesamten Arbeitsprozesses ein beständiger Freund.

Dies ist mein sechstes Buch mit meiner Lektorin Ann Close, eine Partnerschaft, die sich über drei Jahrzehnte erstreckt. Sie war mir stets eine wundervolle Partnerin, und ihr ist dieses Buch in tiefer Freundschaft gewidmet.

Anmerkungen

Prolog

1 Interview mit Jimmy Carter
2 Interview mit Rosalynn Carter
3 Bourne, *Jimmy Carter*, S. 32
4 Sachar, *A History of Israel from the Rise of Zionism to Our Time,* S. 669; „Demographics of Israel", Jewish Virtual Library, www.jewishvirtual library.org/source/History/demographics.html
5 Interview mit Jechiel Kadischai; Shilon, *Menachem Begin: A Life*, S. 147; Hasten, *I Shall Not Die*, S. 241
6 Sachar, *A History of Israel from the Rise of Zionism to Our Time, S. 450*
7 Shilon, *Menachem Begin*, S. 174
8 Isidore Abramowitz et al., „New Palestine Party", *New York Times*, 4. Dez. 1948; www.lebenshaus-alb.de/magazin/005057.html
9 Sachar, *A History of Israel from the Rise of Zionism to Our Time,* S. 707
10 Zahlen der Siedlerbevölkerung 1972: auf der West Bank 1182, im Gazastreifen 8649, auf den Golanhöhen 77, insgesamt also 10 608. „Israeli Settler Population 1972–2006", Foundation for Middle East Peace, http://www.femp.org/settlement_info/settlement-info-and-tables/stats-data/insraeli-settler-poplation-1972–2006
11 Glad, *Jimmy Carter*, S. 340 (Fußnote)
12 Interview mit Walter Mondale
13 Interview mit Gerald Rafshoon
14 Carter, *We Can Have Peace in the Holy Land,* S. 20; Interview mit Walter Mondale
15 Steven Hochman, persönliches Gespräch
16 Memorandum von Hamilton Jordan an Präsident Carter, Juni 1977
17 Carter, *Keeping Faith,* S. 283
18 Brzezinski, *Power and Principle,* S. 24
19 Interview mit Jimmy Carter
20 „Begin Bars a Return to '67 Borders", *New York Times*, 23. Mai 1977
21 Rede von Jimmy Carter, „The Role of Intelligence in Preparing for Camp David", Präsident Carter und die Rolle des Geheimdienstes im Camp David-Abkommen, eine Konferenz im Carter Center, 12. Nov. 2013

22 Jerrod Post, „Personality Profiles in Support of the Camp David Summit“, *Studies of Intelligence* (Frühjahr 1979). Die tatsächlichen CIA-Profile sind nach wie vor geheim, aber sowohl Carter als auch Jerrold Post, der die Profile zusammenstellte, waren sehr hilfreich bei der Beschreibung der allgemeinen Merkmale der Analyse.

23 Post, „Personality Profiles in Support of the Camp David Summit“

24 Begin behauptete, er habe zwei Jahre in dem Gefängnis von Vilnius und in einem „sowjetischen Konzentrationslager“ verbracht. Laut Temko dauerte seine tatsächliche Gefangenschaft etwa ein Jahr, vom September 1940 bis September 1941; zwei Drittel seiner Gefangenschaft verbrachte er in Vilnius. Temko, *To Win or to Die,* S. 64. Sadat verbrachte fünf Jahre im Gefängnis.

25 Carter, *An Hour before Daylight,* S. 26

26 „The World: Sadat: The Village Elder“, *Time*, 28. Nov. 1977

27 Heikal, *Autumn of Fury,* S. 8–9

28 Sadat, *My Father and I,* S. 3

29 Heikal, *Autumn of Fury,* S. 10–11

30 Sadat, *Unterwegs zur Gerechtigkeit,* S. 12

31 Siehe z. B. das Gedicht von Salah Abdel Sabur, „The Execution of Zahran“, in: Aida O. Azouqa, „Federico Garcia Lorca and Salah 'Abd als-Sabur as Composers of Modern Ballads: A Contemparative Study“, *Journal of Arabic Literature* 36, Nr. 2 (2005)

32 Sadat, *Unterwegs zur Gerechtigkeit*, S. 15. Sadats Bericht des Vorfalls unterscheidet sich etwas von modernen Quellen. Siehe Turner, *Suez 1956,* S. 39–40; Mustafa Bassiouni, „A Modern-Day Dinsahway in Egypt?“ *Al Akhbar English,* http://english.al-akbar.com/node/2887

33 Sadat, *Unterwegs zur Gerechtigkeit*, S. 19

34 Zitiert bei Yunan Labib Rizk, „Ghandi in Egypt“, *Al Ahram,* 19.–25. Dez. 2002

35 Sadat, *Unterwegs zur Gerechtigkeit,* S. 22

36 Ebd.

37 Ebd., S. 23

38 Israeli, *Man of Defiance,* S. 19

39 Bemerkungen Jimmy Carters auf dem Civil Rights Summit, LBJ Library, 8. April 2014

40 Carter, *An Hour before Daylight,* S. 230

41 Wright, *The Looming Tower,* S. 39

42 Glad, *Jimmy Carter,* S. 113

43 Balmer, *Redeemer*, S. 8

44 Carter, *Das Beste geben,* S. 58

45 Carter, *First Lady from Plains,* S. 34

46 Ebd., S. 35

47 Bourne, *Jimmy Carter,* S. 81

48 Carter, *Das Beste geben,* S. 64

49 Carter, *An Hour before Daylight,* S. 264

50 Balmer, *Redeemer,* S. 30–31

51 Glad, *Jimmy Carter,* S. 334–335

52 Ebd., S. 136

53 Oral History of Jimmy Carter, Georgia Political History Program, 4. Mai 1993; Godbold, *Jimmy & Rosalynn Carter,* S. 166. Rabhan verbrachte später Zeit in einem iranischen Gefängnis – als Geisel, behauptete Carter –, wurde dann wegen Überweisungsbetrugs verurteilt und verbüßte eine Strafe von viereinhalb Jahren in einem US-Bundesgefängnis. „Despite His Shady Record, USDA Backed Borrower“, Gilbert M. Gaul, *Washington Post*, 4. Dez. 2007

54 Kissinger, *White House Years*, S. 1295. Kissinger gibt für die ausgewiesenen sowjetischen Soldaten eine Zahl von 15 000 an,während Ezer Weizman ihre Zahl auf 20 000 schätzt. Weizman, *Eine Schlacht für den Frieden,* S. 249

55 Ebd., S. 74

56 Boutros-Ghali, *Egypt's Road to Jerusalem,* S. 11–12; „I Knew Sadat“, Al Jazeera English, 28. Sept. 2009. Die Übersetzungen der beiden Berichte weichen leicht voneinander ab.

57 Richard Steele et al., „Sadat in Israel“, *Newsweek*, 28. Sept. 1977

58 Elias Shourani, „The Reaction in Israel to the Sadat Iniative“, *Journal of Palestine Studies* 7, Nr. 2 / Winter 1978

59 Eliahu Ben Elissar, in: Alterman, *Sadat and His Legacy,* S. 25

60 Ebd.

61 Quandt, *Camp David,* S. 147

62 Weizman, *Eine Schlacht für den Frieden,* S. 38

63 Shilon, *Menachem Begin,* S. 288

64 Steele et al., „Sadat in Israel“; Shilon, *Menachem Begin,* S. 288

65 Ebd.; Heikal geht davon aus, dass diese Vermutung auf eine Bemerkung von Außenminister Kissinger zurückgeht, die er kurz nach dem Krieg von 1973 Sadat gegenüber gemacht hatte. Heikal, *Secret Channels,* S. 223–24.

66 Ders., *Autumn of Fury,* S. 98. An anderer Stelle geht Heikal ausführlich auf das Tabu gegen Israel ein. Ders., *Secret Channels*.

67 Shilon, *Menachem Begin,* S. 288

68 Interview mit Samuel W. Lewis, Foreign Affairs Oral History Collection of the Association for Diplomatic Studies and Training; http://www.loc.gov/item/mfdipbib000687.
69 Ronald Koven, „Sadat Jokes, Laughs With Golda“, *Washington Post*, 22. Nov. 1977
70 Gervasi, *The Life and Times of Menachem Begin,* S. 61
71 Ebd., S. 26
72 Haber, Schiff und Yaari, *The Year of the Dove,* S. 73–74
73 Johannes 2,16
74 Armstrong, *Jerusalem*, S. 274
75 Montefiore, *Jerusalem*, S. 439–40
76 Angelika Neuwirth, „The Spiritual Meaning of Jerusalem in Islam“, in: Rosovsky (Hg.), *City of the Great King*, S. 113–14
77 Hirst and Beeson, *Sadat*, S. 266
78 Haber, Schiff und Yaari, *The Year of the Dove*, S. 65
79 Ebd., S. 66
80 Gervasi, *The Life and Times of Menachem Begin,* S. 107
81 Shilon, *Menachem Begin*, S. 5; Shilon schreibt, dass Begins Schwester Rachel Halperin eine andere Geschichte erzählte: „Einige Zeit vor den Massenmorden beschloss ihr Vater, sich ohne Erlaubnis von dem Gelände zu schleichen, auf dem die Juden zusammengetrieben worden waren, um einen der prominentesten Juden der Stadt richtig zu begraben … Als Ze'es Dov von einem Nazi-Offizier angehalten und zu Rede gestellt wurde, antwortete er: ‚Das ist etwas, das ich tun muss.' Daraufhin erschoss ihn der Offizier“, Ebd. S. 5–6
82 Ronald Koven, „Sadat's Day in the Holy City“, *Washington Post*, 21. Nov. 1977
83 Boutros-Ghali, *Egypt's Road to Jerusalem,* S. 21
84 Cohen, *Culture and Conflict in Egyptian-Israeli Relations*, S. 133
85 Haber, Schiff und Yaari, *The Year of the Dove,* S. 66
86 Anwar al-Sadats Rede vor der Knesset am 20. Nov. 1977; Sadat, *Unterwegs zur Gerechtigkeit*, S. 383 ff.
87 Weizman, *Eine Schlacht für den Frieden*, S. 41
88 Menachem Begins Ausführungen in der Knesset, 20. Nov. 1977
89 Interview mit Jimmy Carter
90 Weizman, *Eine Schlacht für den Frieden,* S. 200
91 Shilon, *Menachem Begin*, S. 104
92 Samuel Lewis, „The Camp David Peace Process“, in: Sha'al, *The Camp David Accords,* S. 57
93 Temko, *To Win or to Die*, S. 17–18

94 Shilon, *Menachem Begin,* S. 219
95 Interview mit Jechiel Kadischai
96 Shilon, *Menachem Begin,* S. 219
97 Interview mit Zev Chafets; Shilon, *Menachem Begin,* S. 154
98 Avner, *The Prime Minister,* S. 396
99 „President's Meeting with Prime Minister Begin of Israel", in: Howard (Hg.), *Foreign Relations of the United States, 1977–1980*, vol. 9: *Arab-Israeli Dispute, January 1977–August 1978*, S. 226–252; Avner, *The Prime Minister*, S. 421–422
100 Ebd., S. 336–352
101 Begin, *The Revolt*, S. xxv
102 Ebd., S. xxvi
103 Temko, *To Win or to Die*, S. 21. Temko schreibt, Begin sei nicht selbst dabei gewesen, als die Soldaten zwei Juden durchprügelten, von denen einer später starb. Der Arzt, der ihn zu retten versuchte, war Begins Nachbar aus dem Stock unter ihm, der selbst ein paar Tage später an einem Herzinfarkt starb. Das Ereignis löste große Verstörung im Haushalt der Begins aus; vermutlich erinnerte sich Begin daran.
104 Avner, *The Prime Minister*, S. 436
105 Temko, *To Win or to Die,* S. 32
106 Ebd., S. 34
107 Shilon, *Menachem Begin*, S. 10. Shilon gibt als Datum für Jabotinskys Besuch in Brisk 1929 an; Temko, *To Win or to Die*, S. 37, schreibt, es sei 1931 gewesen. Begin selbst behauptet, er sei im Alter von 15 Jahren der Betar beigetreten, was Shilons Datum wahrscheinlicher macht. Begin, *White Nights*, S. 53
108 Temko, *To Win or to Die,* S. 37
109 Jabotinsky, „The Iron Wall", 4. Nov. 1923, http://www.jewishvirtual libary.org/jsource/Zionism/ironwall.html
110 Carter, *White House Diary*, S. 151
111 Heikal, *Autumn of the Fury*, S. 104
112 „Sacred Mission", *Time*, 28. Nov. 1977
113 Interview mit Sadat auf ABC, 27. Nov. 1977
114 Alfred L. Atheron und Harold S. Saunders, „Analysis of Arab-Israeli Developments", US-Außenministerium, Nr. 195, 19. Nov. 1977
115 Quandt, *Camp David*, S. 102
116 Weizman, *Eine Schlacht für den Frieden,* S. 128
117 Ebd., S. 155
118 Ebd., S. 202

119 Zion und Dan, „Untold Story of the Middleast Talks“, Part III, *New York Times*, 21. Jan. 1979

120 „Cairo Expels Envoys of Cyprus in Dispute over Airport Battle“, Associated Press, 20. Feb. 1978

121 Kamel, *The Camp David Accords*, S. 125; Weizman, *A Battle for Peace*, S. 295

122 Ders., *Eine Schlacht für den Frieden,* S. 274

123 Dayan, *Breakthrough*, S. 121

124 Henry Kamm, „Begin Hints Strongly at Reprisal for Raid That Killed 27 Israelis“, *New York Times*, 12. März 1978

125 Carter, *Keeping Faith*, S. 311

126 Ebd., S. 311

127 Ebd., S. 312

128 Brzezinski, *Power and Principle*, S. 247

129 Zion and Dan, „Untold Stories of Mideast Talks“

130 Ebd.

131 Quandt, *Camp David*, S. 265

132 Post, „Personality Profiles in Support of the Camp Davis Summit“

133 „I Knew Sadat“ (vgl. Anm. 56) Sabry, *Al-Sadat*, S. 447–448

134 James Fallows, „The Passionless Presidency“, *Atlantic*, 1. Mai 1979

135 Glad, *Jimmy Carter*, S. 483

136 Interview mit Philip J. Wise jr.

137 Interview mit Jimmy Carter

138 Interview mit Rosalynn Carter; Carter, *We Can Have Peace in the Holy Land*, S. 36

139 Interview mit Rosalynn Carter; Carter, *First Lady from Plains*, S. 238

140 Ebd., S. 239

141 Interview mit Samuel W. Lewis, Foreign Office Oral Histrory Collection of the Association for Diplomatic Studies and Training, http://www.soc.gov/item/mfdipbibooo687

142 Walter Mondale Kommentare, „Camp David 25th Anniversary Forum“

143 Cyrus Vance, „An Overview of th Camp David Talks“, undatiertes Memo an den Präsidenten

144 Quandt, *Camp David*, S. 220

145 Jeremia 8,15

Erster Tag

1 Nelson, *The President Is at Camp David*, S. 20
2 Zitiert in Walsh, *From Mount Vernon to Crawford*, S. 281
3 Ebd., S. 282
4 Gerald Rafshoon, privates Gespräch
5 Gulley and Reese, *Breaking Cover*, S. 270–271
6 Walsh, *From Mount Vernon to Crawford*, S. 40
7 Ted Gup, „Underground Goverment: A Guide to America's Doomsday Bunkers", *Washington Post*, 31. Mai 1992. Nach anderen Schätzungen soll Site R viel größer sein.
8 Walsh, *From Mount Vernon to Crawford*, S. 296
9 Interview mit Jimmy Carter
10 National Intelligence Daily Cable, 19. Jan. 1977
11 „Nationnal Intelligence Estimate, Egypt", undatiertes CIA-Dokument
12 „Economic Consequences of a Middle East Peace Settlement: The Best Case", unsigniertes CIA Memorandum, 1. Juli 1977
13 Weizman, *Eine Schlacht für den Frieden,* S. 312
14 Carter, *Keeping Faith*, S. 323
15 Carter, *First Lady from Plains*, S. 241
16 Interview mit Abdul Raouf al-Reedy
17 Boutros-Ghali, *Egypt's Road to Jerusalem*, S. 49
18 Boutros-Ghali, *Muhawarati ma'a as-Sadat*, S. 149
19 Kamel, *The Camp David Accords*, S. 194
20 Boutros-Ghali, *Egypt's Road to Jerusalem,* S. 134
21 Kamel, *The Camp David Accords*, S. 283
22 Carter, *Keeping Faith*, S. 328
23 Interview mit Jimmy Carter
24 Rosalynn Carters Tagebuch aus Camp David
25 Haber, Schiffer und Yaari, *The Year of the Dove*, S. 220
26 Weizman, *Eine Schlacht für den Frieden*, S. 348
27 Brzezinski, *Power and Principle*, S. 237
28 Cohen, *Culture and Conflict in Egyptian-Israeli Relations*, S. 141
29 Iris Berlatzkys Interview mit Elyakim Rubinstein, Menachem Begin Archives
30 Weizman, *Eine Schlacht für den Frieden*, S. 350
31 Ebd., S. 147
32 Weizman, *On Eagles' Wings*, S. 12
33 Weizman, *Eine Schlacht für den Frieden*, S. 19
34 Weizman, *On Eagles' Wings*, S. 163

35 Ebd., S. 52

36 Tamir, *A Soldier in Search of Peace*, S. 37

37 Weizman, *Eine Schlacht für den Frieden*, S. 350

38 Interview mit Nabil el-Arabi. Arabi sagte, zu der „schmutzigen Arbeit" habe auch gehört, General Mohamed Neguib, die Galionsfigur des „Free Officers Coup" von 1952, zu verhaften, in die Wüste zu fahren und zu drohen, ihn umzubringen.

39 Interview mit Dan Pattir

40 Interview mit Abdel Rouf al-Reedy

41 Heikal, *Secret Channels*, S. 255

42 Boutros-Ghali, *Egypt's Road to Jerusalem*, S. 134

43 Kamel, *The Camp David Accords*, S. 323

44 Interviews mit Nabil el-Arabi, Ahmed Abdul-Gehit und William Quandt

45 Boutros-Ghali, *Egypt's Road to Jerusalem,* S. 135–36, Ghorbal, *Su'ud wa inhiyar*, S. 140

46 Dayan, *Breakthrough*, S. 43

47 Auda, *Hasan al-tuhami malaffatahu mi ihtilal filstin ila kamb difid*, S. 120; Arabi, *Taba, Camp David, al-jidar al'azil*, S. 94

48 Auda, *Hasan al-tuhami malaffatahu mi ihtilal filstin ila kamb difid*, S. 122–123

49 Dayan, *Breakthrough*, S. 45

50 Heikal, *Secret Channels*, S. 257

51 Dayan, „Highlights from Meeting of September 16, 1977, 21.00", Prime Minister's Official Israel State Archieves, http://www.archives.gov.il/archivegov_eng/publications/electronicpirsum/sadatvisit/sadatvisio doc list.htm

52 Dayan, *Breakthrough*, S. 52

53 Haber, Schiff und Yaari, *The Year of the Dove*, S. 11

54 Heikal, *Secret Channels*, S. 262. Hermann Frederick Eilts ergänzt, Tohami habe Sadat nach dem ersten Treffen mit Dajan in Marokko offenbar gesagt: „Ich habe Jerusalem für dich!" Eilts, in: Alterman, *Sadat and His Legacy*, S. 40. Elyakim Rubinstein, Dajans Mitarbeiter zur Zeit der Gespräche mit Tohami, behauptet, Dajan habe Tohami gesagt, er werde die Forderung nach völligem Rückzug an Begin weitergeben, könne ihn aber nicht garantieren. Interview mit Elyakim Rubinstein, geführt von Dr. Nina Sagie, 5. Mai 1994, Menachem Begin Heritage Center; Rubinstein, *Darkey Shalom*, S. 14

55 Brzezinski, *Power and Principle*, S. 236. Prinz Turki al-Faisal, der ehemalige saudische Geheimdienstchef, gibt die Ansicht vieler Araber wie-

der, wenn er schreibt, dass Sadat nur nach Jerusalem fuhr, nachdem Tohami von Dajan zugesichert wurde, Israel würde sich aus jedem Zentimeter ägyptischen Gebiets zurückziehen, als Gegenleistung für Frieden. Al-Feisal, „Land First, Then Peace", *New York Times*, 12. Sept. 2009

56 Brzezinski, „Strategy for Camp David", Memorandum für den Präsidenten, 31. Aug. 1978

57 Quandt, *Camp David*, S. 171

58 Ebd., S. 203

59 „Camp David: The Cosequences of Failure", CIA Briefing Book für Camp David, 31. Aug. 1978

60 Der Brief konstatiert: „Sollten die Vereinigten Staaten in Zukunft eigene Vorschläge machen, werden sie sich nach Kräften bemühen, diese Vorschläge mit Israel abzustimmen, in der Absicht, von Vorschlägen abzusehen, die Israel als unzureichend betrachten würde." Brief von Präsident Ford an Premierminister Rabin, 1. Sept. 1975

61 Haber, Schiff und Yaari, *The Year of the Dove*, S. 222

62 Ebd., S. 222–223

63 Ebd., S. 222

64 Weizman, *Eine Schlacht für den Frieden*, S. 352

65 Haber, Schiff und Yaari, *The Year of the Dove*, S. 223

66 Carter, *First Lady from Plains*, S. 244

67 Haber, Schiff und Yaari, *The Year of the Dove*, S. 224

68 Weizman, *Eine Schlacht für den Frieden*, S. 352

Zweiter Tag

1 Brzezinski, *Power and Principle*, S. 255

2 Haber, Schiff und Yaari, *The Year of the Dove*, S. 225

3 Carter, *Keeping Faith*, S. 341

4 Anwar Sadat, in: Lossin, *Pillar of Fire,* Interview

5 Sadat, *Safahat Majihula*, S. 62

6 Pamela Andriotakis, „The Real Spy's Story Reads Like Fiction and 40 Years Later Inspires a Best-Seller", *People*, 15. Dez. 1980

7 Sadat, *Safahat Majihula*, S. 77–78; Jorgensen, *Hitler's Espionage Machine*, S. 177; Pamela Andriotakis, „The Real Spy's Story Reads Like Fiction and 40 Years Later Inspires a Best-Seller", *People*, 15. Dez. 1980. Der angesprochene Bestseller war Ken Folletts *Der Schlüssel zu Rebecca*. Die Nazispione benutzten eine englischsprachige Ausgabe von Daphne du Mauriers Roman *Rebecca* als Quelle für ihren Code.

8 Sadat, *My Father and I*, S. 19
9 Heikal, *Autumn of Fury*, S. 20
10 Ebd.
11 Mitchell, *The Society of the Muslim Brothers*, S. 59
12 Sadat, *Unterwegs zur Gerechtigkeit*, S. 71
13 Sullivan, *Sadat*, S. 30
14 Sadat, *Unterwegs zur Gerechtigkeit*, S. 73
15 Sadat, *A Woman of Egypt*, S. 74
16 Heikal, *Autumn of Fury*, S. 21
17 Sadat, *Unterwegs zur Gerechtigkeit*, S. 109
18 Boutros-Ghali, *Egypt's Road to Jerusalem*, S. 152
19 Kamel, *The Camp David Accords*, S. 265
20 Interview mit Abdul Raouf al-Reedy
21 Interview mit Samuel W. Lewis, Foreign Affairs Oral History Collection of the Association für Diplomatic Studies and Training, http://www.loc.gov/item/mfdipbib000687
22 Kamel, *The Camp Davis Accords*, S. 303
23 Haber, Schiff und Yaari, *The Year of the Dove*, S. 226
24 Hirst and Beeson, *Sadat*, S. 213–14; Heikal, *Autumn of Fury*, S. 171–72; Ibrahim, *I'adat al-I'tibar lil ra'is al-Sadat*, S. 45–47; Die *Time* berichtete ebenfalls von Sadats gelegentlichem Verstoß gegen das islamische Alkoholverbot: Er genoss „hin und wieder ein Glas Wein, vorzugsweise einen ägyptischen Roten namens Omar Khayyam". „The Underrated Heir", *Time*, 17. März 1971; Sadat, *A Woman of Egypt*, S. 179
25 Interview mit Zev Chafets; Shilon, *Menachem Begin*, S. 164
26 Shilon, *Menachem Begin*, S. 215; Weizman, *Eine Schlacht für den Frieden*, S. 313
27 Haber, Schiff und Yaari, *The Year of the Dove*, S. 227
28 Ebd.
29 Carter, *Keeping Faith*, S. 344
30 Haber, Schiff und Yaari, *The Year of the Dove*, S. 228
31 Carter, *First Lady from Plains*, S. 245
32 Interview mit Elyakim Rubinstein
33 Weizman, *Eine Schlacht für den Frieden*, S. 360
34 Avner, *The Prime Minister*, S. 403
35 Haber, Schiff und Yaari, *The Year of the Dove*, S. 257; Sam Lewis bemerkte Begins Mangel an Empathie: Lewis, „The Camp David Peace Process", in: Sha'al, *The Camp David Accords*, S. 58; Jechiel Kadischai erzählte mir: „Er liebte jeden. Juden liebte er mehr als andere."
36 Kadishai, *Yad Yemino*, S. 54

37 Interview mit Jechiel Kadischai

38 Shilon, *Menachem Begin*, S. 49. Andere Berichte enthalten unterschiedliche Angaben zur damaligen Stärke der Irgun, z. B. schreibt Gervasi, die Irgun habe nur 600 Mann umfasst. Gervasi, *The Life and Times of Menahem Begin*, S. 153. Dieselbe Zahl erscheint auch in Bell, *Terror Out of Zion*, S. 107. Shilon stützte sich auf Sitzungsprotokolle der Irgun.

39 Gervasi, *The Life and Times of Menahem Begin,* S. 152

40 Begin, *The Revolt*, S. 52

41 Bruce Hoffman schreibt: „Die Kampagne der Irgun ... führte ein revolutionäres Modell ein, das danach sowohl von antikolonialen als auch postkolonialen Terrorgruppen auf der ganzen Welt nachgeahmt und übernommen wurde." Hofman, *Inside Terrorism*, S. 46

42 Persönliches Gespräch mit Joseph Kister

43 Persönliches Gespräch mit Rami Shetivi

44 Gervasi, *The Life and Times of Menahem Begin,* S. 166

45 Shilon, *Menachem Begin*, S. 57

46 Ebd.

47 Ebd., S. 58

48 Haber, *Menachem Begin*, S. 141

49 „Exodus 1945–1947", in: Lossin, *Pillar of Fire,* Interview

50 Gervasi, *The Life and Times of Menahem Begin,* S. 170

51 Hoffman, *Inside Terrorism*, S. 50

52 Hoffman, *Anonymous Soldiers*, S. 263

53 Gervasi, *The Life and Times of Menahem Begin,* S. 177

54 „Smear Campaign Charged by Begin", *New York Times*, 30. Nov. 1948

55 John Shaw, in: Lossin, *Pillar of Fire,* Interview

56 Temko, *To Win or to Die*, S. 92

57 Louise Fischer, Privatgespräch

58 Gervasi, *The Life and Times of Menahem Begin,* S. 178

59 Gordis, *Menachem Begin*, S. 52

60 Temko, *To Win or to Die*, S. 93

61 Fotoinschrift, Neff, *Warriors at Suez*

62 Telegramm des britischen Außenministeriums an Washington, 13. Nov. 1948, in den Menachem-Begin-Unterlagen des britischen Geheimdienstes

63 Undatierter Zeitungsausschnitt in den Begin-Unterlagen des britischen Geheimdienstes, vermutlich vom Sommer 1946

64 Turner, *Suez 1956*, S. 70

65 Gervasi, *The Life and Times of Menahem Begin,* S. 187

66 Temko, *To Win or to Die*, S. 102
67 Jake Eyre, „The Story of Irgun: Terrorism, Propaganda, and the State of Israel", Dissertation, Norwich University, 16. Nov. 2010, S. 18
68 Temko, *To Win or to Die*, S. 106
69 Hoffman, *Inside Terrorism*, S. 53
70 Siehe z. B. Bruce Hoffman, „The Rationality of Terrorism and Other Forms of Political Violence: Lessons from the Jewish Campaign in Palestine, 1939–1947", *Small Wars & Insurgencies* 22, Nr. 2 (Mai 2011), S. 258–272
71 Wright, *The Looming Tower*, S. 303
72 Bruce Hoffman, persönliches Gespräch; Al-Bahri, *Guarding Bin Laden*, S. 77
73 Gervasi, *The Life and Times of Menahem Begin,* S. 150

Dritter Tag

1 Haber, Schiff und Yaari, *The Year of the Dove*, S. 236
2 Carter, *Keeping Faith*, S. 347–348
3 Interview mit Jimmy Carter
4 Carter, *Keeping Faith*, S. 348
5 Rosalynn Carters Tagebuch aus Camp David
6 Carter, *Keeping Faith*, S. 349
7 Ebd., S. 347
8 Koran 28:30
9 2. Mose 3,7–8
10 2. Mose 7,15
11 Koran 7:133
12 2. Mose 10,2
13 2. Mose 12,6–13
14 2. Mose 12,31
15 2. Mose 14,11
16 2. Mose 15,2–3
17 Koran 44:30–31
18 Sand, *The Invention of the Land of Israel*, S. 118
19 Finkelstein, Silberman, *The Bible Unearthed*, S. 57
20 4. Mose (Numeri) 1,46; 2. Mose 12,37–38
21 Cline, *From Eden to Exile*, S. 74
22 1. Samuel 15,3
23 Haber, *Menachem Begin*, S. 20

24 2. Mose 22,20; 23,9

25 2. Mose 23,30–33

26 Cline, *From Eden to Exile*, S. 85ff

27 Koran 5:13

28 Rosalynn Carters Tagebuch aus Camp David

29 Haber, Schiff und Yaari, *The Year of the Dove*, S. 237

30 Ebd., S. 238

31 Carter, *Keeping Faith*, S. 351

32 Interview mit Rosalynn Carter

33 Carter, *Keeping Faith*, S. 351

34 Interview mit Ahmed Abdul-Geith

35 Carter, *Keeping Faith*, S. 353

36 Ebd.

37 Fischbach, *Jewish Property Claims Against Arab Countries*, S. 3

38 Beinin, *The Dispersion of Egyptian Jewry*, S. 2

39 Aly, Feldman, Shikaki, *Arabs and Israelis*, S. 75

40 Sadat, *Safahat Majiula*, S. 185 ff.

41 Shlaim, *The Iron Wall*, S. 35. Zur Zeit des zweiten Waffenstillstands, am 18. Juli 1948, schätzte die CIA die gesamten arabischen Streitkräfte, einschließlich Freischärler, auf 27 000, mit weiteren 18 000 „nahe von Palästina". Im Vergleich dazu verzeichnete sie die Streitkräfte der Hagana mit 85 000, Irgun mit 12 000 und die Stern-Gang mit 800. „Possible Development from the Palestine Truce", Enclosure B, Central Intelligence Agency, 27. Juli 1948.

42 Weizman, *On Eagle's Wings*, S. 67

43 Morris, *1948*, S. 240

44 Zu Dajans Überfall vom 11. Juli 1948 schreibt Benny Morris: „Die Soldaten scheinen auf jeden geschossen zu haben, der ihnen in den Weg kam", Ebd., S. 289 f.

45 Shavit, *My Promised Land*, S. 97

46 Temko, *To Win or to Die*, S. 109

47 Gervasi, *The Life and Times of Menahem Begin,* S. 251

48 Temko, *To Win or to Die*, S. 120

49 Haber, *Menachem Begin*, S. 222

50 Teveth, *Moshe Dayan. Politiker, Soldat, Legende*, S. 182

51 Temko, To Win or to Die, S. 120

52 Dayan, *Story of my Life*, S. 96. Ob Dajan bei dem Schusswechsel tatsächlich anwesend war, ist unklar. Die Bericht deutet darauf hin, dass er dabei war; er hatte das Kommando jedoch einem Untergebenen übergeben, und andere Berichte weichen davon ab, vgl. Teveth, *Moshe*

Dayan. Politiker, Soldat, Legende, S. 182; Haber, *Menachem Begin*, S. 220

53 Begin, *The Revolt*, S. 173
54 Gordis, *Menachem Begin*, S. 90
55 Temko, *To Win or to Die*, S. 120
56 Gordis, *Menachem Begin*, S. 90
57 Temko, *To Win or to Die*, S. 122
58 Gordis, *Menachem Begin*, S. 91
59 Temko, *To Win or to Die*, S. 122
60 Carter, *Keeping Faith*, S. 358
61 Ebd.
62 Weizman, *Eine Schlacht für den Frieden*, S. 144
63 Haber, Schiff und Yaari, *The Year of the Dove*, S. 248
64 Carter, *First Lady from Plains*, S. 248
65 Dayan, *Breakthrough*, S. 170
66 Haber, Schiff und Yaari, *The Year of the Dove*, S. 243
67 Kays, *Frogs ans Scorpions*, S. 122
68 Interview mit Gerald Rafshoon.
69 Rosalynn Carters Tagebuch aus Camp David; Carter, *First Lady from Plains*, S. 248
70 Carter, *Keeping Faith*, S. 363
71 Kamel, *The Camp David Accords*, S. 307
72 Carter, *Keeping Faith*, S. 361
73 Ebd., S. 363
74 Ebd.
75 Carter, *First Lady from Plains*, S. 247
76 Ebd., S. 9
77 Ebd., S. 13
78 Ebd., S. 14
79 Ebd., S. 16 f.
80 Ebd., S. 17
81 Ebd., S. 19; B. Drummond Ayres, „The Importance of Being Rosalynn", *New York Times*, 3. Juni 1979
82 Carter, *First Lady from Plains*, S. 22
83 Kaufman, *Rosalynn Carter*, S. 8
84 Carter, *First Lady from Plains*, S. 23
85 Interview mit Jimmy Carter; Bourne, *Jimmy Carter*, S. 66
86 Kaufman, *Rosalynn Carter*, S. 12
87 Carter, *First Lady from Plains*, S. 36
88 Carter, *Das Beste geben*, S. 64

89 Interview mit Philip J. Wise Jr.
90 Carter, *First Lady from Plains*, S. 49
91 Carter, *Turning Point,* S. 56
92 Carter, *First Lady from Plains*, S. 50
93 Bourne, *Jimmy Carter*, S. 119
94 Ebd., S. 120
95 Carter, *First Lady from Plains*, S. 52
96 Carter, *Turning Point*, S. 24
97 Bourne, *Jimmy Carter*, S. 144
98 Ebd., S. 147
99 Carter, *First Lady from Plains*, S. 68
100 Ebd., S. 60
101 Carter, *Das Beste geben*, S. 100
102 Äußerungen Jimmy Carters bei „The Civil Rights Summit“, LBJ Library, 8. April 2014
103 Carter, *First Lady from Plains*, S. 73
104 Bourne, *Jimmy Carter*, S. 264
105 Interviews mit Gerald Rafshoon und Walter Mondale
106 Kaufman, *Rosalynn Carter*, S. ix
107 Kamel, *The Camp David Accords*, S. 314

Vierter Tag

1 Rosalynn Carters Tagebuch aus Camp David
2 Jordan, *Crisis*, S. 47
3 Carter, *First Lady from Plains*, S. 249
4 Rosalynn Carters Tagebuch aus Camp David
5 Carter, *First Lady from Plains*, S. 250
6 William Quandt gibt an, dass Begins Haltung zu den Siedlungen auf dem Sinai von diesem Moment an unnachgiebig geworden sei; doch wie zu lesen war, war er in dieser Frage schon vorher unbeugsam. Quandt, *Camp David*, S. 225
7 Carter, *Keeping Faith*, S. 365
8 Ebd., S. 367
9 Ebd., S. 366
10 Carter, *First Lady from Plains*, S. 250
11 Gordis, *Menachem Begin*, S. 172
12 Shilon, *Menachem Begin*, S. 269; Begins Schwester Rachel behauptet, diese Geschichte sei nicht wahr

13 Gervasi, *The Life and Times of Menahem Begin*, S. 326
14 Interview mit Elyakim Rubinstein
15 Gervasi, *The Life and Times of Menahem Begin*, S. 326
16 Haber, *Menachem Begin*, S. 300
17 Ebd., S. 301
18 Ebd., S. 302
19 Interview mit Zev Chafets
20 Ebd.
21 Rosalynn Carters Tagebuch aus Camp David
22 Ebd. Laut Gerald Rafshoon hat Dajan diese Aussage nie gemacht, aber Weizman begleitete Carter in der letzten Woche seines Wahlkampfs
23 Dayan, *My Father, His Daughter*, S. 249
24 Bar-On, *Moshe Dayan*, S. 109
25 Ebd., S. 111 f. Siehe 2. Samuel 11
26 Dajan merkt an, dass ein anderes Kind, Gideon Baratz, das erste Kibbutz-Kind gewesen sei, doch sei es in einer anderen Gemeinde entbunden worden. Dayan, *Geschichte meines Lebens*, S. 20
27 Ebd., S. 21
28 Ebd., S. 23
29 Ebd., S. 29
30 Morris, *Righteous Victims*, S. 160
31 Rashid Khalidi, „The Palestinians and 1948: The Underlying Causes of Failure“, in Rogan und Shlaim, *The War for Palestine*, S. 26
32 Dayan, *Geschichte meines Lebens*, S. 33
33 Ebd., S. 51 ff.
34 Bar-On, *Moshe Dayan*, S. 24
35 Ebd., S. 26
36 Zephania 2,4–5
37 Sotha 9b (rabbinische Literatur)
38 Richter 16,17
39 Richter 16,30
40 Dayan, *Leben mit der Bibel*, S. 122
41 Ebd., S. 124
42 Ebd., S. 154
43 Morris, *Righteous Victims*, S. 272
44 Ebd., S. 275
45 Ebd., S. 283
46 Ebd., S. 286
47 Ebd., S. 287
48 Bar-On, *Moshe Dayan*, S. 74 ff.; Dayan, *Leben mit der Bibel*, S. 155 f.

49 Neff, *Warriors at Suez*, S. 55 f.
50 Turner, *Suez 1956*, S. 180
51 Neff, *Warriors at Suez*, S. 18
52 Dayan, *Geschichte meines Lebens*, S. 170
53 Grief, *The Legal Foundation and Borders of Israel under International Law*, S. 233
54 Ebd., S. 215; Neff, *Warriors at Suez*, S. 242 f.; Sand, *The Invention of the Land of Israel*, S. 238
55 Sachar, *A History of Israel from the Rise of Zionism to Our Time*, S. 491
56 Dayan, *Geschichte meines Lebens*, S. 175
57 Neff, *Warriors of Suez*, S. 348
58 Soldaten, die Dorfbewohner getötet hatten, wurden zu langen Gefängnisstrafen verurteilt, aber alle begnadigt. Die Kommandeure, die das Massaker befohlen hatten, wurden zu einer Zahlung von 10 Purot verurteilt, was einem Penny entspricht. Die Angaben zur Anzahl der Opfer schwanken zwischen 47 und 49 Personen, wobei die höhere Zahl jüngeren Datums ist. Yoav Stern, „Präsident Peres entschuldigt sich für das Massaker von 1956 in Kafr Qasim", *Ha'aretz*, 21. Dez. 2007; Ders., „50 Jahre nach dem Massaker verlangt Kafr Qasim Antworten", *Ha'aretz*, 29. Okt. 2006; Neff, *Warriors at Suez*, S. 368. Das Jerusalemer Bezirksgericht verkündete, die Befehle seien offenkundig illegal gewesen und hätten nicht befolgt werden sollen (Louise Fischer, persönliches Gespräch).
59 Shira Robinson, „Commemoration under Fire: Palestinian Responses to the 1956 Kafr Qasim Massacre", in Makdisi, Silverstein, *Memory and Violence in the Middle East and North Africa*, S. 105
60 Dayan, *Geschichte meines Lebens*, S. 186
61 Neff, *Warriors at Suez*, S, 381
62 Dayan, *Geschichte meines Lebens*, S. 193
63 Ebd., S. 194
64 Zitiert in Turner, *Suez 1956*, S. 340 f.
65 Neff, *Warriors at Suez*, S. 313
66 Ebd., S. 408
67 Heikal, *Secret Channels*, S. 111
68 Varble, *The Suez Crisis 1956*, S. 90
69 Brief von Premierminister Bulgarin an Präsident Eisenhower, 5. Nov. 1965, http://history.state.gov/historicaldocuments/frus1995-57v16/d505
70 Eban, *An Autobiography*, S. 212
71 Ebd., S. 215 ff.

72 Gamasy, *The October War*, S. 13 f.
73 Neff, *Warriors at Suez*, S. 434
74 Ebd., S. 438
75 Eban, *An Autography*, S. 233
76 Varble, *The Suez Crisis 1956*, S. 12
77 Hersh, *The Samson Option*, S. 43
78 Interview mit Rosalynn Carter
79 Shilon, *Menachem Begin*, S. 43
80 Ebd., S. 100
81 Interview mit Zev Chafets
82 Gervasi, *The Life and Time of Menahem Begin,* S. 24; Silver, *Begin*, S. 182. Zav Chafets erzählte mir, als die Schauspieler von *Dallas* nach Israel gekommen seien, um für eine neue Staffel zu werben, habe Begin Larry Hagman, der J. R. Ewing darstellte, beiseitegenommen und ihn gefragt, ob er ihm verraten könnte, wer J. R. erschossen habe.
83 Edward Walsh, „At the Summit's End, Two Intractable Issues", Washington Post, 20. Sept. 1978
84 Shmuel Katz, zitiert in: Shilon, *Menachem Begin,* S. 175
85 Carter, *The Blood of Abraham*, S. 8
86 Interview mit Aharon Barak
87 Shilon, *Menachem Begin*, S. 112
88 Ben-Gurion, *Israel*, S. 400
89 Gordis, *Menachem Begin*, S. 112
90 Begins Rede vor der Knesset, 7. Nov. 1956
91 5. Mose 34,4
92 Josua 1,3
93 Josua 1,9
94 Josua 5,9
95 Josua 6,20–21
96 Josua 8,28
97 Josua 10,40
98 Josua 13,1
99 Josua 13,5
100 Josua 24,13–14
101 Interview mit Zef Chafets
102 Zitiert in Neff, *Warriors at Suez*, S. 46
103 Finkelstein, Silberman, *The Bible Unearthed*, S. 82
104 Cline, *From Eden to Exile*, S. 96 ff.
105 Finkelstein, Silberman, *The Bible Unearthed*, S. 118
106 Cline, *From Eden to Exile*, S. 116

Fünfter Tag

1 Hesekiel 37,21–22
2 Oren, *Six Days of War*, S. 54
3 Richard B. Parker analysiert diese Frage ausführlich in *The Politics of Miscalculation in the Middle East*. Nuttin plädiert in *Nasser* dafür, es sei eine israelische Falle gewesen, um Ägypten in den Krieg zu ziehen, S. 397 ff.; während Oren in *Six Days of War*, S. 54 einfach zu dem Schluss kommt, dass die Gründe „obskur" sind. Lyndon B. Johnson schreibt in *The Vantage Point*, S. 289, dass die Sowjets die Lüge fabrizierten, um Ägypten zur Unterstützung Syriens zu zwingen.
4 Parker, *The Politics of Miscalculation in the Middle East,* S. 8
5 Oren, *Six Days of War*, S. 64
6 Nutting, *Nasser*, S. 408, behauptet, Nasser sei überzeugt gewesen, er könne „den Sturm heil überstehen", wenn er keine weiteren Provokationen lieferte.
7 Ebd., S. 383
8 Oren, *Six Days of War*, S. 93
9 Ebd.
10 Sachar, *A History of Israel*, S. 633
11 Sadat, *Unterwegs zur Gerechtigkeit*, S. 204
12 Yossi Alpher, persönliches Gespräch
13 Oren, *Six Days of War*, S. 87
14 Bar-On, *Moshe Dayan*, S. 130
15 Oren, *Six Days of War*, S. 169
16 Bar-On, *Moshe Dayan*, S. 131
17 Weizman, *On Eagle's Wings*, S. 222 f.
18 Oren, *Six Days of War*, S. 171
19 Ebd., S. 171 ff., Sadat, *Unterwegs zur Gerechtigkeit*, S. 205
20 Sadat, *Unterwegs zur Gerechtigkeit*, S. 206
21 Ebd., S. 206
22 Oren, *Six Days of War*, S. 185
23 Ebd., S. 226
24 Telushkin, *Jewish Literacy*, S. 310
25 Oren, *Six Days of War*, S. 217
26 Sadat, *Unterwegs zur Gerechtigkeit*, S. 207
27 Weizman, *On Eagle's Wings*, S. 244
28 Gordis, *Menachem Begin*, S. 128
29 Lawrence Wright, „Forcing the Ende", *New Yorker*, 20. Juli 1998
30 Weziman, *On Eagle's Wings*, S. 246

31 Oren, *Six Days of War*, S. 232
32 Ebd., S. 242
33 Dayan, *Geschichte meines Lebens*, S. 11
34 Ebd.
35 Chafets, *Heroes and Hustlers, Hard Hats and Hard Men*, S. 38
36 Interview mit Harold H. Saunders
37 Interview mit Jimmy Carter
38 Bruce Patton, persönliches Gespräch
39 Interview mit Jimmy Carter; „To Cool Arms Race in Ga.“, *Gettysburg Times,* 2. Okt. 1971; Randall H. Haber, „Georgia's Arms Race“, UPI, 6. Nov. 1971
40 Jimmy Carters handschriftliche Notizen
41 Quandt, *Camp David*, S. 228
42 Neff, *Warriors at Suez*, S. 29
43 Aharon Barak erzählte mir: „Ich habe Sadat selbst mehrfach vorgeschlagen: ‚Nehmen Sie Gaza! Nehmen Sie Gaza!‘. Er sagte: ‚Gaza will ich nicht.‘“
44 Shilon, *Menachem Begin*, S. 293; Iris Berlatzky, Interview mit Elyakim Rubinstein, Menachem Begin Archives
45 Silver, *Begin*, S. 191
46 Weizman, *Eine Schlacht für den Frieden*, S. 364
47 Interview mit Jimmy Carter
48 Kamel, *The Camp David Accords*, S. 321 f.
49 Weizman, *Eine Schlacht für den Frieden*, S. 365
50 Sabry, *El-Sadat*, S. 451
51 Weizman, *Eine Schlacht für den Frieden*, S. 365 ff.
52 Kamel, *The Camp David Accords*, S. 323
53 Ebd.
54 Ebd., S. 196
55 Michel Lind, „Alboutros“, *New Republic*, 28. Juni 1993
56 Turner, *Suez 1956*, S. 41
57 Heikal, *Autumn of Fury*, S. 105
58 Boutros-Ghali, *Egypt's Road to Jerusalem*, S. 141
59 Weizman, *Eine Schlacht für den Frieden*, S. 369
60 Interview mit Jimmy Carter
61 Avner, *The Prime Minister*, S. 439 f.
62 Sidney Zion und Uri Dan, „Untold Story of the Mideast Talks“, Part II, *New York Times*, 21. Jan. 1979
63 Avner, *The Prime Minister*, S. 439
64 Begin, *White Nights*, S. 19

65 Silver, *Begin*, S. 192

66 Haber, Schiff und Yaari, *The Year of the Dove*, S. 246

67 Interview mit Jechiel Kadischai; Haber, Schiff und Yaari, *The Year of the Dove*, S. 246. Brzezinsiki behauptet, es wäre 1:1 ausgegangen. Brzezinski, *Power and Peace*, S. 259

68 Interview mit Meir Rosenne

69 Boutros-Ghali, *Egypt's Raod to Jerusalem*, S. 139

Sechster Tag

1 Sofer, *Begin*, S. 191

2 Laut Louise Fischer war der Entwurf nicht als echter Vorschlag gedacht, sondern als Zurückweisung des ägyptischen Plans, sollte dieser je veröffentlicht werden (Louise Fischer, persönliches Gespräch).

3 Interview mit Aharon Barak. Louise Fischer glaubt, dies sei erst am 12. September passiert, aber Barak erinnert sich deutlich daran, dass er nicht nach Gettysburg mitfahren durfte.

4 „Chaplain Reed Is Now the Person Who Preaches to Carter the Most", *Saratosa Herald Tribune,* 24. Feb. 1979

5 1. Samuel 17,45

6 Dayan, *Leben mit der Bibel*, S. 165

7 Ben-Zvi, *The Exiled and the Redeemed*, S. x

8 Masechet Sotah 42b, babylonischer Talmud. In verschiedenen rabbinischen Quellen gibt es einen verschachtelten und verwirrenden Kommentar zu einer möglichen Verwandtschaft zwischen Davids und Goliats Müttern oder Davids Mutter und Goliats Urgroßmutter.

9 Rosalynn Carters Tagebuch aus Camp David

10 Heikal, *Autumn of Fury*, S. 24

11 Sadat, *Unterwegs zur Gerechtigkeit*, S. 93

12 Ebd.

13 Ebd., S. 101

14 Ebd., S. 85

15 Carter, *First Lady from Plains*, S. 253

16 Begin, *White Nights*, S. 19. Laut Begins Biograph verzeichnet das Gefängnisprotokoll, er habe bei der Ankunft eine Disraeli-Biographie und ein Deutsch-Englisch-Wörterbuch dabei gehabt. Shilon, *Menachem Begin*, S. 31

17 Rosalynn Carters Tagebuch aus Camp David

18 Begin, *White Nights*, S. 32f.

19 Ebd., S. 48
20 Gordis, *Menachem Begin*, S. 32 f.
21 Begin, *White Nights*, S. 95
22 Silver, *Begin*, S. 29
23 Temko, *To Win or to Die*, S. 64
24 Interview mit Jimmy Carter
25 Haber, Schiff und Yaari, *The Year of the Dove*, S. 249
26 Boutros-Ghali, *Egypt's Road to Jerusalem*, S. 140
27 Dayan, *Breakthrough*, S. 171
28 Ebd.
29 Carters Urgroßvater Littleberry Walker Carter überlebte den Krieg, wurde aber mit 42 Jahren bei einem Streit über ein Karussell, das er gemeinsam mit einem Geschäftspartner besaß, von diesem erstochen. Bourne, *Jimmy Carter*, S. 171
30 Interview mit Rosalynn Carter
31 Carter, *Keeping Faith*, S. 372
32 Weizman, *Eine Schlacht für den Frieden*, S. 369
33 Carter, *Keeping Faith*, S. 373 f.
34 Weizman, *Eine Schlacht für den Frieden*, S. 370
35 Carter, *Keeping Faith*, S. 375
36 Ebd., S. 374 f.
37 Carter, *First Lady from Plains*, S. 255
38 Carter, *Keeping Faith*, S. 376 f.
39 Weizman, *Eine Schlacht für den Frieden*, S. 371
40 Interview mit Elyakim Rubinstein, durchgeführt von Dr. Nina Sagie, 5. Mai 1994, Menachem Begin Heritage Center
41 Dayan, *Breakthrough*, S. 156
42 Interview mit Aharon Barak; Carter, *White House Diary*, S. 231
43 Carter, *First Lady from Plains*, S. 254
44 Brzezinski, *Power and Principle*, S. 262

Siebter Tag

1 Interview mit Aharon Barak
2 Bar-On, *Moshe Dayan*, S. 45, S. 162 f.; siehe ebenfalls Raz Kletter, „A Very General Archeologist – Moshe Dayan and Israeli Archeology", *Journal of Hebrew Scriptures* 4, Artikel 5 (2003), mit einer Liste von Dajans ethischen und rechtlichen Verstößen
3 Bar-On, *Moshe Dayan*, S. 142 f.

4 Dayan, *Story of My Life*, S. 386
5 Bar-On, *Moshe Dayan*, S. 145
6 Rosalynn Carters Tagebuch aus Camp David
7 Ebd.
8 Kamel, *The Camp David Accords*, S. 340 f.
9 Haber, Schiff und Yaari, *The Year of the Dove*, S. 253
10 Boutros-Ghali, *Egypt's Road to Jerusalem*, S. 142
11 Weizman, *Eine Schlacht für den Frieden*, S. 372
12 Rosalynn Carters Tagebuch aus Camp David
13 Interview mit Aharon Barak

Achter Tag

1 Haber, Schiff und Yaari, *The Year of the Dove*, S. 254
2 Weizman, *Eine Schlacht für den Frieden*, S. 373
3 Haber, Schiff und Yaari, *The Year of the Dove*, S. 255
4 Ebd.
5 Weizman, *Eine Schlacht für den Frieden,* S. 376
6 Quandt, *Camp David*, S. 232
7 Hans Mark, persönliches Gespräch
8 Quandt, *Camp David*, Appendix F
9 Carter, *Keeping Faith*, S. 385
10 Haber, Schiff und Yaari, *The Year of the Dove*, S. 255
11 Ebd., S. 256
12 Boutros-Ghali, *Egypt's Road to Jerusalem*, S. 143
13 Kamel, *The Camp David Accords*, S. 346
14 Shay Fogelman, „What Israeli and U.S. Leaders of 1977 Hoped Would Be Jerusalem's Fate", *Ha'aretz*, 4. Nov. 2011
15 Interview mit Elyakim Rubinstein
16 Ibn 'Asakir, zitiert in Sivan, *Interpretations of Islam*, S. 91
17 Sadat, *Safahat Mijhula*, S 100
18 Wright, *The Looming Tower*, S. 25
19 Sadat, *Revolt on the Nile*, S. 93
20 Heikal, *Autumn of Fury*, S. 25
21 Carter, *Keeping Faith,* S. 386
22 „Behind Camp David", Menachem Begins Rede bei der Conference of Presidents of Major Jewish Organizations, 20. Sept. 1978
23 Haber, Schiff und Yaari, *The Year of the Dove*, S. 257

24 „Behind Camp David", Menachem Begins Rede bei der Conference of Presidents of Major Jewish Organizations, 20. Sept. 1978

25 Meir Rosenne, „Legal Aspects of Negotiations in the Peace Treaty with Egypt: Camp David (1978–1979)", in: Sha'al, *The Camp David Accords*, S. 35

26 Shilon, *Menachem Begin*, S. 302

27 Mehr als 60 Prozent der israelischen Bevölkerung unterstützten die Rückgabe eines Teils der besetzten West Bank, falls dies einen Frieden mit Ägypten ermöglichen würde. Die Mehrheit der Israelis teilte Begins „religiöse und ideologische Verbundenheit mit dem gesamten Gebiet" nicht. National Intelligence Cable, 1. Sept. 1978

28 Carter, *White House Diary*, S. 235; Ders., *Keeping Faith,* S. 386 f.

Neunter Tag

1 Eban, *An Autobiography*, S. 436

2 Aburish, *Nasser*, S. 270

3 Zitiert in Jack L. Schwartzwald, „Did Golda Meir Cause the ‚Yom Kippur War'?", *New Society*, 9. Juli 2009

4 Abba Eban stellte mehrfach Behauptungen auf, dass die Israelis ein solches Angebot an die Amerikaner gemacht hätten, die es an die Araber weiterreichten, jene hätten es aber entschieden abgelehnt. Es scheint keinen Beweis zu geben, dass der Rückzugs-Vorschlag, in Form einer Kabinett-Resolution vom 19. Juni 1967, mehr als ein „außenpolitisches Manöver" war, oder je dazu gedacht, über ein Briefing für die Amerikaner hinauszugehen, oder dass es jemals wirklich an die Araber weitergegeben wurde. Avi Raz, „The Generous Peace Offer That Was Never Offered: The Israeli Cabinet Resolution of June 19, 1967", *Diplomatic History* 37, Nr. 1 (2013), S. 85–108.

5 Parker merkt an, obwohl als Datum für den Beginn des Abnutzungskrieges für gewöhnlich der März 1969 angegeben würde, seien die ersten Schüsse bereits im Herbst davor abgefeuert worden. *The Politics of Miscalculation in the Middle East,* S. 130

6 Ebd., S. 125

7 Parker unterscheidet drei israelisch-amerikanische Fehler während dieser Zeit: „Die Fehleinschätzung des ägyptischen Durchhaltevermögens, die Fehleinschätzung der sowjetischen Ernsthaftigkeit und die Faszination der Gewaltanwendung. Daran waren die Amerikaner ebenso schuld wie die Israelis." Ebd., S. 163

8 Hirst, Beeson, *Sadat*, S. 122
9 Kissinger, *White House Years*, S. 569
10 Ebd., S. 585
11 Sadat, *Auf der Suche nach Gerechtigkeit*, S. 264
12 Robert Satloff, in: Alterman, *Sadat and His Legacy*, S. 151
13 Heikal, *Autumn of Fury*, S. 46
14 Hirst, Beeson, *Sadat*, S. 138
15 Kissinger, *White House Years*, S. 1299
16 Shavit, *My Promised Land*, S. 143
17 Goldhagen, *Hitler's Willing Executioners*, S. 151 und 191 f.
18 Holocaust Encyclopedia, http://www.ushmm.org/wlc/en/article.php?ModuleId=100006124
19 Ebd.
20 Shavit, *My Promised Land*, S. 145
21 Weizman, *Eine Schlacht für den Frieden*, S. 298
22 Interview mit Farouk el-Baz
23 Interviews mit Jimmy und Rosalynn Carter
24 „The Negotiations for Egypt", *Washington Post*, 14. Dez. 1977
25 Interview mit Meir Rosenne
26 Abdel Hamouda, „Osama el-Baz: Malaff Shakhsi Jid dan!" (Osama el-Baz: Ein sehr persönliches Portfolio!), *El Fagr*, 24. Sept. 2013
27 Reedy, *Rihlat al-'umr*, S. 329
28 Interview mit Farouk el-Baz
29 Haber, Schiff und Yaari, *The Year of the Dove*, S. 259
30 Carter, *Keeping Faith*, S. 387
31 Ebd.
32 Temko, *To Win or to Die*, S. 29
33 Sabry, *Al-Sadat*, S. 454
34 Haber, Schiff und Yaari, *The Year of the Dove*, S. 261
35 Weizman, *Eine Schlacht für den Frieden*, S. 375
36 Haber, Schiff und Yaari, *The Year of the Dove*, S. 261
37 Sabry, *Al-Sadat*, S. 454 f.
38 Carter, *First Lady from Plains*, S. 260
39 Nelson, *The President Is at Camp David*, S. 121

Zehnter Tag

1 Jimmy Carters Tagebuch aus Camp David
2 Carter, *First Lady from Plains*, S. 260

3 Interview mit Aharon Barak
4 Boutros-Ghali, *Egypt's Road to Jerusalem*, S. 144
5 Gamasay, *The October War*, S. 224 f.
6 Reedy, *Rihlat al'umr*, S. 248
7 „Waiting in the Wings", *Time*, 30. Juli 1973
8 Heikal, *The Road to Ramadan*, S. 247
9 Herzog, *The War of Atonement*, S. 13
10 Sadat, *Unterwegs zur Gerechtigkeit*, S. 253
11 Kipnis, *1973*, S. 68 f.
12 Ebd., S. 92 und 103
13 „Arabs vs. Israelis in a Suez Showdown", *Time*, 29. Okt. 1973
14 Arnaud de Brochgrave, „The Battle Is Now Inevitable", *Newsweek*, 9. Aug. 1973
15 Interview von Iris Berlatzky mit Jechiel Kadischai, Menachem Begin Heritage Center
16 Herzog, *The War of Atonement*, S. 12
17 Kipnis, *1973*, S. 47
18 Ebd., S. 113
19 Ebd., S. 205
20 Herzog, *The War of Atonement*, S. 35
21 Sadat, *A Woman of Egypt*, S. 291
22 Herzog, *The War of Atonement*, S. 35 f.
23 Koran 3:124–25
24 Gamsay, *The October War*, S. 180 f.
25 Herzog, *The War of Atonement*, S. 51
26 Gamsay, *The October War*, S. 210
27 Kipnis, *1973*, S. 282
28 Es gibt eine lange und faszinierende Debatte darüber, ob Marwan nicht Doppelagent gewesen war. Sadat verlieh ihm nach dem Krieg einen Orden, doch der damalige Chef des Mossad verteidigte ihn als den besten Agenten, den Israel je gehabt habe. Marwan starb 2007 nach einem Fall von einem Londoner Balkon – möglicherweise ein Mordanschlag. Yigal Kipnis bietet einen informativen Anhang zu dieser Kontroverse in seinem Buch *1973: The Road to War*
29 Kipnis, *1973*, S. 273
30 Blum, *The Eve of Destruction*, S. 157; Dayan, *Story of my Life*, S. 495
31 Blum, *The Eve of Destruction*, S. 159; Gamsay, *The October War*, S. 207 f.
32 Dayan, *Story of My Life*, S. 461
33 „The War of the Day of Judgement", *Time*, 22. Okt. 1973
34 Sadat, *A Women of Egypt*, S. 293

35 Dayan, *Story of My Life*, S. 510
36 Blum, *The Eve of Destruction*, S. 175–183
37 Heikal, *Secret Channels*, S. 181; Dayan, *Story of My Life*, S. 495; Gamsay, *The October War*, S. 216 f.; Heikal nennt eine abweichende Zahl der abgeschossenen israelischen Flugzeuge, nämlich 40.
38 Dayan, Story of My Life, S. 495 f.; Die von Gamsay angegebenen Zahlen der ägyptischen Verluste während der ersten 24 Stunden unterscheiden sich deutlich: 5 Flugzeuge, 20 Panzer, 280 Gefallene. Gamsay, *The October War*, S. 216 f.
39 Ebd., S. 138 f. Laut Kissinger erfuhren die Israelis von gefangen genommenen ägyptischen Soldaten, dass Ägypten nicht mal erwartete, die 20–30 Meilen vom Kanal entfernten Pässe des Sinai zu erreichen. Kissinger, *Years of Upheaval*, S. 459
40 Blum, *The Eve of Destruction*, S. 193
41 Ebd., S. 202
42 Kissinger, *Years of Upheaval*, S. 492
43 Herzog, *The War of Atonement*, S. 196
44 Hersh, *The Samson Option*, S. 179
45 Ebd., S. 225; Israel hat den Besitz von Atomwaffen nie öffentlich zugegeben. Weder Nixon noch Kissinger erwähnen die israelische Atom-Option in ihren Berichten; Zbigniew Brzezinski bestätigte dies jedoch während seiner Diskussion mit Carter zu „Reflexionen zum Camp-David-Abkommen" im Hotel Del Coronado in San Diego, Kalifornien, am 9. März 2012.
46 Interview mit William Quandt, in: Elbridge Solby, Avner Cohen, William McCants, Bradley Morris und William Rosenau, „The Israeli ‚Nuclear Alert' of 1973: Deterrence and Signaling Crisis", CIA Bericht, April 2013, S. 35. Die Autoren folgern, es habe „wahrscheinlich eine Änderung im Status der israelischen Trägersysteme für Kernwaffen gegeben, was von den Amerikanern aber nicht als Versuch gewertet wurde, sie zu nötigen" (S. 46)
47 William Quandt, zitiert in Elbridge Solby, Avner Cohen, William McCants, Bradley Morris und William Rosenau, „The Israeli ‚Nuclear Alert' of 1973: Deterrence and Signaling Crisis", CIA-Bericht, April 2013, S. 21 ff.
48 Kissinger, *Years of Upheaval*, S. 504. Dayan selbst behauptete später: „Es bestand nicht die Absicht, Damaskus zu erobern oder auch nur zu bombardieren." Dayan, *Story of My Life*, S. 516. Trotzdem drängte er darauf, die israelischen Streitkräfte in Artilleriereichweite zur syrischen Hauptstadt zu bringen.

49 Gamasy, *The October War*, S. 277; Heikal gibt in *Secret Channels*, S. 195, die Zahl der verlorenen Panzer mit 395 an.
50 Dayan, *Story of My Life*, S. 532
51 Sadat, *A Woman of Egypt*, S. 545
52 Ebd., S. 294
53 Kissinger, *Years of Upeaval*, S. 535
54 Dayan, *Story of My Life*, S. 537
55 Gordis, *Menachem Begin*, S. 131
56 Chafets, *Heroes and Hustlers, Hard Heads and Holy Men,* S. 45
57 Kissinger, *Years of Upheaval*, S. 573
58 *Foreign Relations of the United States*, 1969–1976, vol. xxv, „Arab-Israeli Crisis and War", S. 658 ff.
59 White, *Breach of Faith*, S: 263; Dayan, *Story of My Life*, S. 543
60 Kalb und Kalb, *Kissinger*, S. 563 f.
61 Interview mit Gary Chapman
62 Gail Sheehy, „The Riddel of Sadat", *Esquire*, 30. Jan. 1979
63 Kissinger, *Years of Upheaval*, S. 636
64 Dayan, *Breakthrough*, S. 171
65 „A City in Sinai", *Time*, 22. Jan 1973
66 Dayan, *Breakthrough*, S. 172
67 Hermann Frederick Eilts, in: Alterman, *Sadat and His Legacy*. S. 40
68 Carter, *First Lady from Plains*, S. 261; Interview mit Rosalynn Carter
69 Kamel, *The Camp David Accords*, S. 352 f.
70 Interview mit Rosalynn Carter
71 Carter, *First Lady from Plains*, S. 261; Rosalynn Carters Tagebuch von Camp David
72 Carter, *Keeping Faith*, S. 390 f.

Elfter Tag

1 Carter, *First Lady from Plains*, S. 262
2 Interview mit Walter Mondale
3 Zev Chafets, persönliches Gespräch
4 Boutros Ghali, *Egypt's Road to Jerusalem*, S. 140
5 Interview mit Samuel W. Lewis, Foreign Affairs Oral History Collection of the Association for Diplomatic Studies and Training; http://www.loc.gov/item/mfdipbib000687
6 Interview mit Zev Chafets
7 „Ezer Weizman", *Telegraph*, 26. April 2005

8 Temko, *To Win or to Die*, S. 195
9 Gervasi, *The Life and Times of Menahem Begin*, S. 325
10 Shilon, *Menachem Begin*, S. 256
11 Cohen, *Culture and Conflict in Egyptian-Israeli Relations*, S. 38
12 Chafets, *Heroes and Husterls, Hard Hats and Holy Men*, S. 37
13 William Quandt, persönliches Gspräch.
14 Gervasi, *The Life and Times of Menahem Begin*, S. 329
15 Shilon, *Menachem Begin*, S. 255
16 Ebd., S. 258
17 Interview mit Zev Chafets
18 Sidney Zion und Uri Dan, „Untold Story of the Mideast Talks, Part II, *New York Times*, 21. Jan. 1979
19 Brzezinski, *Power and Principle*, S. 271
20 Carter, *Keeping Faith*, S. 391
21 Interview mit Jimmy Carter
22 Brzezinski, *Power and Principle*, S. 272
23 Sabry, *Al-Sadat*, S. 453
24 Interview mit Jimmy Carter
25 Brzezinski, *Power and Principle*, S. 272
26 Interview mit Jimmy Carter
27 Carter, *Keeping Faith*, S. 393
28 Ebd.
29 Interview mit Ahmed Aboul-Gheit
30 Boutros-Ghali, *Egypt's Road to Jerusalem*, S. 146
31 Kamel, *The Camp David Accords*, S. 352 ff.
32 Boutros-Ghali, *Egypt's Road to Jerusalem*, S. 146
33 Kamel, *The Camp David Accords*, S. 357 f.
34 Interview mit Aharon Barak; Shilon, *Menachem Begin*, S. 276
35 Interview mit Walter Mondale
36 Gordis, *Menachem Begin*, S. 130
37 Weizman, *Eine Schlacht für den Frieden*, S. 377
38 Ebd. Weizmans zeitliche Abfolge ist etwas durcheinander: Das Treffen, bei dem er diesen Satz sagte, scheint am 9. Tag stattgefunden zu haben, wie bei Haber angegeben. Haber, Schiff und Yaari, *The Year of the Dove*, S. 260
39 Weizman, *Eine Schlacht für den Frieden*, S. 376
40 Dayan, *Breakthrough*, S. 176
41 Weizman, *Eine Schlacht für den Frieden*, S. 377
42 Carter, *First Lady from Plains*, S. 262
43 Quandt, *Camp David*, S. 240

44 Interview mit Elyakim Rubinstein
45 Kamel, *The Camp David Accords*, S. 262 f.

Zwölfter Tag

1 Carter, *Keeping Faith*, S. 394
2 Temko, *To Win or to Die*, S. 228 ff.
3 Shilon, *Menachem Begin*, S. 311
4 Rosalynn Carters persönliches Camp-David-Tagebuch
5 Kamel, *The Camp David Accords*, S. 363 ff.
6 Carter, *First Lady from Plains*, S. 364 f.
7 Jimmy Carters persönliches Camp-David-Tagebuch
8 Rosalynn Carters persönliches Camp-David-Tagebuch
9 Dayan, *Breakthrough*, S. 175
10 Quandt, *Camp David*, S. 244
11 Ebd., S. 245
12 Silver, *Begin*, S. 89
13 Neff, *Warriors at Suez*, S. 64
14 Montefiore, *Jerusalem*, S. 490 ff.
15 Silver, *Begin*, S. 91
16 Meir Pa'il, Geheimdienstoffizier der Hagana, zitiert in: Silver, *Begin*, S. 94
17 „Deir Yassin: Mair Pail's Eywitness Acount", http://web.archive.org/web/20080419084659/http://www.ariga.com/peacewatch/dy/dypail.html. Es gibt davon abweichende Berichte, dass Leute aus den Nachbardorf ebenfalls an dem Massaker beteiligt waren.
18 Morris, *Righteous Victims*, S. 208
19 Ebd.; Gervasi, *The Life and Times of Menahem Begin*, S. 234; Benvenisti, *Sacred Landscape*, S. 116
20 Silver, *Begin* S. 94. Silver zitiert Yehosua Gorodentchik, einen Irgun-Offizier: „Wir hatten Gefangene, und bevor wir abzogen, beschlossen wir, sie zu liquidieren. Wir liquidierten auch die Verwundeten, da wir ihnen sowieso keine Erste Hilfe leisten konnten. An einem Platz wurden 80 arabische Gefangene getötet, nachdem einige von ihnen das Feuer eröffnet hatten und einen unserer Leute töteten, der Erste Hilfe leisten wollte. Araber, die sich als Frauen verkleidet hatten, wurden ebenfalls gefunden, und daher schossen sie auch auf die Frauen, die sich nicht beeilten, dorthin zu kommen, wo die Gefangenen versammelt waren." Ebd., S. 91

21 Ebd., S. 207

22 Ebd., S. 209

23 Gervasi, *The Life and Times of Menahem Begin*, S. 235

24 Silver, *Begin,* S. 88

25 Begin, *The Revolt*, S. xxi.

26 In Benevisti, *Sacred Landscape*, finden sich viele bewegende und besondere Berichte.

27 Monteviore, *Jerusalem*, S. 193 f.

28 Morris, *The Birth of the Palestinian Refugee Problem Revisited*, S. 342

29 Benevisti, *Sacred Landscape*, S. 20 f. Die Umbenennung zu Mount Hor war so weit hergeholt, dass er schließlich wieder in Mount Zin umgetauft wurde.

30 Haber, Schiff und Yaari, *The Year of the Dove*, S. 270

31 Jimmy Carters persönliches Camp-David-Tagebuch

32 Ebd.

33 Carter, *Keeping Faith*, S. 396

34 Haber, Schiff und Yaari, *The Year of the Dove*, S. 270

35 Temko, *To Win or to Die*, S. 228 f.

36 Weizman, *Eine Schlacht für den Frieden*, S. 379

37 Quandt, *Camp David*, S. 246

38 Ebd., S. 247

39 Interview mit Samuel W. Lewis, Foreign Affairs Oral History Collection of the Association for Diplomatic Studies and Training; http://www.loc.gov/item/mfdipbib000687

40 Der Streit darüber, wozu Begin an jenem Abend zugestimmt hat, ist nie gelöst worden. Carters zeitnahe Notizen von jenem Treffen spiegeln wider, dass Begin einem unbegrenzten Siedlungsstopp zugestimmt hatte: „Für die Siedlungen auf der West Bank arbeiteten wir schließlich eine Formulierung aus, die befriedigend war, nämlich, dass nach der Unterzeichnung dieses Rahmenabkommens keine neuen israelischen Siedlungen gebaut würden. Und dass das Problem zusätzlicher Siedlungen während der Verhandlungen durch die Parteien gelöst würde. Dies würde durch eine Zusatzvereinbarung erreicht werden, die mir von Begin bekannt gegeben wird." Vances Bericht entspricht dem von Carter. Vance hebt in seinen Memoiren hervor: „Da wir während der Sitzung am Samstagabend nur über das umfassende Abkommen und die Autonomie-Verhandlungen diskutiert hatten, ist schwer zu verstehen, wieso Begin derart missverstehen konnte, worum der Präsident bat." Vance, *Hard Choices*, S. 228. Carter erzählte mir: „Begin versprach mir und Sadat eindeutig, dass er jeglichen Sied-

lungsbau stoppen würde. Als er in die Zivilisation zurückkehrte, begann er zu lügen. Er sagte, er habe damit nur gemeint, sie würden den Siedlungsbau während der Verhandlungen stoppen." Beim Treffen der Hauptteilnehmer von Camp David zum 25. Jahrestag des Abkommens wurde Carter jedoch von Richter Elyakim Rubinstein mit der Bemerkung herausgefordert, der Dissens sei ein Missverständnis, da Begin ein Mann von Ehre sei und sein Wort nie brechen würde. Carter antwortete: „Ich denke, da stimme ich Ihnen zu. Es war ein Missverständnis. Ich glaube nicht, dass Begin mich darüber belogen hat" („Camp David 25th Anniversary Forum"). Aharon Barak hatte bei der Sitzung Protokoll geführt. Er erzählte mir: „Als der Disput zwischen ihnen aufkam ... hatte Begin vergessen, dass ich Protokoll geführt hatte. Er stritt sich mit dem Präsidenten, also rief ich ihn an und sagte: ‚Hören Sie, ich habe das Protokoll. Und ich glaube, Sie hatten recht.' ... Also holte ich die Notizen und las ihm vor, was er gesagt hatte, und dann bat er mich, das Carter zu schicken, und ich schickte es Carter. [Begin] hatte nicht mehr als drei Monaten zugestimmt. Das ist alles." Das Telegramm mit seinen Notizen, das Barak an Begin schickte, unterstützt das, was Begin zu Botschafter Lewis sagte, – dass er darüber nachdenken und Carter am nächsten Tag eine Antwort geben würde. Harold Saunders, zu der Zeit stellvertretender Außenminister im Bureau of Near Eastern and South Asian Affairs, sagte aus, die Siedlungspause sei an den Zeitraum gekoppelt, den die Palästinenser benötigten, eine Selbstverwaltung einzurichten – drei bis sechs Monate, seiner Schätzung nach. Über zukünftige Siedlungen könnte danach gesprochen werden, aber ohne die Zustimmung aller Beteiligten würde es keine neuen Siedlungen geben. „Das Thema wurde absichtlich für den Zeitraum der Verhandlungen offen gelassen, damit die beteiligten Parteien weiter darüber diskutieren konnten", sagte er („Assessment of the 1978 Middle East Camp David Agreements", Hearing before the Subcommittee on Europe and the Middle East of the Committee on International Relations, House of Representatives, 28. Sep. 1978, S. 27). Saunders Ansicht entspricht offensichtlich nicht der von Carter, der glaubte, der Siedlungstopp gelte für den gesamten Zeitraum der Verhandlungen zwischen den Israelis und den Palästinensern, die sich bis zu fünf Jahren hinziehen konnten. William Quandt erklärte bei einem persönlichen Gespräch, Begin sei besorgt gewesen, Israel würde im Siedlungsbau eingeschränkt werden, falls die Verhandlungen mit den Palästinenser nie begännen. Er konstatiert: „Ich glaube, wir hätten versuchen sollen, den Baustopp für eine festgelegte Anzahl von Monaten zu erreichen, statt ihn mit dem Beginn der Verhandlungen zu verknüpfen."

Dreizehnter Tag

1 Carter, *First Lady from Plains*, S. 265 f.
2 Interview mit Rosalynn Carter
3 Samuel Lewis, „The Camp David Peace Process", in: Sha'al, *The Camp David Accords*, S. 56
4 Kamel, *The Camp David Accords*, S. 370
5 Interview mit Nabib el-Arabi
6 Interview mit Ahmed Aboul-Gheit
7 Kamel, *The Camp David Accords*, S. 371
8 Weizman, *Eine Schlacht für den Frieden*, S. 380
9 Interview mit Gerald Rafshoon
10 Generalversammlung der Vereinten Nationen, Fünfte Dringlichkeitssitzung, 14. Juli 1967
11 Sicherheitsrat der Vereinten Nationen, 1. Juli 1969
12 Sicherheitsrat der Vereinten Nationen, 23. März 1976
13 Weizman, *Eine Schlacht für den Frieden*, S. 379
14 Dayan, *Breakthrough*, S. 177
15 Interview mit Jimmy Carter
16 Ebd.
17 Interview mit Gerald Rafshoon
18 Eintrag zu „Ammon of Mainz", Roth et al., *Encyclopedia Judaica*, Band 1
19 Shlomo Slonim, „The Issue of Jerusalem at the Camp David Summit", in: Sh'al, *The Camp David Accords*, S. 65 f.; Hasten, *I Shall Not Die*, S. 212. Laut Hasten erzählte Begin Carter die Anekdote in Washington, aber vielleicht benutzte er sie mehrfach. Jechiel Kadischai erinnerte sich, dass sie in Camp David verwendet wurde.
20 Brief von Präsident Carter an den ägyptischen Präsidenden Anwar al-Sadat, 22. September 1978
21 Carter, *Keeping Faith*, S. 399
22 Carter, *First Lady from Plains*, S. 266
23 Samuel Lewis, „The Camp David Peace Process", in: Sha'al, *The Camp David Accords*, S. 56
24 Interview mit Meir Rosenne
25 Quandt, *Camp David*, S. 253

26 Alson Ben-Meir, „The Settlements: Israel's Albatross", *Huffington Post*, 14. Nov. 2013
27 Interview mit Aharon Barak
28 Quandt, *Camp David*, S. 253
29 Brzezinski, *Power and Principle*, S. 270
30 Jimmy Carters persönliches Camp-David-Tagebuch
31 Carter, *First Lady from Plains*, S. 267
32 Haber, Schiff und Yaari, *The Year of the Dove*, S. 274
33 Kamel, *The Camp David Accords*, S. 376
34 Diese interessante Information verdanke ich einem anonymen Zuschauer aus Gaithersburg, MD, der die Probeaufführung meines Stückes *Camp David* im Arena Stage Theater in Washington, D.C., besuchte.
35 Carter, *First Lady from Plains*, S. 268
36 Kamel, *The Camp David Accords*, S. 378
37 Interview mit Samuel W. Lewis, Foreign Affairs Oral History Collection of the Association for Diplomatic Studies and Training; http://www.loc.gov/item/mfdipbib000687
38 www.youtube.com/watch?v=QPtMafxVKeA
39 https://www.youtube.com/watch?v=iv9KIA_IbyQ
40 https://www.youtube.com/watch?v=SYkIAnf_bzM
41 Temko, *To Win or to Die*, S. 231

Epilog

1 Weizman, *Eine Schlacht für den Frieden*, S. 389f.
2 Ebd., S. 387
3 Temko, *To Win or to Die*, S. 233
4 „Summit at Camp David: ‚Touch and Go'", http://www.archives.gov.il/ArchiveGov_Eng/Publications/ElectronicPrisum/CampDavid/CampDavidIntroductionsBs.html
5 Temko, *To Win or to Die*, S. 234
6 Hendrik Smith, „After Camp David Summit, a Valley of Hard Bargaining", *New York Times*, 6. Nov. 1978
7 Carter, *Keeping Faith*, S. 405
8 Carter, *White House Diary*, S. 256
9 Quandt, *Camp David*, S. 298
10 Carter, *White House Diary*, S. 268
11 Interview mit Samuel W. Lewis, Foreign Affairs Oral History Collec-

tion of the Association for Diplomatic Studies and Training; http://www.loc.gov/item/mfdipbib000687

12 Carter, *Keeping Faith*, S. 419

13 Sadat, *A Woman of Egypt*, S. 402

14 Carter, *Keeping Faith*, S. 421

15 Haber, Schiff und Yaari, *The Year of the Dove*, S. 297

16 Carter, *Keeping Faith*, S. 421

17 Begin, *The Revolt*, S. 36

18 Haber, Schiff und Yaari, *The Year of the Dove*, S. 296 f.

19 Quandt, *Camp David*, S. 309

20 Haber, Schiff und Yaari, *The Year of the Dove*, S. 303

21 William Quandt, persönliches Gespräch; Louise Fischer, persönliches Gespräch

22 Vance, *Hard Choices*, S. 251

23 „Reflexionen zum Camp-David-Abkommen", Carter im Gespräch mit Zbigniew Brzezinski, Hotel Del Coronado, San Diego, Kalifornien, 9. März 2012

24 Brzezinski, *Power and Principle*, S. 287

25 Dayan, *Breakthrough*, S. 281

26 „Bygone Days: Oh, for the Embrace of El Arish", *Jerusalem Post*, 20. Mai 2008

27 Ebd.

28 Interview mit Samuel W. Lewis, Foreign Affairs Oral History Collection (siehe oben Anm. 11)

29 Hirst und Beeson, *Sadat*, S. 331 f.

30 Heikal, *Autumn of Fury*, S. 231 f. Andere Quellen geben die Anzahl der Verhaftungen mit 1500 an, aber Heikal gehörte zu den Verhafteten.

31 Koran, 20:43–44

32 Ibrahim, *I'adat al-I'tibar lil-Ra'is als-Sadat* [Die Rechtfertigung von Präsident Sadat], S. 161 f.

33 Sadat, *A Woman of Egypt*, S. 416 f.

34 Quandt, *Camp David*, S. 280

35 Interview mit Jimmy Carter

36 Sadat, *A Woman of Egypt*, S. 441

37 John Bulloch und Nabila Mecalli, „Sadat Killed by Soldiers", *Telegraph*, http://www.telegraph.co.uk/news/1400131/Sadat-killed-by-soldiers.html; Sadat, *My Father an I*, S. 175

38 Wright, *The Looming Tower*, S. 50

39 Interview mit Farouk el-Baz

40 Wright, *The Looming Tower*, S. 51

41 Frank J. Prial, „Heavy Security at Funeral Bars Egyptian Public“, *New York Times*, 11. Okt. 1981
42 Shilon, *Menachem Begin*, S. 318
43 Ebd., S. 328
44 Ebd., S. 329
45 Koran 3:169
46 „The Lebanon War: Operation Peace for Galilee“, Israel Ministry of Foreign Affairs, http://mfa.gov.il/MFA/AboutIsrael/History/Pages/Operation%20Peace%20for%20Galilee%20–%201982.aspx
47 Friedman, *Form Beirut to Jerusalem*, S. 145
48 Yossi Alpher, persönliches Gespräch
49 Gordis, *Menachem Begin*, S. 200
50 Friedman, *Form Beirut to Jerusalem*, S. 159
51 Fergal Keane, „Syrians Aid ‚Butcher of Beirut‘ to Hide from Justice“, *Daily Telegraph* (London), 17. Juni 2001; Franklin Lamb, „Remembering Janet Lee Stevens, Martyr for the Palestinian Refugees“, *Al-Ahram Weekly*, 6.–12. Mai 2010
52 Friedman, *From Beirut to Jerusalem*, S. 163; Carter gibt die Zahl der Getöteten mit 1400 an. Carter, *The Blood of Abraham*, S. 2 f.
53 Shilon, *Menachem Begin*, S. 415
54 Ebd., S. 419
55 Ebd., S. 419 f.
56 „Begin's Legacy/Yehiel, It Ends Today“, *Ha'aretz*, 10. Nov. 2013
57 Hasten, *I Shall Not Die*, S. 234
58 Interview mit Jechiel Kadischai
59 Shilon, *Menachem Begin*, S. 313
60 Kamel, *The Camp David Accords*, S. 290
61 James Fallows, „The Passionless Presidency“, *Atlantic*, 1. Mai 1979
62 Vance, *Hard Coices*, S. 229
63 Jeremy Pressman, „Explaining the Carter Administraion's Israeli-Palestinian Solution“, *Diplomatic History* 37, no. 5 (2013). Ohne Druckmittel, das Ägypten hätte liefern können, war es für Arafat unmöglich, bei Clintons Camp-David-Konferenz von 2000 ein für ihn akzeptables Abkommen zu erreichen, obwohl unklar ist, ob eine ägyptische Teilnahme etwas daran geändert hätte.
64 Seth Anziska, persönliches Gespräch
65 Interview mit Jimmy Carter
66 Brzezinski, *Power and Principle*, S. 236
67 Kamel, *The Camp David Accords*, S. 283

68 Interviews mit Ziv Rubinovitz, Louise Fischer und Elyakim Rubinstein

69 Iris Berlatzky, Interview mit Elyakim Rubinstein, Menachem Begin Archives

70 Kenneth W. Stein, in: Alterman, *Sadat and His Legacy*, S. 36

Bibliografie

Aburish, Saïd K. *Nasser: The Last Arab*. New York: Thomas Dunne, 2004.

Alterman, Jon B., Eliahu Ben Elissar (Hg.): *Sadat and His Legacy: Egypt and the World, 1977–1997.* Washington, DC: Washington Institute for Near East Policy, 1998.

Aly, Abdel Monem Said, Shai Feldman, Khalil Shikaki: *Arabs and Israelis: Conflict and Peacemaking in the Middle East.* UK: Palgrave Macmillan, 2013.

Arabi, Nabil el-: *Taba, Camp David, al-jidar al-'azil* [Taba, Camp David, the Wall]. Cairo: Dar Shorouk, 2012.

Armstrong, Karen: *Jerusalem: One City, Three Faiths.* New York: Knopf, 1996.

Auda, Mohamed Saad el-: *Hasan al-tuhami malaffatahu min ihtilal filistin ila kamb difid* [Hassan el-Tohamy Opens His Portfolios from the Occupation of Palestine to Camp David]. Cairo: Dar Diwan, 1998.

Avner, Yehuda: *The Prime Ministers: An Intimate Narrative of Israeli Leadership.* New Milford, CT: Toby Press, 2010.

Bahri, Nasser al-, with George Malbrunot; übers. von Susan de Muth: *Guarding Bin Laden: My Life in Al-Qaeda*. UK: Thin Man Press, 2007.

Balmer, Randall: *Redeemer: The Life of Jimmy Carter.* New York: Basic Books, 2014.

Bar-On, Mordechai: *Moshe Dayan: Israel's Controversial Hero.* New Haven, CT: Yale University Press, 2012.

Begin, Menachem: *The Revolt.* New York: Nash Publishing, 1977.

–, *White Nights: The Story of a Prisoner in Russia.* New York: Harper and Row, 1977.

Beinin, Joel: *The Dispersion of Egyptian Jewry: Culture, Politics, and the Formation of a Modern Diaspora*. Cairo: The American University in Cairo, 1998.

Bell, J. Bowyer: *Terror Out of Zion.* New York: St. Martin's Press, 1977.

Ben-Gurion, David: *Israel: A Personal History.* New York: Funk and Wagnalls/Sabra, 1971.

Benvenisti, Meron: *Sacred Landscape: The Buried History of the Holy Land Since 1948.* Berkeley: University of California Press, 2002.

Ben-Zvi, Itzhak: *The Exiled and the Redeemed.* Philadelphia, PA: Jewish Publication Society of America, 1957.

Blum, Howard: *The Eve of Destruction: The Untold Story of the Yom Kippur War.* New York: HarperCollins, 2003.

Bourne, Peter G.: *Jimmy Carter: A Comprehensive Biography from Plains to Post-Presidency.* New York: Lisa Drew/Scribner, 1997.

Boutros- Ghali, Boutros: *Egypt's Road to Jerusalem.* New York: Random House, 1997.

Brzezinski, Zbigniew: *Power and Principle.* New York: Farrar, Straus and Giroux, 1983.

„Camp David 25th Anniversary Forum" Washington, DC: Carter Center and Woodrow Wilson International Center for Scholars, September 17, 2003.

Carter, Jimmy: *The Blood of Abraham: Insights into the Middle East.* Fayetteville: University of Arkansas Press, 2007.

–, *An Hour Before Daylight: Memories of a Rural Boyhood.* New York: Simon and Schuster, 2001.

–, *Keeping Faith: Memoirs of a President.* New York: Bantam, 1983.

–, *We Can Have Peace in the Holy Land.* New York: Simon and Schuster, 2009.

–, *White House Diary.* New York: Farrar, Straus and Giroux, 2010.

–, *Why Not the Best?* Nashville: Broadman Press, 1975.

–, *Das Beste geben*, Wuppertal: R. Brockhaus Verlag, 1976 (Übersetzung von: *Why Not the Best?*).

Carter, Rosalynn: *First Lady from Plains.* Boston: Houghton Mifflin, 1984.

Chafets, Zev: *Heroes and Hustlers, Hard Hats and Holy Men: Inside the New Israel.* New York: William Morrow, 1986.

CIA Historical Review Program: *President Carter and the Role of Intelligence in the Camp David Accords.* Jimmy Carter Presidential Library, November 13, 2013.

Cline, Eric H.: *From Eden to Exile: Unraveling Mysteries of the Bible.* Washington, DC: National Geographic, 2007.

Cohen, Raymond: *Culture and Conflict in Egyptian-Israeli Relations*. Bloomington: Indiana University Press, 1990.

Dajan (Dayan), Moshe: *Breakthrough: A Personal Account of the Egypt-Israel Peace Negotiations.* New York: Knopf, 1981.

–, *Living with the Bible.* Jerusalem: Steimatzky's Agency, 1978.

–, *Story of My Life: An Autobiography.* New York: William Morrow, 1976.

–, *Leben mit der Bibel*, Wien: Fritz Molden Verlag, 1978 (Übersetzung von: *Living with the Bible*).

–, *Die Geschichte meines Lebens*, Wien: Fritz Molden Verlag, 1981 (nicht ganz identische Übersetzung von: *Story of My Life* unter dem Titel: *Diary of the Sinai Campaign*).

Dayan, Yaël: *My Father, His Daughter.* New York: Farrar, Straus and Giroux, 1985.

Eban, Abba: *An Autobiography.* New York: Random House, 1977.

Finkelstein, Israel, Neil Asher Silberman: *The Bible Unearthed.* New York: Touchstone, 2002.

Friedman, Thomas L.: *From Beirut to Jerusalem.* New York: Farrar, Straus, 1989.

Gamasy, Mohamed Abdel Ghani el-: *The October War: Memoirs of Field Marshal el-Gamasy of Egypt.* Cairo: The American University in Cairo, 1993.

Gervasi, Frank: *The Life and Times of Menahem Begin.* New York: Putnam, 1979.

Ghorbal, Ashraf: *Su'ud wa inhiyar: Mudhakkarat Ashraf Ghorbal* [Ascent and Descent: The Memoirs of Ashraf Ghorbal]. Cairo: Markaz al-ahram lil-tarjaa wa-l-nashr, 2004.

Glad, Betty: *Jimmy Carter: In Search of the Great White House.* New York: W. W. Norton, 1980.

–, *An Outsider in the White House: Jimmy Carter, His Advisors, and the Making of American Foreign Policy.* Ithaca, NY: Cornell University Press, 2009.

Godbold, E. Stanly jr.: *Jimmy & Rosalynn Carter: The Georgia Years, 1924–1974*. New York: Oxford University Press, 2010.

Goldhagen, Daniel Jonah: *Hitler's Willing Executioners: Ordinary Germans and the Holocaust.* New York: Random House, 2007.

Gordis, Daniel: *Menachem Begin: The Battle for Israel's Soul.* New York: Schocken, 2014.

Grief, Howard: *The Legal Foundation and Borders of Israel under International Law.* Jacksonville, FL: Mazo Publishers, 2008.

Gulley, Bill, Mary Ellen Reese: *Breaking Cover.* New York: Simon and Schuster, 1980.

Gutman, Yechiel: *Ha-Yoetz Ha-Mishpati Neged Ha-Memshalah* [The Attorney-General Versus the Government]. Jerusalem: Edanim Publishers, 1981.

Haber, Eitan: *Menachem Begin: The Legend and the Man.* New York: Delacorte Press, 1978.

–, Zeev Schiff, Ehud Yaari: *The Year of the Dove.* New York: Bantam, 1979.

Hasten, Hart N.: *I Shall Not Die!,* New York: Gefen, 2003.

Heikal, Mohamed: *Autumn of Fury: The Assassination of Sadat.* New York: Random House, 1983.

–, *The Road to Ramadan.* New York: Ballantine Books, 1975.

–, *Secret Channels: The Inside Story of Arab- Israeli Peace Negotiations.* New York: HarperCollins, 1996.

Hersh, Seymour M.: *The Samson Option.* New York: Random House, 1991.

Herzog, Chaim: *The War of Atonement.* London: Greenhill Books, 2003.

Hirst, David, Irene Beeson: *Sadat.* London: Faber and Faber, 1981.

Hoffman, Bruce: *Anonymous Soldiers.* New York: Knopf, 2015.

–, *Inside Terrorism.* New York: Columbia University, 2006.

Howard, Adam, hg. von *Foreign Relations of the United States, 1977–1980,* vol. 8: *Arab-Israeli Dispute, January 1977–August 1978.* Washington, DC: U.S. Government Printing Office, 2013.

Ibrahim, Sa'ad Iddin: *I'adat al-I'tibar lil-Ra'is al-Sadat* [The Vindication of President Sadat]. Cairo: Dar al- Shouk, 1992.

Israeli, Raphael: *Man of Defiance.* Totowa, NJ: Barnes and Noble Books, 1985.

Johnson, Lyndon Baines: *The Vantage Point: Perspectives of the Presidency, 1963–1969.* New York: Holt, Rinehart and Winston, 1971.

Jordan, Hamilton: *Crisis.* New York: G. P. Putnam's Sons, 1982.

Kalb, Bernard, Marvin Kalb: *Kissinger.* New York: Dell Publishing, 1975.

Kamel, Mohamed Ibrahim: *The Camp David Accords.* London: KPI, 1986.

Kaufman, Scott: *Rosalynn Carter: Equal Partner in the White House.* Lawrence: University Press of Kansas, 2007.

Kays, Doreen: *Frogs and Scorpions: Egypt, Sadat and the Media.* London: Frederick Muller Limited, 1984.

Kipnis, Yigal: *1973: The Road to War.* Charlottesville, VA: Just World Books, 2013.

Kissinger, Henry: *White House Years.* New York: Little, Brown and Company, 1979.

–, *Years of Upheaval.* Boston, MA: Little, Brown and Company, 1982.

Lossin, Yigal: *Pillar of Fire: A Television History of Israel's Rebirth.* Israel Broadcast Authority, Ya'akov Eisenmann (producer), 1981.

Makdisi, Ussama, Paul A. Silverstein: *Memory and Violence in the Middle East and North Africa.* Bloomington: Indiana University, 2006.

Michelson, Menachem: *Yad Yemino – Ha-Biographia shel Yechiel Kadishai, Mazkiro veish sodo shel Menachem Begini* [His Right Hand: Biography of Yechiel Kadishai, Secretary and Confidant to Menachem Begin]. Jerusalem: Gefen, 2013.

Mitchell, Richard P.: *The Society of the Muslim Brothers.* New York: Oxford University Press, 1993.

Montefiore, Simon Sebag: *Jerusalem.* New York: Knopf, 2011.

Morris, Benny. *1948.* New Haven, CT: Yale University Press, 2008.

–, *The Birth of the Palestinian Refugee Problem Revisited.* Cambridge: Cambridge University Press, 2004.

–, *Righteous Victims: A History of the Zionist-Arab Conflict, 1881–2001.* New York: Vintage Books, 2001.

Neff, Donald: *Warriors at Suez.* New York: Linden Press, 1981.

Nelson, W. Dale: *The President Is at Camp David.* Syracuse, NY: Syracuse University Press, 1995.

Nutting, Anthony: *Nasser.* New York: E. P. Dutton, 1972.

Oren, Michael B.: *Six Days of War.* New York: Oxford University Press, 2002.

Parker, Richard B.: *The Politics of Miscalculation in the Middle East.* Bloomington: Indiana University Press, 1993.

Pedahzur, Ami, Arie Perliger: *Jewish Terrorism in Israel.* New York: Columbia University Press, 2009.

Quandt, William B. *Camp David: Peacemaking and Politics.* Washington, DC: Brookings Institution, 1986.

Reedy, Abdul Raouf al-: *Rihlat al-'umr* [Journey of a Life]. Cairo: Nahdat Misr lil- Nashr, 2011.

Rogan, Eugene L., Avi Shlaim: *The War for Palestine.* Cambridge University Press, 2010.

Rosovsky, Nitza: *City of the Great King: Jerusalem from the Present.* Cambridge, MA: Harvard University Press, 1996.

Roth, Cecil, Geoffrey Wigoder et al.: *Encyclopedia Judaica,* Jerusalem: Keter, 1972.

Rubinstein, Elyakim: *Darkey Shalom* [Paths], Israel: Ministry of Defense, 1992.

Sabry, Moussa: *Al-Sadat: Al-Haqiqa Wa-l-Ustura* [Sadat: Truth and Myth]. Cairo: Al-Maktab al-Masri al-Hadith, 1985.

Sachar, Howard M.: *A History of Israel Rise of Zionism to Our Time.* New York: Knopf, 1996.

Sadat, Anwar al- (el-): *In Search of Indentity. An Autobiography.* New York: Harper and Row, 1978.

–, *Revolt on the Nile.* New York: John Day Company, 1957.

–, *Safahat Majhula* [Unknown Pages]. Cairo: Dar Tahrirli-l-tab' wa-l-nashr, 1954.

–, *Unterwegs zur Gerechtigkeit*, Verlag Fritz Molden: Wien, München, Zürich, Innsbruck, o. J. (Übersetzung von: *In Search of Identity*)

Sadat, Camelia: *My Father and I.* New York: Macmillan, 1985.

Sadat, Jehan: *A Woman of Egypt.* New York: Simon and Schuster, 1987.

Sand, Shlomo: *The Invention of the Land of Israel: From Holy Land to Homeland.* New York: Verso, 2012.

Sha'al, Moshe Fuksman (Hg.): *The Camp David Accords: A Collection of Articles and Letters.* Jerusalem: Carmel, 2002.

Shavit, Ari: *My Promised Land: The Triumph and Tragedy of Israel.* New York: Spiegel and Grau, 2013.

Shilon, Avi: *Menachem Begin: A Life.* New Haven, CT: Yale University Press, 2012.

Shlaim, Avi: *The Iron Wall: Israel and the Arab World.* New York: W. W. Norton, 2001.

Silver, Eric: *Begin: The Haunted Prophet.* New York: Random House, 1984.

Sivan, Emmanuel: *Interpretations of Islam.* Princeton, NJ: Darwin Press, 1985.

Sofer, Sasson: *Begin: An Anatomy of Leadership.* Oxford: Basil Blackwell, 1988.

Tamir, Avraham: *A Soldier in Search of Peace.* New York: Harper and Row, 1988.

Temko, Ned: *To Win or to Die: A Personal Portrait of Menachem Begin.* New York: William Morrow, 1987.

Teveth, Shabtai: *Moshe Dayan – The Soldier, The Man, The Legend.* Boston, MA: Houghton Mifflin, 1973.

–, Moshe Dajan. Politiker, Soldat, Legende, Hoffmann und Campe: Hamburg, 1973 (Übersetzung von: *Moshe Dayan – The Soldier, The Man, The Legend*)

Turner, Barry: *Suez 1956.* London: Hodder, 2007.

Vance, Cyrus: *Hard Choices.* New York: Simon and Schuster, 1983.

Varble, Derek: *The Suez Crisis 1956.* Oxford: Osprey Publishing, 2003.

Wagner, Heather Lehr: *Anwar Sadat and Menachem Begin: Negotiating Peace in the Middle East.* New York: Chelsea House, 2007.

Walsh, Kenneth: *From Mount Vernon to Crawford: A History of Presidents and Their Retreats.* New York: Hyperion, 2005.

Weizman, Ezer: *The Battle for Peace.* New York: Bantam, 1981.

–, *On Eagles' Wings.* New York: Macmillan Publishing, 1976.

–, *Eine Schlacht für den Frieden*, Kindler: München, 1981 (Übersetzung von: *The Battle for Peace*)

White, Theodore H.: *Breach of Faith: The Fall of Richard Nixon.* New York: Atheneum, 1975.

Wright, Lawrence: *The Looming Tower: Al-Qaeda and the Road to 9/11.* New York: Knopf, 2006.

Register

Hinweis: Die Hauptakteure Carter, Begin, Sadat sowie Camp David wurden nur in das Register aufgenommen, wenn es um Ereignisse außerhalb der „Dreizehn Tage“ in Camp David geht.

Aaron 111 f., 340
ABC News 56, 129, 334
Abdeen-Palast 90
Abdulla I., König von Jordanien 39, 120
Abel 38
Abnutzungskrieg 11, 248
Abraham/abrahamitisch 14, 37, 39, 176
Abzug aus Ägypten 172
Abzug aus besetzten Gebieten (Israel) *siehe* Rückzug
Adam 38
Afghanistan 79, 235
Ägypten 14, 22, 25, 33 f., 36, 44, 48, 56 ff., 60, 65, 70 f., 73 f., 81–87, 89, 91, 93, 98, 109–115, 117, 120–123, 127 f., 132, 149 ff., 161–167, 171 ff., 179, 182, 184 f., 187 f., 195, 200, 217, 219, 225, 229, 234 ff., 245, 247–251, 256, 263, 266, 271, 273–277, 287 f., 290–297, 300 ff., 304, 312–316, 323, 328, 330, 334 f., 337, 339 ff., 346, 348–356
Ai 177 ff.
Al-Aqsa-Moschee 39, 224
Alexander VI., Papst 191
Algerien 164, 172
Ali, Muhammad 295
Al-Kaida 108, 342
Allenby, Edmund 39
Altalena 125
Altes Testament/alttestamentarisch 63, 158, 178, 181, 240, 352
Amalekiter 114
Amer, Abd al-Hakim 187
American Israel Public Affairs Comittee (AIPAC) 18
Amnon von Mainz, Rabbi 320
Anders, Wladislaw 99
Anders-Armee 99
Annexion 300, 325
Antisemitismus 14, 52 f., 107, 121
Arabi, Nabil al- 358
Arabische Liga 341
Arabische Staaten 173, 198, 228, 278, 325, 349
Arabischer Aufstand 101
Arafat, Jassir 34, 56, 116, 118, 345, 353, 395
Arendt, Hannah 16
Arnall, Ellis 142
Atatürk, Kemal 26
Atherton, Alfred „Roy“ 71
Äthiopien 235
Atlanta 14, 31 f., 140
Atomwaffen (Israel) 270 f., 386
Atomwaffensperrvertrag 87
Auschwitz 40

Autonomie (paläst.) 49, 56 ff., 60, 85, 110, 118, 194, 219 f., 244, 300 ff., 326, 332, 343
Autonomieabkommen/-gespräche 244, 330, 343, 353
Autonomiebehörde 88
Autonomieplan *siehe* Autonomie
Avner, Yehuda 48, 50, 338

Babylon 38
Bagdad 344
Balak, Moabiter-König 48
Banna, Hassan al- 241 f.
Baptisten/-kirche 28, 51, 140, 154, 333
Barak, Aharon 174, 205 f., 231, 239, 253, 255 f., 259, 294, 303, 308–312, 321 ff., 354, 358, 379 f., 391
Bar-Lew-Linie 260–268
Barrein, Sitt el- 22 f.
Bar-Zohar, Michael 178
Bathseba 155
Baz, Farouk el- 253
Baz, Osama el- 253–258, 302, 321 ff., 342
BBC 105
Begin, Aliza 74, 95, 151 ff., 173, 202, 209, 212 f., 322, 325, 347
Begin, Benny 49
Begin, Chasia 41
Begin, Herzl 41
Begin, Menachem 15 f., 20, 41 ff., 52 ff., 211 ff., 293, 347 f.
Begin, Ze'ev Dov 41, 52 f.
Beirut 56, 157, 345 f.
Ben-Gurion, David 15, 102–105, 124, 126, 154, 161, 165 f., 171 f., 175, 178, 207, 285, 305, 307
Ben-Zvi, Jizchak 207
Besatzung, britische 22 ff., 39, 91, 107, 249
Betar 54, 212 f., 364
Bibel 12, 14, 16, 20, 28, 85, 110 f., 113, 115, 134 f., 151 f., 159, 176 ff., 206, 211, 317
Bileam 48
Boutros-Ghali, Boutros 73, 144 f., 200 ff., 227, 229, 239, 279, 291
Braunstein, Louis 13
Breschnew, Leonid 273
Brik, Erik 251 ff., *siehe auch* Barak, Aharon
Brisk (Bresk-Litowsk) 41, 53, 107, 201, 251
Britisches Mandat/Mandatsregierung 37, 99 ff., 106 ff., 123, 306, 333
Brown, Harold 65, 287
Brown, Wesley 29
Brzezinski, Tadeusz 202
Brzezinski, Zbigniew 65, 71, 83, 87, 109, 147 f., 183, 195, 201 ff., 217, 256 ff., 280, 295, 299 f., 308, 323, 331, 335, 352
Bürgerkrieg (amerik.) 208, 216
Bürgerkrieg, Libanon 346
Bürgerrechtsbewegung (amerik.) 140
Bulganin, Nikolai 170
Bulgarien 99
Bundeslade 38
Bundesrepublik Deutschland *siehe* Deutschland

Callaway, Howard „Bo“ 141 f.
Callaway, Royall 28
Camp David (Landsitz) 67 ff.
Camp-David-Abkommen *siehe* Friedensabkommen

Camp-David-Gipfeltreffen 12, 69ff., 75, 86, 109f., 119, 129, 132, 147, 151, 153, 192, 195, 214, 218, 229, 234ff., 240f., 245, 256f., 277, 287f., 290–294, 318, 327, 330, 350, 354ff.
Camp-David-Konferenz (Clinton) 327f., 395
Carter, Amy 13, 69
Carter, Billy 30
Carter, Jack 136–138
Carter, James Earl III. „Chip" 137
Carter, Jimmy 13ff., 27–33, 62ff., 133–144, 152, 348
Carter, Lillian 134f.
Carter, Littleberry Walker 215
Carter, Rosalynn 14–16, 30, 64f., 72ff., 86f., 97, 117, 130, 132–144, 147, 150–154, 173, 208f., 214, 216, 221, 226, 258f., 279f., 294f., 299, 302, 313, 322, 324, 331f., 334, 348
CBS 334
Cemetery Ridge 214
Cherut-Partei 103, 282f.
China 131f., 329
Chinesische Farm 272
Chruschtschow, Nikita 67
Churchill, Winston 26, 67, 69, 103f.
CIA (Central Intelligence Agency) 20f., 51, 61f., 70, 296
Clinton, Bill 395
Clough, Susan 318
Communiqué von Shanghai 131
Cronkite, Walter 334

Dajan, Devorah 155
Dajan, Jael 154
Dajan, Mosche 75, 81, 102, 125, 129, 154ff., 224, 273, 336f., 343
Dajan, Schmuel 155
David, König von Israel 155, 206ff., 245
Deir Yasin 304–308, 348
Delila 159
Détente 249
Deutschland 26f., 49, 89f., 93, 101, 174f., 201f., 213, 320
Diaspora 49, 54, 207, 253
Dimona (Atomreaktor) 185
Dinschawai 24
Disraeli, Benjamin 211
Dragon 159
Dreimächteangriff (1956) 171
Dumas, Alexandre 165

Eban, Abba 247, 383
Eglon 177
Eid al-Adha (Opferfest) 36
Eilts, Hermann 71, 313f., 367
Einstein, Albert 16
Ein-Text-Verfahren 193
Einwanderer, jüdische 18, 70, 102, 174, 181
Eisenhower, Dwight D. 67f., 171
El Alamein 89
El Arish 169, 337f.
Elarabi, Nabil 314
Energiepolitik (USA) 329
England *siehe* Großbritannien
Entmilitarisierung 194, 247
Eppler, Johannes 89f.
Erdöl 43, 83, 87, 116, 164, 261, 278, 334
Erster Weltkrieg 38
Eshkol, Levi 185

Fahmy, Hekmet 90
Faisal, Turik al- 367
Fallows, James 137
Faruk, König von Ägypten 126
Fatah, el- (Terrorgruppe) 49
Felsendom 39 f., 190, 240, 294
Fisher, Roger 192 f.
Foote, Shelby 214
Ford, Betty und Gerald 144
Frankreich 164 f., 170, 172
Free Officers Coup 366
Friedensabkommen 19, 57, 65, 84, 235, 265, 312, 335, 354
Friedensnobelpreis 192, 331
Friedensvertrag 86, 109, 180, 195, 221, 237 f., 263, 294, 311, 313, 316, 321, 326, 328, 332 ff., 337, 340, 350, 353, 356
Friedman, Martin 345 f.

Gandhi, Mahatma 25 f.
Gaza(-streifen) 14, 16, 41, 56 f., 60, 83, 85, 109, 118, 120, 123, 131, 158–163, 194 ff., 208, 217, 219, 225, 228, 233, 244, 247, 278, 283, 295, 300 ff., 311, 325 f., 329 f., 334, 353, 355, 379
Gemayel, Bachir 344 f.
Generalversammlung der Vereinten Nationen 317, 321
Genfer Nahost-Konferenz 19
Georgia, Rassendiskriminierung/-frage 30 ff., 33, 138, 140 f.
Gettysburg Adress 206
Gettysburg, National Military Park 206, 208, 214–216
Ghali, Boutros *siehe* Boutros-Ghali
Gipfeltreffen, Khartum 247
Givat Shaul 305 f.
Golanhöhen 14, 42, 118, 231, 247, 264, 266, 268 ff., 283, 344
Goldberg, Arthur 317, 321
Golf von Akaba 42, 165, 172, 184 f., 194
Golgatha 190
Goliat 206 ff., 380
Grabeskirche 40
Grand Teton National Park 13, 192
Großbritannien 24 f., 99, 101, 107 f., 121, 164 f., 167, 170 ff., 188, 209
Guantánamo, Kuba 67
Gulag 99, 213, 284

Hafez, Fawzi Abdel 341
Hagana 102, 106, 156, 306 f., 372
Halacha 181
Hall, Cloyd 194
Halle der Namen 40
Halperin, Rachel 363
Hancock County 193
Harvard Negotiation Project 193
Hassan II., König von Marokko 80
Hebron 50, 177
Herzl, Theodor 332 f.
Herzlberg 332
Herzog, Chaim 348
Hethiter 176, 179 f.
Hisbollah 346
Hitler, Adolf 26 f.
Holocaust 40, 45 ff., 51, 174, 178, 213, 283 f., 332
Hooker, Joseph 214
Hurst, Joe 139 f.
Hussein, König von Jordanien 187 f., 226, 228 f.
Hyksos 113

Ibrahim, Saad Eddin 340
Imperialismus 24, 39, 92, 173, 211, 247
Insel von Yotvat 165
Internationaler Währungsfonds 171
Irak 49, 120 f., 166, 172, 307, 344
Iran 234, 329, 343
Irgun Zwai Leumi 51, 99 f., 102–108, 124 f., 213, 305 ff., 358, 370
Isaak 39, 176
Islam, radikaler 181, 241, 340
Islambouli, Khalid 339, 341 f.
Islamisten 242 f., 355
Ismael 39
Israel, Staat 47, 50, 77, 108, 119 f., 136, 160, 162, 283, 330
Israeliten (Geschichte/Anfänge) 48, 66, 110–115, 158, 176 ff., 206 ff.

Jabotinsky, Wladimir 53 ff., 57, 243, 286, 332
Jackson Lake 13
Jaffa 305
Jahr der Entscheidung 248 f.
Jakob 50, 176
Japan 191
Jarmut 177
Jemen 184 f., 235
Jenin 188 f.
Jeremia 66
Jericho 176, 178 f., 271
Jerusalem 37 ff., 42 ff., 49 f., 55 f., 88, 97, 119 f., 152, 177, 182, 188 ff., 195 f., 200, 205, 214, 218, 220, 223 f., 226, 239 ff., 244 f., 254, 289, 294, 303 ff., 311, 316, 320 ff., 333 f., 336, 344, 353 ff.
Jerusalem, Altstadt 15, 37 f., 40, 123, 188 ff., 241, 305 f.
Jerusalem, Reise/Besuch (Sadat) 34 ff., 56, 60, 72, 80, 82, 115 ff., 131, 196, 198, 204, 240, 286, 288, 300, 332
Jesaja 335, 337
Jesus 14, 22, 38
John Birch Society 141
Johnson, Lyndon B. 148, 185 f., 192
Jom-Kippur-Krieg 34, 61, 75, 83 f., 116, 260, 266, 283 f., 293, 301, 338, 348
Jordan (Fluss) 14, 42, 166, 176, 224, 261
Jordan, Hamilton 17 ff., 148, 203, 280
Jordanien 15, 39, 56, 81, 118, 123, 168, 184, 187 ff., 228, 247, 263, 303 f., 344, 349
Josef 66
Josua 163, 176, 180
Judäa 15, 85, 205, 207, 244, 256, 299, 330
Juden, askenasische/sephardische 208, 238
Juden, europäische 102, 284
Juden, in Amerika 16, 18, 154
Juden, ultraorthodoxe 305 f.
Jüdischer Staat 54, 103, 123, 305, 333, 349
Jüngstes Gericht 40

Kaaba 36, 241
Kadesh, Schlacht von 180
Kadischai, Jechiel 97–100, 153, 202, 205, 295, 347 f., 358
Kafr Qasim 167
Kain 38

Kairo 23, 26 ff., 34 f., 55, 77, 79, 82, 89 f., 91, 93, 106, 167, 179, 200, 209, 221, 225, 251, 253, 261, 275 f., 279, 331 f., 341 ff., 355
Kalifat 242
Kalter Krieg 68, 250
Kamil, Muhammad 72 f., 76, 88–94, 144, 197, 199 f., 203 f., 209, 227–230, 238 ff., 279, 290 ff., 296 f., 300 ff., 313, 316, 324 f., 341, 350
Kanaan/Kanaaniter 14, 50, 115, 158, 163, 176, 178 f., 208
Katz, Shmuel 49 f.
Kaunas 251
Kfar Shaul 308
Kfar Vitkin 124 f.
Khalid, König von Saudi-Arabien 228
Khartum 247
Kheiralla 22
Kibbuz 155, 162
King, Martin Luther 140
King-David-Hotel 37, 104, 106, 333
Kissinger, Henry 17 f., 84, 131 f., 217, 250 f., 254, 263, 267, 271, 273–277, 283
Klagemauer 190, 303
Knesset 34, 43 f., 63, 128, 171, 173 ff., 198, 231, 290, 294, 308 f., 313, 316, 327, 333, 337, 343
Kohl, Helmut 347
Kollek, Teddy 224
Kolonialismus/-regime 91, 101, 171 f., 211, 300
Konstruktive Zweideutigkeit 353
Koran 12, 28, 39, 110–113, 115, 242, 265, 340, 344
Krieg von 1956 *siehe* Dreimächteangriff/Suezkrise
Krieg von 1973 *siehe* Jom-Kippur-Krieg
Kubakrise 275
Ku-Klux-Klan 30, 32
Kuwait 273, 345
Kyros der Große 38

Labour Party, Großbritannien 104
Lachisch 177
Lechi *siehe* Stern-Gang
Lee, Robert E. 214
Levante 121
Lewis, Samuel 47, 71, 236, 312
Libanon 42, 69 f., 115, 120, 166, 177, 182, 344–347
Libna 177
Libyen 172, 235
Likud 15, 283
Lincoln, Abraham 215
Little Round Top 214
Lloyd, Selwyn 166 f.
Lochaimi Cherut Israel *siehe* Stern-Gang
Luftwaffe, ägyptische 77, 167, 185 ff.
Luftwaffe, israelische 77, 122, 186, 249, 268 f., 281
Lukiškės-Gefängnis 211
Lydda 123

Macmillan, Harold 68
Maddox, Lester 31, 141 ff.
Makkeda 177
Malaysia 79
Mandatsregierung, britische *siehe* Britisches Mandat
Marines, U.S. 129 f.
Marokko 80, 82, 121
Maroniten 344
Mayflower Generation 76

Meir, Golda 14, 16f., 35, 263, 267, 270f., 273f.
Mekka 36, 241, 265
Menschenrechte 315, 329, 331
Merenptha, Pharao 179f.
Meridor, Dan 347
Militärakademie (brit.-königl.) 26
Mit Abul-Kum, Ägypten 22f., 26
Mitlapass 168
Moabiter 48
Mohammad Reza Pahlavi *siehe* Schah
Mohammed (Prophet) 40, 79, 265
Mollet, Guy 166, 173
Mondale, Walter 17, 65, 217, 280, 293, 299, 302
Morris, Benny 307, 372
Moses 22, 38, 110–115, 176, 180, 197, 340
Mossad 296, 385
Mubarak, Hosni 70, 254, 339, 342
Muslimbrüder/-bruderschaft 241f., 340
Mutwatallis, König der Hethiter 180

Nahal Oz 162
Nahalal 155f.
Nahhas, Mustafa al- 91ff.
Narkiss, Uzi 188ff.
Nasser, Gamal Abdel 33, 70, 81, 93, 126, 161, 163–167, 170, 172, 183–188, 241f., 247f., 262, 267, 277, 340, 343, 357
Nationaler Sicherheitsrat (USA) 71, 195, 275, 295
Nawon, Jizchak 348
Nazis, Nazismus 41, 89ff., 99ff., 114, 151, 175, 185, 201, 209, 213, 251f., 330, 332, 335
NBC 334
Nebukadnezar 38
Neguib, Mohammed 366
Nikosia (Zypern) 58
niqab 340
Nixon, Richard 17, 62, 71, 131, 248, 250, 273f., 343
Nordkorea 182
Normandie 67

Obergaliläa 50
Öl *siehe* Erdöl
Ölberg 190, 241
Öl-Embargo 273
Oman 341
Operation Badr 265
Operation Musketier 165
Orange One 68
Osman, Amin 91
Osmanen, Osmanisches Reich 38f., 121, 155, 240, 242
Österreich 79, 252
Ostjerusalem 303, 316f., 323

Palästina 14, 28, 39, 41, 49f., 54, 76f., 99–108, 120ff., 155f., 207, 213, 238, 240, 247, 262, 284, 310, 345, 349, 353, 355
Palästinenser 11, 16, 40, 42, 44, 49f., 52, 56, 58, 73f., 84, 87, 109, 116ff., 121, 123, 156, 158f., 189, 194, 207f., 219, 225, 227, 240, 244, 255f., 263, 285, 299, 301–304, 307–312, 315, 323f., 326, 332, 334, 343, 346–350, 353ff.
Palästinensischer Staat/Staat Palästina 56, 60, 349
Panamakanal 329
Passahfest 112, 114

Patton, Bruce 193
Peach Orchard 214
Peres, Schimon 253, 285 f.
Perlman, Itzhak 337
Persien/persisch 38, 99, 164
Phalange-Partei/Phalangisten 344 f.
Pharao (Altes Testament) 110–114, 340
Philister 114, 158 ff., 206 f.
Pickets Charge 215
Plains, Georgia 13, 22, 27–32, 133–140, 143
Podgorny, Nikolai 182
Polen 41, 99, 202, 212, 252
Pomfret, USS 137
Port Fuad 170
Port Said 25, 170
Powell, Jody 129
Prämilleniarismus 28
Price, Leontyne 337

Qastel 305
Quandt, William 69, 71, 195, 270, 295, 357
Qutb, Sayyid 242

Rabhan, David 32 f., 362
Rabin, Jitzchak 19 f., 153, 185, 253
Radio Kairo 35, 188
Rafshoon, Gerald 130, 316, 318
Rahmen für Schlichtung im Sinai 237
Rahmenabkommen 87 f., 199, 243, 256, 291, 300, 310, 323, 326, 330, 390
Ramadan 266
Ramses II., Pharao 180
Rashid, Harun al- 209
Raven Rock 68
Reagan, Ronald 344
Reed, Cecil 206
Reparationszahlungen 174 f.
Resolution 242 15, 20, 56, 60, 85, 119, 132, 194, 217–220, 238, 243, 255, 295, 302 f., 310, 326, 353
Revisionismus 53
Revolutionärer Kommandorat 242
Ribcoff, Abraham 59
Rickover, Hyman 29 f.
Rom 99, 175
Rommel, Erwin 89
Roosevelt, Franklin D. 18, 67, 69
Roosevelt, Theodore 191 f.
Rosenne, Meir 203
Rostropowitsch, Mstislaw 322
Rotes Meer 42 f., 111 f., 114, 165
Rubin, Gail 58 f.
Rückzug (Israel) 15, 44, 60, 81 f., 87, 97, 100, 131 f., 175, 195, 198, 217, 227 ff., 255, 276 f., 283, 302 f., 310, 314, 347
Rumänien 99
Russland 41, 191
Rutenberg, Roi 162 f.

Sabra (Flüchtlingslager) 345
Sabra (geb. Israeli) 102, 282, 284 f.
Sadat, Anwar al- 19–63, 80 f., 89–93, 209 ff., 248–254, 260–276, 331–344, 355
Sadat, Jehan 72, 272, 339 ff.
Sadaty, Mohammed el- 22 f.
Salomon, König von Israel 38, 207
Samaria 15, 85, 205, 207, 244, 256, 299, 330
Samson 158 f., 206 f., 270
Sanders, Carl 31

Sandstede, Hans-Gerd „Sandy“ 89
Sassover, Israel 102
Saunders, Harold 71, 191, 194
Schah von Iran (Persien) 234, 329
Scharon, Ariel 36, 57 f., 168, 271, 293 f., 309, 344 ff.
Scheib, Israel 202
Schwarzer Sabbat 104
Scranton, William 317
Seawolf, USS 29
Sebai, Youssef el- 58
Sechs-Tage-Krieg 14, 20, 78, 85, 181 f., 223, 247, 260, 262, 316
Seder 112
Semjonow, Wladimir 182
Sharm el-Sheik 42, 170, 247, 263
Shatila 345
Shaw, John 105
Sibirien 99, 213
Sicherheitsrat der UN 85, 180, 217, 238, 273, 275, 321, 326
Sicherheitsrat, Nationaler (USA) 71, 195, 270, 275, 295
Siedlungen 14, 50, 57, 60, 85 ff., 97, 110, 118, 126–130, 149, 186, 188, 195, 198, 205, 217, 221, 225, 231, 237, 243 ff., 256 f., 262, 264, 277 f., 289, 292 ff., 299, 302, 308 ff., 322 f., 327, 329 f., 343 f., 355, 390–392
Sinai (Berg) 38, 111 ff.
Sinai-Halbinsel 11, 14, 39 ff., 49, 57, 60, 77, 84 ff., 97, 115 f., 120, 122, 126 ff., 130 f., 149, 165, 171, 173 ff., 183, 188, 194, 205, 214, 217, 221, 225, 227, 231, 237 f., 243–247, 255 ff., 261, 263 ff., 269–278, 283, 289, 292 ff., 299, 302 f., 309, 313–316, 326, 330, 337, 353 ff.
Skopusberg 189
Smith, Allie Murray 133 ff.
Smith, Edgar 133 f.
Sowjetunion 19, 49, 99, 132, 170 ff., 213, 248 ff., 273 f.
Spinks, Leon 295
Staat Israel *siehe* Israel
Staat, jüdischer *siehe* Jüdischer Staat
Staat, palästinensischer *siehe* Palästinensischer Staat
Staaten, arabische *siehe* Arabische Staaten
Stapleton, Ruth Carter 31 ff., 135 f.,
Stern-Gang 103, 305, 307
Straße von Tiran 165, 185, 245, 247, 308
Stufen-Lied 336
Sudan 341
Südstaaten 28 ff.
Suezkanal 17, 25, 34, 164, 172, 194, 200, 243–261, 272 ff., 281, 308, 338
Suezkrise 170 f.
Syrien 14, 81, 103, 120, 157 f., 166, 172, 180, 182 ff., 187, 247, 265 f., 271

Tal von Elah 207
Talmud 208
Tamir, Abraham 293
Teilungsplan 119, 124, 304
Teilrückzug 263
Tel Aviv 35, 42, 58, 98 f., 102, 108, 122, 124 f., 152 f., 161, 163, 167, 223, 283, 305
Tempelberg 38 ff., 190, 224, 244
Tohami, Hassan el- 73, 78–82, 145, 199 ff., 214, 228, 239 f., 277 ff., 289

Transjordanien 120
Truman, Harry 18
Türkei 26, 99, 180, 192
Tunis 341
Twain, Mark 50

Umm Mohammed 23 f.
UN 124 f., 132, 161, 170 f., 180, 187, 240, 263, 275, 316, 321, 326, 346
UN-Generalsekretär 19, 200
UN-Truppen/-Blauhelme 88, 162, 183 f., 289
Unabhängigkeitskrieg 49, 124, 160, 242, 349
Ungarn 99, 252
Ungarnaufstand 170
Ur 14
Uriah der Hethiter 155

Vance, Cyrus 65, 71, 83, 87, 94, 109, 147 f., 192–194, 201, 216, 236 ff., 254 f., 257, 280, 287, 295, 299, 302 f., 308, 312, 316, 323–325, 334, 336, 352 f., 390
Vance, Gay 336
Veliotes, Nicholas 261
Vereinigte Staaten 143, 150 f., 172, 187 f., 249, 255, 273, 317, 321, 350 ff.
Vereinte Nationen *siehe* UN
Vichy-Frankreich 157
Vietnam 148, 172, 248
Vietnamkrieg 192, 259
Volksversammlung, ägyptische 34, 290

Waffenstillstandsresolution/-abkommen 170 f.
Wagner, Richard 29
Wallace, George 31
Walters, Barbara 21, 117, 130
Watergate 266, 273 f.
Weißer Bürgerrat 30
Weizman, Ezer 45 f., 76 ff., 84, 109, 122 f., 127, 185, 189 f., 196–199, 203, 205, 216–221, 230, 236 f., 257, 259, 281–286, 292 ff., 310, 315 f., 329, 334, 336, 343
Weizman, Schaul 281, 336
Weizmann, Chaim 76, 281
Weizmann, Mosche 190
Weltwirtschaftskrise 27
West Bank 15 f., 20, 39, 41 f., 50, 56–60, 83, 85–88, 110, 118 f., 131, 166, 188 f., 194 ff., 203, 217 ff., 224–231, 244–247, 255 f., 260, 295, 299–304, 308–314, 322, 330, 332 ff., 343 f., 353, 355
West-Beirut 345
Wilson, Woodrow 18

Yad Vashem 40
Yost, Charles 317

Zahran 23 ff.
Zawahiri, Ayman al- 342
Zehn Gebote 38, 114
Zhou Enlai 131
Zion 152, 190, 336
Zionismus/Zionisten 39, 53, 55, 104, 211, 286
Zuckerman, Pinchas 337
Zweiter Weltkrieg 67, 98, 104, 128, 136, 157, 192, 196
Zypern 58, 192

Bildnachweise

Der Autor bedankt sich herzlich für die Erlaubnis, Fotos abzudrucken, bei:

Gerald Rafshoon, persönliche Sammlung: Seite 2, Seite 327
Getty Images: Seite 35
Akg-images: Seite 183